Roderich Hohage

Analytisch orientierte Psychotherapie in der Praxis

2. Auflage

Für Hannelore

Vorwort zur 2. Auflage

Die erste Auflage dieses Buches ist offensichtlich auf großes Interesse gestoßen. Wenn bereits nach einem Jahr eine zweite Auflage notwendig wird, darf man von einem starken Informationsbedarf im Bereich der Behandlungsplanung und der Kassenanträge ausgehen. Mich freut es darüber hinaus, daß das Buch an verschiedenen Orten auch im Rahmen der Weiterbildung zum Psychotherapeuten eingesetzt wird.

Die vielen Rückmeldungen, die ich bisher erhalten habe, waren so positiv, daß für die zweite Auflage keine wesentlichen Änderungen notwendig wurden. Wir haben uns deshalb auf kleinere Korrekturen und Ergänzungen beschränkt. Ich hoffe, daß das Buch sich auch weiterhin in der Praxis und für die Praxis der Psychotherapie bewährt.

Juli 1997 **R. Hohage**

Vorwort zur 1. Auflage

Dieses Buch wendet sich an Psychotherapeuten, die mit psychoanalytischen oder tiefenpsychologisch fundierten Verfahren in eigener Praxis oder in Institutionen arbeiten bzw. arbeiten wollen. Sie alle begegnen einer Vielzahl von dringenden Anfragen und von Therapiewünschen, und sie müssen im Zeitraum von wenigen Sitzungen Entscheidungen treffen über diagnostische Zuordnungen, über kurzfristige Hilfestellungen, über die Indikation zu einer Psychotherapie, aber auch über die Ziele und Inhalte einer zukünftigen Langzeittherapie. Die Bedeutung der Therapiekonzeption wird durch das sogenannte Gutachterverfahren noch unterstrichen: fast alle Therapien werden inzwischen von dritter Seite (mit)finanziert. Die meisten Therapeuten müssen sich deshalb in ihrer Fallkonzeption an den Psychotherapie-Richtlinien der gesetzlichen Krankenversorgung orientieren. Insoweit ist dieses Buch auch ein Buch über die sogenannte Richtlinien-Psychotherapie.

Man kann über Psychotherapie-Richtlinien und über das Gutachterverfahren nicht schreiben, ohne in ein Spannungsfeld von widerstreitenden Interessen zu geraten. Da es um Wesentliches geht, nämlich um das Selbstverständnis des Therapeuten sowie um die ökonomische Basis seiner Existenz einerseits und um das öffentliche Interesse an einer patientengerechten Versorgung andererseits, werden die Auseinandersetzungen mit emotionaler Heftigkeit geführt. Ich selbst bin in diese Kontroversen in vielfacher Hinsicht eingebunden: Zum einen als Antragsteller im Gutachtenverfahren bei meinen eigenen Patienten, zum anderen als Supervisor von Therapeuten, die Antragsteller sind, zum dritten als Lehranalytiker und Mitglied einer psychoanalytischen Fachgesellschaft und schließlich als Gutachter, der seinerseits zu Beihilfeanträgen von anderen Patienten Stellung nimmt. Die Kombination verschiedener Rollen zwingt zu einer gewissen Distanz in der Betrachtung und Bewertung von Kontroversen. Ich hoffe, daß diese Distanz dem Buche zugute kommen wird.

Der Vielschichtigkeit der angesprochenen Gesichtspunkte entspricht die Vielschichtigkeit des Leserkreises, der mit diesem Buch angesprochen werden soll: Da sowohl Psychoanalytiker als auch tiefenpsychologisch arbeitende Therapeuten, sowohl Mediziner als auch Psychologen, sowohl erfahrene Praktiker als auch Therapeuten in Weiterbildung davon profitieren sollen, muß das Informationsangebot breit gestreut sein. Deshalb haben die einzelnen Kapitel dieses Buches unterschiedliche Schwerpunkte: Es finden sich ganz praxisorientierte Abschnitte (in den Kapiteln 2, 5, 7 und 8), und mehr klinisch-theoretische (in den Kapiteln 4 und 6). Das dritte Kapitel ist Fragen der Neurosenkonzeption gewidmet, die das

Gesicht der Therapie wie auch der Therapie-Anträge entscheidend prägen. Um dem Leser den Zugang zu erleichtern, kann jedes Kapitel für sich selbst gelesen werden. Querverweise sollen dazu verhelfen, relevante Abschnitte in den übrigen Kapiteln aufzufinden. Das Schwergewicht soll auf der Hilfestellung bei der Fallkonzeption liegen, deshalb habe ich Aspekte der Behandlungstechnik zurückgestellt. Andererseits läßt sich der diagnostisch-therapeutische Zugang zum Patienten zuweilen gar nicht trennen von der Frage, wie man denn den Patienten überhaupt erreicht bzw. zur Mitarbeit gewinnt. Deshalb sind die Abschnitte 2.2, 4.7.1 und 5.3.2 speziellen Fragen der Behandlungstechnik gewidmet.

Mein Dank gilt zunächst all jenen Kolleginnen und Kollegen, die ihre Fälle in Einzelsupervisionen und in Gruppenveranstaltungen präsentiert und zur Diskussion gestellt haben, sei es bei den Lindauer Psychotherapiewochen, sei es in Abendseminaren oder an privaten Wochenendveranstaltungen. Die meisten von ihnen haben mit zeitlichem und finanziellem Aufwand ihre Probleme präsentiert, nachdem sie ihre offizielle Weiterbildung bereits abgeschlossen hatten. Ihre Erfahrungen und Beiträge bilden den Hintergrund für die Thesen und Klärungsversuche dieses Buches. Sie haben mich zuweilen nachdenklich werden lassen und Anlaß gegeben, über die Grenzen und die Schwächen unserer Weiterbildungsangebote nachzudenken.

Die Fallpräsentationen haben mich aber vor allem davon überzeugt, daß das Interesse an den Problemen der Psychotherapie bei den „fertigen" Psychotherapeuten enorm groß und damit vorbildlich für die Medizin ist. Dieses Interesse verbindet „Lehrende" und „Lernende" und macht die Fallbesprechungen für alle Beteiligten zu einer so spannenden und befriedigenden Angelegenheit. Solange dieses Ausmaß an Interesse auch nach dem Abschluß der Weiterbildung erhalten bleibt, kann es um die Psychotherapie in Deutschland nicht schlecht bestellt sein.

Meine Auseinandersetzung mit der Behandlungskonzeption hat natürlich ihre eigene Geschichte. Sie ist eng verknüpft mit einer langjährigen Tätigkeit als Oberarzt an der Abteilung für Psychotherapie an der Universität Ulm mit ihrem Leiter H. Thomä, später H. Kächele, und nicht zuletzt mit den vielen engagierten Diskussionen mit anderen Mitarbeitern. Ihnen allen gilt nachträglich mein Dank. Später haben Prof. Dr. H. Thomä und Frau Dr. Annegret Rein aus ganz unterschiedlichen Perspektiven Teile meines Manuskripts gelesen und kritisch kommentiert; ich danke beiden für ihre wertvollen Hinweise. Frau Waltraud Schmied danke ich für ihre einsatzfreudige und engagierte Mithilfe bei der Fertigstellung des Manuskripts und bei der Niederschrift.

Februar 1996 **R. Hohage**

Inhaltsverzeichnis

1 Einleitung:
Warum Behandlungsplanung?

Psychotherapeuten finden in Deutschland ein gutes Arbeitsfeld vor: Psychotherapie ist als Heilverfahren anerkannt, die Finanzierung durch die Krankenkassen ist im Grundsatz gesichert, der Zugang zur Teilnahme an der psychotherapeutischen Versorgung ist gesetzlich geregelt und dadurch vor dem Mißbrauch durch Unberufene weitgehend geschützt.

Für die Psychoanalyse ist die jetzige gesetzliche Regelung der psychotherapeutischen Versorgung ein großer Erfolg: Ärztliche Psychotherapie wird in der Bundesrepublik überwiegend nach Kriterien durchgeführt, die durch die Psychoanalyse und ihre spezielle Sicht vom Menschen und seiner Krankheit vorgegeben ist. Dazu haben nicht zuletzt jene Verfahren beigetragen, die von der Psychoanalyse abgeleitet wurden und die heute im allgemeinen als tiefenpsychologisch fundierte Psychotherapie zusammengefaßt werden. Sie alle folgen psychoanalytischen Grundannahmen zum Unbewußten, zu Widerstand und Abwehr, und nicht zuletzt zu der Bedeutung der Beziehungsgestaltung für den Verlauf einer Psychotherapie. Als zweites Standbein der Psychotherapie haben sich daneben jene Verfahren etabliert, die von der Verhaltenstherapie abgeleitet werden.

Jeder Erfolg hat seinen Preis: Mit der Einbeziehung der Psychotherapie in die Gesundheitsversorgung sind die Verpflichtungen gewachsen und die reglementierenden Eingrenzungen der Psychotherapie haben zugenommen. Es besteht ein starkes öffentliches Interesse an einer adäquaten und ausreichenden Gesundheitsversorgung auch im psychotherapeutischen Bereich: Jeder Patient, der behandlungsbedürftig ist, hat im Grundsatz ein Anrecht auf eine angemessene Psychotherapie. Ein Versorgungsprinzip, das lediglich von der Zuversicht getragen ist, daß der motivierte Patient schon seine Therapie finden wird, läßt sich mit dem Anrecht auf therapeutische Versorgung nicht mehr vereinbaren. Statt dessen stehen die Psychotherapeuten unter dem Druck, durch eine gezielte Indikation sowie durch möglichst effektive Therapieformen die Versorgung zu verbessern und die Kosten in Grenzen zu halten.

Niedergelassene Psychotherapeuten befinden sich deshalb in einer etwas merkwürdigen Situation: Einerseits lassen die psychoanalytisch begründeten Verfahren dem Psychotherapeuten einen Freiheitsgrad und einen Ermessensspielraum für eigene Entscheidungen, der im Vergleich zu anderen Disziplinen enorm groß ist. Festlegungen entstehen fast nur aus dem Rahmen der Therapie und aus ihren äußeren Bedingungen. Wie ein Therapeut Therapie konzipiert und wie er die therapeutische Beziehung handhabt, bleibt ihm weitgehend selbst überlassen: Es gibt nach Abschluß der Weiterbildung niemanden, der ihn und seine Patienten bei der therapeutischen Arbeit beobachtet.

Auf der anderen Seite schafft die Verpflichtung zu einer adäquaten und ausreichenden psychotherapeutischen Versorgung einen sozialen Druck, der nicht immer leicht zu ertragen ist, zumal er sich mit dem in der Psychotherapie vertretenden Freiheitsideal nur bedingt vereinbaren läßt. Je ernster Psychotherapeuten ihre **Versorgungsaufgabe** nehmen, je weiter sie sich von den Ballungsgebieten und von ihren Heimatinstituten räumlich entfernt haben, desto größer wird dieser Druck in Form von drängenden Anfragen und imperativen Therapiewünschen. Die Situation wird offensichtlich dadurch verschärft, daß der Zugang zur Psychotherapie sich leider nicht entsprechend der Bedürftigkeit der Patienten von allein regelt. Es ist nicht nur so, daß viele Patienten zu spät oder nur auf Umwegen zu einer angemessenen Therapie finden, wie Meyer et al. (1991) konstatieren, oder daß ein Teil der behandlungsbedürftigen Patienten durch psychotherapeutische Angebote überhaupt nicht zu erreichen ist (Schepank 1994). Psychotherapie ist wie andere Bereiche der Gesundheitsversorgung zu einer „Service-Leistung" der Gesellschaft geworden, und natürlich wird diese Service-Leistung ebenso wie andere Leistungen manchmal zu Unrecht in Anspruch genommen. In der psychotherapeutischen Praxis kommen die dringlichsten Anfragen und Therapiewünsche nicht selten von Patienten, deren Probleme durch Therapie gerade nicht oder nur unbefriedigend gelöst werden können. Der Wunsch nach einer Psychotherapie drückt dann die Erwartung aus, über eine Behandlung Schutz vor unbefriedigenden Lebenssituationen und Trost für enttäuschte Lebenshoffnungen zu finden.

Niedergelassene Psychotherapeuten müssen also zunehmend **Verteilungsaufgaben** übernehmen; sie müssen den wirklich bedürftigen Patienten den Zugang zur Therapie erleichtern, und sie müssen den Patienten, die von einer Psychotherapie wenig profitieren, alternative Lösungswege anbieten. Diese Verteilungsaufgaben sind wichtig, weil bei den derzeit fehlenden Therapieplätzen jeder Patient in Psychotherapie einem anderen therapiebedürftigen Patienten den Lösungsweg versperrt. Es muß deshalb im Interesse aller Beteiligten liegen, daß Psychotherapien nur dort durchgeführt werden, wo sie Aussicht auf Erfolg haben: Dem Patienten selbst werden Umwege und Sackgassen erspart, der Therapeut erspart sich selbst Frustrationen und Mißerfolge, und die begrenzten Ressourcen bleiben geöffnet für diejenigen, denen auch wirklich geholfen weren kann. Es liegt weiterhin im Interesse der Beteiligten, daß diese Verteilungsaufgaben bei den niedergelassenen Psychotherapeuten verbleiben und daß sie im Prinzip der Selbstkontrolle unterliegen. Wenn die Selbstkontrolle bei der Indikationsstellung allerdings versagen sollte, werden sich unweigerlich andere Institutionen zu verstärkter Kontrolle aufgerufen fühlen.

Bei der Lösung dieser Aufgaben scheint es mir unumgänglich, daß Psychotherapeuten in den vorbereitenden Gesprächen bereits eine klare Behandlungskonzeption entwickeln: Um für den Patienten und mit dem Patienten Entscheidungen treffen zu können, müssen sie eine Vorstellung davon entwickeln:

a) Was der Patient verändern will und muß.
b) Welche Vorgänge eine solch Veränderung bislang verhindert haben.
c) Warum der Patient so und nicht anders geworden ist.

Im Kern also beantwortet jede durchdachte Behandlungskonzeption die Frage nach eventuellen Therapiezielen, nach der Struktur und der Psychodynamik der Störung, und schließlich läßt sie Schlußfolgerungen zu, die die Indikation zu einer Psychotherapie regeln.

Die hier anvisierte Behandlungskonzeption unterscheidet sich ein wenig von der Betrachtungsweise, wie sie häufig in Fallseminaren anzutreffen ist. Dort geht es häufig mehr darum, *Erklärungen* für das Erleben und das Verhalten des Patienten zu finden, wobei auf unbewußte Prozesse zurückgegriffen wird. In den Erstgesprächen muß es aber zunächst um eine Fallkonzeption gehen, die auf die *Ausgangsproblematik* des Patienten bezogen ist. Die stillschweigende Voraussetzung jedes Erstkontaktes in der psychotherapeutischen Praxis ist, daß der Patient ein Problem hat, mit dem er nicht zurecht kommt; handele es sich nun vordergründig um eine Lebenskrise, ein Beziehungsproblem, ein berufliches Problem oder auch nur um ein hartnäckiges Symptom, dessen Genese unklar ist. Der Patient wird nur dann ein Gespräch vereinbaren, wenn er die Hoffnung hat, daß der Therapeut ihm bei der Lösung helfen kann. Die Ausgangsproblematik verdient es in jedem Falle, ernst genommen zu werden; auf sie muß sich die Hilfestellung des Therapeuten anfänglich konzentrieren, und auf sie muß die „Behandlungskonzeption" auch zunächst bezogen werden.

Im Hintergrund dieser problembezogenen Fallkonzeption muß m. E. der Grundsatz stehen, daß jeder Patient, der die Praxis betritt, ein Recht auf psychotherapeutische Beratung hat, nicht aber bereits ein Anrecht auf psychotherapeutische Maßnahmen im engeren Sinn, wie sie z. B. als Therapiemaßnahmen in den Richtlinien verankert sind. Diese (durchaus von den Kassen geförderte und bezahlte) psychotherapeutische Beratung muß der Klärung und ggf. der Lösung jener ungelösten Probleme gelten, die der Patient mitgebracht hat. Wir Psychotherapeuten sollten aber im Kopf behalten, daß Psychotherapie kein Allheilmittel ist, mit dem sich alles Unglück dieser Welt beseitigen oder auch nur lindern läßt, selbst wenn wir mit solchen Erwartungen oft genug konfrontiert werden. Das gilt insbesondere auch für die analytisch begründeten Verfahren, die ja einen recht umfassenden Erklärungs- und Heilungsanspruch haben.

Wenn wir einem Patienten eine Psychotherapie im engeren Sinn anbieten, dann handelt es sich um eine *gezielte, umschriebene und rational begründbare Maßnahme zur Veränderung des Patienten innerhalb einer therapeutischen Beziehung.* Es lohnt sich, die einzelnen Komponenten dieser Definition zu betrachten, weil sie die Möglichkeiten und die Grenzen der analytisch begründeten Verfahren deutlich werden läßt:

a) Die Therapie ist nur sinnvoll und hilfreich, wenn der Patient sich selbst in irgendeiner Form verändern will. Im Erstgespräch ist zunächst noch keineswegs geklärt, ob diese Voraussetzung überhaupt gegeben ist; zur Klärung ist zuweilen eine längere Beratungsphase notwendig (s. dazu Kapitel 6.2). Manchmal ist es von der Sache her empfehlenswert, daß der Patient zunächst gar nicht sich selbst, sondern die äußeren Umstände verändert, wie in Kapitel 2 ausgeführt wird.

b) Therapie ist nur dort sinnvoll, wo ein Ziel auszumachen ist. Die Therapieziele werden in der analytischen Psychotherapie häufig stiefmütterlich behandelt und zugunsten des Prozesses allzuweit in den Hintergrund gedrängt (s. etwa v. Blarer und Brogle 1983). Als therapeutische Maßnahme im Rahmen unserer Gesundheitsversorgung kann Psychotherapie aber nur anerkannt werden, wenn sie auf die Veränderung einer krankheitswertigen Störung ausgerichtet ist, d. h. wenn der Prozeß nicht zum Selbstzweck wird.

c) Psychotherapie ist immer ein begrenztes Unternehmen bzw. ein umschriebenes Bündel von therapeutischen Maßnahmen. Als lebensbegleitende Dauer-Einrichtung wäre sie bei den begrenzten Ressourcen für die Gemeinschaft der Versicherten nicht tragbar (Faber 1993). Das bedeutet, daß Patient und Therapeut schon bei Beginn der Therapie eine Vorstellung im Kopf haben müssen, wie die Situation nach Abschluß der Therapie günstigenfalls aussehen könnte. Wenn es keine Hoffnung gibt, daß der Patient nach Abschluß der Therapie besser mit sich und seiner Welt zurechtkommt, dann ist Psychotherapie im engeren Sinn nicht sinnvoll, sondern es müssen andere, eventuell sozialpsychiatrische Maßnahmen greifen.

d) Auch wenn unbewußte Vorgänge häufig als irrational erscheinen, muß eine analytisch begründete Psychotherapie einem rationalen Plan folgen. Dieser Plan darf ganz auf die Subjektivität des Patienten ausgerichtet sein, aber er muß objektivierbar sein, d. h. er muß sich intersubjektiv begründen lassen. Nur die rationale Begründbarkeit sichert der Psychotherapie ihren Stellenwert als Maßnahme, die gleichberechtigt neben anderen Maßnahmen der Medizin steht. Die Begründung muß sich im Diskurs mit Fachkollegen oder mit anderen Disziplinen der Medizin bewähren.

e) Analytisch begründete Verfahren greifen auf Behandlungstechniken zurück, die sich innerhalb einer therapeutischen Beziehung entwickeln. Dennoch ist Psychotherapie mehr als Heilung durch Beziehung. Wenn die Beziehung allein heilsam wäre, dann wäre die Psychotherapie in das Spektrum der karitativen Bemühungen einzuordnen, die sicherlich von Altruismus und von Menschlichkeit getragen sind, die aber dennoch keine wissenschaftlich begründete Heilmaßnahme sind und sein wollen. Viele Patienten haben Erfahrungen mit solchen Beziehungen gesammelt und sind nicht geheilt worden, weil die unbewußten Hemmnisse und Irrwege stärker waren als die heilsamen Erfahrungen. Auf der anderen Seite lassen sich Erfolge mit einer analytisch begründeten Therapie nur erzielen, wenn der Patient bereit und in der Lage ist, emotionale Erfahrungen innerhalb einer therapeutischen Beziehung zu machen. Auch diese Voraussetzung muß in den Vorgesprächen geklärt werden.

Die Komponenten der hier angeführten Therapie-Definition verdeutlichen, daß Psychotherapie im engeren Sinn nur nach relativ eindeutigen Indikationskriterien sinnvoll ist. Deshalb bekommt in den Eröffnungsgesprächen die angemessene Fallkonzeption eine so große Bedeutung. Sie muß dem Therapeuten die Grundlage für seine weiteren Entscheidungen liefern: wieviel Beratung ist notwendig und mit welchem Ziel ist diese Beratung zu führen? Beratung kann, wie zuvor schon ausgeführt wurde, ein wichtiger Schritt sein in Richtung auf eine Psychotherapie im engeren Sinn. Sie kann sich aber auch zu einer Alternative zur Psychotherapie entwickeln, wenn sich zeigt, daß die Voraussetzungen für eine Therapie nicht gegeben sind. Mit der Einführung der probatorischen Sitzungen, den Ziffern zur psychosomatischen Grundversorgung bzw. zu psychiatrischen Gesprächen sind Ausweichmöglichkeiten geschaffen, die sowohl den niedergelassenen Therapeuten als auch anderen Ärzten eine Alternative zur Langzeittherapie ermöglichen. Die gutachterfreien Kurzpsychotherapien eröffnen darüber hinaus alternative Vorgehensweisen bei Fällen, bei denen die Indikation zweifelhaft und eine längere Beratungsphase indiziert ist (Kapitel 6.5.3).

Wenn die Voraussetzungen zu einer Therapie fehlen, ist es nicht sinnvoll, daß Therapeuten die Patienten nur weiter verweisen mit dem Hinweis auf mangelnde Therapiekapazität. Patienten, die auf diese Art abgelehnt werden, vermehren die Schar der therapiesuchenden Patienten, ohne daß ihnen in der Sache weitergeholfen würde. Hilfreich ist hier nur eine spezielle Form der psychotherapeutischen Beratung, die den Patienten mit seinen unrealistischen Therapieerwartungen konfrontiert und die ihm andere Lösungsmöglichkeiten aufzeigt. Nach meiner Erfahrung stellen sich die Probleme niemals so dar, daß für alle Zeiten eine Therapie ausgeschlossen wäre. Meistens wird man feststellen, daß zur gegebenen Zeit bzw. unter den gegebenen Umständen die Voraussetzungen fehlen, so daß statt einer Therapie eine **Beratung** angezeigt ist. Eine gute Beratung kann dabei zu einer so wichtigen Erfahrung für den Patienten werden, daß auf diese Weise die Weichen für eine spätere Therapie gestellt werden, nur daß diese Therapie dann unter weitaus besseren Voraussetzungen begonnen werden kann.

Wenn die Beratung zeigt, daß die Voraussetzungen für eine psychotherapeutische Maßnahme im engeren Sinn gegeben sind, dann bildet die Fallkonzeption die Grundlage der weiteren Behandlungsplanung. Diese Planung erhält ihre zusätzliche Bedeutung durch ihre enge Verbindung mit dem Gutachterverfahren. Im **Gutachterverfahren** geht es ja speziell um die Begründung der Indikation und um die Begründung, daß das angestrebte Verfahren aussichtsreich und auch wirtschaftlich vertretbar ist. Der Bericht an den Gutachter ist letztlich nichts anderes als eine schriftliche Behandlungsplanung, die bestimmten formalen Kriterien genügt. Es ist ein zentrales Anliegen dieses Buches, dem Therapeuten eine Orientierung an die Hand zu geben, die ihm die zunächst die Indikationsstellung erleichtert, die ihm dann hilft, die Indikation für eine Psychotherapie im Gutachterverfahren auch nach außen zu vertreten und die ihm schließlich hilft, die Therapie nach einer in sich schlüssigen Behandlungsplanung durchzuführen. Da inzwischen auch die privaten Kassen zunehmend Gutachter einschalten, ist die Notwendigkeit zu einem schriftlichen Bericht durchaus nicht mehr auf die gesetzlichen Kassen beschränkt.

Es gibt verschiedene Einwände, die gegen eine frühe Behandlungskonzeption ins Feld geführt werden. Der häufigste Einwand lautet, daß der Therapeut der Versuchung widerstehen müsse, seine eigene Sicht der Dinge dem Patienten überzustülpen. Deshalb sei ihm generell eine abwartende Haltung zu empfehlen, ganz besonders am Anfang der Begegnungen. Die Vorsicht besteht m. E. zu Recht, sie berührt aber gerade nicht die Notwendigkeit einer eigenen und frühzeitigen Behandlungskonzeption. Es ist eine Sache, welches Bild der Therapeut sich vom Patienten macht, und eine zweite Sache, was er davon unter diagnostisch-therapeutischen Gesichtspunkten mitteilen will und was nicht. Vom „Überstülpen" einer Sichtweise kann eigentlich erst dann die Rede sein, wenn ein Therapeut ungebeten und über den Kopf des Patienten hinweg Feststellungen trifft oder gar Anweisungen gibt. Hier Zurückhaltung zu empfehlen, ist sicherlich sinnvoll. Ob es hilfreich ist, wenn der Therapeut sich auch auf Nachfragen des Patienten in Schweigen hüllt oder sich in Unverbindlichkeiten flüchtet, darf allerdings bezweifelt werden: Patienten kommen in die ersten Gespräche, um etwas über sich zu erfahren; eine allzu abwartende Haltung kann ebenfalls ein intrusives Element verstecken: Der Patient wird gezwungen, die abwartende Grundeinstellung des Therapeuten mitzumachen, selbst wenn er ihren Sinn nicht einsieht.

Ein zweiter wichtiger Einwand gegen eine frühzeitige und konsequente Behandlungskonzeption betrifft die Haltung des Therapeuten: Es wird argumentiert, daß eine allzu frühe Festlegung das Blickfeld des Therapeuten unzulässig einengt, so daß ihm möglicherweise die wichtigen, die unbewußten Details entgehen könnten. Hier liegt in der Tat ein Problem, das nur durch eine bestimmte therapeutische Haltung gelöst werden kann. Festlegungen und Gestalten haben die Tendenz, Informationen zu bündeln und zu zentrieren, so daß abweichende Informationen verlorengehen. Insoweit sind endgültige Festlegungen in der Tat in der Psychotherapie wenig hilfreich. Wie im Kapitel 5 ausgeführt wird, ist eine Haltung zu empfehlen, die nur vorläufige Festlegungen vorsieht, wobei diese eher Hypothesen-Charakter tragen sollten, als daß sie zu Barrieren für das Verständnis werden. Der Wechsel von Festlegung zur Infragestellung ist nicht immer leicht zu vollziehen und bedarf einer gewissen gedanklichen Disziplin. Das Problem

scheint mir aber nicht gelöst, sondern nur durch Vermeidung umschifft, wenn der Therapeut aus Angst vor seiner Einseitigkeit jede Art von Strukturierung vermeidet.

Die schwierigste Hürde im unbefangenen Umgang mit eigenen Fallkonzeptionen scheint mir aber auf einem anderen Gebiet zu liegen: Es betrifft die Frage, wie wir unser Verständnis für den Patienten und damit unser Mitgefühl in Einklang bringen mit unseren theoriegeleiteten Erklärungen oder Deutungen. Dieser Einklang ist zuweilen gestört: Nicht selten stößt man direkt oder indirekt auf den Einwand, daß der Patient doch in den Erstgesprächen zunächst das Recht haben müsse, „selbst zu Worte zu kommen", damit die therapeutische Beziehung sich entwickeln könne. Strukturierungen in Richtung auf eine Fallkonzeption erscheinen hier wie ein Störfaktor im Einvernehmen zwischen Patient und Therapeut; die sprachliche Ausformulierung der Konzepte wie etwas, das den wahren Wert der ersten Begegnung mindert. Daß es sich hier um ein grundsätzliches Problem handelt, zeigt nicht zuletzt die merkwürdige Ambivalenz, die Psychotherapeuten und speziell Psychoanalytikern in der Öffentlichkeit entgegengebracht wird: Die Sorge nämlich, sie könnten allzu bereitwillig jedes Wort durchleuchten und „deuten". Wenn Patienten von ihrer Falldarstellung Kenntnis erhalten, reagieren sie manchmal in ähnlicher Weise und sind verletzt. Diesem Problem liegt m. E. ein Mißverständnis der Deutung wie überhaupt des therapeutischen Verständnisses zugrunde. Dieses theoriegeleitete Verständnis scheint sich nicht gut zu vertragen mit jenem Verstehen, das wir im menschlichen Bereich so dringend brauchen; ja es scheint geradezu eine relativierende, entwertende Komponente zu haben. Nun hebt ja in der Tat das theoriegeleitete Verständnis etwas von der Subjektivität der ganz persönlichen Begegnung auf: Aus dem „Menschen" wird ein „Patient" und in der Fallkonzeption sogar ein „Fall": Schon in der Sprache wird sichtbar, daß das Besondere hier in den Kontext von etwas Allgemeinem eingebunden wird. Auffallend aber bleibt die Vorstellung, daß in dem Augenblick, wo das Besondere nicht im Kontext als einmaliges, sondern nur als spezielles Phänomen auftritt, bereits eine Entwertung liegen könnte, und daß die darauf aufbauenden Aussagen, Verknüpfungen und Erklärungen das Einmalige seines Wertes berauben. Geht, so muß man sich fragen, dem persönlichen Leid und dem subjektiven Empfinden unserer Patienten etwas verloren, wenn wir es z. B. frühzeitig als Ausdruck von Selbsthaß verstehen, und wenn wir den Menschen gedanklich als einen depressiven Patienten einordnen, oder hilft es uns und dem Patienten weiter, wenn wir sein Leiden selbst dort nachvollziehen können, wo es uns mit gesundem Menschenverstand als unbegründet erscheinen würde?

Die Sorge, mit einer Behandlungskonzeption das Wesentliche zu verpassen, läßt sich daher umgekehrt fassen: Fallkonzeptionen und insbesondere Deutungen sind nur insoweit hilfreich und angebracht, wie sie etwas zum vertieften Verständnis beitragen und damit die therapeutische Beziehung verstärken. Wenn aus ihr ein Mittel zur (aggressiven) Distanzierung wird, ist sie in der Tat fehl am Platz. Daß die Sprache der Fallkonzeption eine Sachsprache ist, die die Beziehungs- und Verständniskomponente enthält, aber nicht unbedingt ausdrückt, muß nicht grundsätzlich stören. Diese Sprache ist nötig, um den Austausch mit Personen sicherzustellen, die den Patienten nicht persönlich kennen. Zu messen aber ist die Analyse ausschließlich daran, wie sehr sie Verständnis vertieft und wichtige Informationen auch an Dritte weitervermittelt.

2 Die Festlegung von Therapiezielen

In manchen Erstgesprächen ergibt sich das Therapieziel beinahe wie von selbst: Der Patient kommt wegen einer umschriebenen seelischen Störung, die sich im Zusammenhang mit einer Konfliktsituation eingestellt hat. Der Patient weiß um diese Konflikte: er sieht sich aber außerstande, sein Erleben und Verhalten entsprechend zu ändern. Hier ist es nicht schwer, die Besserung der Symptome mit der Lösung des Konflikts zu verbinden und festzulegen, was sich am Ende einer Therapie für den Patienten verändert haben muß.

Auf der anderen Seite muß die Tatsache festgehalten werden, daß ein Großteil der problematischen bzw. erfolglosen Therapien bereits an Schwierigkeiten im Vorfeld, insbesondere an der Frage nach den Therapiezielen, scheitert. Daß dieses Scheitern zunächst weder vom Patienten noch vom Therapeuten bemerkt wird, macht rechtzeitige Korrekturen schwer. Im typischen Fall entwickelt sich auf beiden Seiten zunächst nur ein vages Unbehagen, das sich erst im Laufe der Zeit zu wechselseitiger Enttäuschung steigert. Selbst dann wird häufig nicht registriert, daß Therapeut und Patient ganz unterschiedliche Vorstellungen darüber haben, was sich in der Therapie verändern soll.

Konzeptuell ist die Festlegung des Therapiezieles von der Motivation des Patienten nicht zu trennen. Der allgemein gebräuchliche Begriff „Therapiemotivation" ist eigentlich unscharf: wenn Therapie nicht zum Selbstzweck werden soll, sondern Mittel zum Zweck bleibt, dann muß der Patient primär auf das Ziel hin motiviert werden, das er über die Therapie zu erreichen sucht. Wichtig ist dann die Aufklärung über die Methode, die zum Ziel hinführt. Wenn allzu unterschiedliche Erwartungen an die gemeinsame Therapie gerichtet werden, darf man sich nicht wundern, wenn die Motivation sich verflüchtigt. Allein diese Tatsache spricht gegen die von manchen Therapeuten geäußerte Zuversicht, daß die „Therapiemotivation" sich gleichsam von allein einstellen werde, wenn man dem Patienten nur Zeit lasse, sich in der Therapie zu entwickeln.

In den initialen Gesprächen muß es deshalb ganz wesentlich darum gehen, bei der Frage nach den erwünschten Veränderungen soviel Gemeinsamkeit wie möglich herzustellen. Diese Einigung kann natürlich nicht dadurch entstehen, daß der Therapeut dem Patienten einfach seine Meinung vorschreibt. Andererseits ergibt sich die Einigung nur selten dadurch, daß man den Patienten seine Probleme und seine Überlegungen einfach nur darstellen läßt. Das psychoanalytische Erstinterview, wie es von Balint und Balint (1990) entwickelt und später von Argelander (1970) zu kunstvoller Blüte gebracht wurde, entfaltet sich nur dann in befriedigender Weise, wenn in der Grundkonstellation bereits die Möglichkeit zur Einigung gegeben ist.

2.1 Wer entscheidet über Therapieziele?

Wenn das Ziel einer Psychotherapie die Aufhebung dessen ist, was wir „seelische Störung" nennen, dann hängt klinisch wie theoretisch sehr viel an der Frage, wer die Störung definiert und welche Maßstäbe er dabei zugrunde legt. Hier haben Strupp und Hadley (1977) einen wichtigen Beitrag geleistet. Sie haben ein **dreiteiliges Modell von seelischer Gesundheit** vorgestellt, das sehr realitätsnah definiert ist.

Die Autoren berücksichtigen dabei die Konkurrenz verschiedener Wertvorstellungen und damit verschiedener Beurteilungskriterien. Nach Strupp und Hadley sind die Gesichtspunkte von mindestens drei Parteien zu berücksichtigen: vom Patienten selbst, von seiner sozialen Umgebung und vom Therapeuten. Der Patient wird seine persönlichen Vorstellungen über ein befriedigendes Leben seinen Therapiezielen zugrunde legen wollen; darüber hinaus ist seine Beurteilung des gegenwärtigen Zustandes vor allem gefärbt von der subjektiven Befindlichkeit. Das Urteil der sozialen Umgebung darf dabei aber keineswegs vernachlässigt werden, da unsere Patienten nicht in einem sozialen Vakuum leben, sondern in ihrem Selbstverständnis auf die Spiegelung durch ein wie immer geartetes Umfeld angewiesen sind. Wie Strupp und Hadley ausführen, hat die gesellschaftliche Umgebung ihr eigenes (oft in sich widerspruchsvolles) Wertsystem, das sie der Beurteilung des Jetzt-Zustandes zugrunde legt. Die soziale Umgebung beurteilt dabei vorwiegend die Verhaltensmerkmale des Patienten

und wird gerade dort wichtig, wo der Patient selbst seine Verhaltensprobleme wenig reflektiert. Schließlich steuert der Therapeut seine Beurteilung des Ist-Zustandes bei, wobei er als Experte für seelische Gesundheit zu urteilen hat. Der Therapeut wird Strupp und Hadley zufolge vor allem auf die seelische Struktur des Patienten, auf dessen emotionale Stabilität, die kognitiven Fähigkeiten und nicht zuletzt auf dessen innere Konflikte achten.

Von besonderer Bedeutung ist natürlich bei Strupp und Hadley die Position des Therapeuten als „**Experte für seelische Gesundheit**": welche Werte und welche Kriterien liegen diesem Expertenurteil zugrunde? Dürfen sich Psychotherapeuten überhaupt einen Expertenstatus zuschreiben, oder haben sie nicht viel mehr den Bedürfnissen und den unbewußten Regungen ihrer Patienten zu folgen?

Es sprechen viele Argumente dafür, daß der Status des Experten der Rolle des Psychotherapeuten zumindest in der Phase der Behandlungsplanung gerecht wird. Die psychoanalytische Theorie enthält nämlich implizit ein Wissen um Fragen der seelischen Gesundheit, das sich z. B. in den idealistischen Zielvorstellungen der Psychoanalyse niederschlägt. Wir können in der Tat nicht so tun, als wüßten wir nicht aus unserer Erfahrung heraus, welche Lösungen des Patienten plausibel und damit chancenreich sind und welche Lösungen mit erheblichen Einschränkungen und Nachteilen verbunden sind. Es stellt sich deshalb die Frage, ob Psychotherapeuten bei der Beurteilung von Störungen eher als „Wissende" bzw. als Gurus höherer Einsicht oder ob sie lieber bescheiden als Experten von ihrer psychotherapeutischen Erfahrung Gebrauch machen sollen. Die Stellung des Experten ist im sozialen Bereich relativ gut umrissen: Er stellt im Rahmen professioneller Beziehungen sein Wissen zur Verfügung. Experten sind Berater; die Entscheidung treffen andere. Es erscheint mir mehr als angemessen, wenn der Psychotherapeut dem Patienten letztlich die Entscheidung darüber überläßt, was dieser als seine Störung anerkennt und was er ablehnt. Es erscheint mir andererseits als wichtig, daß er als Experte eine Meinung zum Problem des Patienten hat und diese äußert. Experten sollten von ihrem Auftraggeber unabhängig sein; sind sie es nicht, wird man ihren Expertenrat von vornherein anzweifeln. Dieser Unabhängigkeit entspricht das Prinzip der psychoanalytischen Neutralität ebenso wie die Grundlagen der ärztlichen Ethik.

Experten urteilen natürlich im Rahmen eines eigenen Wertsystems. Das relativiert ihren Standpunkt, das macht ihre Position andererseits auch durchschaubar. Genau jene Durchschaubarkeit ist dem Psychotherapeuten zu wünschen, wenn er mit dem Patienten zusammen festlegt, was als Störung anzuerkennen ist. Es darf z. B. kein Zweifel daran aufkommen, daß Wahrhaftigkeit und Aufrichtigkeit Werte sind, an denen der Therapeut strikt festhält. Auch an seiner Sympathie für Lebendigkeit und für die verschiedenen Formen von Befriedigung braucht kein Zweifel zu bestehen. Andererseits werden Experten klugerweise zwischen der Wertwelt ihrer professionellen Tätigkeit und ihrer ganz privaten Wertwelt zu unterscheiden wissen. Genau diese Einstellung gilt auch für den Psychotherapeuten: Er hat als Privatperson seine eigenen Werte und Normen; seiner Beurteilung von seelischen Störungen wird er aber das Wertsystem seines Patienten zugrunde legen und nicht versuchen, diesem das eigene Wertsystem überzustülpen. (Die professionelle Einstellung ist im übrigen nicht zuletzt charakterisiert durch die kritische Relativierung auch der persönlichen Wertmaßstäbe.)

Im Modell von Strupp und Hadley ist auch die Position der zweiten Partei, nämlich des **sozialen Umfeldes**, wichtig. Je nach Ausgangssituation liegen die wichtigen Konfliktfelder entweder mehr im beruflichen Bereich oder im privaten Bereich in Gestalt von Familienangehörigen und Partnern. Es wird nur selten möglich sein, das Umfeld direkt in den Erstgesprächen zu Wort kommen zu lassen. Um so wichtiger ist es, daß die Position der sozialen Umgebung im Gespräch Berücksichtigung findet, d. h., daß der Therapeut die Welt nicht ausschließlich aus der Perspektive des Patienten heraus betrachtet (siehe dazu Abschnitt 2.5 dieses Kapitels)

Wichtig ist die Umwelt vor allem, weil sie eigene, vom Patienten abweichende Interessen hat. Diese gehen nicht nur in die Therapieziele ein, sie beeinflussen auch die Prognose der angestrebten Veränderungen. Im Vorfeld einer Therapie kann es sehr wichtig sein, daß der Patient das Interesse und das Einvernehmen z. B. des Ehepartners gewinnt. Ein Partner, der die Therapie grundsätzlich ablehnt, ist eine massive Hypothek für die Therapie: selbst wenn der Patient sich durchsetzen kann, bleibt doch das Risiko, daß durch die Therapie die Partnerschaft zerbricht; in diesem Fall ist die Auseinandersetzung des Patienten mit sich sich selbst für eine lange Zeit stark eingeschränkt, wenn nicht sogar unmöglich gemacht.

Es bleibt die **Position des Patienten** selbst im Gesundheitsmodell. Seine Position ist eine doppelte: Einerseits ist er es, der ein

Anliegen hat und die Initiative zum Gespräch übernahm. Er ist letztlich auch die Person, die die Entscheidung über die Aufnahme der Therapie fällt; deshalb wird man in der Psychotherapie schlecht an ihm vorbei über seine seelischen Störungen befinden können. Andererseits ist seine Position auch im dreiteiligen Gesundheitsmodell relativiert: Er ist Anwalt nur einer von drei Parteien, nicht allein Entscheidender. Vor allem aber ist sein Wissen begrenzt; es ist vor allem begrenzt, ohne daß der Patient dies weiß. Sein Standpunkt ist mitgeprägt von unbewußter Abwehr und von Verleugnungen, er hat von allen Parteien die geringste Distanz zur Problemebene. Es ist deshalb für die Zielfestlegung wie für die Festlegung einer seelischen Störung unvermeidlich, zwischen dem bewußten Therapiewunsch und den unbewußten Motivationen des Patienten zu unterscheiden: Nur in den günstigen Fällen liegt beides so nah beieinander, daß die unbewußte Motivation zur Therapie nicht eigens berücksichtigt werden muß.

Aufgabe der vorbereitenden Gespräche ist es, die drei Positionen auf einen gemeinsamen Nenner zu bringen. Einigung heißt dabei nicht, daß alle Unterschiede in den Positionen ausgeräumt sein müßten. Einigung heißt vielmehr, daß es einen Aspekt von Störung gibt, der von allen Seiten akzeptiert wird, wobei zu seiner Veränderung eine Psychotherapie notwendig ist. Wenn man diese Einigung erreichen will, muß der Patient schon eine Menge über sich selbst wissen. Der folgende Abschnitt ist der Frage gewidmet, wie dieses Wissen in den Vorgesprächen zu vermitteln ist.

2.2 Zur Technik der nicht-strafenden Konfrontation

Das Erstgespräch hat in der psychotherapeutischen Praxis z. T. auch therapeutische Funktionen (s. d. Hohage et al. 1981). Wenn es um die Klärung von Therapiezielen geht, dann muß der Patient an irgendeiner Stelle des Gespräches etwas über sich selbst und seine Störungen erfahren, damit er Entscheidungen über die Aufnahme einer Psychotherapie fällen kann.

Diese notwendigen Erfahrungen im Gespräch werden oft mit dem Begriff der Probedeutung verbunden. Dieser Begriff ist in verschiedener Weise mißverständlich und verführt zum Mißbrauch. Er leitet sich aus der ursprünglich von Freud (1913c) gegebenen Empfehlung zu einer Probeanalyse ab, die sich jedoch weithin nicht durchgesetzt hat. Die Vorstellung, man müsse zumindest im Erstgespräch durch Probedeutungen herausfinden, ob der Patient für psychoanalytisches Denken gewonnen werden könne, übernimmt vom Vorschlag der Probeanalyse die ungünstigen Konnotationen vom Prinzip einer Eignungsprüfung. Prüfungssituationen sind selten dazu angetan, die kreativen Fähigkeiten eines Menschen zu fördern. Der übertriebene Einsatz von Probedeutungen kann, wie Strupp und Binder (1991) angemerkt haben, im Einzelfall viel Schaden anrichten. Nur intellektuell gut vorgebildete Patienten können diese Form des Vorgehens aufgreifen. Solange aber für den Patienten nicht klar ist, welchen Sinn die Probedeutungen haben und was damit erreicht werden soll, müssen solche Deutungen leicht als Verletzung der Intimitätsgrenze verstanden werden. Zwar ist es verführerisch, frisch gewonnene Einsichten gleich in eine entsprechende Deutung umzusetzen. Man ist aber gut beraten, sich speziell im Erstgespräch immer wieder die Frage vorzulegen, welches Ziel bzw. welche Reaktion mit einer Deutung erreicht werden soll. Probedeutungen legen unbewußte Bedeutungen, Motive oder Phantasien bloß; dieses Aufdecken kann häufig gut der eigentlichen Therapie vorbehalten bleiben. Wenn es aber um die Einigung über Störungsfelder geht, die dem Patienten nicht zugänglich sind oder übersehen werden, dann ist vor allem die Technik der Konfrontation angesagt.

Der Begriff der **Konfrontation** hat unter den meisten Psychotherapeuten nicht eben einen guten Ruf. Ihr haftet etwas Strenges an, so als stände sie zur Empathie des Therapeuten im Widerspruch. Dabei wird gern übersehen, daß der Therapeut den Patienten dabei mit Tatsachen konfrontiert, also seiner Funktion als Experte voll gerecht wird. Es wird weiterhin übersehen, daß Patienten in der Regel mit dem (unausgesprochenen) Wunsch kommen, etwas Kritisches über sich zu hören, was sie für sich selbst nicht fassen und nicht formulieren können. Eine der häufigsten Klagen von Patienten, die über unbefriedigende Erstkontakte berichten, betrifft die Erfahrung, daß die Therapeuten sich hinter dem Zuhören verschanzt haben und „nichts dazu gesagt haben". In der Tat ist die Konfrontation nicht nur für den Patienten kritisch: Auch der Therapeut gibt damit etwas von sich preis, denn er exponiert sich und sein therapeutisches Wissen.

Deshalb scheint es mir weniger um die Frage zu gehen, ob man konfrontieren soll im Erstgespräch, als wie man konfrontieren muß, damit am Ende des Gespräches die Störung verstanden und die Veränderungsbedürftigkeit festgestellt ist. In jeder Intervention, ganz besonders aber in der Konfrontation, sind zwei Ebenen gleichzeitig wirksam: Eine inhaltliche Ebene (hier steht im Vordergrund, was gesagt und in den Mittelpunkt gerückt wird) und eine Beziehungsebene (hier steht im Vordergrund, welche Position der Therapeut im Verhältnis zu seinem Patienten bezieht). Konfrontationen können durchaus eine strafende oder sogar beschämende Wirkung haben, wenn der Therapeut in der Position eines Anklägers oder Richters erscheint, der Schwächen aufdeckt bzw. moniert. Unausgesprochen enthält die strafende Konfrontation die Beimischung, daß der Ankläger von den in Frage kommenden Schwächen frei ist. Diese moralische Distanz ist natürlich für den Patienten beschämend, und sie stiftet im Erstgespräch Schaden. Strafende Konnotationen haben den Tenor: „Leider muß ich feststellen, daß Sie..."

Konfrontationen können auch mit einem ganz anderen Beziehungshintergrund verbunden werden, z. B. mit dem Bemühen, den Kern einer bislang unverstandenen Schwierigkeit zu verstehen. Eine solche Konfrontation hätte den Tenor: „Vielleicht macht das ja gerade das Problem aus, daß Sie..." oder sogar: „Wenn ich Sie jetzt richtig verstanden habe, läuft es darauf hinaus, daß Sie...". In letzterem Fall hat die Intervention schon fast den Charakter einer Klarifikation, auch wenn sie eine unangenehme Wahrheit enthält. Die Grundhaltung des Therapeuten ist dabei der Wunsch, im System des Patienten weiterzudenken, wo dieser aus Angst oder aus Scham mit dem Denken aufhört. Selbst einfache Rückfragen bekommen eine aufmunternde, nichtstrafende Komponente, wenn sie an der richtigen Stelle erfolgen, wo der Patient aus Angst Unklarheit hinterläßt: „Das verstehe ich jetzt nicht: Vorhin noch haben Sie, glaube ich, gesagt, daß ..."

Nichtstrafende Konfrontationen sind leicht, wenn der Patient es dem Therapeut leicht macht, ihn sympathisch zu finden. Sie sind dort am wirkungsvollsten und hilfreichsten, wo der Patient es dem Therapeuten nicht leicht macht, weil er ihn kontrolliert, provoziert, entwertet, oder wo der Patient Wesenszüge zeigt, die der Therapeut bei sich selbst nicht schätzen würde. Hier fallen dem Therapeuten natürlich zunächst nur strafende oder beschämende Konfrontationen ein, die seinen Ärger zum Ausdruck bringen. Die Kunst besteht darin, genau jenen Ärger, die Ungeduld, das Kopfschütteln bei sich nicht zu verleugnen – denn dann kommt all dies indirekt doch wieder in die Interventionen hinein –, sondern eine Haltung zu finden, in der diese Regungen untergebracht sind, ohne daß der Therapeut zu einer strafenden Instanz wird. In psychoanalytischer Terminologie würde man von der Aufarbeitung der Gegenübertragung sprechen.

Mir erscheint dabei eine therapeutische Grundhaltung hilfreich, die man mit Schafer (1972) als **ironische Einstellung zur Realität** kennzeichnen könnte: Es ist eine Haltung, die getragen ist vom Wissen um menschliche Schwächen und von einer gewissen Sympathie für menschliche Schwächen. Die ironische Grundhaltung schöpft die Sympathie und die Einfühlung aus der Verbindung der Ironie mit der Selbstironie, d. h. aus dem Wissen um die eigenen Schwächen. Wer im gleichen Boot sitzt, der kann auch gemeinsame Gefühle beim Namen nennen, ohne beschönigen zu müssen. In der ironischen Grundhaltung übernimmt der Therapeut die Rolle, die Goethe im Faust dem Mephisto zudiktiert hat: Er steht mit dem Bösen auf genügend gutem Fuß, um ungeschminkt reden zu können. „Du hast das Recht, gesittet pfui zu sagen", läßt Goethe den Mephisto

sagen „man darf das nicht vor keuschen Ohren nennen, was keusche Herzen nicht entbehren können." Hier ist die Ironie als Grundhaltung auf den Punkt gebracht. Wenn man unterstellt, daß in der Gestalt des Faust viel von Goethes eigenem Selbstbild dargestellt ist, dann hat Goethe in dieser Passage auch seine Fähigkeit zur Selbstironie in eindrucksvoller Weise unter Beweis gestellt.

Wenn es gelingt, Konfrontationen in einer Grundhaltung unterzubringen, die geprägt ist vom selbstironischen Wissen um die menschlichen Schwächen, dann sind sie frei von strafenden oder wertenden Komponenten, und dann darf der Therapeut in der Tat beim Namen nennen, was keusche Herzen nicht entbehren können. Diese Grundhaltung setzt natürlich ein bißchen Lebensweisheit voraus. Der selbstironische und der „wissende" Therapeut haben ein Stück Weisheit gemeinsam, aber sie gehen mit ihrer Weisheit in gegensätzlicher Weise um.

2.3 Symptomebene und Handlungsebene

Viele Patienten präsentieren im Erstgespräch ausschließlich ein Symptom, sei es nun psychosomatischer oder psychoneurotischer Natur. Ausschließliches Therapieziel scheint dann zu sein, daß das Symptom verschwindet. Wenn die seelische Störung im Erleben des Patienten auf ein Symptom oder die Kombination von Symptomen beschränkt ist, ist dies für analytisch begründete Verfahren immer ein Handicap. Der Therapeut kommt in die Situation, das Symptom psychodynamisch zu erklären und dann durch die Deutung verschwinden zu lassen. Der ganze Vorgang beläßt den Patienten in der Rolle eines Objekts, an dem

Handlungen vorgenommen werden; er selbst bleibt dabei passiv und unbeteiligt.

Manche Therapeuten versuchen das Dilemma dadurch zu lösen, daß sie nach Problemen außerhalb der Symptome fahnden in der Hoffnung, daß die Symptome verschwinden, wenn der Patient seine Beziehungsprobleme gelöst hat. Das kann zu paradoxen Situationen führen: Der Patient präsentiert immer wieder seine Symptomatik, weil diese ihn vordringlich beschäftigt. Er wird dann mehr oder weniger direkt dazu aufgefordert, das Symptom doch bitte beiseite zu lassen, damit es später verschwinden kann.

Es erscheint mir zur Eingrenzung der zu verändernden Störung wichtig herauszufinden, ob der Patient nur vordringlich seine Symptomatik präsentiert oder ob er zur Zeit nur aus Symptomatik „besteht". Gerade bei psychosomatischen Patienten und bei Angstpatienten kann nämlich die Symptomatik so quälend für den Patienten sein, daß sie den Blick für seelische Zusammenhänge regelrecht verstellt. Eine quälende Symptomatik muß in der Tat ernst genommen, in ihren somatischen Aspekten abgeklärt und gegebenenfalls begleitend mit den üblichen medizinischen Mitteln behandelt werden (Egle und Hoffmann 1993). Psychotherapie kann hier oft nur in kleinen Etappen, also schleichend eingeführt werden. Patienten, die auf eine solche quälende Symptomatik fixiert sind, sind für Richtlinientherapeuten in ambulanter Praxis nur schwer zu behandeln.

Anders dagegen die Patienten, die auf ihre **Symptome fixiert** erscheinen, ohne daß diese so quälend und unüberhörbar erscheinen. Hier ist die Frage wichtig, wie die Symptomatik vom Patienten verarbeitet wird; es geht mit anderen Worten um das Krankheitsverhalten. Es erscheint mir von großer Wichtigkeit, die Symptome weder zu übergehen noch den Patienten als reinen Symptomträger zu akzeptieren. Statt dessen muß der Therapeut als Experte für seelische Gesundheit das Krankheitsverhalten bzw. die Symptomverarbeitung des Patienten zu einem Teil der Störung machen. Damit wird der Patient ganz automatisch vom Symptomträger zum Handelnden, und das hat für sein Selbstbild Konsequenzen: Wer Symptome hat, ist das Opfer einer Entwicklung und muß geheilt werden. Wer Handelnder ist, hat zwangsläufig für sein Tun Verantwortung. Er wird zum Partner, evtl. auch zum Konfliktpartner des Therapeuten, aber er bleibt nicht Objekt des Geschehens (s. d. auch Kapitel 5.7). Für die Festlegung der Störung bzw. für die Festlegung der Therapieziele scheint es mir deshalb unerläßlich, daß die Symptomebene möglichst bald verlassen und durch eine Handlungsebene ersetzt wird. Das allein kann bereits zu einem wesentlichen Bedeutungswandel der Symptomatik führen.

▷ **Beispiel 1**
Ein 34jähriger Kaufmann bemerkt seit ein paar Monaten einen Druck in der Herzgegend und einen Magendruck, so als ob ihm übel sei. Er hat bislang eine Bilderbuchkarriere gemacht: Er ist nach Lehre und Studium der Betriebswissenschaft rasch in eine leitende Position übernommen worden, hat Erfolg gehabt und gut verdient, hat geheiratet und ein großes Haus gebaut. Seit der Fertigstellung des Hauses und der Geburt des kleinen Sohnes fehlt ihm irgendwie der Elan. Es gab auch erstmals Differenzen in der Führungsetage. Dem Patienten ist bewußt, daß die Symptomatik etwas mit diesen Veränderungen

zu tun haben könnte. Wenn sich morgens aber das Herzdrücken einstellt, dann gerät er in eine Art von Panik. Er kann nur noch daran denken, daß er nicht „fit" für seine Aufgabe, also für die Kontakte mit Mitarbeitern und Kunden sei. Auch im Erstgespräch kommt der Patient immer wieder darauf zu sprechen, daß er nicht mehr so fit sei wie früher. Die Angst ist so groß, daß er sich krankschreiben läßt.

Hier war es relativ einfach, das Krankheitsverhalten zur eigentlichen Störung zu erklären und dem Patienten zu zeigen, daß dieser seine Angst systematisch verschlimmert, indem er die körperliche Begleitsymptomatik zu einem Alarm- und Schwächezustand ausbaut, und daß er mit Flucht reagiert, statt sich den Auseinandersetzungen zu stellen. Die Konfrontation mit diesem „Mißverständnis" der körperlichen Reaktion reichte aus, um den Patienten zu einer mehr kontraphobischen Aktivität zu veranlassen. Er versuchte, seiner Arbeit nachzugehen und dabei die Herzbeschwerden als adäquaten Ausdruck seiner Anspannung zu werten. Damit verschwand die Symptomfixierung innerhalb einer Woche und die narzißtische Krise, die im Hintergrund stand, konnte therapeutisch angegangen werden.

Auch in weniger eindeutigen Fällen gilt: Die Symptomatik eines Patienten besteht niemals ausschließlich aus Symptomen, sondern immer auch aus Symptomverarbeitung. In letzterer liegt immer ein Handlungselement. Es ist deshalb gerade bei symptomfixierten Patienten so wichtig, über ihr Krankheitsverhalten bzw. über die **Symptomverarbeitung** Zugang zu ihren Motiven, Gefühlen und Reaktionen zu bekommen. Bei der Einigung über ein Therapieziel sollte dann das Krankheitsverhalten bereits als Teil der

Störung und damit als veränderungsbedürftig deklariert sein. Therapieziel ist dann z. B. nicht mehr, daß die Depressionen verschwinden, sondern daß der Patient sich nicht mehr so resigniert wie bisher von anderen zurückzieht. Ebensowenig sollte im Vordergrund stehen, „daß die Zwänge aufhören", sondern z. B. daß der Patient in bestimmten Situationen nicht mehr ständig grübelt, ob er anderen etwas angetan hat oder nicht.

Die Symptomfixierung hat in vielen Fällen andere Ursachen als die Überbewertung einer körperlichen bzw. seelischen Reaktion. In ihr kann Abwehr gebunden sein, die einer Angst vor der Therapie selbst entspricht. In diesen Fällen müssen wir zwischen dem bewußten Therapiewunsch und den unbewußten Erwartungen an die Therapie stringenter unterscheiden. Bewußt will der Patient eine Veränderung, die seine Symptomatik auflöst. Unbewußt hat er die Sorge, es könnten in der Therapie Inhalte zur Sprache kommen, die er weder selbst genau wissen noch mit einem anderen Menschen erörtern möchte. Das Festhalten an der Symptomheilung hätte dann die unbewußte Bedeutung des „Wasch mir den Pelz, aber mach mich nicht naß!" Manchmal gelingt es in den Erstgesprächen, die unbewußte Thematik zu erfassen, weil sie zugleich im Symptom zum Ausdruck gebracht wird. Das gelingt in der Regel nur bei hysterisch strukturierten Patienten, deren Symptomatik auch Konversionscharakter hat. In günstigen Fällen verschwindet dann mit dem Bewußtmachen dieses Zusammenhangs auch ein Teil der Abwehr.

▶ **Beispiel 2**
Ein leitender Angestellter kommt zum Erstgespräch mit einer sehr störenden Neigung zum Schwitzen in bestimmten Situationen. Organische

Ursachen scheiden aus, seelische Ursache vermag der Patient zunächst nicht anzugeben. Deutlich ist aber die Tendenz zur phobischen Vermeidung von Situationen, bei denen er ins Schwitzen geraten kann. Dieses Vermeidungsverhalten führt offensichtlich vor allem im beruflichen Bereich zu zunehmenden Schwierigkeiten. Der Patient beschreibt die Schweißausbrüche ausschließlich als Ereignisse, die ihn unvorbereitet ereilen. Zwar vermag der Interviewer eine Reihe von persönlichen Problemen zu identifizieren, diese stören den Patienten aber zunächst so wenig, daß darin kein Therapiewunsch festgemacht werden kann. Er wünscht überwiegend die Befreiung von seiner Symptomatik, die im Gespräch selbst praktisch nicht zum Tragen kommt. Der Durchbruch in den Vorgesprächen ereignet sich erst, als ein für den Patienten unangenehmes Thema zur Sprache kommt, das er zunächst elegant umschifft hatte. Das Nachfragen des Therapeuten führte zu einem leichten Schwitzen, und erst jetzt stellte sich heraus, daß die Symptomatik Ausdruck der Sorge war, bei einer kleinen Unaufrichtigkeit ertappt zu werden. Jetzt erst ließ sich Übereinstimmung darüber erzielen, daß die Symptomatik als Ausdruck einer Angst vor sozialer Kompromittierung angesehen werden kann. Therapieziel war, diese übertriebene Ängstlichkeit im sozialen Bereich abzubauen, so daß die Gefahr des Schwitzens sich verringern könnte – die Ursachen und Hintergründe dieser Ängstlichkeit blieben im Vorgespräch noch weitgehend offen.

Auch dieser Fall war relativ einfach aufzulösen, weil die unbewußte Abwehr nicht sehr verfestigt war. Schwierig wird es dagegen, wenn sich an der Entwicklung und der Aufrechterhaltung der Symptomatik ein zentrales Stück der Abwehr festgemacht hat. Musterbeispiel hierfür sind jene Persönlichkeiten, die mit auffälliger Heiterkeit und Gelassenheit von ihrer schier endlosen Leidensgeschichte erzählen. Die Beschäftigung mit der Symptomatik ersetzt hier die Auseinandersetzung mit inneren Problemen. Es ist ein selten erfolgreiches und vor allem ein sehr frustrierendes Unterfangen, hier beim Therapieziel „Beseitigung der Symptomatik" stehenzubleiben in der Hoffnung, auf indirektem Wege irgendwann zu den verborgenen Beziehungsproblemen zu gelangen. Statt dessen sollte man wiederum das Handeln des Patienten in nichtstrafender Konfrontation bereits in den Erstgesprächen aufgreifen, indem man den primären Krankheitsgewinn nüchtern erörtert.

Es ist wichtig, gerade hier den **primären Krankheitsgewinn**, d. h. den Vorteil der Symptomentstehung für die Bewältigung unbewußter Konflikte, nicht zu verwechseln mit dem sekundären Krankheitsgewinn, mit dem der Patient aus einer bestehenden Symptomatik Profit zu ziehen versucht. Der sekundäre Krankheitsgewinn trägt zur Konfliktlösung wenig bei und ist häufig materieller und oberflächlicher.

Daß mit einer Auflösung der Symptomatik schwer lösbare Beziehungskonflikte sichtbar werden könnten, diese Komplikation sollte m. E. vor der Aufnahme der Therapie mit dem Patienten erörtert werden. Es kann ein wichtiger Schritt für den Patienten sein, daß er sich hier zu einer Therapie entschließen muß, die ein gewisses Risiko beinhaltet, statt daß er sich von Arzt zu Arzt weiter schicken läßt.

Die bisherigen Beispiele sollten aufzeigen, wie wichtig es gerade bei symptomfixierten Patienten ist, den Handlungscharakter im Symptom selbst oder in der Symptomverarbeitung zu sehen und die Therapieziele auf einer Handlungsebene zu formulieren. Es gibt aber auch den umgekehrten Vorgang: Bei manchen Patienten gehört es zu den Voraussetzungen einer Therapie, daß sie bereit sind, ihrem Handeln Symptomcharakter zuzuschreiben. Viele von ihnen haben eine nur sehr vage und unscharfe Symptomatik. Statt dessen zeigt sich ein Problem in der Lebens- und Beziehungsgestaltung, das nur den Therapeuten, nicht aber sie selbst zu stören scheint. Hier entsteht wiederum eine unangenehme Situation: Der Therapeut ist es gewohnt, daß er zur Lösung eines Problems um Hilfe gebeten wird. Plötzlich findet er sich in einer Position, wo er ungebeten anfängt, Probleme zu schaffen, wo der Patient keine Probleme sieht. Viele Therapeuten halten sich in dieser Situation an den alten Grundsatz, daß man den Patienten dort abholen muß, wo er jeweils steht, und verschieben die Bearbeitung dieser Problembereiche auf später. Das kann zuweilen gut gehen, häufig führt es aber auch später zu einer Pattsituation, die durch das gleiche Dilemma gekennzeichnet ist wie oben beschrieben. Deshalb ist ein alternatives Vorgehen zu empfehlen: Wenn zentrale Aspekte einer Problematik berührt sind, sollte das ich-syntone Verhalten bzw. **Handeln** des Patienten schon im Vorfeld der Therapie **zum Symptom erklärt** werden, und zwar in Form von nichtstrafender Konfrontation.

▶ **Beispiel 3**

Eine 26jährige Arzthelferin erscheint im Erstgespräch mit einem Säugling auf dem Arm. Sie berichtet von depressiven Verstimmungen und von

der Angst, sie könne einmal explodieren und viel Schaden anrichten, vor allem bei ihrem Kind. Sie habe sich gerade von ihrem Ehemann in zweiter Ehe getrennt und sei zu einer Freundin gezogen. Der Ehemann sei mit der Trennung nicht einverstanden und stelle ihr ständig nach, drohe auch, ihr den Unterhalt nicht zu bezahlen. (Mit der Geburt des Kindes hat die Patientin ihre Stellung aufgegeben.) Als Grund für die Trennung gibt sie häufige Streitigkeiten an: Der Ehemann habe ihre Selbständigkeit nicht tolerieren wollen und sei eifersüchtig auf die Freundin gewesen. Sie habe das Gefühl, alleine nicht gut weiterkommen zu können, und brauche deshalb therapeutische Hilfe.

Zur Vergangenheit ist zu erfahren, daß die Mutter bei der Geburt der Patientin depressiv geworden sei und eine stationäre Psychotherapie gebraucht habe. Die Patientin hat sich als Kind relativ unauffällig entwickelt. Erste Heirat mit 20 Jahren, die Ehe ging schon nach zwei Jahren auseinander. Danach mehrere kurze Beziehungen. Mit ihrem zweiten Mann ist sie wiederum seit zwei Jahren verheiratet.

Das Problem der Therapeutin in dieser Situation war, daß ihr die Patientin in verschiedener Weise gestört und damit therapiebedürftig erschien. An einer Stelle schien die Patienten aber gerade kein Problem zu haben: Weder die Beziehung zu Männern noch der Entschluß zur Trennung wurde von ihr in Frage gestellt, und die auf die Patientin zukommenden materiellen Probleme wurden bagatellisiert.

Die psychische Struktur und die Psychodynamik dieser Patientin ist in der Tat auffällig. Es fragt sich nur, was alle Diagnostik nützt angesichts einer sehr kurzschlüssigen Entscheidung, die das weitere Leben strukturiert. Hier erscheint mir ein Vorgehen sinnvoll, bei der das Handeln der Patientin, nämlich die Tendenz zu raschen Trennungen, von der Therapeutin zum Symptom erklärt werden muß, auch wenn die Patientin dies anders sieht. Man könnte dieser Patientin durchaus sagen, daß ihre Angst, im Umgang mit der Tochter zu explodieren, durchaus nicht so unverständlich ist, weil sie selbst gerade eine Situation geschaffen hat, in der die Tochter in der Tat zu einem enormen Belastungsfaktor wird. Deshalb sei nicht so sehr der Impuls zur Explosion ein Symptom, sondern die Tatsache, daß die Patientin zu überstürzten Entscheidungen neigt und ein Unabhängigkeitsideal verteidigt, das sie ohne fremde Hilfe gar nicht verwirklichen kann. Wichtig bei dieser Art des technischen Vorgehens ist allerdings, daß die Konfrontation trotz ihrer Direktheit als nicht strafend empfunden wird, weil die Patientin merkt, daß die Therapeutin ihre Not anerkennt, selbst wenn sie sie anders deutet.

Die Möglichkeit, Handlungen bzw. Verhalten zum Symptom zu erklären, ist besonders bei jenen Patienten von großer Bedeutung, die ihre zentralen Probleme nicht sprachlich mitteilen, sondern handelnd darstellen. Im Abschnitt 6 dieses Kapitels wird davon noch ausführlich die Rede sein. In all diesen Fällen spiegelt sich ein zentrales Problem in der Beziehung zum Therapeuten wieder. Es ist dann Aufgabe des Therapeuten, das Symptom in der Übertragungsbeziehung zu erkennen und als Symptom zur Sprache zu bringen, damit von dort aus ein Therapieziel festgelegt werden kann (s. auch Kapitel 5.3).

Wenn wir die ich-syntonen Handlungen unserer Patienten zum Symptom erklären, hat das im Erleben des Patienten immer zwei Seiten: zum einen erlebt uns der Patient als kritisch distanziert und sieht sich in seinem Tun in Frage gestellt. Hier ist die Gefahr einer Beschämung zu beachten. Zugleich hat die Kennzeichnung als Symptom auch etwas Entlastendes: es ist damit das Verständnis verbunden, daß der Patient aus inneren Gründen heraus nicht anders handeln kann. Wer Symptome hat, ist eben krank und hat ein Recht, zum Arzt zu gehen. Der Therapeut signalisiert damit also indirekt auch seine Bereitschaft zur Unterstützung und zur Mithilfe bei der Symptombeseitigung.

Symptomebene und Handlungsebene stehen in den vorbereitenden Gesprächen in einem merkwürdigen Wechselverhältnis: Ich-dystone Symptomatik muß vom Patienten als Handeln anerkannt werden, das er (in begrenztem Rahmen) auch zu verantworten hat; ich-syntones Handeln wird dagegen nicht selten zu einem Ich-dystonen Symptom. In der Tat liegt die **Einsicht** in der Psychotherapie oft gerade darin, daß wir bestimmte Aspekte unseres Selbst als ich-dyston und zugleich als ich-synton akzeptieren (Hohage 1989).

2.4 Therapieziele und Lebensziele

Ein wichtiger Faktor, auf den der Therapeut bei der Einigung auf ein Therapieziel achten sollte, ist die Einbettung von Therapiezielen in die allgemeinen Lebensziele. Nach Meinung von Ticho (1971) sind viele Analytiker zu Unrecht enttäuscht von ihren Behandlungsergebnissen, weil in ihrer Vorstellung die Therapieziele von der Erfüllung allgemeiner Lebensziele nicht genügend unterschieden werden. Am Ende der Behandlung muß sich dann zwangsläufig Enttäuschung breitmachen, weil Lebensziele immer den Charakter einer (handlungsleitenden) Utopie haben, während Therapieziele konkrete Standards setzen, an denen das Therapieergebnis zu messen ist. Der Vermischung von Therapie- und Lebenszielen liegt fast immer eine heimliche Idealisierung der psychoanalytischen Therapie zugrunde: die Vorstellung nämlich, daß am Ende dieser Kur ein Mensch steht, der für alle weiteren Zeiten in reifer Form mit seinen Lebensproblemen umgehen kann. Dieser Illusion steht entgegen, daß Psychoanalyse und Psychotherapie keine Heilslehren sind, sondern daß sie günstigenfalls in einer bestimmten Lebenssituation und einem bestimmten Lebensabschnitt dazu verhelfen können, Probleme innerer und äußerer Art besser zu lösen.

Andererseits sind Therapieziele und Lebensziele natürlich aufeinander bezogen. Die Therapieziele müssen zu den Lebenszielen passen: Es ist ungünstig, wenn sie zur Erreichung von Lebenszielen nicht beitragen oder wenn sie sogar in Diskrepanz zu dem stehen, was sich der Patient in seinem Leben wünscht. Häufig wird man feststellen, daß Patienten keine klaren Entscheidungen treffen, weil ihre Lebensziele so unklar sind. Deshalb kann es ein wichtiger erster Schritt in den vorbereitenden Gesprächen sein, überhaupt so etwas wie ein Lebensziel zu formulieren. Im zweiten Schritt kann dann oft viel besser geklärt werden, ob therapeutische Hilfe zur Erreichung dieser Ziele notwendig ist oder nicht. Dies ist besonders hilfreich bei Patienten, bei denen noch offen ist, ob hier eigentlich eine Therapie angezeigt ist oder ob es mehr um eine Lebensberatung im unspezifischeren Sinn gehen muß.

▶ **Beispiel 4**
Ein 40jähriger Journalist meldet sich zum Gespräch mit Partnerproblemen: Bislang habe er keine festen Bindungen gewollt, jetzt aber merke er, daß er in Partnerschaften große Schwierigkeiten habe. Bei jeder Kritik fühle er sich „als Person abgelehnt", ziehe sich zurück und zerstöre damit jede Bindung auf die Dauer. Der Lebensweg dieses Patienten verlief bislang nach hedonistischen Prinzipien: Dem Vater intellektuell weit überlegen und von der Mutter gefördert, legte er sich beruflich lange Zeit nicht fest, sondern beschäftigte sich, „fasziniert von dieser Welt und ihren Rätseln" mal mit dieser, mal mit jener Disziplin. Erst seit wenigen Jahren hat er sich beruflich festgelegt, wobei ihn seine gegenwärtige Position nur bedingt befriedigt. Seine Partnerschaften waren bislang den vielfältigen anderen Interessen immer nachgeordnet gewesen, erst jetzt habe er bemerkt, daß er einen festen Partner brauche.

Im Gespräch wird zunächst die Lebenskrise herausgearbeitet: Wie bei so vielen narzißtisch gestörten Menschen bringt die Zeit um das 40. Lebensjahr einen Einbruch, weil die bislang verleugnete Endlichkeit und Begrenztheit unserer Existenz zu diesem Zeitpunkt nicht mehr zu übersehen ist. Ab 40 scheint der Weg immer nur noch bergab zu führen und nicht bergauf. Der regressive Ausweg in eine haltgebende Partnerschaft erwies sich nicht zuletzt wegen der narzißtischen Probleme als wenig gangbar. Andererseits hat dieser Patient bislang aus seinem Narzißmus recht viel Gewinn gezogen und dabei viel Kreativität entwickelt, so daß diese seine Entwicklung durchaus nicht einfach zum Symptom erklärt werden kann. Als Lebensziel wurde zunächst einmal festgelegt, daß er auch in der zweiten Lebenshälfte aus seinen Möglichkeiten noch Gewinn ziehen möchte, ohne zu resignieren. Dazu allerdings, so konnten wir besprechen, wird er Begrenzungen akzeptieren müssen: Er wird z. B. anerkennen müssen, daß er, um so etwas wie eine feste Partnerschaft zu bekommen, auf etwas anderes, nämlich unbeschränkte Freiheit, verzichten muß. Dies alles, so legten wir zunächst fest, seien Reifungsprobleme, mit denen sich jeder Mann früher oder später herumschlagen müsse, bei ihm werde dieses Problem lediglich erst spät im Leben wirklich dringlich. So weit konnte der Patient mir folgen, deshalb konnten wir jetzt im zweiten Schritt die Frage erörtern, ob er diese Schritte auf eine sinnvolle Lebensplanung allein bewältigen könne oder ob dazu weitere therapeutische Hilfe notwendig sei. Bei diesem zweiten Schritt mußte dann seine ganze Lebensentwicklung, die zu einer narzißtischen Persönlichkeitsorganisation beigetragen hatte, in Betracht gezogen werden. Auch hier spielt die Frage, wieviel von seinem Leben er bewußt so will und was alles „Notlösung" ist, eine wichtige Rolle. In den Vorgesprächen entschied sich der Patient, es zunächst allein zu versuchen und vielleicht erst später therapeutische Hilfe in Anspruch zu nehmen.

Lebensziele spielen in den Vorgesprächen eine erhebliche Rolle bei **Patienten mit chaotischer Lebensführung**. Eine chaotische Lebensführung verweist oft auf Probleme der psychischen Struktur bzw. auf eine Borderline-Problematik. Deshalb sollten Therapeuten nicht in den Fehler verfallen, jeden Patienten mit chaotischer Lebensplanung zu einem Borderline-Patienten zu machen, selbst wenn er über belastende Faktoren in seiner Kindheit berichtet (s. d. Kapitel 4.6). Eine unklare Lebensplanung kennzeich-

net schließlich auch die Phase der Adoleszenz, und die reicht bei manchen Menschen bekanntlich bis ins 40. Lebensjahr. Deshalb sollten die Vorgespräche klären helfen, ob wirklich eine tief verankerte Unfähigkeit zu einer geordneten Lebensplanung vorliegt oder ob hier nicht adoleszente Lebensformen beibehalten werden, die wegen ihrer Unangemessenheit zu immer neuen Krisen Anlaß geben. Die Patientin aus Beispiel 3 scheint mir in diese Kategorie zu gehören. Die Fokussierung auf überstürzte Trennungen und auf überhöhte Selbständigkeitsideale zielt zugleich auf Aspekte einer widersprüchlichen Lebensplanung.

Gerade bei der Klärung von Lebenszielen ist es wichtig, daß der Therapeut sich möglichst strikt an seine Rolle als Experte für seelische Gesundheit erinnert. Es ist nicht seine Sache, als Experte Ziele vorzugeben, aber als Experte kann er sehr wohl die Widersprüchlichkeit von Zielvorstellungen erkennen oder auf Widersprüche zwischen Zielen und Handlungen verweisen.

In diesem Zusammenhang bekommen oft die Symptome von Patienten mit chaotischer Lebensführung einen ganz anderen Stellenwert: Sie erscheinen gar nicht mehr als Störfaktor, der zu beseitigen ist, sondern als Alarmzeichen, die andeuten, daß etwas nicht stimmt. Wenn der Patient sehr zu Verleugnungen neigt, dann erscheint das Symptom oft geradezu als Ausdruck des gesunden Teils seiner Persönlichkeit, der die Verleugnungen nicht mitmacht. Dieser Aspekt kann dem Patienten mit chaotischer Lebensführung durchaus als Deutung mitgeteilt werden:

▶ **Beispiel 5**
Eine 28jährige kaufmännische Angestellte kommt mit der Diagnose

Angstneurose. Sie schildert einen kaum lösbaren Partnerkonflikt: Ihr Ehemann, ein Biologiestudent kurz vor dem Abschluß, habe sich vollkommen von ihr zurückgezogen, seit sie ihm einen Seitensprung mit einem Studienkollegen gestanden habe. Er habe massive Arbeitsstörungen entwickelt und verlasse kaum noch das Bett. Die finanzielle Situation werde immer aussichtsloser, da sie arbeitslos sei und die Arbeitslosenunterstützung für beide nicht ausreiche. Mit Empörung berichtet sie, daß sie sich zu dem Seitensprung nur bereitgefunden habe, weil der Ehemann seinerseits sie bereits mehrfach betrogen habe. Die Patientin schildert diese Situation mit viel Dramatik. Die von ihr berichteten biographischen Details lassen sich zu dem Satz zusammenfassen, daß das Leben sie schon seit Kindheit schlecht behandelt habe.

Als Motiv zur Therapie gab die Patientin die Behebung ihrer Angst an. Der Therapeut erklärte ihr, daß bei ihr die Angst keine Krankheit sei, sondern eine normale Reaktion auf eine chaotische Lebenssituation. Er frage sich deshalb, wie sie eigentlich in eine so trostlose Situation hineingeraten konnte. Bei der mit viel Dramatik vorgetragenen Erläuterung dieser Entwicklung zeigte ein Machtkampf zwischen den Ehepartnern, der ohne jede Rücksicht auf die Lebenssituation der beiden ausgetragen wurde. Es war die Patientin, die durch die Entwicklung ihrer Angstsymptomatik aus dieser Verwicklung ausschied. Der Therapeut deutete ihr, daß ihre Angst die verbliebene gesunde Seite in diesem Kampf repräsentierte, weil sie der realen Situation Rechnung trug. Bezeichnenderweise war ihre Kindheit gekennzeichnet von der Kombination von Verwöhnung mit emotionaler Vernachlässigung. Auch die Partnerkrise war aus wechselseitiger Enttäuschung entstanden, wobei schon im Erstgespräch klar war, daß das offenkundige Fehlverhalten des Ehemannes für sie auch Entlastung bedeutete, weil sie Schuldgefühle ihm gegenüber hatte: Beide Partner suchten beständig, sich gegenseitig die Schuld zuzuschieben. Die Kindheit des Ehepartners war womöglich noch trostloser als die der Patientin gewesen.

In diesem Fallbeispiel wird sichtbar, warum schon im Erstinterviewverfahren häufig eine bestimmte Form von **Deutungsarbeit** geleistet werden muß, um überhaupt ein Therapieziel festlegen zu können. Zunächst einmal hatte der Therapeut, wie unter 2.3 ausgeführt, einen bestimmten Problembereich des Patienten zum Symptom erklärt. Zum anderen wurden die Therapieziele in Relation gesetzt zu den ganz unrealistischen Lebenszielen dieser Patientin. Bezeichnenderweise reagierte diese auf diese Konfrontationen eher mit Erleichterung: entsprechend ihrer infantilen Struktur und der damit verbundenen Elternübertragung registrierte sie bei den Konfrontationen eine gewisse Unbestechlichkeit auf seiten des Therapeuten, die ihr Sicherheit versprach. Mit dieser Sicherheit im Rücken konnte sie dann die verfehlten Aspekte ihrer Lebensgestaltung wie auch ihrer Partnerbeziehung in die Zielplanung einbeziehen. Die anschließende Kurztherapie, die zeitweilig den Ehemann mit einschloß, brachte eine deutliche Stabilisierung.

Natürlich kann man häufig darüber streiten, was an einer Lebensplanung realistisch ist und was nicht. Hinter Meinungsverschiedenheiten in diesem Punkt verbergen sich in der Regel Differenzen in den Wertsetzungen. Es bleibt Aufgabe des Experten für seelische Gesundheit, die zu erwartenden Reaktionen der Umwelt zu antizipieren und dem Patienten gegebenenfalls deutlich zu machen.

So ist es durchaus möglich, daß ein Apotheker auch in einer ländlichen katholischen Gegend in freier Partnerschaft mit einer bereits geschiedenen Frau lebt, die Kinder von zwei verschiedenen Vätern hat. Die in dieser Gegend geltenden Normen wie auch die Konventionen bezüglich Kindererziehung und Lebensführung müssen für einen gebildeten Apotheker absolut nicht bindend sein. Aber eine solche Existenz ist nur dann befriedigend, wenn der Betreffende bereit ist, auf die sozialen Kontakte mit den tonangebenden Persönlichkeiten dieser Kleinstadt zu verzichten. Er muß wissen, daß er sozial isoliert sein wird und daß seine wirtschaftliche Situation sich eher verschlechtern wird: Viele Kunden werden lieber in einer anderen Apotheke kaufen. Wenn unser Patient also unter den Folgen der Isolierung leidet und in seinem zornigen Kampf gegen überholte Normen Symptome entwickelt, dann muß diese Diskrepanz der Wertsysteme schon in der Planungsphase angesprochen und reflektiert werden. Im Rahmen dieser Reflexion sind ganz unterschiedliche Therapie- und Lebensziele denkbar: Der Patient kann sich vornehmen, sich von seinen bisherigen Bindungen in seinem Heimatort zu lösen und sich anderswo neue Bekannte zu suchen; er kann feststellen, daß seine bisherige Existenz sich mit seinen Interessen und Werten nicht mehr verträgt und seine berufliche Existenz verändern; oder er kann bemerken, daß er hier gar nicht für seine Normen kämpft, sondern für die Normen seiner neuen Partnerin, an die er stark gebunden ist. Er kann aber auch zu dem Schluß kommen, daß er mit seinem Kampf gegen bürgerliche Normen einen

alten familiären Konflikt weiterführt, der ihn in seiner Lebensgestaltung entscheidend behindert, so daß die Beendigung dieser inneren neurotischen Konflikte zu einem Therapieziel wird. Als Person wird der Therapeut hier innerlich wahrscheinlich Stellung beziehen in diesem Kampf; als Experte für seelische Konflikte muß er sich darum bemühen, dem Patienten bei den Entscheidungen zu helfen und dabei darauf zu achten, daß die wichtigen Bedürfnisse des Patienten bei der Entscheidung adäquat berücksichtigt werden. Es geht dabei vor allem um das Bedürfnis nach sozialen Kontakten, um die Bindungswünsche, die die Partnerschaft prägen, aber auch um die Autonomieansprüche als Individuum gegenüber einer von Normen stark strukturierten sozialen Umgebung.

2.5 Therapieziele und soziale Umwelt

Die vorausgegangenen Ausführungen haben bereits die Verflechtung von Therapiezielen mit der sozialen Umwelt gestreift: Das Umfeld ist bei der Festlegung dessen, was wir Störung nennen, durchaus beteiligt, wenn auch nicht allein bestimmend. Gerade diese unausweichliche Verflechtung eigener Lebenspläne mit den Anforderungen von außen macht es notwendig, die Therapieziele aus dem Einflußbereich der Umwelt herauszulösen. Das gilt insbesondere dort, wo die Patienten Schwierigkeiten haben, ihr eigenes Anliegen von dem der Umwelt abzugrenzen. Eine zentrale Forderung für die Festlegung von Therapiezielen ist deshalb, daß die Ziele „Selbst-Ziele" sein müssen: Sie müssen festlegen, wie der Patient künftig mit sich selbst umgehen will. Nicht selten begegnen wir Patienten, deren Ziel es ist, ihre Umwelt zu verändern, nicht sich selbst.

Dieses Ziel wird oft nur notdürftig verborgen. „Ich möchte durchsetzungsfähiger werden" ist dann nur eine Umschreibung für den Wunsch, die Umwelt dazu zu kriegen, daß sie sich den Vorstellungen des Patienten beugt. Manchmal ist der Wunsch nach Veränderung der Umwelt ganz offensichtlich, z. B. wenn ein Partner auf dem Höhepunkt der Ehekrise mit Symptomen dekompensiert und therapeutische Hilfe sucht. Hier wird das Symptom sehr rasch als Druckmittel gegenüber dem Partner (und bald auch gegenüber dem Therapeuten!) eingesetzt: „Da siehst Du, was Du bei mir angerichtet hast!" In dieser Konstellation gerät der Therapeut besonders rasch in eine Sackgasse, wenn er sich darauf beschränkt, die Symptombesserung zum Therapieziel zu machen. Er wird nur dann erfolgreich sein in der Therapie, wenn er dem bewußten oder unbewußten Wunsch des Patienten folgt und für diesen gegen die Umwelt bzw. den Partner Partei ergreift. Hält er sich dagegen an die analytische Neutralität, dann sieht er sich durch Symptomverschlechterungen bestraft. Deshalb ist es so wichtig, den Patienten in solchen Fällen mit dessen heimlichen Therapiewunsch zu konfrontieren. (Dies muß möglichst vor der eigentlichen Therapievereinbarung passieren, denn eine Vereinbarung kann nur dann getroffen werden, wenn das Ziel des Unternehmens für beide Partner klar ist). Wartet man mit der Klärung des heimlichen Therapiewunsches ab, dann trifft der Patient u. U. eine Vereinbarung unter falschen Voraussetzungen, und der Therapeut darf sich nicht wundern, wenn der Patient in der Therapie nicht mehr adäquat mitarbeitet bzw. die Therapie abbricht.

Eine Konfrontation der Art, daß der Patient insgeheim den Partner bzw. die Umwelt verändern möchte, bekommt besonders leicht einen strafenden Unterton. Unausgesprochen steht im Raum: „Sie wollen in der Therapie ja bloß, daß der Partner sich verändert" – und schon ist der Vorwurf nicht wegzudenken, daß der Patient den Therapeuten manipulieren möchte. Das mag sogar manchmal zutreffen, aber der Vorwurf zerstört die therapeutische Beziehung, bevor sie sich überhaupt hat entwickeln können. Es ist deshalb viel klüger, den Wunsch nach Veränderung des Partners offen auszusprechen und ihn zugleich als legitimen Wunsch anzuerkennen: „Natürlich wäre es am schönsten, Ihr Partner würde so, wie Sie ihn brauchen" – konfrontiert wird dann mit den unrealistischen Anteilen dieses Wunsches: „Aber leider wird das wohl nur ein Wunsch bleiben, bei Ihnen wie bei so vielen anderen Ehepaaren." Der Selbstaspekt des Therapiezieles kann erst sichtbar werden, wenn das unrealistische des Wunsches anerkannt ist: „Die Frage ist: Wie kommen Sie mit sich und Ihrer Partnerschaft zurecht, wenn Ihr Partner sich nicht verändert?"

Die umgekehrte Konstellation ist für die Festlegung von Therapiezielen genauso problematisch: Daß der Patient sich zwar zu einer Therapie anmeldet, aber offen oder verdeckt unter dem Druck der sozialen Umwelt steht, sich verändern zu müssen. Hier taucht unweigerlich die Frage auf, auf welcher Seite der Therapeut im **Konflikt mit der Umwelt** steht. Fehlentwicklungen resultieren häufig aus dem naheliegenden Bedürfnis des Therapeuten, in einer Therapie nicht als verlängerter Arm fremder Autoritäten zu erscheinen. Mehr oder weniger unbemerkt bezieht der Therapeut dann Stellung gegen die soziale Umwelt. Damit ist die therapeutische Beziehung scheinbar gerettet und der Selbstaspekt der Therapieziele gesichert, aber die Position der therapeutischen Neutralität ist verletzt, und der Therapeut gerät in den Machtkampf zwischen Patient und Umwelt, sei diese nun verkörpert durch die Familie, den Arbeitgeber oder die Gerichtsbarkeit. Speziell bei stationären Psychotherapien habe ich beobachtet, daß die Kliniken schnell in eine Frontstellung zu den Angehörigen geraten, vor allem wenn diese den therapeutischen Prozeß zu beeinflussen versuchen. In ambulanten Therapien kann sich das gleiche Problem ergeben.

Der Ausweg aus dem Dilemma liegt m. E. gerade nicht in der mehr oder weniger offenen Stellungnahme des Therapeuten gegen die Ansprüche der sozialen Umwelt. Der Selbstaspekt der Therapieziele sollte nicht mit der Parteinahme für den Standpunkt des Patienten verwechselt werden. Der Selbstaspekt liegt vielmehr darin, den Patienten soviel inneren Freiraum zur Verfügung zu stellen, daß er den sozialen Konflikt lösen kann, wenn er es will.

▶ **Beispiel 6**

Ein 20jähriger Fachoberschüler wird von der Mutter angemeldet, weil er immer schlechtere Leistungen nach Hause bringt, so daß der Verbleib an der Fachoberschule gefährdet sei. Er verbringe die meiste Zeit in seinem Zimmer bei lauter Musik und arbeite nicht. Auf meine Nachfrage am Telefon erklärt die Mutter, der Sohn sei über die Anmeldung orientiert und mit ihr einverstanden. Sie habe ihn jetzt endlich so weit, daß er etwas gegen seine Trägheit und Interesselosigkeit tun wolle. Auf meinen ausdrücklichen Wunsch ruft der Patient mich in den nächsten Tagen noch einmal an, so daß ich mit ihm selbst einen Termin ausmachen kann.

Zum Gespräch erscheint der Patient dann provozierend, nachlässig gekleidet und ist mürrisch abweisend. Er vermeidet den Blickkontakt und wirkt viel unsicherer, als seine Kleidung zum Ausdruck bringt. Als Symptom präsentiert er die nachlassenden Leistungen, mangelndes Interesse an der Schule und mangelnden Fleiß. Er komme, weil die Mutter durch die Lehrer alarmiert worden sei und damit drohe, ihm die finanzielle Unterstützung zu entziehen. Er selbst finde, daß es eigentlich seine Sache sei, wieviel er für die Schule arbeite, und daß Erpressung auch nicht viel nütze. Die Mutter mische sich nämlich dauernd in seine Sachen ein, indem sie sich z. B. ständig über das Chaos in seinem Zimmer aufrege. Im übrigen Gespräch demonstriert er mir Interesselosigkeit, indem er sich sehr passiv verhält, ohne allerdings seine nachlassenden Leistungen zu beschönigen. Es ist offensichtlich, daß ich als älterer Therapeut im Gespräch der Mutter an die Seite gestellt werde.

Eine Wende bahnt sich hier an, als ich darauf verweise, daß die Selbständigkeit oft erst im Kampf mit Autoritätspersonen erkämpft werden muß. Ich mache den Patienten darauf aufmerksam, daß er für diesen Kampf schlecht gerüstet sei. Es sei ja gerade nicht so, daß er bei seinen Schulleistungen Herr seiner Entscheidungen sei und sich das Recht vorbehalte, selbst über das Ausmaß an Einsatz zu entscheiden. Mein Eindruck sei, daß er zur Zeit ziemlich aus dem Gleichgewicht sei und Schwierigkeiten habe, das nötige Interesse und die Konzentration für die Schule aufzubringen. Erst wenn dieses Gleichgewicht wieder hergestellt und die Arbeitsfähigkeit gesichert sei, könne er sich mit der Mutter über das Ausmaß an Einsatz streiten. Der Patient nickt hier mit dem Kopf und wirkt ein wenig erleichtert. Er schildert jetzt, daß er in der Tat kaum noch in der Lage ist, sich mit einem Buch zu beschäftigen. Der soziale Rückzug und die Arbeitsstörungen werden von ihm jetzt eindeutig als Symptome anerkannt, die veränderungsbedürftig sind.

In diesem Beispiel liegt der Selbstaspekt des Therapieziels in der Entscheidungsfreiheit: Die Störung scheint ganz im Sinne der Psychotherapie-Richtlinien als Krankheit, weil der Patient sich aus eigener Kraft nicht verändern kann. Hier liegt auch der entscheidende Veränderungswunsch auf seiten des Patienten. Ein solche Konstellation findet sich bei vielen Patienten, die zunächst einmal auf Druck der Umwelt kommen, insbesondere bei Anorexie-Patientinnen. Sie alle fühlen sich in der Regel von außen gedrängt, ohne daß sie selbst das Symptom beseitigen wollen. Bei genauerem Hinsehen sind sie aber längst zum Sklaven ihrer Symptomatik geworden und sind keineswegs mehr Herr ihrer Eßbedürfnisse bzw. des Eßverhaltens. Diese Sklavenposition widerspricht allen Autonomieidealen, die Anorexie-Patientinnen entwickelt haben; deshalb liegt hier auch ein Motiv für die Psychotherapie bzw. für ein gemeinsames Ziel der Therapie: Soweit zum Herren der eigenen Entscheidungen zu werden, daß das Eßverhalten nicht mehr von der Angst vor dem Dicksein, sondern von den eigenen Wünschen diktiert wird.

2.6 Klinische Probleme bei der Zielfestlegung

In der Praxis passiert es immer wieder, daß Patienten ein dringendes Behandlungsbedürfnis anmelden und die Therapeuten für sich interessieren, ohne daß ein gemeinsames Therapieziel festgelegt werden könnte. Die Therapeuten haben bei diesen Patienten ein mehr oder weniger ausgeprägtes Unbehagen, weil etwas in der Therapieabsprache unklar bleibt. Nach meiner Erfahrung tauchen in der Mehrzahl dieser Fälle recht bald Probleme in der Behandlungsführung auf, die vermeidbar wären, wenn die Ziele zuvor besser festgelegt worden wären. Der folgende Abschnitt soll sich deshalb mit jenen Patienten beschäftigen, die bei der Zielfestlegung Schwierigkeiten bereiten.

2.6.1 Patienten ohne Therapieziel

In diese Gruppe fallen Patienten mit unterschiedlichen Problemen und Motiven. Der von der sozialen Umwelt bzw. von den Angehörigen geschickte Patient wurde bereits im vorigen Abschnitt dargestellt.

Auch **Krisenpatienten** bleiben oft in einer auffallenden Weise passiv, wenn es um die Frage nach der Veränderung geht. In dieser Passivität liegt ein wichtiges Übertragungsangebot, das mit einem heimlichen Therapiewunsch verknüpft ist: Es ist die Sehnsucht nach einer omnipotenten, schutzspendenden Elternfigur, die einfach wie in frühen Kinderzeiten alle Wünsche abnimmt und alle Probleme beseitigt. Auch hier ist eine nichtstrafende Konfrontation mit dem heimlichen Therapiewunsch bzw. der Sehnsucht nötig, damit der Patient seine Passivität aufgeben und ein Stück Verantwortung für seine Krise übernehmen kann.

Eigene Probleme bereiten Patienten, deren Selbstbeschreibungen so vage und widerspruchsvoll sind, daß daraus kein konturiertes Bild eines Problems oder eines manifesten Konfliktes entsteht, obwohl der Patient offensichtlich unter

Druck steht. Nur selten handelt es sich darum, daß der Patient etwas verschweigt (dann muß natürlich das Verschweigen bzw. die Beschämung zum Thema gemacht werden, weil sie eine klare Therapievereinbarung verschleiert bzw. verhindert). Öfter scheint der Patient einfach nicht in der Lage zu einer konturierten Selbstdarstellung. Die Konstellation muß den Therapeuten hellhörig machen, weil hier eine gravierende soziale Inkompetenz zusammen mit einem **Mangel an Strukturierungsvermögen** sichtbar werden könnte. Beides läßt an eine Bedrohung der Stabilität des psychischen Systems denken, wie sie in Kapitel 4.6 beschrieben wird. Gerade im Erstgespräch nützt abwartende Zurückhaltung in diesen Fällen wenig, weil sie die Unsicherheit des Patienten erhöht und damit die Instabilität verstärkt. Statt dessen erscheint es mir wichtig, daß der Therapeut die ihm zufallende Rolle der Strukturierung übernimmt und zugleich kommentiert. („Ich habe den Eindruck, daß es Ihnen schwerfällt, ein klares Bild von sich zu vermitteln – vielleicht weil sie selbst zur Zeit gar kein klares Bild haben. Ich will deshalb versuchen zusammenzufassen, was ich bisher von Ihnen verstanden habe.") Es bietet sich an, im Verlauf der Vorgespräche die Strukturlosigkeit zum Symptom zu erklären und daran die Therapieziele festzumachen.

2.6.2 Patienten mit unrealistischen Therapiezielen

Erhebliche Schwierigkeiten bei der Einigung auf ein Therapieziel können entstehen, wenn der Patient unrealistische Zielvorstellungen entwickelt. Unrealistische Zielvorstellungen können z.B. im Widerspruch zu den allgemeinen Lebenszielen des Patienten stehen: Es ist z.B. nicht sinnvoll, sich in Rivalitätskämpfen mit den Geschwistern besser durchsetzen zu wollen, wenn es dem Patienten langfristig eher um eine verstärkte Ablösung von der Ursprungsfamilie geht. Häufiger noch stehen die Wünsche des Patienten an die Therapie im Widerspruch zur äußeren oder inneren Realität. Nur ganz selten ist der Grund für eine unrealistische Zielvorstellung mangelndes Wissen, so daß eine bloße Aufklärung zur Einigung genügt. In aller Regel steht auf seiten des Patienten eine Tendenz zur Verleugnung der Realität, so daß die **Verleugnungstendenz** schon im Erstinterviewverfahren ein Stück aufgelöst werden muß, um zu einer Einigung gelangen zu können. Dabei ist es allerdings wichtig, sich über die Hintergründe der Verleugnungstendenzen Klarheit zu verschaffen, um das therapeutische Bündnis nicht zusätzlich zu gefährden.

Realitätsverleugnungen können Ausdruck einer bestimmten Persönlichkeitsstruktur sein. Manche Patienten neigen zum Wunschdenken und damit zur Fehleinschätzung der Realität. So möchten zuweilen Ehepartner sich ändern, um eine Partnerschaft zu retten, und verleugnen dabei, daß die Partnerschaft selbst schon längst zerbrochen ist. Die therapeutische Bearbeitung von sexuellem Desinteresse ist kein sinnvolles Ziel mehr, wenn der Partner bereits eine andere Freundin hat. Man wird in solchen Fällen dem Patienten helfen müssen, das Wunschdenken aufzugeben und der unangenehmen Wahrheit ins Gesicht zu blicken.

Problematischer sind jene Fälle, in denen die Verleugnung der Realität dazu dient, einen schwerwiegenden Verzicht hinauszuschieben. Hier kann es um sehr schmerzhafte und belastende Entscheidungen gehen, die der Patient aus guten Gründen nicht wahrhaben möchte.

▷ **Beispiel 7**

Ein 19jähriger Oberschüler suchte therapeutische Hilfe wegen Lern- und Konzentrationsstörungen, wegen Angst vor männlichen Autoritäten und Ablösungsproblemen vom Elternhaus: Er fühlte sich von den Eltern, speziell vom Vater, nicht ernstgenommen und akzeptiert, zugleich aber in seiner Entfaltung behindert. Das hervorstechende Merkmal dieses Patienten war aber ein extrem ausgeprägtes Stottern, das von stereotypen Bewegungen und von Grimassieren begleitet war. Der junge Mann betonte, er werde mit dem Stottern ganz gut fertig; andererseits konnte man sich kaum vorstellen, wie er mit diesem Sprachfehler und mit der damit verbundenen Langsamkeit die schulischen Anforderungen bewältigen und von seinen Klassenkameraden akzeptiert werden konnte. Die Chancen auf eine Heilung des Stotterns waren extrem gering, aber der Patient war nicht in der Lage und bereit, diese massive Behinderung zur Kenntnis zu nehmen.

Die Einigung auf ein Therapieziel kommt in diesen Fällen einer Gratwanderung gleich: Läßt man das Stottern und die enormen intellektuellen Einschränkungen außer Betracht, dann fühlt sich der Patient zwangsläufig durch die Therapie in seiner Fehleinschätzung bestärkt, was eine sinnvolle Adaptation an die Gegebenheiten erschwert. Konfrontiert man ihn strikt mit der Realität, kann man ihn so sehr beschämen, daß überhaupt kein therapeutisches Bündnis zustande kommt. Die Einigung kann nur in Form eines vorsichtigen Aushandelns zustande kommen: Was ist der Patient bereit, an Einschränkungen zu akzeptieren? Kann er zulassen, daß er mit dem Therapeuten in wichtigen Punkten unter-schiedliche Meinungen hat? Im letzteren Falle kann man die Einigung und die Entscheidung über weitere Maßnahmen zum Teil der Therapie bzw. zu einem Therapieziel machen und kann so dann das Arbeitsbündnis retten. Manchmal jedoch ist das Nicht-zustande-kommen einer Therapie eine bessere Lösung als eine Therapie, die den Patienten in einer für ihn schädlichen Verleugnung bestärkt.

2.6.3 Patienten mit vagen oder unverbindlichen Therapiezielen

Die häufigsten Probleme, die Therapeuten bei der Festlegung auf ein Therapieziel und später bei der Durchführung der Therapie haben, lassen sich darauf zurückführen, daß der Patient nur sehr vage Zielvorstellungen hat oder daß die Ziele unverbindlich bleiben. Alle Überlegungen zur Zielfestlegung, wie sie in den Abschnitten 3.2 dargestellt wurden, scheinen bei diesen Patienten nicht recht zu greifen.

Wenn beim Versuch der Zielfestlegung die hier genannten Schwierigkeiten auftreten, dann sollte der Therapeut wiederum in erster Linie an **unbewußte Motive** zur Therapiemotivation denken, die im Widerspruch zur bewußt geäußerten Einstellung des Patienten stehen. Relativ typisch sind vage und unverbindliche Therapieziele bei Patienten, die insgeheim mehr mit dem Kampf gegen den Partner oder die Angehörigen als mit sich selbst beschäftigt sind. Ihre Symptomatik dient dann gleichsam als Eintrittskarte, weil sie damit ein Anrecht auf Psychotherapie haben. Halbbewußt oder unbewußt bekommt die Psychotherapie aber die Bedeutung eines Racheaktes gegenüber dem Partner („Jetzt habe ich jemand anderen, der mich tröstet!") oder einer inszenierten Anklage („Der Therapeut soll ruhig wissen, wie miserabel Du mich behandelst!") oder auch nur einer Flucht vor der Auseinandersetzung („Jetzt bin ich so schlecht dran, daß ich mich erst einmal um mich selbst kümmern muß"). Zu dieser Konstellation in den Vorgesprächen neigen Patienten mit der Tendenz, die Objektbeziehungen manipulativ für ihre Ziele einzusetzen. Sie sind mit fast jedem Therapieziel einverstanden, wenn es nur zu einer Therapievereinbarung beiträgt. Genau deshalb spürt der Therapeut ein Unbehagen in den Vorgesprächen: Die Unverbindlichkeit der Zustimmung signalisiert, daß unausgesprochen noch andere Motive im Spiele sind.

Probleme anderer Art bereiten Patienten, die auf eine Psychotherapie drängen mit dem ausdrücklichen Wunsch nach Selbsterfahrung oder **Selbstfindung**. Häufig kommen diese Patienten bereits mit dem ausdrücklichen Wunsch oder der Empfehlung, sie sollten eine Psychoanalyse machen. Hier kommen speziell Psychoanalytiker gelegentlich in Versuchung: Ist so ein Patient mit dem ausdrücklichen Wunsch nach einem vertieften Zugang zu sich selbst nicht der ideale Analysepatient? Und ist dann die Festlegung auf ein konkretes Therapieziel nicht etwas, was den psychoanalytischen Wertvorstellungen widerspricht? Trotz dieser Ideale ist m. E. bei solchen Patienten Vorsicht geboten. Natürlich gibt es jenen potentiellen Analysepatienten, der relativ symptomfrei lebt, aber dennoch um seine strukturell bedingten Einschränkungen weiß, die der vollen Entfaltung seiner Persönlichkeit entgegenstehen. Dieser Patient wird aber in aller Regel in der Lage sein, seine „Symptome" im Sinne von Einschränkungen und Begrenzungen zu beschreiben, und er wird deutlich machen können, wie ihn

seine Symptome im Leben behindern. Zumindest bei Nachfrage und bei vorsichtiger Konfrontation wird man ein bislang verleugnetes Problem in seinem Ausmaß erkennen und für den Patienten zum Problem machen können. Wenn aber auch bei intensiveren Nachfragen ein Patient kaum über ein vages Unbehagen an sich und der Welt hinauskommt, oder wenn er Symptome nur angibt, um seine Therapieberechtigung nachzuweisen, dann muß man als Therapeut daran denken, daß hier **unbewußte Heilserwartungen** an die Therapie bzw. die Psychoanalyse gerichtet werden, die zumindest im Rahmen der Richtlinien-Psychotherapie gar nicht zu erfüllen sind. Die Therapie oder die Psychoanalyse würden dann mit all jenen Insignien und all der magischen Potenz ausgestattet, auf die die esoterisch-meditativen Verfahren sich berufen. Wenn eine Therapievereinbarung getroffen wird, ohne daß diese Heilserwartungen thematisiert wurden, dann wirkt die Vereinbarung wie ein heimliches Versprechen: Sie bestätigt den Patienten in seinem Konzept und prägt somit nachhaltig die therapeutische Beziehung, bis sie sehr spät zu Enttäuschungsreaktionen führt.

▶ **Beispiel 8**
Ein 40jähriger Lehrer kommt zur Fortsetzung einer psychoanalytischen Behandlung. Er ist wegen einer Angstsymptomatik seit über 10 Jahren in einer Therapie mit 2 Wochenstunden. Jetzt ist sein Analytiker überraschend verstorben. Die Angstsymptomatik war die ganze Zeit über nur mühsam hinter vielen Vermeidungsstrategien versteckt; seit dem Tod des Analytikers ist sie wieder erheblich verstärkt. Die Analyse wurde nach dem Bericht des Patienten überwiegend dazu verwendet, Träume zu analysieren. Er habe, so der Patient, einen

großen Reichtum an Erfahrungen durch seine Traumanalyse gemacht. Seine Arbeit in der Schule sei ihm dagegen zunehmend uninteressanter vorgekommen. Von den Kollegen hat er sich fast ganz zurückgezogen. Leider seien seine Bemühungen, sich an der Schule stärker in den therapeutischen Bereich einzuarbeiten, von der Schulbehörde strikt unterbunden worden; ein Mangel an Vernunft, der ihn zutiefst empörte. Erst jetzt nach dem Tod des Analytikers denkt er voll Zorn, daß er in einer höchst problematischen Ehe die ganze Zeit über praktisch keine Fortschritte gemacht habe. Er fühle sich vom Analytiker durch den Tod schmählich im Stich gelassen und brauche dringend Hilfe.

Dieses traurige Beispiel betrifft eine Therapie, die nicht beendet werden konnte, weil die unbewußten Heilserwartungen des Patienten niemals erfüllt, aber auch niemals analysiert wurden. Sie haben die Therapie die ganze Zeit über geprägt. Sicher handelt es sich um einen schwer gestörten Patienten, aber der Verlauf ist das Ergebnis einer verfehlten Therapiekonzeption. Eine Fortsetzung der analytischen Psychotherapie unter diesen Heilserwartungen ist weder im Rahmen der Richtlinien noch außerhalb derselben angezeigt. Aber eine Kurzzeittherapie war notwendig, um mit dem Patienten das Scheitern seiner Erwartungen und die lange verleugnete Enttäuschung am Analytiker zu bearbeiten.

Ähnlich liegt die Problematik bei Patienten, die als wichtigstes Therapieziel angeben, ihre Vergangenheit aufarbeiten zu wollen. Auch hier kommen psychoanalytisch orientierte Therapeuten häufig in einen Zwiespalt. Die Aufarbeitung der Vergangenheit ist ja schließlich ein wesentlicher Bestandteil der psychoanalytischen Therapie. Das Anliegen des Patienten erscheint um so plausibler, je problematischer bzw. traumatischer die berichtete Vergangenheit ist. Trotzdem muß man im Interesse der Behandlungsplanung daran festhalten, daß **Vergangenheitsbewältigung** in der Therapie Mittel zum Zweck ist, aber nicht Selbstzweck, so daß das Therapieziel unabhängig von der Vergangenheit festgelegt werden müßte. Die Erfahrung zeigt, daß viele Patienten mit Traumatisierungen durchaus in der Lage sind, Gegenwartsprobleme zu benennen, mit denen sie nicht fertig werden. Wenn sich kaum ein Problembereich der Gegenwart klar fixieren läßt, muß man daran denken, daß die Gegenwartsprobleme eher verleugnet werden, und daß die Vergangenheitstraumata, selbst wenn sie sich real ereignet haben, im Gespräch als Rationalisierungen eingesetzt werden, um Heilserwartungen an die Therapie zu verschleiern.

Am häufigsten tauchen aber Probleme in der Zielfestlegung dadurch auf, daß zwar plausible Ziele benannt, diese aber mit einer merkwürdigen Unverbindlichkeit verfolgt werden. Patienten arrangieren sich dann eher rasch mit dem Gedanken und Vorschlägen des Therapeuten, die Ziele bzw. die Veränderungswünsche treten aber im Verlauf der Therapie irgendwie in den Hintergrund. Aus dieser Konstellation resultieren jene Therapien, die so vor sich hinlaufen mit einer untergründigen Tendenz zur Unzufriedenheit, aber ohne greifbare Enttäuschung auf seiten des Patienten. Der Therapeut ist es, der sich dabei vorwiegend unwohl mit der Therapie und mit dem Patienten fühlt.

Auch hier hilft der Rückgriff auf die unbewußten Therapiewünsche des Patienten weiter: Es handelt sich um Patienten, die nicht **Therapie** machen, *um* sich zu verändern, sondern *statt sich zu verändern*. Sie haben sich mit dem Leben auf eine Weise arrangiert, die ihren Preis kostet, die sie aber keineswegs aufgeben wollen. Der Therapeut ist dazu da, die Nachteile ihres Lebensarrangements tröstend und ratgebend wieder auszugleichen. Meist ist in der Übertragung eine jener ubiquitären Kleinheitsphantasien im Spiel, die in Kapitel 5.5.3 beschrieben werden.

Die Konstellation ist so schwer zu erkennen, weil diese Patienten durchaus einen Leidensdruck haben – nur richtet sich das Leiden auf die Nachteile ihres Arrangements, nicht aber auf ihre Unfähigkeit bzw. Unwilligkeit, das Arrangement zu ändern und damit auf die Vorteile ihrer Lösung zu verzichten.

▶ **Beispiel 9**
Ein 50jähriger Akademiker möchte eine Psychotherapie wegen depressiver Verstimmungen, die sich im Zuge einer langjährigen Ehekrise eingestellt haben. Seit Jahren leben er und seine Frau nebeneinander her. Es herrscht eine gespannte Neutralität, die gelegentlich von kurzen, aber heftigen Auseinandersetzungen unterbrochen wird. Er habe sich in dieser Situation zunehmend in seine berufliche Arbeit zurückgezogen, wo er sich als recht erfolgreich beschreibt und wo er auch als Mann durchaus Anerkennung genießt. Eine Scheidung komme für ihn nicht in Frage, betont der Patient, schon wegen der beiden Kinder nicht, die 14 und 16 Jahre alt sind; außerdem hänge er an dem großen Haus, das das Paar seinerzeit zusammen gebaut hat. Aber er leide unter dem ständigen Unfrieden, unter dem offenen sexuellen Desinteresse der Ehefrau und unter seiner Isolierung, weil die Kin-

der sich mehr der Ehefrau angeschlossen hätten. Seine Verstimmungen und sein Leiden sind offenkundig: Er möchte in der Therapie lernen, sich besser mit der Lebenssituation zu arrangieren und vor allem seine überschießenden Reaktionen im Streit abbauen.

Schon in den Vorgesprächen entwickelte sich eine auffallende Stagnation im Gespräch: Die Stunden füllten sich mit detaillierten Schilderungen der Meinungsverschiedenheiten und der gegenseitigen Vorwürfe, wobei die Therapeutin wider Willen rasch in die Position eines (hilflosen) Eheberaters kam. Die überschießenden Reaktionen des Patienten tauchten auf, wurden aber rationalisiert und waren keineswegs Gegenstand vertiefter Bearbeitung. Deutlich wurde nur, daß die Ehefrau den Rückzug des Patienten in seinen Beruf mit Vorwürfen beantwortete, so als fühle sie sich von ihm im Stich gelassen. Dieser Rückzug war schon immer einer der wesentlichen Gründe für die Ehestreitigkeiten gewesen. Der Patient charakterisierte seine Ehefrau als „anklammernd" und fordernd; sich selbst sah er als zurückgezogen und auf Ruhe bedacht.
Erst die Stagnation im Prozeß brachte die Therapeutin darauf, daß die Hoffnung des Patienten nicht aufgegangen war, die Ehefrau würde sich mit dem Haushalt und den Kindern bescheiden und ihn sonst in Ruhe lassen. Er war aber offensichtlich keineswegs gewillt, an seinem Arrangement etwas zu ändern. Es wurde statt dessen deutlich, daß er in der Therapie jemand suchte, dem er sein Leid klagen und dessen Hilfe er anfordern könnte, ohne daß sich an ihm und seinem Leben etwas ändern müßte. Therapie sollte hier nicht verändern, sondern für eine bessere Stabilität der

Verhältnisse sorgen. Dieser Wunsch wurde vom Patient verleugnet, statt dessen bezog er sich bewußt auf Therapieziele, die aber sehr unverbindlich blieben.

Wo immer unbewußte Therapiewünsche und -erwartungen die Einigung auf ein gemeinsames Therapieziel erschweren, müssen sie bereits im Vorfeld der Therapie gedeutet und damit bewußt gemacht werden. Insofern können die vorbereitenden Gespräche von erheblicher Dichte und von therapeutischer Brisanz sein: es wird der Rahmen abgesteckt, in dem die künftige Therapie sich bewegt. Ein falscher Rahmen führt unweigerlich zu Problemen im Therapieverlauf, die später schwer zu lösen sind. Deshalb werden die Deutungen in den Vorgesprächen auch eher konfrontativen Charakter tragen; die Verknüpfung mit der Biographie und das Verständnis der vielen unbewußten Nebenbedeutungen kann der eigentlichen späteren Therapie vorbehalten bleiben. Der Akademiker in Beispiel 9 sollte aber bereits im Vorfeld wissen und anerkennen, daß seine Krise ihren Ursprung in einer eingeschränkten Beziehungsfähigkeit im partnerschaftlichen Bereich hat und daß Komplikationen in der Ehe bei dieser Grundeinstellung zu erwarten sind. Dann werden wahrscheinlich die überzogenen Reaktionen nicht mehr im Zentrum der Therapie stehen, da sie eher als Ausdruck seiner Fehleinschätzungen anzusehen sind. In den Mittelpunkt rücken dagegen wohl die internalisierten Beziehungsmuster, die seine Ehe charakterisieren.

Es kann durchaus passieren, daß als Ergebnis einer solchen intensiven therapeutischen Arbeit überhaupt keine Richtlinienpsychotherapie mehr zustande kommt, weil das Hauptproblem des Patienten so gefaßt und ausformu-liert wurde, daß er aus eigenem Willen und mit eigener Kraft einen Lösungsweg findet. Der Patient in Beispiel 9 z. B. hat im Zuge der vorbereitenden Gespräche eine Aussprache mit der Ehefrau gesucht, die sich in einem veränderten Arrangement niederschlug. In anderen Fällen kann die Vorfeldarbeit in eine Kurztherapie einmünden, wie dies in Kapitel 6.5.3 beschrieben ist. In noch anderen Fällen offenbart erst die Klärung der unbewußten Therapiewünsche das ganze Ausmaß der Störung, so daß die Indikation für eine Langzeittherapie nach dieser Klärung eindeutig gestellt werden kann.

2.6.4 Keine Einigung über Therapieziele

Es bleibt eine Gruppe von Patienten zu besprechen, bei denen alle Überlegungen zu Therapiezielen nichts zu nützen scheinen, weil man mit ihnen beim besten Willen zu keiner Einigung kommt. Die Atmosphäre in den Gesprächen kann feindselig sein, dann ist das Problem zumindest rasch zu erkennen. Sie kann aber auch oberflächlich freundlich sein: In jedem Falle bleibt auf seiten des Therapeuten ein mehr oder weniger ausgeprägtes Gefühl der Hilflosigkeit und der Insuffizienz. Bei weniger erfahrenen Therapeuten mischt sich dieses Gefühl rasch mit dem Bewußtsein, noch zu unwissend zu sein; das führt dann zuweilen zu überstürzten Eingeständnissen des eigenen Versagens und zu Therapievereinbarungen, die vom schlechten Gewissen diktiert sind. Das gemeinsame Kennzeichen dieser Gruppe von Patienten ist, daß der Therapeut bereits in einem Beziehungskonflikt bzw. in eine **Übertragung** eingebunden wird, bevor überhaupt eine Einigung über Therapie zustande kommen kann. Wie bei den unverbindlichen Therapiezielen hat es der Therapeut mit zwei einander widersprechenden Motivationen zu tun: einer bewußten und einer gegenläufigen unbewußten. Die bewußte Einstellung zur Therapie muß durchaus nicht die positive Therapiemotivation sein: Es gibt Patienten, die kommen, um dem Therapeuten zu sagen, daß sie von Psychotherapie überhaupt nichts halten. Die Tatsache, daß sie kommen und nicht einfach wegbleiben, verweist aber bereits auf eine gegenläufige unbewußte Motivation: Die Hoffnung nämlich, doch noch jemanden zu finden, der sie überzeugt und ihnen aus ihrer Sackgasse heraus hilft. Umgekehrt gibt es den Patienten, der bewußt sogar energisch auf eine Therapie drängt und dem es gar nicht schnell genug gehen kann, während die unbewußten Kräfte gerade eine Einigung und das Zustandekommen einer Therapie verhindern.

Wie bei den Patienten mit unverbindlichen Therapiezielen ist es in so einer Konstellation unerläßlich, daß der Therapeut die unbewußte Beziehungsebene erfaßt und daß er sie ins Gespräch einbringt.

Entscheidend für den Zugang im Vorgespräch ist die Frage, auf welcher Ebene des Unbewußten sich der Beziehungskonflikt bewegt (s. d. Kapitel 5.4). Manche Therapeuten greifen in einer Art Automatismus sofort auf die Biographie des Patienten zurück und geben dann eine vollständige Deutung in dem Sinn, daß der aktuelle Beziehungskonflikt mit einem intrapsychischen Konflikt und einer biographischen Konfliktkonstellation verbunden wird. Das Element der Zwanghaftigkeit wird dann gewöhnlich durch das Verb „müssen" in das Gespräch eingeführt. Es resultieren Deutungen von dem Typ: „Sie müssen hier ..., weil Sie früher ...."

Nach meiner Erfahrung ist das Ergebnis solcher Deutung bei den oben beschriebenen Patienten fast immer negativ: Die Patienten reagieren mit verstärkter Abwehr, sei es in Form von offener Ablehnung oder in Form von verstärkten Reaktionsbildungen. Sie sind in keiner Weise gerüstet für eine solche Deutung und fühlen sich überrollt. Es ist eine therapeutische Haltung gefordert, die die Abwehr des Patienten respektiert und die Abwehr nicht aufbrechen möchte. Außerdem sind häufig weitaus bewußtseinsnähere Konfliktkonstellationen aufzudecken, deren biographischer Hintergrund getrost in späteren Therapiestunden aufgedeckt werden kann.

Das konflikthafte Element liegt zunächst einmal im **Rollenverständnis** und in der Rollenverteilung zwischen Therapeut und Patient. Insoweit sind gerade im Erstgespräch Elemente des Krankheitsverhaltens angesprochen. Krankheit bzw. Behandlungsbedürftigkeit hat bei seelischen Störungen genauso wie bei körperlichen Störungen unbewußte Bedeutungen, die einer Zusammenarbeit durchaus entgegenwirken können. Zu all diesen Bedeutungen gehört eine entsprechende Rolle, die dem Therapeuten zugewiesen wird:

- **Psychotherapie als Verletzung der Intimitätsgrenzen.** Wir sollten nicht vergessen, daß gerade unsere psychotherapeutische Tätigkeit verbunden ist mit einer Überschreitung der Intimitäts- und Schamgrenzen und daß diese Überschreitung unbewußt durchaus als Angriff auf die Integrität oder zumindest als Übergriff erlebt werden kann.

- **Psychotherapie als Entblößung.** Viele Patienten erwarten unbewußt, daß der Therapeut mit Röntgenaugen sofort die Schwächen und die beschämenden Seiten der Persönlichkeit entdeckt. Sie erleben sich mit ihren unbewältigten Problemen wie ausgezogen.

- **Psychotherapie als Gerichtsprozeß.** Patienten mit Gewissens- und Schuldproblemen sehen den Therapeuten unbewußt in der Rolle eines Staatsanwalts oder Richters, der Verfehlungen aufdeckt und brandmarkt.

- **Psychotherapie als Erziehungsanstalt.** Patienten mit Autoritätsproblemen vermuten im Therapeuten einen Vertreter jener strafend-pädagogischen Eltern, die Verzicht predigen und an die Vernunft appellieren.

All jene unbewußten Bedeutungen führen konsequenterweise zu einer Defensivität, die einen gemeinsamen Zugang zu den Problemen erschwert. Diese Defensivität wird nicht dadurch überwunden, daß wir Therapeuten das Problem verleugnen. Zwar gehen in die unbewußten Erwartungen auch Vorurteile und irrationale Ängste ein, wir können aber schlecht übersehen, daß in jeder Psychotherapie durchaus etwas von jenen Ängsten Wirklichkeit wird: Wir verletzen die Integrität und Intimität der Patienten, wenn wir deuten; wir entdecken beschämende Dinge und entdecken reale Schuld; wir konfrontieren den Patienten mit der Realität und mit den Problemen des Verzichts. Wir tun dies alles nicht ungefragt, sondern nur soweit, wie der Patient es zuläßt. Und natürlich werden diese Belastungen gewöhnlich ausgeglichen durch die positiven Aspekte der Beziehung wie Mitgefühl, Gefühl der Geborgenheit, Anerkennung von Leiden usw. Wenn man aber einen Patienten zur Mitarbeit gewinnen will, dann kann eine ungebetene und tiefergehende Deutung all jene Ängste und Vorurteile bestätigen, die der Patient ohnehin schon hat. Statt dessen erscheint es mir notwendig, daß wir dem Patienten zugestehen, daß Psychotherapie einen Eingriff bedeutet, der wehtun kann. Damit bekennen wir uns gleichzeitig zu unserer Verantwortung für sein Wohlergehen.

▶ **Beispiel 10**

Eine 42jährige unverheiratete Lehrerin mit einer konversionsneurotischen Lähmung brachte die hier geschilderte Problematik sehr genau auf den Punkt. Sie war von einem Arzt zum anderen geschickt worden, bis man ihr in der Universitätsklinik eröffnete, sie habe gar nichts, sondern sie müsse zu einem Psychotherapeuten. Zum Gespräch erschien sie mit entwaffnender Freundlichkeit: Man habe ihr gesagt, bei ihr sei alles „psychisch". Ich möge ihr Fragen stellen, damit wir sehen, was bei ihr neurotisch sei. Mit provozierender Bereitwilligkeit schilderte sie ihre Biographie, die frei von wesentlichen Traumatisierungen zu sein schien. Die Patientin problematisierte gleich für mich mit: Ob man in ihrer Menarche nicht ein sexuelles Trauma sehen könnte? Ob es nicht gegen sie spricht, daß sie unverheiratet und ohne Wünsche nach einem Mann sei? Ob ihr berufliches Engagement nicht motiviert sei durch die Flucht vor eigenen Wünschen? Daß ich nirgendwo einen Anhaltspunkt entdecken konnte, erfüllte sie mit Triumph: „Na, was ist jetzt, Herr Doktor?" Nach kurzer Zeit streckte ich die Waffen: „Ich weiß nicht, woher ihre Beinlähmung kommt. Aber soviel habe ich verstanden, daß ich hier den kürzeren ziehen werde, wenn ich versuchen wollte, Ihnen ein ungelöstes Problem nachzuweisen. Sie sind gut gerüstet, und Ihre Unangreifbarkeit ist Ihnen im Augenblick sehr wichtig." Da sagte die Patienten erstmals ganz offen: „Ich bin jetzt 42 Jahre alt. So lange habe ich versucht, mit mir und meinem Leben zurechtzukommen. Und jetzt kommen Sie als Psychotherapeut und wollen mir nachweisen, daß das alles nicht stimmt und daß ich alles ganz falsch mache. Soll ich da vielleicht noch Beifall klatschen?" Ich habe der Patientin gesagt, daß sie in ihrer Weise recht hat mit ihrer Zurückweisung und daß es ihr vielleicht gut tut, wenn ich bei meinen „Nachweisen" ordentlich daneben treffe. Unglücklicherweise gebe es dann allerdings auch keine Chance, die Beinlähmung zu verändern. Ich wisse auch nicht, was ihr im Augenblick das Wichtigere sei, ihre geordnete Welt oder ihre Lähmung.

Ich habe der Patientin in dieser Stunde nicht gesagt, daß ihr Wunsch nach Unangreifbarkeit auch etwas mit ihrer Beziehung zu Männern zu tun hat. Es war an dieser Stelle viel wichtiger, im Gespräch nicht das letzte Wort zu behalten. Ihr Bedürfnis nach Unangreifbarkeit hat uns aber in den Vorgesprächen noch viel beschäftigt.

Von den Konflikten, die aus der Rollenverteilung herrühren, sind jene Beziehungskonflikte abzugrenzen, die bereits im Vorgespräch virulent werden und dadurch eine Einigung verhindern. Es handelt sich hier um offensichtlichere Konflikte, die ihren Hintergrund natürlich in der Übertragungsbereitschaft des Patienten haben, die aber auch aus einer konkreten Interaktion heraus entstehen. Hier muß der Therapeut sich fragen, was er selbst unwillentlich zur Konfliktverschärfung beigetragen hat; er muß aber zugleich auch die **Übertragungskonstellation** deutend bearbeiten, damit eine gewisse Gemeinsamkeit wieder hergestellt wird. Zum Verständnis des Konflikts ist die Biographie natürlich von großer Wichtigkeit, und das Einbeziehen der Biographie in eine klärende Deutung wird bei dieser Konstellation eher einen entlastenden Effekt haben, weil es Empathie und Verständnis offenbart. Die Abwehr des Patienten richtet sich hier nämlich durchaus nicht gegen das Deuten des Therapeuten, sondern gegen einen abgewehrten Selbstanteil, der durch die Interaktion mobilisiert wurde. Deshalb richten Deutungen hier keinen Schaden an. Im Gegenteil, wenn ein Konflikt in seiner unbewußten Dimension im Gespräch verstanden wird, kann dies natürlich die Motivation des Patienten entscheidend fördern. Das gilt aber nur, wenn der Patient davon überzeugt ist, daß der Therapeut nicht provoziert, um dann zu bearbeiten. Im Vorgespräch behält die Klärung ihren Vorrang vor dem Interesse an einer Konfliktaufdeckung.

3 Krankheitsursachen in der Neurosentherapie

Wenn in einer Psychotherapie der Anspruch auf kausale Behandlung seelischer Störungen erhoben wird, dann müssen die Krankheitsursachen benannt werden können. Die von der Psychoanalyse abgeleiteten Verfahren verdanken ihr soziales Renommee nicht zuletzt dem Anspruch, seelische Störungen an der Wurzel zu therapieren. Leider ist keineswegs geklärt, wie wir die Ursachen der neurotischen Störungen theoretisch und klinisch fassen können. Es gibt noch nicht einmal eine Einigkeit darüber, was wir überhaupt unter den „Ursachen" einer Krankheit verstehen wollen: Freud hatte bekanntlich einen naturwissenschaftlichen Kausalitätsanspruch. Andere Psychoanalytiker haben später mit Habermas (1968) vom „szientistischen Selbstmißverständnis der Psychoanalyse" gesprochen und herausgestellt, daß es bei den Krankheitsursachen, die in der Psychotherapie und in der Psychoanalyse eine Rolle spielen, um andere Formen der Kausalität geht als in den Naturwissenschaften. Grünbaum (1988) greift in seiner Kritik an der Psychoanalyse diese sogenannte hermeneutische Position entschieden an. In der Psychosomatischen Medizin wurde gerade das monokausale Denken der Naturwissenschaften als Hemmschuh der Entwicklung in der Medizin betrachtet und dagegen der Situationskreis als alternatives Denkmodell eingeführt (v. Uexküll und Wesiack 1986).

Ebenso wenig ist geklärt, welchen Stellenwert wir den einzelnen ätiologischen Faktoren bei der Genese der Störungen zumessen wollen: welche Rolle spielen erbliche Dispositionen, erworbene Dispositionen, Einflüsse der Umwelt und der frühkindlichen Beziehungen und nicht zuletzt die Fähigkeit zur innerseelischen Verarbeitung äußerer Ereignisse?

Diese Kontroversen zur Ätiologie der Neurosen sind für den einzelnen Therapeuten nicht belanglos, weil seine Grundeinstellung zur Ätiologie auf indirekte Weise sein Handeln beeinflußt. Voreinstellungen und eingefahrene Denkgewohnheiten können vor allem die klinische Handlungskompetenz und damit den Erfolg einer Therapie in erheblichem Maße gefährden. Die Komplexität der Materie verführt in der Psychotherapie in besonderem Maße zu vereinfachten Lösungen, die eine routinemäßige Handhabung der Therapie erlauben, die aber der klinischen Realität nicht gerecht werden. Deshalb soll in diesem Kapitel der Anspruch einer kausalen Therapie der Neurosen anhand jener Fragen erläutert werden, die für die einzelne Behandlungskonzeption relevant sind.

3.1 Ätiologie oder Pathogenese ?

Von den vielen Erkenntnissen der Psychoanalyse hat sich eine Erkenntnis in unserer Gesellschaft besonders gut durchgesetzt: daß die Ursachen neurotischer Störungen in der Kindheit liegen. Die Kindheit bekommt damit als verursachender Faktor einen geradezu einzigartigen Rang. Manchmal gewinnt man den Eindruck, daß allein das Wissen bzw. die Erinnerungen des Patienten an traumatische Ereignisse den Anspruch auf eine Psychotherapie rechtfertigen. Damit fehlt gerade jener Bestandteil des Krankheitsverständnisses, der für eine kausale Therapie von neurotischen und psychosomatischen Störungen von entscheidender Bedeutung ist. Selbst wenn die Erinnerungen den Tatsachen entsprechen, bleibt nämlich ungeklärt, in welcher Weise die früheren Traumatisierungen die gegenwärtige Situation und das gegenwärtige Leiden determinieren, und ob die Bearbeitung der kindlichen Traumatisierungen überhaupt an dem gegenwärtigen Leiden etwas ändert. In medizinischer Terminologie: Die Hypothesen über den Einfluß der Kindheit sind ein Beitrag zur Ätiologie der Störung, sie sagen aber noch nichts über die spezifischen pathogenetischen Mechanismen aus. Ohne Klärung der Pathogenese, d. h. ohne Wissen, wie die Ursachen sich auf die aktuelle Situation auswirken, bleibt der Anspruch auf eine Ursachen-orientierte Psychotherapie fragwürdig.

In diesem Punkte unterscheidet die Psychotherapie sich nicht wesentlich von anderen Bereichen der Medizin: Die Kenntnis der Ätiologie ist dort wichtig für die Prophylaxe, sie verhilft darüber hinaus zu einem besseren Verständnis der Pathogenese, aber sie begründet nur selten die eigentliche Therapie. Es gibt eine sehr bekannte Ausnahme in der traditionellen Medizin: bei den Infektionskrankheiten führt die Kenntnis der Ätiologie direkt zur kausalen Therapie, wenn nämlich der Erreger z. B. durch Antibiotika ausgeschaltet werden kann. Die eindrucksvollen Erfolge der Infektionsbekämpfung sind aber gerade untypisch für die Medizin. In der Regel setzt die Behandlung an den pathogenetischen Mechanismen an, beim grippalen Infekt z. B bei der Entzündungsvorgängen der oberen Luftwege, der der Schleimsekretion usw. Der ätiologisch relevante Faktor, der Virus selbst, kann oft gar nicht bekämpft werden.

Auch für die Therapie seelischer Störungen gilt, daß Erkenntnisse über die Entwicklung der Störung und über die Kindheit allein noch nichts bringen. Ansetzen muß die Therapie dort, wo das Leiden des Patienten, seine Störung im Erleben und Verhalten, sich manifestiert: in seiner **gegenwärtigen Lebensrealität**. Nur wenn diese sich ändert, wird sich an seiner neurotischen Störung etwas ändern. Wir können die Ursachen der Störung bzw. die pathogenetischen Mechanismen deshalb nicht unabhängig von der konkreten Lebenssituation betrachten: der Lebensbezug einschließlich der Beziehung zu sich selbst und zu den Mitmenschen ist einerseits die Folge früherer Erfahrungen, er ist aber zugleich auch die Ursache von Verarbeitungsprozessen und Entwicklungen, die die Störung kennzeichnen. An der Realität der Kindheit können wir therapeutisch nichts ändern, und das Wissen allein um diese Realität hilft nicht viel. Wenn es zutrifft, daß sowohl die Versagung wie die Verwöhnung, sowohl gewährende Eltern wie verbietende Eltern Anlaß z. B. für unbewußte Schuldgefühle sein können, dann rückt die historische Ursache der Störung als kausaler Faktor eher in den Hintergrund; wichtig wird dafür die Frage, wie das unbewußte Schuldgefühl damals die Entwicklung beeinflußte, und vor allem, wie es heute die Beziehungen und die Lebensrealität des Patienten prägt.

Daß die Kindheitserfahrungen als ätiologischer Faktor eine so große Rolle einnehmen, hat Gründe, die wiederum in der „Kindheit" der Psychoanalyse liegen. Freud ging in seinen frühen Vorstellungen davon aus, daß es die verdrängten Erinnerungen sind, die das Bild einer neurotischen Störung prägen. Sein Bestreben ging damals vor allem dahin, die infantile Amnesie aufzuheben, die als Ausdruck der „Zensur" durch das Ich angesehen wurde. Er selbst hat dieses Bestreben zwar nicht völlig aufgegeben, aber um andere Zielvorstellungen ergänzt.

Geblieben ist aber in der Psychoanalyse eine besondere Form der Erkenntnisgewinnung: die meisten Theorien entstehen dadurch, daß gegenwärtige Erlebnismuster eines Patienten über den Weg der Rekonstruktion in Beziehung gesetzt werden zu Erlebnissen während der Kindheit. Aus einer oder mehreren Rekonstruktionen werden dann auf dem Wege der Verallgemeinerung Hypothesen über bestimmte Entwicklungsschritte und ihre Störungen abgeleitet. Die meisten klinischen Theorien in der Psychoanalyse sind zugleich pathogenetische Hypothesen und Entwicklungstheorien; wenn diese Theorien die Praxis der Psychotherapie bestimmen, bekommen Überlegungen zur Kindheitsentwicklung ein überaus großes Gewicht.

Angesichts der großen Attraktivität, die die ätiologischen Theorien für Fachleute und Laien besitzen, muß man darauf hinweisen, daß sie späte Schritte in der

Theoriebildung repräsentieren: hier entfernt die Theorie sich relativ weit von den beobachtbaren Phänomenen, wagt weitreichende Verallgemeinerungen (nicht zuletzt die von den analysierbaren Patienten zur großen Zahl der nicht analysierten Kranken), und dort wagt die Theorie kühne spekulative Verknüpfungen. Grünbaum (1988) hat darauf verwiesen, daß die Evidenz für den Wahrheitsgehalt von genetischen Deutungen selbst dann zweifelhaft ist, wenn der Patient zustimmt oder sich verändert: der (suggestive) Einfluß des Analytikers auf den Erkenntnisprozeß des Patienten werde dabei nicht berücksichtigt. Dieser Kritik kann man sich nur schwerlich entziehen; die Schwäche von Grünbaums Kritik an der Wissenschaftlichkeit der Psychoanalyse liegt deshalb auch an ganz anderer Stelle: Mit der Ätiologie verhält es sich ähnlich wie seinerzeit mit der psychoanalytischen Metapsychologie: sie berührt die grundlegenden Fragen, aber sie berührt sie auf einer eher praxisfernen Ebene, so daß sie nicht das Fundament der Therapie, sondern nur den theoretischen Überbau repräsentiert. Ätiologische Hypothesen können wie die metapsychologische Grundannahmen kritisiert werden, ohne daß deshalb das methodische Fundament erschüttert wäre.

In jüngerer Zeit wird auch in der psychoanalytischen Literatur die **Bedeutung der Gegenwartsfaktoren** stärker in den Vordergrund gerückt (s. dazu Kernberg 1994, Treurniet 1995). Die psychoanalytische Arbeit konzentriert sich stärker auf das „Hier und Jetzt" als auf die Aufarbeitung der Vergangenheit. Es gibt eine zunehmende Diskussion über die Frage, ob man mit der psychoanalytischen Methode überhaupt Erkenntnisse über die Kindheit bekommen kann, die Anspruch auf Objektivität erheben können – nur dann nämlich darf man davon sprechen, daß in der Analyse die Kindheit rekonstruiert wird (s. dazu Spence 1982, Arlow 1993). Es mehren sich die Verfechter einer konstruktivistischen Position, die davon ausgehen, daß die Psychoanalyse die Kindheit nur konstruieren kann, d. h., daß sie aus dem subjektiven Erleben des Patienten heraus entworfen wird. Je mehr man das subjektive Element in den Kindheitserinnerungen berücksichtigt, desto mehr rücken pathogenetische Gesichtspunkte in den Fokus auch der psychoanalytischen Therapie (Thomä und Kächele 1985): es hängt dann von der Entwicklung der therapeutischen Beziehung ab, ob bestimmte pathologische Überzeugungen und Erwartungen durch die aktuellen Erfahrungen bestätigt oder in Frage gestellt werden.

Die Betonung der aktuellen pathogenetischen Mechanismen bedeutet keineswegs, daß belastende Erfahrungen aus der Kindheit verleugnet werden. Bei einer großen Zahl von Patienten kann die Unfähigkeit, mit den aktuellen Problemen und Anforderungen des Lebens zurechtzukommen, damit erklärt werden, daß sie mit den Problemen ihrer Kindheit nicht abschließen können, so daß diese über Gebühr die Gegenwart bestimmen. Um mit der Kindheit abschließen zu können, muß man in irgendeiner Weise Frieden mit ihr geschlossen haben. Dieser „Frieden" stellt sich aber nicht auf Kommando ein, schon gar nicht, wenn die wesentlichen Konflikte unerwähnt und unerkannt geblieben sind! Hier können die analytischen Verfahren in entscheidender Weise helfen, weil sie das Abschließen mit der Kindheit erleichtern und so in die Pathogenese der Störung eingreifen. Das muß aber nicht heißen, daß ohne Ausnahme alle neurotischen Störungen auf

einen nicht vollzogenen Abschied von der Kindheit zurückzuführen sind! Die gleichsam reflexhafte, ausschließliche Konzentration auf belastende Kindheitsfaktoren ist in den analytischen Verfahren eine theoretische Voreingenommenheit, die der seelischen Realität vieler neurotischer Patienten einfach nicht gerecht wird.

Für die Behandlungskonzeption gilt deshalb der Grundsatz, daß der „Querschnitt" durch die gegenwärtigen pathogenen Mechanismen im Vordergrund stehen muß gegenüber dem „Längsschnitt" durch die biographische Entwicklung. Im Prinzip sollte es möglich sein, die Problematik des Patienten zunächst weitgehend aus den pathogenen Mechanismen der Lebensrealität zu erklären. Diese Mechanismen können z. B. als aktuell wirksame unbewußte Konflikte gefaßt werden, als unbewußte Phantasien oder Vorstellungen; sie können auch gefaßt werden als Versuche zur Bewältigung früherer traumatischer Erfahrungen oder schließlich als Ausdruck einer Diskrepanz zwischen den strukturbedingten Wahrnehmungen und Reaktionen und den Reaktionen der sozialen Umwelt.

Erst im zweiten Schritt sollte dann der „Längsschnitt" dem Patienten und dem Therapeuten helfen, die unbewußte Bedeutung vieler Reaktionen durch Rückgriff auf die Vergangenheit verständlicher zu machen.

3.2 Struktur oder Konflikt?

Die klinische Theorie der Psychoanalyse, wie sie von Freud entwickelt wurde, ist eine Konfliktpsychologie. Deshalb unterscheidet sich das Krankheitsverständnis der Psychoanalyse wesentlich vom alltäglichen Krankheitsverständnis. Im Alltag können wir davon ausgehen, daß die Welt um uns herum korrekt und reibungslos funktioniert. Treten Störungen auf, wird nach den defekten Teilen geforscht mit dem Ziel, diese zu reparieren. Auch die traditionelle Medizin schließt sich über weite Strecken diesem Alltagsverständnis an. Aus der Sicht einer Konfliktpsychologie ist das reibungslose Funktionieren dagegen ein Sonderfall. Hier gehen wir davon aus, daß die unterschiedlichen seelischen Bedürfnisse in der Regel nicht reibungslos harmonieren, sondern in Konkurrenz zueinander treten. Alle Lösungen sind in gewisser Weise Notlösungen, und das dadurch hergestellte Gleichgewicht ist vorläufig. Immer müssen die Vorteile einer Lösung mit Nachteilen an anderer Stelle erkauft werden. Seelische Störungen sind deshalb immer auch ein Hinweis auf die Schattenseiten, die mit jeder Lösung verbunden sind.

Schafer (1972) hat beschrieben, daß der Psychoanalyse ein spezifisches Menschenbild und ein besonderer Zugang zur Realität zugrunde liegt: Die psychoanalytische Konfliktpsychologie betont eine tragische, zum Teil auch eine ironische Weltsicht: Schuld, Leiden und Kummer sind aus den oben erwähnten Gründen unvermeidlich. Zur Alltagspsychologie gehört dagegen nach Schafer eine Weltsicht, die man die komische nennen kann, weil wie in der Komödie Störungen als vermeidbare Zwischenfälle erscheinen, die sich bei vernünftigem Umgang rasch wieder lösen lassen.

Der hier skizzierte Bezug zur Realität ist die Grundlage dafür, daß in den von der Psychoanalyse abgeleiteten Verfahren ungelöste und unbewußte Konflikte eine so große Rolle spielen. Die Konfliktverarbeitung unserer Patienten folgt wieder-

um bestimmten Mustern, die durch die vorausgegangenen Erfahrungen entscheidend geprägt worden sind. Diese Muster werden in der Psychoanalyse und Psychotherapie als seelische „Strukturen" bezeichnet.

Der **Begriff der psychischen Struktur** ist in der Psychoanalytischen Theorie außerordentlich vieldeutig. Mentzos (1984) meint, daß der Strukturbegriff so diffus geworden sei, daß man Bedenken haben müsse, ihn überhaupt noch zu benutzen. Er unterscheidet zumindest vier Bedeutungen von seelischen Strukturen in der Psychoanalyse:

- die Art, wie verschiedene Teile eines Ganzen miteinander verknüpft sind,
- die Gliederung der Psyche in Ich, Es und Überich,
- die Charakter- oder Persönlichkeits-Struktur,
- jene Organisationen, die dauerhaft sind oder sich nur relativ langsam verändern.

Mentzos selbst möchte sich der Definition von Rapaport (1967) anschließen, der die zeitliche Stabilität der Strukturen gegen die Veränderung abgrenzt, die im Prozeß sichtbar wird. Es zeigt sich m. E. aber, daß wir in der Klinik vom Begriff der Struktur in allen vier Bedeutungen Gebrauch machen müssen, wenn wir den Patienten verstehen und dieses Verständnis sprachlich mitteilen wollen (s. d. Kapitel 4).

Bei der Frage, welchen Stellenwert seelische Strukturen bei der Verursachung von Krankheit haben, stehen sich recht konträre Standpunkte gegenüber. In den **Psychotherapie-Richtlinien** hat man sich nur zögernd von der Beschränkung auf „aktuelle seelische Störungen" verabschiedet. In der gegenwärtigen Fassung der Richtlinien bleibt die Therapie der neurotischen Struktur ausdrücklich der analytischen Psychotherapie vorbehalten: die Strukturen sollen dort zusammen mit der Symptomatik und den neurotischen Konflikten behandelt werden. In der tiefenpsychologisch orientierten Psychotherapie soll dagegen ausschließlich die Psychodynamik unbewußter Konflikte bearbeitet werden.

Faber und Haarstrick verstehen den Text der Richtlinien in ihrem Kommentar dahingehend, daß bei vorwiegend strukturell geprägten Persönlichkeitsstörungen ohne konflikthafte Aktualproblematik keine Indikation zur Psychotherapie gestellt werden kann. Sie argumentieren mit einer Ergänzungsreihe von einer „passiv kausalen Matrix" – also der psychischen Struktur – zu einem „aktiv-kausalen Faktor" – also dem seelischen Konflikt –, der die Gleichförmigkeit struktureller Gestörtheit gleichsam durchbreche. „Das strukturelle Moment muß auf aktuelle Konflikterlebnisse warten, die es in der seelischen Krankheit zur Geltung bringen; die Konflikte bedürfen der Anlehnung an die Struktur, um intrapsychisch zur Wirkung zu kommen" (Faber und Haarstrick 1996, S. 26).

Auf den ersten Blick scheint der Kommentar von Faber und Haarstrick der Problematik von Ätiolgie und aktuellen pathogenetischen Mechanismen gut zu entsprechen: Während die Struktur durch ihre „Eigengesetzlichkeit den Charakter der Neurose mitbestimmt" (a. a. O., S. 26), bildet der Konflikt mehr die aktuelle Lebensrealität ab. Bei genauerem Hinsehen erweist sich aber, daß diese Betrachtungsweise weder dem Konzept der psychischen Struktur noch dem des Konfliktes als Ursache der Neurosen gerecht wird. Struktur wird bei Faber und Haarstrick reduziert auf die

bloße Disposition, wo sie wie andere Dispositionen eine unveränderbare seelische Gegebenheit darstellt, nicht dagegen eine therapierbare und veränderbare Quelle seelischer Störungen. Es sieht so aus, als käme nur den Konflikten eine krankmachende und symptomauslösende Wirkung zu, nicht dagegen den psychischen Strukturen selbst. Diese Behauptung wird sich schwer halten lassen. Wenn man z. B. mit Mentzos (1984) die Struktur als Modus der Konfliktverarbeitung versteht, dann gibt es eine ständige Wechselbeziehung zwischen Struktur und Konflikt, die sich nicht allein auf die Gegenüberstellung von Disposition und Auslösefaktoren beschränken läßt.

Ebensowenig paßt die oben zitierte Beschreibung der „Konflikterlebnisse" zur Definition des Konflikts, wenn wir ihn als Ursache einer Neurose ansehen wollen. Der symptomauslösende Konflikt ist in der Regel kein bewußtseinsnahes Konflikterleben, sondern ein unbewußter Konflikt bzw. ein Konflikt mit verdrängten Selbst-Anteilen (s. dazu Kapitel 5.5). Das konflikthafte Element muß durchaus nicht immer in der Auslösesituation enthalten sein, die ja manchmal ganz harmlos anmutet; manchmal liegt das konflikthafte Element, wie in Kapitel 4 gezeigt wird, in der Struktur des Patienten selbst begründet.

Wie die **Wechselwirkung von Struktur und Konflikt** in der Diagnostik der Krankheitsursachen konzeptuell gefaßt wird, hängt wesentlich vom theoretischen Standort des Therapeuten ab. Die Theorie vom unbewußten Konflikt als dem Zentrum der Neurose steht ganz in der Tradition der psychoanalytischen Ich-Psychologie. In den Objektbeziehungstheorien stehen dagegen die Strukturen der internalisierten Objektbeziehungen im Vordergrund. Das konflikthafte Element wird in dieser Theorie in den Strukturen der Objektbeziehungen untergebracht. In der Praxis heißt das, daß Therapeuten unterschiedlicher Ausrichtung den gleichen Sachverhalt in unterschiedlicher Theoriesprache zum Ausdruck bringen. Wenn z. B. ein Patient mit einem brutalen Vater zu selbstdestruktiven Aktionen neigt, wird ein Ich-psychologisch orientierter Therapeut wohl die Identifikation mit dem Aggressor als Abwehr benennen, während man von einem anderen Gesichtspunkt aus die Struktur des Überich in den Mittelpunkt stellen kann. Es kann natürlich nicht Sache der Richtliniengeber sein, eine Präferenz für ein bestimmtes Neurosemodell zu schaffen und Therapeuten zu veranlassen, die pathogenetischen Mechanismen in eine bestimmte Theoriesprache zu übersetzen, damit sie Richtlinien-konform sind. Insofern ist der Lösungsversuch von Faber und Haarstrick angesichts der Entwicklung der Neurosentheorie revisionsbedürftig. Das zeigt sich nicht zuletzt bei jenen Patienten, deren in der Struktur verankerte Beziehungsmuster plötzlich nicht mehr zu veränderten Lebensbedingungen passen. Auch sie sind therapiebedürftig, weil sie ihre Fehleinstellungen willentlich nicht steuern können bzw. weil sie um die Natur ihrer unbewußten Beziehungsmuster nicht wissen. Bei ihnen führt aber kein zusätzlicher Konflikt zur Dekompesation, sondern nur die Veränderung innerer oder äußerer Bedingungen (s. dazu Kapitel 4.5). Die Behauptung schließlich, daß in der tiefenpsychologisch fundierten Psychotherapie überhaupt keine pathologischen Strukturen behandelt werden können, wird der Praxis dieser Therapien keineswegs gerecht. Unter begrenzter Zielsetzung können bestimmte strukturelle Merkmale auch in einer Therapie von 50–80 Stunden so weit verändert werden, daß eine entscheidende Besserung der Störung eintritt.

Auf dem gegenüberliegenden Pol steht der **Anspruch der Psychoanalyse**, als Ursachen-orientierte Psychotherapie an den bloßen Erscheinungsformen der Persönlichkeit nicht haltzumachen, sondern alle menschlichen Regungen, Haltungen und Strukturen analysierend zu hinterfragen. Als Psychotherapie möchte die Analyse deshalb nicht auf der Konfliktebene haltmachen, sondern auch die zugrundeliegenden Strukturen analysieren. Dieser Anspruch ist verbunden mit einer gewissen Tendenz zur Entwertung der Symptome und ihrer Bedeutung. So schreibt Nedelmann (1990), der sich als Psychoanalytiker mit der Richtlinien-Psychotherapie auseinandersetzt:

„Die typische psychoanalytische Diagnose, die auf den medizinischen Krankheitsbegriff Bezug nimmt, setzt sich demgemäß in der Regel aus mehreren Elementen zusammen, bezeichnet die Struktur, die auf dem Wege der Kompromißbildung entstandene Symptomatik und das Quantum, das die Symptomatik affektiv beansprucht. ... Haben wir Krankheit diagnostiziert, so folgt als nächste Aufgabe die Abklärung, ob eine Behandlung notwendig und möglich ist. Hier stoßen wir auf eine weitere Differenz in der Betrachtung der Dinge und Umstände. In der Psychoanalyse sowie in allen von der Psychoanalyse abgeleiteten Behandlungsverfahren, vom sporadischen Interview über verschiedene Formen der Kurztherapie bis hin zu den langen, niedrig- oder hochfrequenten Psychotherapien mit zunächst offenem Ende, werden keine Krankheiten behandelt, sondern Subjekte, werden Krankheit und Symptome nicht mehr beachtet als andere Epiphänomene der Ich-Struktur" (1990, S. 12).

Nedelmann bezieht in diesen Ausführungen eine Position, die zu der Position von Faber und Haarstrick konträr ist. Der unbewußte Konflikt taucht bei ihm als ursächlicher Faktor gar nicht auf; die Diagnose der Krankheit soll ausschließlich anhand der Struktur des Patienten getroffen werden. Die Symptomatik wie überhaupt die Krankheit des Patienten rücken als Epiphänomene der Ich-Struktur ganz in die Peripherie des Interesses.

Hier klingt eine psychoanalytische Argumentation an, die Bezug nimmt auf die „endliche und die unendliche Analyse" (Freud 1937c). In dieser Arbeit sieht Freud den entscheidenden Fortschritt der Psychoanalyse nicht mehr in der Bewältigung der gegenwärtigen Konflikte oder in der Wiederherstellung von defizitären Verarbeitungsmöglichkeiten, sondern in den sog. bleibenden Ich-Veränderungen, die „neue Dämme" gegen die alten Triebansprüche aufbauen. Das Ich steht nicht nur für alle Strategien, mit denen die irrationalen Triebkräfte gebändigt werden können, sondern auch für die „reiferen" Selbstanteile, die mit verstärkter Bewußtheit, mit Selbstkontrolle und Selbstakzeptanz einhergehen. Diese bleibenden Ich-Veränderungen werden somit zum Garanten für eine verbesserte seelische Gesundheit.

Diese Vorstellungen über bleibende Ich-Veränderungen als Therapieziel sind im Lauf der Zeit immer weiter differenziert worden, haben sich aber auch immer weiter verselbständigt. Angestrebt wird mehr und mehr ein spezifisches hohes Funktionsniveau des Patienten unter der Vorstellung, daß dieses Niveau am ehesten für eine optimale Konfliktverarbeitung und damit für eine stabile seelische Gesundheit garantiere. Das Stichwort, unter dem die Veränderung des Funktionsniveaus angestrebt wird, lautet „Strukturveränderung", die insbesondere in abwertender Abgrenzung zur „Symptomheilung" gebraucht wird.

Wenn die Vielfalt der Krankheitsursachen von Neurosen reduziert wird auf einen einzigen Faktor, die Störung in der Ich-Struktur bzw. im Struktur-Niveau des Patienten, dann wird aus dieser Ich-Struktur eine Einheit, die „hinter" den sichtbaren Erscheinungen, also dem Verhalten, den Gefühlen und dem Denken des Patienten steht und sie determiniert. Damit wird eine Tradition fortgesetzt, die Holt (1975) bereits vor vielen Jahren als Fallstrick der Ich-Psychologie charakterisiert hat. Das Ich erscheint in dieser Tradition als Nachfolger der „Seele" in den vitalistischen Anschauungen der Naturphilosophie. Es wird zu einer Identität hinter unserer Identität, zum Homunculus, der unsere Persönlichkeit steuert und „im Kern" ausmacht. Eine so verstandene Ich-Struktur würde tatsächlich in sich selbst ruhen, und die Krankheit bzw. die Symptomatik wären bloße Epiphänomene.

Wenn die Ich-Struktur etwas anderes sein soll als eine heimliche Wiederbelebung des Vitalismus, dann muß sie als organisierendes, informationsverarbeitendes System der Psyche verstanden werden. Als organisierendes Prinzip erklärt die Struktur den Zusammenhang verschiedener Phänomene in dem Sinne, daß sie für uns nachvollziehbar werden. Sie kann deshalb niemals abgelöst von der Welt der Phänomene betrachtet werden.

Wenn man die Struktur einer Bachschen Fuge verstanden hat, dann wundert man sich nicht mehr darüber, daß bestimmte Tonfolgen (Themen) immer wieder im Stück auftauchen; statt dessen entdeckt man diese Tonfolgen selbst dort, wo sie bei oberflächlichem Hinhören gar nicht zu bemerken sind. Weil verstanden wurde, daß die Töne einer Fuge „horizontal" und nicht „vertikal" zu hören sind, ist es sogar möglich, das „Prinzip" der Themen dort zu entdecken, wo sie gar nicht mehr im Orginal, sondern in Abwandlungen erklingen. Man kann sogar nachvollziehen, wie die im Grundthema angelegte Struktur der musikalischen Aussage auch den Kontrapunkt und damit den ganzen Duktus der Fuge auch da bestimmt, wo das Thema selbst gar nicht erklingt. Kein Musiker käme auf die Idee, die Töne, also die sinnlich wahrnehmbare Welt der Musik, vom organisierenden Prinzip einer Fuge ablösen zu wollen oder zu behaupten, die Töne seien bloß Epiphänomene dieser Struktur.

Es würde zu weit führen, diese Analogie hier zu Ende zu denken. Die Bachschen Fugen sind ein Musterbeispiel für die Definition der Struktur als organisierendes Prinzip. Psychotherapeuten können die psychischen Strukturen einer Persönlichkeit erfassen, so daß die sichtbaren und erlebbaren Anteile sich verständlicher ordnen lassen; Psychotherapie kann Prozesse in Gang setzen, die zu einer Änderung des Themas und damit der Struktur der Persönlichkeit Anlaß geben. (Zur Analogie von Thema und Identität bzw. siehe Lichtenstein 1961.) Aber sie kann die Gefühle, Gedanken und Regungen ebensowenig von der Struktur lösen wie etwa Symptome oder die Krankheit. Wenn man Ich-Strukturen therapieren will, ohne auf die Symptome und die Krankheit weiter einzugehen, dann kann man weder die Ursachen noch die Menschen therapieren; dann läuft man Gefahr, organisierende und erklärende Prinzipien zu behandeln.

Die Brisanz, die sich in der Kontroverse um Struktur und Konflikt zeigt, liegt m. E. weniger in theoretischen Auseinandersetzungen als im **berufspolitischen Bereich**. Es geht dabei im Kern um die Frage, wie die Leistungspflicht der Kassen so einzugrenzen ist, daß sie die Therapie auf Krankheit im Sinne der Psychotherapie-Richtlinien beschränkt. Die Therapieziele der Psychoanalyse verraten eine spezifische Werthierarchie, vor allem dort, wo die „Symptomheilung" von der eigentlichen, der strukturellen Veränderung abgegrenzt wird. An dieser Stelle weist die Psychoanalyse in der Tat über die Psychotherapie-Richtlinien hinaus: die in der Psychoanalyse angestrebte Struktur des Ich enthält Ideale, deren Verfolgung nicht immer Ziel einer Richtlinientherapie sein können. Wenn man die Unvollkommenheit der Ich-Struktur als Ursache aller seelischen Störungen ansieht, dann reicht in der Tat die Feststellung, daß ein Patient ein eingeschränktes Struktur-Niveau hat, für die Indikationsstellung zur Psychotherapie aus, ohne daß man sich viel um die Art der Symptomatik oder um die aktuellen pathogenetischen Mechanismen kümmern müßte. Bei einem hohen Ideal von einer ausgewogenen Ich-Struktur wären 99 Prozent unserer Bevölkerung im Grundsatz therapiebedürftig: wer wagt von sich zu behaupten, er habe dauerhaft jene Ausgewogenheit erreicht, die eine ideale Ich-Struktur kennzeichnet?

Zusammenfassend läßt sich feststellen, daß bei den Krankheitsursachen eine diffizile Wechselbeziehung von Struktur und Konflikt besteht. Es ist offensichtlich, daß man dieser Wechselbeziehung nicht gerecht wird, wenn man die Struktur zur bloßen Disposition herabstuft; genausowenig hilft aber die Aufwertung der Ich-Struktur zum einzig relevanten Krankheitsfaktor. Statt dessen muß für jeden Patienten einzeln festgelegt werden, ob und wie weit die Struktur für die seelische Krankheit relevant ist und wieweit die Struktur die aktuelle Psychodynamik determiniert. Dieser Aufgabe ist das Kapitel 4 dieses Buches gewidmet.

3.3 Feststehende oder wandelbare Strukturen?

Im vorausgegangenen Abschnitt wurde kritisch vermerkt, daß im Kommentar der Psychotherapie-Richtlinien die Struktur in unzulässiger Weise mit dispositionellen Faktoren gleichgesetzt wurde. Mit dieser Kritik ist der von Faber und Haarstrick angesprochene Problembereich aber nicht etwa erledigt, sondern nur verschoben worden. Es bleibt die Frage, wann die in den Erstgesprächen diagnostizierten Strukturen noch als therapierbare Krankheitsursache gelten können und wann wir sie als unveränderbare Gegebenheit behandeln müssen. In letzterem Fall unterscheiden sich Strukturen nämlich nicht mehr wesentlich von anderen erblichen oder erworbenen Dispositionen, die wir als Mitverursachung der Krankheit anerkennen müssen.

Berührt wird hier eine Dialektik, die sich zum Teil als Figur-Hintergrund-Problem fassen läßt: Unveränderbarkeit ist kein objektives Kriterium, sondern eine Sache der jeweiligen Perspektive: die Optik des Therapeuten bestimmt, was als wandelbar und was als unveränderbar gilt. Das Unveränderliche wird dabei zum Hintergrund, auf dem die Gestalt des Wandelbaren sich abhebt.

Wenn wir die Veränderung der Blätter betrachten, erscheint uns die „Struktur" des Baumes als unveränderbar; wenn wir dagegen die Veränderungen des Laub-

waldes studieren, erscheint uns genau die Struktur des einzelnen Baumes als das Wandelbare gegenüber der „Struktur" des Bergrückens, auf dem der Baum angesiedelt ist. Das Wort „Struktur" erscheint hier in Anführungszeichen, weil es jedesmal ein zeitlich stabiles Prinzip bezeichnet, das Hintergrund-Charakter hat. Es ist offensichtlich, daß Faber und Haarstrick in ihrem Richtlinien-Kommentar psychische Struktur auch in diesem zeitlichen Sinne begriffen haben.

Berührt wird aber auch die Dialektik von Konservieren und Verändern: Jeder Therapeut braucht ein Stück Boden, auf dem er stehen kann, wenn er etwas bewegen will. Er muß sich zusammen mit dem Patienten auf diesen Boden stellen, um von dort aus die innere und die äußere Welt zu betrachten. Dieser Boden bekommt in der der Betrachtung unweigerlich den Charakter der „Realität": er ist feststehend, nicht zu hinterfragen, unveränderbar. Von der Philosophie hören wir, daß es so etwas wie Realität nicht gibt, sondern daß der Realitätscharakter an unreflektierte Vorgaben, Konventionen und Vorannahmen gebunden ist. Dies ändert nichts an der Dialektik von Konservieren und Verändern. Letzteres ist nur möglich, wenn bestimmte Aspekte des Daseins zu Realität erklärt werden, auch wenn sie so real nicht sind. Ein Therapeut, der grundsätzlich alles hinterfragt, kann kein Bild vom Patienten gewinnen, und er hindert seine Patienten an der Veränderung, statt ihnen zu helfen.

Auf der Gegenseite stehen die Grundlagen des Krankheitsverständnisses, das den psychoanalytisch orientierten Psychotherapeuten kennzeichnet: die Grundeinstellung nämlich, daß es nichts Feststehendes im Leben des Patienten gibt, das nicht analytisch hinterfragt und gegebenenfalls durch psychologisches Verständnis aufgelöst werden könnte. Mit dieser Grundeinstellung hat ja die Psychoanalyse dafür gesorgt, daß Phänomene wie die Perversionen, die Dissozialiät, die schweren Persönlichkeitsveränderungen nicht einfach als unveränderbare Defekte klassifiziert wurden, sondern daß sie in ihrer Entwicklung verstanden und einer Therapie zugänglich gemacht werden konnten. Man könnte fragen, ob die Forderung, sich im Rahmen einer Behandlungskonzeption frühzeitig und grundsätzlich auf unveränderbare Krankheitsursachen festzulegen, überhaupt mit der psychoanalytischen Grundeinstellung zu vereinbaren ist.

Hier scheint es mir allerdings wichtig, in der Therapieplanung zu unterscheiden zwischen der *grundsätzlichen* Infragestellung von Gewohntem und einem analytisch-therapeutischem Vorgehen, das die Lebensrealität des Patienten und seine Erlebniswelt in Rechnung stellt. Auch wenn wir manche Gegebenheiten psychologisch erklären und damit im Grundsatz auflösen können, heißt dies noch lange nicht, daß wir sie im konkreten Fall auch beeinflussen oder verändern können. Die psychologische Auflösung eines Phänomens, z. B. die Erklärung eines psychopathologischen oder psychosomatischen Symptoms, ist eine gedachte Auflösung, sie ist noch lange keine handelnd vollzogene Auflösung. Dieser zweite Schritt ist nur dann relevant, wenn er auch außerhalb der Therapiesituation, d. h. in der Lebensrealität des Patienten, vollzogen werden kann.

Strukturelle Gegebenheiten lassen sich nur dann handelnd auflösen, wenn in vielen wiederholten Schritten aus der Deutung bzw. der Erklärung heraus ein anderes Handeln ermöglicht wird. Die psychologische Erklärung ist nur dann wirksam, wenn durch sie ein aktuelles Erlebensmuster getroffen und dadurch einer Veränderung zugänglich gemacht wird. Sonst resultieren nur rationalisierende Erklärungen, die rasch in den Dienst der Abwehr gestellt werden. Aus diesem Grunde sind Strukturen in der Regel nur dann veränderbar, wenn in ihrer Fixierung zugleich ein hohes Maß an Instabilität und Spannung gebunden ist, die durch verbale Interventionen wieder mobilisiert werden können. Wo strukturelle Eigentümlichkeiten nahtlos integriert sind, wo sie z. B charakterlich fest verwurzelt und weitgehend ich-synton sind, ist die Chance der Veränderbarkeit gering, selbst wenn wir ihre Entstehung sehr plausibel begründen und ihren Realitätscharakter zurecht hinterfragen können.

Einschränkend ist allerdings zu sagen, daß wir selbst im Verlauf einer Therapie oft nur schwer voraussagen können, wo Instabilität gebunden und Spannung wieder freigesetzt werden kann. Diagnostische Festlegungen können sich leicht als Irrtum erweisen. Gerade hier aber zeigt sich m. E., daß das Spannungsfeld zwischen ärztlich-therapeutischer Diagnostik und der psychoanalytischen Grundeinstellung sich fruchtbar für die Psychotherapie erweisen kann; die grundsätzliche Bereitschaft, alles Gegebene mit einem Fragezeichen zu versehen, kann im konkreten Fall dazu verhelfen, diagnostische und prognostische Einschätzungen zu korrigieren, alternative Erklärungen zu finden und Festgefahrenes wieder in Bewegung zu bringen.

3.4 Konflikt oder Entwicklungsdefekt?

Unter dem Einfluß der psychoanalytischen Selbst- und Objektbeziehungstheorie hat sich ein Neurosemodell entwickelt, das sich von der Konfliktpsychologie ein gutes Stück entfernt: Störungen werden diesem Ansatz zufolge nicht als Ausdruck unglücklicher Konfliktlösungen begriffen; vielmehr spiegeln sie Entwicklungsdefekte wider, die durch traumatische Erfahrungen in der frühen Kindheit entstanden sind. Je früher diese Traumatisierungen einsetzen, desto stärker sind die vermuteten Abweichungen von der normalen, wünschenswerten Entwicklung. Das **Defektmodell** spielt überall dort eine Rolle, wo Störungen vorwiegend durch eine versagende Umwelt erklärt werden. Vom Konfliktmodell unterscheidet sich das Defektmodell nicht zuletzt durch ein anderes Menschenbild: Nicht die vielen Unvereinbarkeiten bestimmen das Schicksal des Menschen, sondern (vermeidbare) Fehler in der frühen Mutter-Kind-Beziehung, wobei insbesondere die Störungen durch unberechtigte mütterliche Eingriffe und Versagungen betont werden.

Im Sog der psychoanalytischen Theorien hat sich bei vielen Psychotherapeuten der Trend durchgesetzt, in großzügiger Weise schwere Strukturstörungen zu diagnostizieren, die ätiologisch mit Entwicklungsdefekten begründet werden. Diese Therapeuten stützen sich häufig auf die Arbeiten von Kohut (1973, 1979). Aber erst die populärwissenschaftliche Ausformulierung der Selbstpsychologie bei A. Miller (1979) hat zur Verbreitung dieses Ansatzes entscheidend beigetragen. Die Probleme der Lebensgeschichte werden dabei pauschal durch Entwicklungsdefekte „erklärt". Zum wichtigsten pathogenetischen Mechanismus wird der Wiederholungszwang: was immer an ungünstigen, selbstdestruktiven Handlungen beobachtet werden kann, entspricht pauschal einer Wiederholung früher Traumatisierungen. Damit erfüllt die Diagnostik formal die Forderungen nach einer Verbindung von ätiologischen Hypothesen mit der aktuellen Lebensrealität. Inhaltlich liegt die Schwäche einer solchen Konzeption darin, daß Berichte über die Kindheit verwechselt werden mit Realtraumatisierungen, wobei aus vagen Andeutungen oder Vorwürfen enorm weitreichende Schlüsse und Verallgemeinerungen gezogen werden. Da kaum ein Patient nur Gutes über seine Kindheit berichtet, „paßt" diese Form ätiologischer Hypothesenbildung zu 95% aller Patienten.

Das therapeutische Konzept zur Behebung dieser Entwicklungsdefekte ist das Konzept einer **Nachreifung**: Es reicht nach Vorstellung vieler Therapeuten eine sicherheitsgebende und haltgewährende therapeutische Beziehung, damit die Patienten neue Erfahrungen machen und ihren Entwicklungsdefekt ausgleichen können. Blomeyer (1989) hat auf die Gefahren dieser Reifungsphantasien auf seiten der Therapeuten aufmerksam gemacht. In ihnen liegt in der Tat ein verführerischer Reiz: Je früher in der Entwicklung die Störung angesiedelt wird, desto mehr rückt der Therapeut in die Rolle einer omnipotenten Elternfigur, die Entwicklung initiieren und steuern kann. In der Rolle des omnipotenten Elternteils kann der Therapeut weitgehend darauf verzichten, die konflikthaften, insbesondere die aggressiven Selbstanteile des Patienten zu bearbeiten. Er bleibt in der Rolle der „besseren Mutter", der Patient dafür in der Rolle des unschuldigen Opfers (siehe dazu Kapitel 5.7).

Die Schwächen dieser Behandlungskonzeption liegen allerdings auf der Hand: Nachreifung ist etwas grundsätzlich anderes als Psychotherapie, wie sie in den Richtlinien vorgesehen ist. Sie mag bei manchen Störungen ausreichen, um ein gewisses Gleichgewicht herzustellen, aber wir verlassen mit dem Konzept der Nachreifung das Feld der ursachenorientierten Behandlung psychischer Störungen zugunsten eines pädagogischen Konzepts zur Behandlung seelischer Störungen. Selbst wenn eine haltgewährende Therapie bei der Nachreifung hilft, stellt sie doch eher eine unspezifische Maßnahme dar. Im Bereich der Gesundheitsversorgung sind solche Maßnahmen, die die allgemeinen oder auch seelischen Abwehrkräfte des Patienten stärken und so zu einer Besserung seiner Behinderungen bzw. seiner Störungen beitragen, durchaus bekannt. Sie fallen in den Bereich der medizinischen Rehabilitation, die vorzugsweise von Ärzten angeordnet, aber von sogenannten Heil-Hilfspersonen (Krankenschwestern, Krankengymnasten, Sozialpädagogen) durchgeführt werden. Die Nachreifung der Patienten wäre sicherlich ein bevorzugtes Feld für Sozialpädagogen mit entsprechender Ausbildung. Nachreifungsphantasien von Therapeuten lassen sich also mit dem Anspruch auf eine ursachenorientierte Psychotherapie ärztlichen Zuschnitts nicht vereinbaren.

Der **verfehlte Anspruch** zeigt sich m. E. vor allem in der Vorstellung, man könnte echte Defekte der psychischen Struktur innerhalb weniger Sitzungen „heilen": Es werden oft 50 bis 80 Stunden Therapie als ausreichend angesehen, um selbst schwere Strukturstörungen zu beheben. Man kann eher umgekehrt überlegen: Wenn eine Psychotherapie innerhalb von 50 Stunden durchgreifende Veränderung gebracht hat, dann hat es sich mit großer Wahrscheinlichkeit nicht um eine tiefgreifende strukturelle Störung gehandelt, sondern um eine reversible Störung mit entsprechend guter Prognose.

4 Die Festlegung struktureller Merkmale

4.1 Die Bedeutung der psychischen Struktur für die Behandlungskonzeption

Wer seelische Störungen diagnostisch erfassen will, muß sich auch mit der Struktur seiner Patienten auseinandersetzen. „Struktur" bezeichnet ja zunächst all jene Vorgänge, die beim Patienten gewohnheitsmäßig, regelhaft, nach festgelegtem Muster ablaufen. Entsprechend wird die Struktur in den Psychotherapie-Richtlinien verstanden „als die anlagemäßig disponierenden und lebensgeschichtlich erworbenen Grundlagen seelischen Geschehens, das direkt beobachtbar oder indirekt erschließbar ist" (zitiert bei Faber und Haarstrick, 1996, Seite 138). Struktur wird, wie in Abschnitt 3.2 und 3.3 ausgeführt, im Kommentar der Psychotherapie-Richtlinien kontrastiert zum aktuellen Konflikt und bezeichnet damit diejenigen Persönlichkeits-Elemente, die schwer veränderbar sind.

Die Struktur-Diagnostik in der Richtlinien-Psychotherapie rückt selten ins Zentrum der Aufmerksamkeit. In den sogenannten Kassenanträgen wird z.B. nach der Struktur des Patienten nur indirekt gefragt (s. d. Kapitel 7.5). Der therapeutische Prozeß wird jedoch in erheblichem Maße davon bestimmt, welche Vorstellungen der Therapeut sich von der Struktur seines Patienten macht:

1. Wenn wir seelische Konflikte und ihre Auswirkungen als Ereignisse betrachten, die wir inhaltlich verstehen wollen, dann brauchen wir auch eine Vorstellung davon, auf welchem Hintergrund sich diese innerseelischen Prozesse entwickeln: Wie reagiert der Patient sonst im Leben, welche Situationen und welche Lebensweisen sind für ihn typisch, was an der gegenwärtigen Situation ist für ihn neu? Die Strukturdiagnostik dient hier dem einfühlenden Verständnis des gedanklichen und emotionalen Hintergrundes von aktuellen Konflikten und Ereignissen.

2. Zuweilen ist es unerläßlich, gerade die gewohnten Reaktionsmuster unserer Patienten zum Gegenstand der Therapie zu machen. Dann dient die Festlegung der Strukturmerkmale dazu, jene Erlebens- und Verhaltensmuster zu beschreiben, die durch die Therapie verändert werden sollen.

3. Bei der Indikationsstellung spielt neben der Veränderungsbedürftigkeit auch die Frage nach der Veränderbarkeit eine große Rolle, wie im Kapitel 6.1 ausgeführt wird. Die Veränderbarkeit wird durch strukturelle Gegebenheiten entscheidend determiniert. Eine verantwortliche Behandlungsplanung muß sich deshalb mit den seelischen Strukturen einschließlich der therapiebegrenzenden Dispositionen auseinandersetzen.

4. Es gibt eine spezielle Gruppe von Patienten, deren Behandlung Probleme aufwirft, weil sie in sehr grundsätzlicher Weise gestört sind. Hier werden Annahmen über die seelische Struktur herangezogen, um die phänotypische Ausprägung der Symptomatik und der Beziehungsproblematik zu erklären. Auf dem Hintergrund dieser Erklärungen können wir bei diesen Patienten diagnostische Zuordnungen treffen und eine Therapiekonzeption entwickeln.

Schon aus der Auflistung der verschiedenen diagnostischen Fragestellungen wird deutlich, daß wir keine Zuordnungen und Beurteilungen der seelischen Strukturen treffen können ohne eine Theorie, die das Funktionieren und die Entwicklung von Strukturen begründet. Die Validität der diagnostischen Zuordnungen wird entscheidend von der Qualität der unterliegenden Theorie abhängen.

Eine solche grundlegende Theorie wurde zunächst von Freud (1923b) entwickelt: Seine Strukturtheorie der Psyche unterscheidet bekanntlich zwischen drei Instanzen, dem Ich, dem Es und dem Überich. Während das Es die triebhafte Seite des Menschen verkörpert, steht das Überich bei Freud für das Gewissen, die Idealbildungen und die Normen. Das Ich gilt bekanntlich als Vermittler zwischen Es und Überich-Ansprüchen sowie zwischen der Psyche und der Außenwelt.

Zwei Dinge an Freuds Strukturmodell sind bemerkenswert: Zum einen führt er ein konflikthaftes Element bereits in die strukturellen Grundlagen der menschlichen Psyche ein. Es geht anscheinend immer um eine Art von Interessenkonflikt zwischen unterschiedlichen Ansprüchen. Die Konflikthaftigkeit ist also nicht erst ein Ergebnis späterer unbewußter Vorgänge, sondern sie ist in der Psychoanalyse ein integraler Bestandteil des Menschenbildes.

Das zweite bemerkenswerte Element in Freuds Strukturtheorie ist eine Widersprüchlichkeit, ein Dilemma: Dem Ich werden Aufgaben zugeschrieben, die auf verschiedenen, nicht zu vereinbarenden theoretischen Ebenen liegen: Einerseits vermittelt es zwischen dem Es und dem Überich, also zwischen zwei innerseelischen Instanzen, andererseits vermittelt es zwischen den „inneren" Bedürfnissen der Person und der Außenwelt. Theoretisch gesprochen: einmal konzipiert Freud die Psyche als offenes, zum anderen als geschlossenes System. Freud hat dieses Dilemma nicht gelöst. Allerdings ist es nicht nur ein Dilemma für Freud, es ist eines der menschlichen Psyche überhaupt: wie die Relation der innerseelischen Mechanismen zu den Einflüssen der Außenwelt zu verstehen ist, bleibt eine zentrale Frage. Die Qualität aller Theorien um die Struktur der menschlichen Psyche wird sich im wesentlichen an der Frage entscheiden, wie sie dieses Dilemma aufzulösen vermögen. Dabei ist unübersehbar, daß in manchen klinischen Theorien allein das offene System berücksichtigt wird: die Struktur ist dann ausschließlich das Ergebnis der Biographie und der von ihr ausgehenden Prägungen.

In der einseitigen Bewertung biographischer Ereignisse liegt m. E. eine zentrale Verkennung der Dialektik von **Außenprägung** zur Eigendynamik in der psychischen Struktur. Es ist offensichtlich, daß die Umwelt in einem funktionierenden Struktursystem zunächst entscheidenden Einfluß auf die Ausprägung der Persönlichkeit nimmt. Dies gilt um so stärker, je jünger das Individuum ist. Mit zunehmendem Alter aber gewinnt die strukturelle Ausprägung an **Eigendynamik**: Die seelischen Strukturen entwickeln sich dann zunehmend aus einer inneren Gesetzmäßigkeit heraus, die wiederum Einfluß auf die Umwelt ausübt. Der Zuwachs an Eigendynamik scheint sich in kritischen Phasen bevorzugt zu vollziehen. Der tiefgreifendste Umbruch scheint dabei in der Pubertät und in der Adoleszenz zu erfolgen: Die Adoleszenz ist jene Entwicklungsphase, in der die Eigendynamik des Struktursystems eindeutig Übergewicht über die Prägung von außen erhält (Blos 1983). Das bedeutet natürlich nicht, daß damit das Struktursystem autark geworden ist. Gerade in der Pubertät ist das Elternhaus mit seinen Einflüssen von großer Bedeutung. Es bedeutet aber, daß das Spektrum der Reaktionsmöglichkeiten sich so sehr verbreitert, daß wir z. B. aufgrund der gegebenen Konstellation nur noch sehr begrenzte Voraussagen machen können auf die weitere Entwicklung. Bei manchen Jugendlichen zeigt sich erst mit der Pubertät, daß die Belastungen in der Kindheit eine gesunde Eigenentwicklung nicht zulassen. Bei anderen Jugendlichen verschwinden in der Pubertät die Auswirkungen früherer Traumatisierungen, weil sich eine für die weitere Entwicklung förderliche Eigendynamik entwickelt. Bei noch anderen Jugendlichen verhindern die Vorprägungen und das familiäre Milieu, daß sich überhaupt eine Eigendynamik entwickelt: die Umgestaltung ihrer Struktur bleibt unvollkommen. In jedem Falle haben die prägenden Einflüsse der Kindheit nach der Pubertät einen anderen Stellenwert als vorher (Erdheim 1993). Wenn wir in der Psychotherapie Erwachsene behandeln, ist deren Struktur überwiegend von ihrer Eigendynamik bestimmt. Wir behandeln selbst bei schweren psychischen Störungen keine Säuglinge, die dabei sind, basa-le Erfahrungen mit sich und der Umwelt zu machen. Man kann keine Strukturen verändern, indem man die Ereignisse der Kindheit durch „Aufarbeitung" ungeschehen macht, sondern man muß Hilfestellungen geben, damit die Verarbeitung früherer Erlebnisse die Eigendynamik nicht in unangemessener Weise determiniert (siehe dazu Kapitel 3.1).

Schon wegen der Vielfalt der Aspekte ist es unmöglich, eine vollständige Diagnostik struktureller Merkmale zu erstellen, die einem einzigen diagnostischen Schema folgt. Eine vollständige Diagnostik muß m. E. zumindest vier verschiedene Gesichtspunkte berücksichtigen, die voneinander unabhängig sind: Eine inhaltliche Betrachtungsweise, eine formale, eine funktionale und schließlich eine systemorientierte.

4.2 Die inhaltliche Betrachtung der Struktur: Erlebens- und Verhaltensmuster

Wenn man Strukturen unter inhaltlichen Gesichtspunkten diagnostiziert, dann liefern sie Erklärungen, die nicht kausaler Natur sind, sondern die die Plausibilität des Beobachteten und des Geschehenen erhöhen. Das psychologische Erklären enthält immer einen wesentlichen Aspekt von Verstehen, wie Körner (1985) es beschrieben hat. Diese Erklärungen liefern Zuordnungen, die das Verständnis aus der inneren Logik des Patienten heraus vertiefen. Insoweit liefert das inhaltliche Betrachten von Strukturen einen wichtigen Beitrag zur Empathie des Therapeuten (s.d. Kapitel 5.3).

Um es an einem einfachen Beispiel zu erläutern: Eine Patientin klagt im Erstgespräch darüber, daß ihr einziger Sohn „tut, was er will". Er laufe nur noch in einer abgewetzten Lederjacke herum, er fahre Moped, und er wolle über das Wochenende mit seiner Freundin eine Nacht im Hotel verbringen, obwohl sie noch nicht einmal verlobt seien. Die Patientin ist sehr sorgfältig, aber konventionell gekleidet, redet den Therapeuten mit „Herr Doktor" an, legt ihre Handschuhe sorgfältig gefaltet neben sich auf den Stuhl. Im Erstgespräch faßt der Therapeut seine Eindrücke von ihr in dem Satz zusammen: „Ich glaube, Sie sind ein sehr ordnungsliebender Mensch!"

Dies scheint zunächst nicht mehr zu sein als die Mitteilung einer Beobachtung. Die Äußerung enthält aber ein kleines Stück inhaltlicher Strukturdiagnostik, weil die Detailbeobachtungen zu einer Gestalt zusammengefügt wurden, die das Verständnis vertiefen. Zum ordnungsliebenden Menschen gehört ein strenges Ich-Ideal, das ergänzt wird um die Sorge vor der Kritik von außen, gehört das Festhalten am gewohnten Rahmen, die Angst vor dem Ungewohnten. Für einen ordnungsliebenden Menschen ist eine abgewetzte Lederjacke eine Verletzung innerer Ordnung, ein Einbruch in die gesicherte Welt. Es verwundert deshalb nicht, daß die Patientin an dieser Stelle in Tränen ausbricht: „Jahrelang habe ich mich um alles gekümmert, und wir hatten es gut miteinander, und jetzt ist alles wie weg, und er findet überhaupt nichts dabei. Ich weiß nicht, wie ich das aushalten soll!"

Der Bericht der Patientin hätte auch eine ganz andere Psychodynamik des aktuellen Problems nahelegen können: Wird doch hier das Thema der pubertären Ablösung berührt, so daß es auch um ein Problem von Separation und Individuation bei Mutter und Sohn geht. Auch das Thema der Sexualität und die ödipale Rivalität könnten eine Rolle spielen. Die Betonung der Ordnungsliebe als strukturelles Merkmal hat der Psychodynamik zwangsläufig eine andere Richtung gewiesen. Im Vordergrund steht damit auf seiten der Patientin weder die ödipale Thematik noch die Separations-Individuations-Thematik, sondern der Bruch mit der hergebrachten Ordnung. Es verwundert nicht, wenn bei der Biographie dieser Patientin immer wieder Hinweise auf eine ängstlich-depressive Entwicklung auftauchen.

Bei der inhaltlichen Charakterisierung von Strukturmerkmalen sind wir in besonderem Maße auf die Erzählungen des Patienten angewiesen. Die Erzählungen von Patienten enthalten zwangsläufig Auskünfte, wie sie sich selbst und wie sie andere Menschen sehen, wie sie auf Ereignisse reagieren und welche Reaktionen sie von anderen erwarten. Dabei ist es nicht einmal wichtig, ob die Erzählung aus der Gegenwart oder aus der Biographie des Patienten stammen. Ergänzt werden diese Erzählungen um die Beobachtungen, die der Therapeut ganz aktuell zu den Reaktionen des Patienten im Gespräch selbst macht. Auch die Beziehungsmuster, die Luborsky (1988) über den zentralen Beziehungskonflikt erfaßt, bezeichnen im Prinzip Strukturen von Beziehung. Diese sind aber sehr viel stärker an die Phantasien des Patienten gebunden, und sie sind stärker situationsabhängig, so daß sie eher zum Aspekt der Psychodynamik zu rechnen sind (vgl. Kapitel 5.3.1).

Wenn Strukturmerkmale unter inhaltlichen Aspekten betrachtet werden, dann führen sie schließlich zu Schlußfolgerungen und Klassifikationen, die den Charakter des Patienten betreffen. Im Begriff des Charakters ist natürlich mehr als nur ein Aspekt des Überich enthalten. Er umfaßt eine große Zahl von Reaktionsmustern in individueller Ausprägung, wobei dynamische Verarbeitungsmuster und adaptive Funktionen sich die Waage halten.

Wenn Wissen in eine überschaubare Gestalt gebracht werden soll, die auch an andere Therapeuten vermittelt werden kann, dann sind klassifikatorische Raster gefragt. Es hat nicht an Versuchen gefehlt, eine psychoanalytische Charakterlehre zu entwickeln, die der psychologischen vergleichbar ist (Reich 1973, Fenichel 1983). Hoffmann (1979) hat eine ausführliche Übersicht über die Ausprägung von Strukturen und Charakteren vorgestellt, in der die vielfältigen Aspekte des Charakterbegriffes erläutert werden. Ein wesentlicher Teil der psychoanalytischen Klassifikation ist auch in die Diagnostik der Persönlichkeitsstörungen eingegangen. Zur inhaltlichen Betrachtung von psychischen Strukturen gehört auch die Klassifikation von Neurosenstrukturen, die Schultz-Hencke (1951) vorgelegt hat. Die von ihm beschriebenen Grundstrukturen (eine depressive, eine zwanghafte, eine hysterische und eine schizoide Struktur) knüpfen an seine Konzeption von Hemmungen an, weisen aber viele Parallelen zu ich-psychologischen Konzeptualisierungen auf.

Während Reich und Fenichel Charaktertypen zu erfassen suchen und Schultz-Hencke Neurosenstrukturen, greift Mentzos (1984) den Aspekt der Konfliktverarbeitung in der Strukturbildung heraus. Sein Ansatz ist für den klinischen Gebrauch besonders hilfreich. Strukturen unterscheiden sich bei ihm durch ihre verschiedenen Modi der Konfliktverarbeitung, d. h. von der Art des Konflikts und von der Art der Abwehr. Die reiferen Modi der Konfliktverarbeitung sind der hysterische, der zwangsneurotische, der phobische und der angstneurotische Modus. Diese sog. reiferen Formen stellt er unreiferen Modi gegenüber: dem depressiven, dem hypochondrischen, dem paranoiden und dem schizoiden Modus. Der Grundgedanke erweist sich als enorm fruchtbar für das inhaltliche Verständnis von Strukturen, selbst wenn man bezüglich der entwicklungspsychologischen Annahmen anderer Meinung als Mentzos sein kann. Vor allem die reiferen Modi haben eine überzeugende klinische Evidenz, die es dem Therapeuten leicht macht, entsprechende Konfliktverarbeitungsmodi auch bei ihren Patienten zu entdecken.

▷ **Beispiel 1**
Eine 28jährige kinderlos verheiratete kaufmännische Angestellte kommt wegen depressiver Verstimmungen zum Gespräch. Die zierliche Frau wirkt im Erstkontakt etwas zerbrechlich und schutzbedürftig; dabei schildert sie folgende Situation: Sie hat in ihrem Beruf schon seit mehreren Jahren gearbeitet und ist immer einigermaßen zurechtgekommen. Jetzt hat der Betrieb größere Veränderungen vorgenommen: früher arbeitete sie in einem kleinen Büro, jetzt sitzt sie in einem Großbüro zusammen mit mehreren Kolleginnen. Tonangebend in diesem Büro ist eine ältere, sehr tüchtige und ehrgeizige Kollegin, der gegenüber die Patientin sich eindeutig unterlegen vorkommt. Es hat in jüngerer Zeit Auseinandersetzungen gegeben, bei denen die Patientin regelmäßig den kürzeren gezogen hat. Inzwischen hat sie regelrechte Angst vor dem Tag und vor der Arbeit bekommen, so daß sie sich hat krank schreiben lassen.

Zur Kindheit erzählt die Patientin, daß sie eher in behüteter Umgebung groß geworden sei. Sie hat zwei jüngere Brüder und eine zwei Jahre ältere Schwester, in deren Schatten sie immer stand. Die Schwester war lebhaft, expansiv und energisch wie der Vater, während die Patientin immer sehr vorsichtig und gewissenhaft war mit Angst vor allem Neuen. Während die Schwester Abitur machte und Lehrerin wurde, hat die Patientin das Gymnasium mit Mittlerer Reife verlassen und ist auf Drängen der Eltern kaufmännische Angestellte geworden. Man war mit ihren Leistungen bisher zufrieden, aber sie fühlte sich eher wie ein Versager. Die Mutter wird als fürsorglich-behütend beschrieben; sie sei durch die vier Kinder aber häufig überlastet gewesen. Der Vater war beruflich erfolgreich, aber stark eingespannt. Die Patientin hat mit dem 18. Lebensjahr sexuelle Beziehungen aufgenommen, jetzt ist sie seit drei Jahren mit einem um 5 Jahre älteren Handwerksmeister verheiratet. Ihr Mann sei fürsorglich und bemüht, aber er sei halt wie der Vater ständig beschäftigt, und sie fühlt sich von ihm insgeheim vernachlässigt. Außerdem klagt sie darüber, daß der Ehemann an eigenen Kindern nicht interessiert sei.

▶ **Beispiel 2**

Eine 27jährige Verwaltungsangestellte leidet unter depressiven Verstimmungszuständen mit Angst: Seit sie in eine andere Abteilung versetzt wurde, steht sie jeden Morgen mit Beklemmung auf, und der kommende Tag lastet auf ihr. Im Büro sei eine ältere Kollegin tonangebend, die das Vertrauen des Chefs genieße und der die Patientin immer wieder unterlegen sei. Sie fühlt sich entwertet und vom Chef abgelehnt, möchte am liebsten alles hinschmeißen. Die etwas püppchenhaft-dekorative Patientin wirkt im Gespräch spröde und glatt. Sie ist als jüngere von zwei Töchtern eines Handwerkers großgeworden (Schwester +3). Die Schwester galt als die lebhaftere und unruhigere. Bei näherer Befragung zeigt sich, daß die Patientin es gut verstanden hat, im Schatten der älteren Schwester zu bleiben. Während diese häufig Konflikte mit den Eltern um Ausgehen oder um Jungenfreundschaften hatte, blieb die Patientin im Hintergrund. Die Schwester war auch ehrgeiziger, während die Patientin nach der Mittleren Reife das Gymnasium verließ. Sie sei Verwaltungsangestellte geworden, weil sie feste Arbeitszeiten möchte, denn abends ist sie gerne mit Freundinnen

ausgegangen. Das ist auch nach der Eheschließung so geblieben, obwohl ihr Mann dies eigentlich nicht so gern sieht, aber glücklicherweise ist er seinerseits beruflich vielbeschäftigt. Bislang hat es für die Patientin noch niemals große Probleme mit anderen Menschen gegeben; immer hat sie einen Weg gefunden, sich zu arrangieren. Das Paar ist kinderlos, denn der Partner wolle keine Kinder. Erst in letzter Zeit sei die Patientin häufiger gereizt und unausgeglichen gewesen. Der Ärger am Arbeitsplatz sei ihr schlicht zuviel; so schlecht wie jetzt habe sie sich noch nie gefühlt.

Kommentar

Es ist offensichtlich, daß bei beiden Patienten der aktuelle Auslöser der Symptomatik etwas mit der Arbeitsplatzsituation und mit der älteren Kollegin zu tun hat. Hier sind die Parallelen offensichtlich. Unterschiedlich ist aber die inhaltliche Ausprägung der Persönlichkeitsstruktur, auf deren Hintergrund die Psychodynamik aufgebaut wird.

In Beispiel 1 spricht vieles für eine depressive Charakterstruktur: Seelische Anforderungen werden grundsätzlich eher als Belastungen erlebt denn als Herausforderungen. Die Patientin versucht, diese Belastung zu überstehen, aber sie gewinnt daraus keine Befriedigung, auch wenn ihre Reaktionsbildungen als Abwehrformationen dafür sorgen, daß sie den Anforderungen gerecht wird. Die Beziehung zur erfolgreicheren Schwester ist durch Neid belastet, aber Aggressionen richten sich in erster Linie gegen sich selbst, nicht gegen die Schwester. Das Selbstbild wird unter diesem Druck ständig negativer, was die depressiven Reaktionen verstärkt. In der Partnerschaft wird vor allem ein beschützendes und entlastendes Gegenüber gesucht. Hier wie in der Beziehung zu den Eltern überwiegen aber Enttäuschungsreaktionen und Angst vor Verlust von Zuwendung.

In Beispiel 2 steht dagegen ein phobischer Verarbeitungsmodus im Hintergrund der aktuellen Problematik. Intensivere Gefühle und Spannungen werden nicht als Herausforderung aufgefaßt, sondern als Unlust erlebt und soweit wie möglich vermieden. Vermieden werden damit auch alle aggressiven Formen der Auseinandersetzung. Die Position im Schatten einer aggressiveren Schwester wird nicht nur toleriert, sie wird sogar eher konstelliert, da sie Konflikte und Auseinandersetzungen vermeiden hilft. Begegnungen werden gern auf ungefährlichere Gleise geschoben und dort abgehandelt (Verschiebung). Statt leidenschaftlicher sexueller Beziehungen finden sich unverbindliche Kontakte mit Freundinnen und ein Ehemann, der nicht gefährlich wird. Auch im beruflichen Bereich hat die Patientin eher die Rolle eines Mitläufers als die einer Hauptverantwortlichen. Es ist offensichtlich, daß die Patientin erst jetzt mit ihrer Verarbeitungsstrategie in eine Sackgasse geraten ist. Die Psychodynamik muß also eher an der Gegenwart ansetzen, während sie in Beispiel 1 viel stärker die Vergangenheit berücksichtigen muß.

4.3 Formale Betrachtung: Das Struktur-Niveau

Wenn man Struktur unter formalen Gesichtspunkten betrachtet, dann geht es um die Frage, wie gut all jene Aufgaben erfüllt werden können, die unser psychisches System zu bewältigen hat: die Verarbeitung von Ereignissen und Erlebnissen, die angemessene Reaktion auf Ereignisse und die angemessene

Beeinflussung bzw. Veränderung der Außenwelt und anderes mehr. Weil diese Aufgaben nicht blind, nicht nach der einfachen Form eines Reiz-Reaktionsmusters erledigt werden können, sondern zugleich dem Bewußtsein und der freien Willensentscheidung unterliegen sollen, gehört es auch zu den menschlichen Aufgaben, ein Bewußtsein von sich selbst und eine Form der Unabhängigkeit von der Außenwelt zu bekommen. Erst die letzteren Funktionen ermöglichen das, was wir freie Entscheidung nennen.

All diese Aufgaben beziehen sich auf Funktionen, die Freud seinerzeit dem Ich zuschrieb. Freud sprach von Ichstärke, wenn die Person in angemessener Weise mit den komplexen Anforderungen fertig werden konnte und wenn die Aspekte der Selbstorganisation gut entwickelt waren. Es hat sich eingebürgert, die formalen Aspekte der psychischen Struktur mit dem Begriff der Ichstruktur gleichzusetzen, oder generell vom Struktur-Niveau zu sprechen.

In der Phase der Behandlungsplanung ist die Beurteilung des Struktur-Niveaus aus verschiedenen Gründen wichtig. Zum einen ist ein genügend hohes Niveau die Voraussetzung dafür, daß wir mit dem Patienten überhaupt psychotherapeutisch arbeiten können. Wir setzen nämlich in der Therapie gerade jene Funktionen voraus, die wir als höhere Ichfunktionen bezeichnen können: die Fähigkeit etwa, blinde Reaktionen aufzuschieben und durch Reflexion zu ersetzen, die Vorausnahme von Handlungen durch Gedanken, die Fähigkeit zur Selbstreflexion usw. Starke Einschränkungen im Struktur-Niveau lassen entweder gar keine Therapiesituation entstehen, oder sie stellen die Veränderbarkeit des Patienten durch Psychotherapie stark in Frage.

Zum anderen ist eine Verbesserung bestimmter Ich- bzw. Selbstfunktionen eine Voraussetzung zur Veränderung: Wenn nämlich eine angemessene Konfliktbewältigung an unvollkommenen Fähigkeiten zur Reiz- und Informationsverarbeitung scheitert, müssen diese Fähigkeiten verbessert werden. Daß die Verbesserung eines unspezifischen Strukturniveaus nicht Selbstzweck werden darf, wurde in Kapitel 3.2 bereits erläutert.

Wie bei den inhaltlichen Aspekten der seelischen Struktur wäre auch bei der formalen Beurteilung ein **Klassifikationsschema** hilfreich, das eine rasche Verständigung unter Therapeuten erlaubt und damit zu reliablen, d. h. wiederholbaren und personenunabhängigen diagnostischen Einstufungen führt. Blanck und Blanck (1980) haben sich bemüht, ein orientierendes Schema der seelischen Entwicklung herauszuarbeiten, das auch die neueren psychoanalytischen Theorien zur seelischen Entwicklung einschließt. Die Autoren setzen die Stadien der psychosexuellen Reifung in Parallele zu den Objektbeziehungen, zum Angstniveau, zu den Abwehrfunktionen, der Identitätsbildung und schließlich zu den Internalisierungsprozessen. Einen zentralen Stellenwert nimmt in ihrem Konzept die Separations-Individuations-Phase im Sinne von Mahler et al. (1978) ein.

In jüngerer Zeit ist mit dem OPD-1 ein Klassifikationsschema vorgestellt worden, das auch das Struktur-Niveau erfaßt (Arbeitskreis OPD, 1996). Die Theorie, die der Beurteilung des Struktur-Niveaus unterlegt wird, ist hier wie bei Blanck und Blanck eine psychoanalytische Entwicklungspsychologie. Sie folgt der Vorstellung, daß die menschliche Psyche sich von wenig differenzierten Anfängen zu immer größerer Differenziertheit weiterentwickelt und dabei zunehmend an

Autonomie gewinnt. Deshalb wird in den allermeisten Fällen das Struktur-Niveau entlang der Polarität undifferenziert – differenziert oder unreif – reif eingestuft. Unreife im Struktur-Niveau wird verstanden als Desintegration oder als Fixierung auf ein früheres Entwicklungsstadium. In Übereinstimmung mit anderen Autoren wird das Kontinuum der Integration im OPD-1-Schema in vier Stufen unterteilt.

1. Das **gut integrierte Struktur-Niveau** beinhaltet ein autonomes Selbst, das über einen genügend ausgeprägten Binnenraum verfügt, in dem Konflikte intrapsychisch ausgetragen werden können. Man findet dieses Niveau bei den sog. reifen Neurotikern.

2. Beim **mäßig integrierten Struktur-Niveau** ist das Selbst sowie die Ausdifferenzierung eingeschränkt; dieses Niveau findet sich bei den stärker gestörten Neurotikern.

3. Das **wenig integrierte Struktur-Niveau** ist bestimmt durch eine schwache Entwicklung der Binnenstrukturen, so daß Konflikte eher interpersonal als intrapsychisch ausgetragen werden müssen. Geringe Integration kennzeichnet die sogenannten Strukturellen Störungen.

4. Beim **desintegrierten Struktur-Niveau** findet man Fragmentierungen und Restitutionsversuche angesichts psychotischer Entgleisungen.

Die hier beschriebene Klassifikation des Struktur-Niveaus gibt dem Therapeuten ein kognitives Muster an die Hand, nach dem er eine Grobeinteilung des Struktur-Niveaus vornehmen kann. Dennoch dürfte diese Form, Unterschiede im Struktur-Niveau zu konzeptualisieren, auf die Dauer nicht zu halten sein, weil sie von unzutreffenden Vorstellungen über psychische Strukturen und ihre Funktionen ausgeht und weil sie deshalb auch den klinischen Erfordernissen letztlich nicht gerecht wird.

Der entscheidende Einwand gegen die herkömmliche Beurteilung des Struktur-Niveaus richtet sich gegen die Gleichsetzung von seelischer Gesundheit mit „Reife der Entwicklung". Dabei wird ein linearer Reifungsprozeß unterstellt, der den Eigengesetzlichkeiten der Strukturentwicklung nicht gerecht wird. Die vielfachen Einwände, die gegen diese Gleichsetzung sprechen, sind von G. Reich (1995) in seiner Kritik an Kernbergs Spaltungskonzept stringent zusammengefaßt worden:

Zum einen zeigen die direkten Beobachtungen an Säuglingen, daß am Beginn der Entwicklung keineswegs ein undifferenziertes Erleben oder eine undifferenzierte Matrix steht. Der Säugling zeigt nämlich von Beginn an eine große Bandbreite des Erlebens, d. h. eine eigene angeborene „Struktur", die sich durch neue Erfahrungen weiterentwickelt. Zum anderen ist die Vorstellung, daß die schweren Störungen Erwachsener einer Regression auf sehr frühe kindliche Erlebnismuster entsprechen, ein Fehlschluß, der als adultomorphes und pathomorphes Denken kritisiert wurde (Milton Klein 1981, Eagle 1988). Kleine Kinder sind in ihrem Erleben nicht mit einem Psychotiker oder einem Borderline-Patienten zu vergleichen, entsprechende Rekonstruktionen aus der frühen Kindheit sind in ihrer Aussagekraft eher fragwürdig. Es ist darüber hinaus sehr fraglich, ob sich Störungen im Erwachsenenalter gleichsam zwangsläufig aus Erfahrungen der Kindheit ergeben. Die zunehmende Eigendynamik der Strukturentwicklung bleibt dabei unberück-

sichtigt. Unberücksichtigt bleiben auch die vielfältigen Möglichkeiten, Erfahrungen aus der Kindheit zu korrigieren.

Verstärkt werden die Schwächen einer Psychopathologie der Unreife durch die Inflationierung, die die Separations-Individuations-Phase derzeit erfährt. Nahezu alle schweren Pathologien werden inzwischen auf eine Störung in dieser Phase zurückgeführt (Blanck und Blanck 1980, Kernberg 1978, 1991). Die **Separations-Individuations-Thematik** ist eine *basale* Thematik in dem Sinne, daß sie die Struktur unserer Psyche entscheidend determiniert. Sie ist keine *frühe* Thematik in dem Sinne, daß sie während einiger Lebensmonate auftritt und dann überwunden sein sollte. Im Gegenteil: In allen wichtigen Lebensabschnitten muß das Separations-Individuations-Problem neu definiert und gelöst werden, nicht zuletzt in der Pubertät, wo die Eigendynamik der Strukturentwicklung endgültig die Oberhand über Internalisierungsprozesse gewinnt. Es geht mit der Individuation um die subjektive Lösung des Dilemmas, daß unsere Psyche zugleich ein offenes und ein geschlossenes System ist, in dem Selbstentwicklung und Beziehungsstrukturen so eng miteinander verknüpft sind.

Diese mehr von der Theorie her geführte Kritik an der Konzeptualisierung früher Störungen muß ergänzt werden um die Kritik an der klinischen Handhabung neurotischer Störungen: Da Separations-Individuations-Probleme ubiquitär sind, werden in der klinischen Diagnostik immer mehr Neurosen zu sogenannten strukturellen Störungen erklärt. Bei diesen Störungen wird dann aufgrund der Vorstellungen über frühe Internalisierungsprozesse ein Trauma in der frühkindlichen Entwicklung postuliert. Diese unterstellten Traumata werden dann in der Biographie auch prompt entdeckt und zum Angelpunkt der Therapie gemacht. Die Patienten werden somit in ihrer Psychodynamik und in ihrer Struktur pathologisiert und infantilisiert, wobei eine Differenzierung zu den ernsteren und prognostisch ungünstigeren Störungen nicht mehr möglich ist.

Natürlich muß nicht jede Klassifizierung von Strukturen entlang der Polarität reif versus unreif zu klinischen Mißgriffen führen. Dann allerdings muß das Struktur-Niveau erfaßt werden ohne Rückgriff auf ein kurzschlüssiges Traumatisierungskonzept: Nicht jede Trennung in den ersten Lebensmonaten führt zwangsläufig zu späteren Strukturdefekten! Tress (1986) hat gezeigt, daß bereits die Beziehung zu einer einzigen bedeutungsvollen Bezugsperson unzureichende Elternbeziehungen korrigieren kann.

Generell scheint es mir überzeugender, wenn man das Struktur-Niveau nicht nach dem Grad der **Reife** einstuft, sondern nach dem Grad der **Komplexität**. Betrachtet man nämlich diejenigen Merkmale, die für das Struktur-Niveau ausschlaggebend sind, dann wird sichtbar, daß es hier um Störungen in den komplexesten, systemübergreifenden Funktionen geht: um die Probleme der Selbstwahrnehmung und des Selbsterlebens, um die komplexen Funktionen der Einfühlung in andere Personen und um die Funktionen emotional-erlebnisbestimmter Austauschprozesse. Störungen im Struktur-Niveau entsprechen m. E. immer einer Vereinfachung von Strukturen in dem Sinne, daß die Komplexität der Entscheidungsprozesse reduziert und wichtige seelische Instanzen ausgeklammert werden.

Bei der Erfassung des Struktur-Niveaus ist die wichtigste Quelle des Therapeuten die Reaktion des Patienten auf die Anforderungen des Gesprächs. Patienten mit niedrigem Struktur-Niveau entwickeln im Erstgespräch Schwierigkeiten, die sich in typischen Abwehrformationen, Wahrnehmungsverzerrungen, im Nichtverstehen oder typischen Kompensations- und Kontrollversuchen offenbaren (s. dazu Kernberg 1991). Alle Schlußfolgerungen aus der Interaktion sind allerdings nur dann valide, wenn der Rahmen und die Gesprächstechnik für den Patienten angemessen sind: wer seine Patienten systematisch irritiert oder überfordert, darf sich über pathologische Reaktionen nicht wundern!

Die zweite wichtige Quelle ergibt sich aus der Beurteilung der aktuellen Beziehungen unter den spezifischen Anforderungen der Gegenwart: hat er lebendige, auf Wechselseitigkeit beruhende Beziehungen? Kommt er mit den kleinen Krisen des Alltags zurecht? Hat er nichtsexuelle Freundschaften? Hat er sachbezogene Interessen, oder dienen alle Aktivitäten überwiegend der Sicherung des inneren Gleichgewichts?

Die dritte Quelle zur Feststellung des Strukturniveaus sind die Erzählungen des Patienten über seine Kindheit und seine Eltern, wenn wir herausarbeiten können, wie er auf die sog. Schwellensituationen (s. d. Kapitel 7.4) reagiert hat, die ja alle spezifische Anforderungen enthalten: Individuationsphase, Schulanfang, Pubertät usw. Der Therapeut muß herausfinden, auf welchem Strukturniveau die Lösungsversuche des Patienten angesiedelt sind.

▷ **Beispiel 3**

Eine 30jährige, unverheiratete Fremdsprachenkorrespondentin sucht Hilfe wegen depressiver Einbrüche, die sich fast immer im Zusammenhang mit Partnerproblemen einstellen. Die recht attraktiv erscheinende Frau beschreibt, daß sie keine Probleme habe, Männer kennenzulernen. Diese würden ihr im Gegenteil oft nachlaufen. Sie gerate aber immer wieder an Männer, die sie finanziell ausnutzen und sich ihrer Abhängigkeit bedienen. Es handelt sich dabei gewöhnlich um gescheiterte Existenzen mit erhöhtem Anspruch. Die Patientin genießt diesen Anspruch zunächst, am Ende sieht sie sich dann aber ausgenutzt, und es setzt eine heftige Entidealisierung ein, die begleitet ist von einer Selbstentwertung als Frau. Begonnen hat alles mit einer leidenschaftlichen Beziehung zu einem geschiedenen Designer, mit dem die Patientin im Alter von 20 Jahren für zwei Jahre zusammenlebte.

Die Patientin wirkt im Erstkontakt kühl und selbstsicher, fast schnippisch. Im Laufe des Gespräches verliert sie ihre Sicherheit zunehmend und wirkt dann zeitweise unglücklich und eher weich. Sie neigt zu dramatischen Formulierungen mit der Tendenz zur Selbstentwertung.

Zur Kindheit beschreibt sie ein „broken-home" mit Scheidung der Eltern in ihrem 6. Lebensjahr. Sie sei zusammen mit dem um vier Jahre jüngeren Bruder bei der Mutter geblieben, obwohl die Beziehung nie warm und herzlich gewesen sei. Die Mutter habe sich vorwiegend um ihre Arbeit gekümmert, weshalb die Patientin den kleinen Bruder mitversorgen mußte. Vom Vater, der nach der Scheidung ins Ausland ging, hat sie großartige Tagtraum-Phantasien, obwohl sie

weiß, daß er ein recht kümmerliches Leben führt.

Mit ihrem Beruf scheint sie recht zufrieden zu sein, wobei ihre Selbstsicherheit dort viele Vorteile bringt. Die Beziehung zur Mutter ist bis heute trotz beiderseitigem Bemühen konfliktreich, die Beziehung zum Bruder dagegen gut.

Beurteilung

Selbst bei dieser eher knappen Falldarstellung lassen sich bereits wichtige Aussagen über das Struktur-Niveau dieser Patientin machen. Im Sinne der traditionellen Einstufung würde man von einer relativ „reifen" oder differenzierten Struktur sprechen. Die Reife ließe sich an den Beziehungsmustern, an einer differenzierten Abwehrstruktur, an einer guten Fähigkeit zur Selbstwahrnehmung und an einer gesicherten Identität im beruflichen Bereich festmachen. Problematisch erscheint nur ein umschriebener Aspekt ihrer Weiblichkeit. Statt der Reife kann man auch die Komplexität dieser Struktur betonen: Die Patientin kann zulassen, daß im Gespräch verschiedene Seiten sichtbar werden, die doch zu ihr gehören: die Selbstsicherheit und eine weiche, unglückliche Seite. Zu beiden Seiten gehören lebendige Beziehungen draußen: einerseits die befriedigende berufliche Arbeit, andererseits das Scheitern in der Partnerschaft, das eine starke Beeinträchtigung ihres Selbstgefühls hinterläßt. Auch in Beziehungen kann sie Widersprüche wahrnehmen und in der Schwebe lassen. Den Vater phantasiert sie als großartig, aber gleichzeitig kann sie zur Kenntnis nehmen, daß er ihren Tagträumen nicht entspricht. Ebenso kann sie nach einiger Zeit die Fragwürdigkeiten ihrer Partner zur Kenntnis nehmen. Diese Fähigkeit hatte sie schon in der Kindheit: sie hat eine enttäuschende Beziehung zur Mutter, aber die Enttäuschung hat nicht zum Abbruch der Beziehung geführt, sondern zu Auseinandersetzungen Anlaß gegeben. Die Enttäuschung über den Vater wurde allerdings verleugnet; nur über diese Verleugnung hat sie den inneren Kontakt zu ihm halten können. Auf diesen strukturellen Gegebenheiten baut nun die Psychodynamik dieser Patientin auf: der Versuch, anhand der Partnerbeziehungen doch jene idealisierte Beziehung Wirklichkeit werden zu lassen, die mit dem Vater nicht möglich war. Mit ihren sehr komplexen Verarbeitungsmöglichkeiten scheitert sie zwar an der Realität, aber dieses Scheitern wird von ihr wahrgenommen und beeinträchtigt das seelische Funktions-Niveau nicht entscheidend.

▷ Beispiel 4

Eine 32jährige Reisekauffrau kommt zum Gespräch nach einer suizidalen Krise, die sich nach einer Enttäuschung in der Partnerschaft entwickelt hatte. Zum Zeitpunkt des Gesprächs ist sie nicht mehr suizidal: mit aufreizender Lässigkeit nimmt sie Kontakt mit dem Therapeuten auf und versucht, ihn in flirtenderweise für sich zu gewinnen. Sie beschreibt die gescheiterte Partnerschaft als die letzte in einer ganzen Kette von gescheiterten Beziehungen. Ihre Partner sind fast immer gescheiterte Existenzen, in die die Patientin sich verliebt, wenn sie depressiv ist.

Die Patientin hat einen drei Jahre älteren Bruder; der Vater, ein Versicherungskaufmann, ließ sich in ihrem 4. Lebensjahr scheiden und zog fort. An der Mutter, die die Kinder allein versorgte und die sehr streng und fordernd war, läßt die Patientin kaum ein gutes Haar. Zum Bruder besteht gar kein Kontakt mehr. Sie habe nie viel Freude an der Schule gehabt, obwohl sie anfangs gute Leistungen zeigte und mit dem Abitur abschloß. Wegen des schlechten Notendurchschnitts konnte sie nur Philologie studieren, brach das Studium aber bald wieder ab. An ihrem jetzigen Beruf schätzt sie die Unabhängigkeit, das Reisen, den Kontakt mit den Kunden; eigentlich möchte sie aber noch Innenarchitektur studieren.

Beurteilung

Die Patientin berichtet zunächst über eine ganz ähnliche Problematik wie die Fremdsprachenkorrespondentin aus Beispiel 3. In beiden Fällen geht es um eine Dekompensation nach einer gescheiterten Partnerschaft. Im Sinne der herkömmlichen Einstufung würde man das Struktur-Niveau in Beispiel 4 als unreif bzw. als undifferenziert ansehen, und dies könnte man an der mangelnden Beziehungsfähigkeit, an der Tendenz zur Verleugnung und an der wenig gefestigten bzw. differenzierten Identität festmachen. Auch hier läßt sich zeigen, daß die Unreife in der Identität und in den Beziehungen damit zusammenhängt, daß komplexe Funktionen regelhaft ersetzt werden durch vereinfachte Lösungsmuster. Zentral ist die Verwendung von Sexualität im Dienste der Beziehungsregulierung. Das komplexe System von Nähe und Distanz, von Eigenständigkeit und Bezogensein wird verkürzt reguliert durch die sexuelle Attraktivität. Auch im Gespräch dient der Flirt mit dem Therapeuten der Verkürzung einer Distanz, die von der Patientin als zu spannungsreich erlebt wird. Die Männer haben im Leben der Patientin eine eingeschränkte Funktion; sie treten nicht als Größe mit eigenem Gewicht und eigener Identität auf, sondern nur in der Funktion zur Stabilisierung des Selbstgefühls. Sie sind deshalb als Person weitgehend austauschbar. (Immerhin realisierte die Patientin im Gespräch, daß an ihrer Einstellung zu Männern etwas nicht stimmt.) Das Scheitern der erstrebten Stabilisierung wird wahrgenommen, die damit verbundene Enttäuschung und der Schmerz können aber nicht ertragen werden, sondern werden entweder verleugnet oder gleich in einen suizidalen Impuls umgesetzt. Das gleiche gilt für die Enttäuschung an der Mutter: Sie tritt wegen der damit verbundenen Spannung gar nicht in Erscheinung, sondern wird durch Entwertung ersetzt. Wer wertlos ist, kann nicht mehr enttäuschen. Auch im beruflichen Bereich gelingt es der Patientin nicht, längere Zeiten der Spannung und der Mühe zu ertragen, und die spätere Befriedigung soweit gedanklich vorwegzunehmen, daß sie einen großen augenblicklichen Aufwand rechtfertigt. Statt dessen werden Wünsche immer ganz rasch umgesetzt ohne Blick auf spätere Konsequenzen. Dieses Struktur-Niveau ist nicht Ergebnis eines Augenblicks, sondern es läßt sich an der Biographie anhand von vielen Episoden wiederfinden.

Es ist einleuchtend, daß sowohl die Psychodynamik der Dekompensation wie die Prognose einer Therapie anders ist als in Beispiel 3. Die Suizidalität ist eher ein Ausdruck dafür, daß das System von Verleugnungen für einen Augenblick zusammengebrochen ist. Dieser Zustand ist aber sofort wieder durch Abwehr überlagert worden. Zu einer Veränderung müßten viele vereinfachte Lösungsmuster bei der Patientin durch komplexere ersetzt werden. Die Chancen dafür sind nicht groß, solange die Patientin von ihren Problemen nur wenig weiß. Allerdings steht das Struktur-Niveau hier eindeutig in Verbindung mit einer Biographie, in der die Tendenz zu vereinfachten Lösungen von der Umwelt gefördert wurde (Mutterproblematik). Nur wenn

es gelingt, eine andere Form von Beziehung innerhalb der Therapie zu etablieren, sind Chancen für eine Änderung des verankerten Struktur-Niveaus gegeben.

4.4 Struktur-Niveau, Regression und Anti-Regression

Im vorausgegangenen Abschnitt haben wir das Struktur-Niveau unter dem Aspekt der Komplexität in der Verarbeitung von Außen- und Innenanforderungen betrachtet. Auf starke Anforderungen reagieren wir häufig mit Regression oder auch mit einer antiregressiven Bewegung. Beide Reaktionen können das Bild des Struktur-Niveaus entscheidend prägen bzw. verfälschen.

Regression wird gewöhnlich verstanden als Rückkehr zu früheren und damit unreiferen seelischen Reaktionsformen. Das ist nur solange plausibel, wie man an der im vorigen Abschnitt besprochenen Polarität von Reife versus Unreife festhält. Dann nämlich ist jede Regression ein Schritt in frühere Stufen der psychosexuellen und ich-strukturellen Entwicklung. Die Betonung einer zeitlichen Achse von Regression charakterisiert bei vielen Therapeuten die Diagnostik und die Definition der schwereren psychischen Störungen (s. Kapitel 4.3). Dabei hat Freud bereits in seiner Traumdeutung (1900a) unterschieden zwischen einem zeitlichen Aspekt und einem formalen Aspekt der Regression. Körner und Rosin (1992) sprechen in diesem Zusammenhang von einer räumlichen Dimension der Regression, die sie von einer zeitlichen Dimension abgrenzen möchten.

Grundsätzlich bleibt zunächst festzuhalten, daß Regression eine gleichsam vorgegebene, wahrscheinlich genetisch determinierte Reaktionsform auf außergewöhnliche seelische Belastungen ist. Sie ist in diesem Zusammenhang auch für das Überleben sinnvoll. Die besonders aufwendigen seelischen Leistungen werden dabei vorübergehend aufgegeben zugunsten von weniger aufwendigen, d. h. basaleren Reaktionsmustern. Die Regression hat, wie sich bei genauerem Hinschauen zeigt, zwei Aspekte, die sich am einfachen Beispiel einer Trauerreaktion leicht aufzeigen lassen: Zum einen beobachtet man eine gewisse Schonhaltung, die sich z. B. in vermehrter Passivität und verstärkter Schutzsuche äußert. Die Entscheidungsprozesse werden vermieden und laufen vielleicht auch weniger zielsicher; dafür treten die emotionalen Reaktionen stärker in den Vordergrund. All diese Veränderungen lassen sich verstehen als (geringfügige) Reduzierungen im Struktur-Niveau: Im Dienste der Schonhaltung werden basalere und weniger komplexe Reaktionen bevorzugt.

Der zweite Aspekt der Trauerreaktion läßt sich überwiegend durch das Miterleben erfassen: Der Trauernde erlebt sich als schutzbedürftiger, abhängiger, und labiler in Stimmung und Selbstgefühl. Dieses bewußte Erleben ist gekoppelt an z. T. unbewußte Vorstellungen, die wir als **regressive Phantasien** kennzeichnen können. In diesen Phantasien sieht der Trauernde sich selbst als Kind, sehnt sich nach Schutz und Geborgenheit und wünscht, sich fallenlassen zu können. Die regressiven Phantasien entsprechen ganz überwiegend dem, was in der Psychoanalyse als zeitliche Regression beschrieben wird.

Regressive Prozesse begleiten bekanntlich nicht nur die Trauer- und Verlustreaktion, sondern auch andere Formen

seelischer Belastung, nicht zuletzt intrapsychische Konflikte. Wer die Belastungen durch innerseelische Konflikte nicht berücksichtigt, der muß die Erlebens- und Verhaltensmuster als kindlich-unangemessen einstufen, d. h. er sieht nur ein reduziertes, eingeschränktes Niveau der Ichstruktur. Der augenblickliche Zustand täuscht eine Unreife vor, die wie ein Entwicklungsdefekt erscheint, die aber keineswegs einem solchen Defekt entspricht, sondern nur einer Anpassungsreaktion auf überhöhte seelische Belastungen. Wenn wir das regressive Element nicht berücksichtigen, kommen wir bei der Festlegung des Struktur-Niveaus zu falschen Einschätzungen.

▷ **Beispiel 5**
Ein 23jähriger Elektrotechniker kommt zum Gespräch wegen einer „ausgeprägten Körperschwäche", die alle Bewegungen mühsam mache, sowie wegen eines imperativen Schlafbedürfnisses sowohl bei der Arbeit wie im Privatleben. Er habe seit zwei Jahren erhebliche berufliche Probleme deshalb; es drohe eine Kündigung, außerdem wolle die Freundin, mit der er seit 6 Jahren zusammen ist, sich von ihm trennen, weil er impotent sei.
Der Patient wirkt im Gespräch mit dem Therapeuten unzugänglich, fast uninteressiert. Er möchte vor allem seine Impotenz geheilt wissen, damit die Freundin bei ihm bleibt. Es zeigt sich, daß er von ihr und ihrer Zustimmung weitgehend abhängig ist und daß es praktisch nur gemeinsame Bereiche und keine privaten Bereiche in dieser Beziehung gibt. Die Freundin fühlt sich von ihm bedrängt. Sonst gibt es nur noch sehr lockere Beziehungen, da die alten Freunde eigene Wege gegangen sind. Im beruflichen Bereich hat der Patient alles Interesse

verloren, zumal das Schlafbedürfnis so groß ist. Er hat auch keine besonderen Pläne für die Zukunft, hat nur Angst vor der Arbeitslosigkeit.

Die Biographie ist trostlos: Der Vater des Patienten war Seemann, er sei ein ganz skurriler, unberechenbarer und zurückgezogener Mann gewesen, für den Patienten sei er „gestorben". Die Mutter sei eine sehr unselbständige Frau, sie habe mehrfach versucht sich zu trennen, sei aber dann doch beim Vater geblieben. Einer dieser Trennungsversuche endete in erneuter Schwangerschaft und in der Geburt des 10 Jahre jüngeren Bruders. Der Patient hat sich mehr nach außen orientiert; mit 16 Jahren lernte er seine jetzige Freundin kennen; mit 17 zog er aus dem Elternhaus aus und lebt mit ihr zusammen.

Bei der Bestimmung des gegenwärtigen Struktur-Niveaus sieht es zunächst ganz so aus, als hätte dieser Patient ein reduziertes Struktur-Niveau. Die Beziehung zur Freundin ist ausschließlich bestimmt von der Befriedigung seiner Bindungs- und Versorgungsbedürfnisse. Für ihre Bedürfnisse nach Eigenständigkeit hat dieser Patient kein Verständnis. Es gibt keine „Objektkonstanz": Wenn die Freundin sich zurückzieht, kann der Patient höchstens noch schlafen. Sein ganzes Selbstgefühl und seine Identität hängt an dieser Beziehung, sonst gibt es keinerlei weiteres Interesse. Im Umgang mit dem Beruf zeigt der Patient eine Tendenz zur Verleugnung der Realität, weil er sich von den Forderungen seines Arbeitgebers ganz unbeeindruckt zeigt und sie kaum aufgreift. Wenn man die bisher geschilderte Lebensgeschichte dazunimmt, sieht es so aus, als hätte er in der Tat eine frühe Störung und funktioniere auf einem entsprechenden Struktur-Niveau.

Zu dieser Einschätzung gelangt man aber nur, wenn man unterschlägt, wie der Patient bereits gewesen ist und was er zuwege gebracht hat, bevor die jetzige Krise auftrat: Er war ein sehr beliebtes Mitglied einer kirchlichen Jugendgruppe, hatte dort zeitweilig sogar eine führende Position in der Organisation. Er hatte gute schulische Leistung bei gutem Interesse; daß er mit mittlerer Reife abschloß, war beim sozialen Niveau des Vaters durchaus ein Erfolg. Das Verhältnis zu den Lehrern war zwiespältig: entweder idealisierte er sie und ließ sich gleichsam von ihnen adoptieren, oder er provozierte sie, bis sie ihn hinauszuwerfen drohten. Die jetzige berufliche Situation hat also bereits Vorgeschichte. Auch im beruflichen Bereich hat er seine Ausbildung mit guten Ergebnissen abgeschlossen. Psychodynamisch wirksam ist sicher die enorme Verbitterung gegenüber der Mutter, die immer wieder versprach, einen Trennungsstrich zum Vater zu ziehen, und die den Patienten dennoch immer wieder verriet. Die Krise wurde ausgelöst durch die Verselbständigung der Freundin, die mit ihm zusammen ein Ersatzelternhaus gegründet hatte, jetzt aber eigene Wege gehen möchte. Erst unter dem Druck dieser Enttäuschung ist der Patient soweit regrediert, daß er prädipal erscheinendes Niveau erreicht. Der Grundkonflikt läßt sich durchaus als ödipal begreifen, und das Schlafbedürfnis könnte dabei sogar Konversionscharakter haben: Die Augen zuzumachen vor einer Realität, die dem Patienten unerträglich erscheint. Zentrales Problem ist bei dieser Realität, daß er sich gegen männliche Autoritäten wie gegen Frauen nicht männlich adäquat durchsetzen kann, sondern daß er nur provoziert und Strafaktionen herausfordert. So betrachtet tut man dem Patienten mit der Diagnose einer frühen Störung unrecht, weil man ihn über

Gebühr infantilisiert. Man muß im Gegenteil festhalten, daß er in seiner Entwicklung wichtige Schritte vollzogen hat, obwohl die Biographie genügend Traumatisierungen enthält, daß daraus eine schwerere Störung hätte werden können.

Die häufigsten Fehler in der Beurteilung der Patientenstruktur entstehen m. E. dadurch, daß zwischen phantasiegeleitetem regressiven Erleben und der eigentlichen Regression im Struktur-Niveau nicht unterschieden wird, so daß aus jeder regressiven Phantasie ein strukturelles Defizit wird. Dieses Mißverständnis liegt nahe, weil die regressiven Phantasien natürlich Auswirkungen auf die Beziehungsmuster haben: Wer sich als kleines und schutzbedürftiges Kind phantasiert, der reagiert in Beziehungen entsprechend. Mit der Diagnose „strukturelles Defizit" oder „strukturelle Störung" enthält diese regressive Phantasie gleichsam eine amtliche Bestätigung durch den Therapeuten; ihr wird Realitätscharakter zugeschrieben. Damit folgen wir bereitwillig dem Bestreben des Patienten, wie ein Kind geschont und beschützt zu werden, statt dieses Bestreben deutend zu erfassen.

Die Tendenz zum Beschützen wird um so stärker sein, je mehr der Patient über traumatisierende Erfahrungen aus der Kindheit berichtet: Es scheint sich anzubieten, die Regression als Störung der Entwicklung ätiologisch zu erklären (s. d. auch Kapitel 3.3). Dagegen ist, wie zuvor ausgeführt wurde, nicht einfach „Unreife" das Problem, sondern eine in der Lebensgeschichte begründete Tendenz, in belastenden Situationen zu regredieren. Wir müsssen zwischen echter Unreife bzw. Undifferenziertheit und den regressiven Bewegungen unserer Patienten unterscheiden können! Eine wirkliche Unreife oder Undifferenziertheit in basalen Strukturen wird wahrscheinlich von vielen Therapeuten überhaupt nicht als therapierbare Störung betrachtet. Wir finden sie z. B. bei Jugendlichen, die als Kinder schwer verwahrlost sind oder eine Heimkind-Karriere hinter sich haben. Hier stößt man in der Tat auf Struktur-Probleme, die pathogenetisch nicht mit einer Regression erklärt werden können. Sie erfordern Variationen der therapeutischen Technik, die für eine ambulante Richtlinientherapie eher untypisch wären. Das gleiche gilt für schwerere Störungen der Überich-Struktur, die z. B. zu dissozialen Persönlichkeitsmerkmalen führen. Zwar hat Wurmser (1990, 1993) darauf aufmerksam gemacht, daß Überich-Defizite zum Teil ebenfalls als reaktive Phänomene einzustufen sind, z. B. als Antwort auf die Tendenz zu massiver Selbstverurteilung. Dann muß auch bei diesen Patienten sorgfältig zwischen reaktiven Deformationen und echten Defiziten unterschieden werden. Letztere brauchen eine andere Therapie, die im ambulanten Rahmen nur schwer geleistet werden kann.

Die Reduzierung des Struktur-Niveaus beim Patienten in Beispiel 5 ist wahrscheinlich als Ergebnis einer regressiven Phantasie zu betrachten, die durch die Trennung von der Freundin aktiviert wurde. Es steckt in seiner provozierenden Passivität ein leicht nachvollziehbarer regressiver Wiedergutmachungsanspruch. Mit Bearbeitung seiner Enttäuschung und seines Zorns wird das Struktur-Niveau dieses Patienten wahrscheinlich anders aussehen, auch wenn bei dieser Kindheit wohl eine verstärkte Tendenz zur Regression besteht.

Zwar gehört der Charakter der Reversibilität zum Wesen der Regression, aber es kann sich daraus auch eine **Eigendynamik** entwickeln, die sich verselbständigt. Wenn z. B. die sozialen Konflikte in Folge einer Regression zu erheblichen Belastungen werden, können sie Ursache für neue regressive Bewegungen des

Patienten werden. Hier bildet sich ein Teufelskreis mit progredient verlaufender Regressionsneigung. Regressionen werden dann sekundär wieder zu einer „Struktur". Eine auf regressivem Niveau stabilisierte Struktur reduziert die Veränderbarkeit des Patienten natürlich entscheidend. Deshalb ist bei regressiven Entwicklungen, die chronifiziert sind, prognostisch einige Zurückhaltung am Platz.

▷ **Beispiel 6**

Die 52jährige Lehrerin möchte wegen Erschöpfungszuständen eine Psychotherapie machen: Sie fühle sich durch die beruflichen Anforderungen zunehmend überfordert. Die Angst vor dem künftigen Tag laste jeden Morgen wie ein Fels auf ihr. Es läßt sich klären, daß sie ihren Aufgaben in der Tat immer weniger gerecht wird und daß sie zunehmend die Kritik ihres jüngeren, sozial engagierten Rektors auf sich zieht, was sie sehr kränkt. Sie ist 27 Jahre im Beruf; seit der Trennung von ihrem Mann vor 20 Jahren lebt sie bei ihrer Mutter. Sie scheint über den Beruf und die Versorgung der Mutter hinaus kaum eigene Interessen zu haben, ohne darunter zu leiden. Eine wichtige Rolle spielen lediglich die Haustiere der Mutter, um die sie sich kümmert. Die sozialen Beziehungen sind weitgehend eingeschlafen. Der Beruf habe ihr ursprünglich Freude gemacht, aber inzwischen erlebt sie ihn nur noch als Belastung.

Zur Biographie schildert die Patienten eine relativ behütete Kindheit als Einzelkind; der Vater war Einzelhandelskaufmann, die Mutter half im Geschäft und kümmerte sich um den Haushalt. Auch die Pubertät und die Frühadoleszenz verliefen eher unauffällig. Die Studentenzeit erscheint ihr im Rückblick als die beste Zeit in ihrem Leben; dort war sie aktiv in studentischen Gruppen. Ihren Ehemann habe sie in einer politischen Gruppe kennengelernt, wo er eine wichtige Rolle spielte. Nach der Heirat ging es mit der Beziehung rasch bergab: Der Ehemann übernahm völlig die Führung, und die Patientin gab ihre Eigeninitiative zunehmend auf. Die Scheidung erfolgte, weil er ein Verhältnis mit einer Studentin hatte (die sexuellen Beziehungen wurden nach der Heirat unbefriedigend). Danach zog die Patientin wieder zu ihrer Mutter, ohne weitere Versuche, einen Mann kennenzulernen. Der Vater war einige Zeit zuvor gestorben, ohne daß sein Tod eine große Lücke hinterlassen hätte.

Auch hier erscheint das aktuelle Struktur-Niveau der Patientin als eher niedrig, wenn man die aktuellen Beziehungen und den sozialen Kontext betrachtet: Es herrschen immer dyadische Beziehungsmuster mit kaum ausgeprägter Autonomie und geringer Individualität. Wie im Beispiel 5 läßt sich aber auch hier feststellen, daß es Zeiten gab, in denen die Patientin auf höherem strukturellen Niveau lebte: Es gab Interessen, soziale Beziehungen; sie konnte sich in einen Mann verlieben und mit ihm eine Bindung eingehen. Der unglückliche Verlauf dieser Beziehung war nicht zufällig; die Patientin hat dort anscheinend allzu bereitwillig ihre Eigenständigkeit aufgegeben. Dennoch läßt sich wie im Beispiel 5 die weitere Entwicklung gut als regressive Bewegung verstehen. Im Gegensatz zum Elektrotechniker aber hat sich diese Regression immer weiter fortentwickelt. Die Beziehungsstruktur ist geschrumpft zu einer Mutter-Tochter-Bindung mit wechselseitiger Versorgung. In diesem Rahmen werden wahrscheinlich die beruflichen Belastungen zu einer immer größeren Hürde. Die Regression erscheint hier als fortschreitender Prozeß, an dessen Ende die vorzeitige Berentung stehen könnte. Diese fortschreitende Regression ist nur schwer zu unterbrechen, es sei denn, es gelänge dem Therapeuten, über eine intensive therapeutische Beziehung neue Lebensimpulse zu wecken.

Wenn man das pathogenetische Prinzip der Regression bei der Struktur-Diagnostik berücksichtigt, dann kann ein eingeschränktes Struktur-Niveau ganz unterschiedliche Ursachen haben. Folgende Möglichkeiten sind in Betracht zu ziehen:

1. Die Reduzierung des Struktur-Niveaus beruht überwiegend auf einer regressiven Bewegung aufgrund einer aktuellen psychischen bzw. neurotischen Belastung, während zu anderen Zeiten die Struktur ausreichend komplex ist.

2. Die Reduzierung beruht auf einer regressiven Bewegung, die für den Patienten typisch ist, weil er z. B. aufgrund biographisch verankerter Belastungsfaktoren zu regressiven Entwicklungen neigt. (Hierher gehört ein Großteil der in der Praxis diagnostizierten „frühen" oder „strukturellen" Störungen.)

3. Die Reduzierung des Struktur-Niveaus beruht auf einer regressiven Bewegung, die sich strukturell verfestigt hat und damit schwer veränderbar geworden ist.

4. Die Reduzierung beruht auf konstitutionellen oder erworbenen Defiziten, die eine Ausdifferenzierung der seelischen Funktionen verhindert haben. Hier sind Therapie-Modifikationen nötig.

Abschließend muß betont werden, daß die Diagnose einer Borderline-Struktur überhaupt nicht allein mit dem Struktur-Niveau begründet werden sollte, sondern am Auftauchen von Borderline-Phänomenen festgemacht werden sollte (siehe Kapitel 4.6).

An dieser Stelle muß die der Regression entgegengesetzte Bewegung der **Anti-Regression** (s. dazu Sandler und Sandler 1993) erörtert werden, weil auch sie die Diagnostik des Struktur-Niveaus beeinflußt. Antiregressive Bewegungen finden sich insbesondere bei Kindern, wo sie im Sinne einer „Flucht nach vorn" dazu helfen, äußere und innere Belastungen zu meistern. Kinder erscheinen bei dieser Form der Bewältigung als überaus vernünftig und „reif". Wir sprechen im klinischen Sinn gern von einer Pseudo-Autonomie. Das gleiche Prinzip ist wirksam bei Erwachsenen, die sich über eine forcierte Betonung von aktiver Bewältigung eine Stütze suchen. Solche Erwachsene erscheinen uns diagnostisch in ihrem Struktur-Niveau zunächst als unauffällig. Sie wirken damit gesünder, als sie in Wirklichkeit sind. Auch diese Form der Bewältigung hat ihren Preis: wenn Struktur nicht zur Bewältigung aktueller Aufgaben gebraucht wird, sondern zur Stabilisierung eines vorläufigen Gleichgewichtszustandes, dann ist eine flexible Anpassung an die soziale Situation schwierig. Veränderung wird dann allzu leicht gleichbedeutend mit „Verlust von Halt". Es resultiert eine besondere Starre in der Struktur und in den Reaktionen, die dem klinischen Beobachter zunächst entgehen kann, weil sie so vernünftig wirkt. Sie kann aber genauso wie die Regression leicht dysfunktional werden, wenn alte Denkmuster aufgegeben und neue Strukturen entwickelt werden müssen. Das dysfunktionale Element der Starrheit tritt häufig erst spät in Erscheinung. Die Chancen einer Veränderung sinken erheblich, wenn wir es mit einer Struktur zu tun haben, bei der eine progressive Tendenz als Notlösung fest fixiert ist.

▶ **Beispiel 7**

Die 31jährige Krankenschwester sucht therapeutische Hilfe wegen zunehmender Kontrollzwänge. Sie gilt im Beruf als außerordentlich tüchtig, aber zunehmend fühlt sie sich durch ihre Kontrollmechanismen bei der Pflege beeinträchtigt. Die Zwänge sind verbunden mit der Angstvorstellung, sie könnte bei ihren Patienten „etwas übersehen haben".

Die Patientin lebt in Lebensgemeinschaft mit einem um 4 Jahre jüngeren Mann, der ihr auch im sozialen Bereich eher unterlegen ist. Sonst hat sie vielfältige soziale Beziehungen nicht zuletzt zu den Eltern, um die sie sich als die Ältere von 2 Kindern aufopfernd kümmert.

Die Biographie der Patientin steht in starkem Kontrast zu dieser Lebenssituation: Sie ist Tochter von Umsiedlern aus den Ostgebieten; beide Eltern waren sehr bemüht, wirtschaftlich Fuß zu fassen, wobei sie jedes Opfer in Kauf nahmen. Für die Patientin und ihren um 5 Jahre jüngeren Bruder blieb kaum Zeit. Es gab sehr häufig Streit zwischen den Eltern, worauf der Vater sich eine Zeitlang ganz zurückzog. Die Patientin hat der Mutter die Pflege des Bruders schon früh abgenommen. Es entwickelte sich daraus eine Kampfbeziehung um das Richtigmachen, wobei die Patientin grundsätzlich eigene Wege ging. Als sie groß wurde, wollte die Mutter die Patientin weiblich-attraktiv haben, aber die Patientin bevorzugte extrem kurze Haare und burschikoses Aussehen. Dennoch blieb sie bis zum 23.

Lebensjahr im Elternhaus. Zu diesem Zeitpunkt fand der Bruder Anschluß an eine Motorradclique und trennte sich ziemlich abrupt von der Familie.

Die Patientin bezeichnet sich selbst als lebenspraktisch und vernünftig. Hinweise auf die zu kurz gekommenen eigenen Bedürfnisse begegnet sie mit intellektuellem Spott, eventuelle Deutungen bereits vorwegnehmend. Im Kontrast zu ihrer Vernünftigkeit steht allerdings die Tatsache, daß ihre sexuellen Beziehungen immer wieder unglücklich verliefen. Meist waren es verheiratete Ärzte aus der Klinik, mit denen es kurze Affären gab, die unglücklich endeten. Die jetzige Beziehung bezeichnet sie als spannungsfrei. Aber seit der Zeit, in der sie mit ihrem Freund zusammenlebt, leidet sie unter den beschriebenen Zwangssymptomen.

Wenn man die manifesten Beziehungsstrukturen betrachtet, fällt es nicht schwer, dieser Patientin ein relativ reifes Struktur-Niveau zuzusprechen: Sie hat früh eine ausgeprägte Autonomie entwickelt, hat Fähigkeiten zu Einfühlung in andere, hat eine relativ gesicherte Identität, und sie ist fähig zu triadischen Beziehungsmustern und zu den mit ihr verknüpften Konflikten. Das Problem liegt eher darin, daß die Patientin als zu reif und zu vernünftig erscheint, gerade angesichts einer nicht gerade einfachen Lebensentwicklung. Bezeichnenderweise hat sie alle Hürden der Entwicklung gut gemeistert bis auf das Problem der Mutterschaft, wo es nicht gelingen will, eine stabile und zugleich intime Beziehung zu einem Mann aufzubauen. Es spricht viel für die Annahme, daß die Patientin hier Angst vor regressiven Bewegungen und Bedürfnissen hat und daß sie in „lebenspraktische" Tätigkeiten flieht, wo eigene Bedürfnisse anklingen könnten. Solange sie aber von ihren Bedürfnissen nichts weiß, kommt sie nicht in Schwierigkeiten. Deshalb führt die Ahnung, daß etwas in ihrem Lebenszuschnitt nicht stimmt, in immer neue progressive Bewegungen - es entsteht ein Teufelskreis. Der Leidensdruck, der zum Zeitpunkt des Erstgesprächs noch ganz auf die Zwangssymptomatik bezogen war, müßte schon sehr ausgeprägt sein, wenn diese gut organisierte Abwehr durchbrochen werden sollte.

4.5 Die funktionale Betrachtung: Dysfunktionalität

Für die Behandlungskonzeptionen entscheidend ist die Frage, ob die vorgefundenen strukturellen Merkmale ihre Funktion für das Leben und das Wohlergehen des Patienten erfüllen oder ob sie dysfunktional sind bzw. geworden sind. Dysfunktional sind Strukturen, die aufrechterhalten werden, obwohl sie zu ungünstigen Konfliktlösungen führen. Was ungünstig und was günstig ist, wird im wesentlichen bestimmt von den Lebens- und Therapiezielen. Deshalb ist es für die funktionale Charakterisierung so wichtig, daß die Therapieziele vorher festgelegt werden. Es gelten hier auch die gleichen Kriterien, die Strupp und Hadley (1977) für die seelische Gesundheit festgelegt haben (s. dazu Kapitel 2.1). Der Therapeut kann aufgrund seiner Erfahrungen oft leichter voraussehen, daß bestimmte Lösungen aufgrund mangelnder Flexibilität oder Einseitigkeit auf die Dauer nicht gut gehen können. Er kann z. B. auch erkennen, daß Strukturen in sich so inkonsistent sind, daß sie leicht zu erschüttern sind. Es können sich z. B. Verinnerlichungen von familiären Bezie-

hungsmustern als außerordentlich belastend für das innere Gleichgewicht erweisen, vor allem wenn das familiäre Milieu von Verleugnungen, Manipulationen und heimlichen Unaufrichtigkeiten geprägt war: hier geben die verinnerlichten Strukturen keinen Halt, von dem aus der Jugendliche sich abgrenzen könnte.

Für die Indikationsstellung in der Richtlinien-Psychotherapie ist es wesentlich, daß Einschränkungen im Struktur-Niveau oder Auffälligkeiten in der Charakterstruktur nicht automatisch behandlungsbedürftig sind, sondern daß der Therapeut die Dysfunktionalität dieser Strukturen belegen muß. Bezüglich der Dysfunktionalität gibt es verschiedene Konstellationen:

1. Der Patient hat bestimmte strukturelle Merkmale, die bislang zu seinem Leben gepaßt haben, also durchaus funktional gewesen sind. Jetzt treten Konflikte auf, die zwar auch in seiner Struktur verankert sind, die aber keine grundlegende Veränderung der Struktur als notwendig erscheinen lassen. Diese Konstellation trifft am ehesten das Verhältnis von Struktur und Konflikt, wie es Faber und Haarstrick in ihrem Kommentar der Psychotherapie-Richtlinien beschrieben haben (s. dazu Kapitel 3.2).

Unter den bisher aufgeführten Beispielen kommt die Fremdsprachenkorrespondentin aus Beispiel 3 dieser Konstellation relativ nahe. Bei ihr läßt sich ein hysterischer Konfliktverarbeitungsmodus im Sinne von Mentzos feststellen, der an sich nicht behandlungsbedürftig ist. Erst in Verbindung mit einer persistierenden ödipalen Konfliktkonstellation wird dieser Modus zu einem Problem. Die Patientin scheint in ihren Partnerbeziehungen auf einer frühadoleszenten Stufe stehengeblieben zu sein, wobei psychodynamisch wahrscheinlich adoleszente Rettungs- und Größenphantasien von Bedeutung sind. Ihre Bearbeitung könnte eventuell in relativ kurzer Zeit zu einer Veränderung in den Partnerbeziehungen und damit zu einer Veränderung der depressiven Symptomatik führen.

2. Der Patient hat strukturelle Merkmale, die bislang nicht dysfunktional waren, sondern gut in die Persönlichkeit und in die Lebenssituation integriert waren. Es haben sich aber Lebensumstände in einer Weise verändert, daß die strukturellen Merkmale plötzlich nicht mehr zur Lebenssituation passen. Damit wird ein Konflikt durch die veränderte Situation erzeugt. Die Veränderung der Lebensumstände erzwingt in dieser Konstellation aber auch Veränderungen, die die Struktur betreffen: Die funktionale Struktur ist unter äußerem Einfluß dysfunktional geworden.

Ein typisches Beispiel für diese Konstellation ist der relativ gesunde und zufriedene Familienvater, der plötzlich arbeitslos wird und erleben muß, daß die bislang eher bescheiden-unauffällige Ehefrau zum Hauptverdiener der Familie wird. Die patriarchalische Grundeinstellung war in Verbindung mit einer hysterischen Konfliktverarbeitung bislang kein Problem; die veränderte Position in der Familie läßt sich aber mit der Identität und dem männlichen Selbstgefühl des Patienten nicht zur Deckung bringen, so daß er depressiv dekompensiert. Ohne Veränderung der Selbsteinstellung und damit der Beziehungsstrukturen wird sich in diesem Falle kaum eine befriedigende Konfliktlösung erreichen lassen.

3. Der Patient weist strukturelle Merkmale auf, die bislang nicht dysfunktional geworden sind, obwohl sie durchaus Einseitigkeiten aufweisen und vor allem mit Einschränkungen in der Flexibilität und in der Lebensgestaltung verbunden waren. Erst mit zunehmender Lebensentwicklung werden diese bislang eher verborgenen Mängel offenkundig. Symptomauslösend ist also neben äußeren Konflikten letztlich eine innere Schwäche in der Struktur, die eine adäquate Weiterentwicklung im Leben nicht zuläßt. Deshalb muß eine Therapie die struktu-

rellen Voraussetzungen so weit ändern, daß die inneren Inkonsistenzen beseitigt werden.

Musterbeispiel für diese Konstellation ist die Verwaltungsangestellte im Beispiel 2. Diese Struktur scheint bislang nicht dysfunktional gewesen zu sein. Zwar könnte man feststellen, daß sie für eine gewisse Oberflächlichkeit in den Beziehungen der Patientin verantwortlich ist, aber die Patientin hat darunter nicht gelitten. Man kann vermuten, daß auch hier die Dekompensation nicht ausschließlich auf die Arbeitsplatzsituation bezogen ist, sondern daß das Ende der Adoleszenz neue Anforderungen in der Partnerschaft mit sich bringt, die mit einer phobischen Struktur allein nicht bewältigt werden können. Es stellt sich deshalb die Frage, ob die Patientin in jüngster Zeit an ihrer Persönlichkeitsstruktur zu leiden beginnt, weil sie z. B zu Ehe und Mutterschaft wenig „paßt". Dies muß durch Klärung des Therapieziels mit der Patientin entschieden werden. Vielleicht bleibt es aber allein bei dem Auslöser „Arbeitsplatz". Dann muß psychodynamisch begründet werden, warum an dieser Stelle die bewährte phobische Struktur versagt hat und nicht dazu führte, daß die Patientin sich hinter dem Rücken der Kollegin versteckte. (Eine Hypothese wäre z. B., daß die Kollegin keineswegs mit dem Vorgesetzten zu streiten versuchte, wie die Schwester dies getan hatte, sondern daß sie alle Anerkennung auf sich zog, so daß die nun aufbrechende Rivalität gerade nicht zu der gewohnten Kindheitskonstellation paßte.)

Die Feststellung eines verborgenen Mangels in der Struktur ist häufig subjektiv gefärbt und muß deshalb vom Therapeuten sorgfältig geprüft werden, damit nicht eigene Wertvorstellungen die Therapieziele bestimmen.

Schwierig ist zum Beispiel die Entscheidung über die Dysfunktionalität der Struktur bei der Krankenschwester in Beispiel 7. Auch sie hat offensichtlich zunächst unter ihrer antiregressiven Bewältigungsstrategie nicht gelitten. Aber unter der von der Entwicklung erzwungenen verstärkten Intimität mit einem Partner entwickelt sie eine Zwangssymptomatik. Soll die Therapie dazu führen, daß sie in Bearbeitung ihrer Lebensgeschichte die progressive Bewältigung von Entbehrungen aufgibt? Wieweit wird sie regredieren, wenn sie sich ihrer ganzen Bedürftigkeit bewußt wird? Oder ist die Abwehr so stabil, daß man ihr ein gewisses Mehr an Regression inzwischen zutrauen darf? Hier ist eine sehr sorgfältige Analyse der Abwehrstruktur vonnöten. Darüber hinaus aber ist besonders gründlich zu überprüfen, ob die regressionsfeindliche Grundeinstellung dieser Patientin unvermeidlich zu Partnerproblemen und Leiden führen muß oder ob sie nur den Idealen der Psychotherapeuten nicht entspricht.

4. Der Patient hat strukturelle Merkmale entwickelt, die grundsätzlich eher dysfunktional sind, auch wenn sie nicht zu schwerwiegender Dekompensation geführt haben. Es genügt dann eine vielleicht geringfügig veränderte Lebenssituation oder ein notwendiger neuer Schritt in der Entwicklung, um das labile System von Befriedigungen und Kompensationen aus dem Gleichgewicht zu bringen. Hier kann natürlich eine dauerhafte Veränderung nur eintreten, wenn eine gewisse Veränderung der Strukturen erreicht wird.

Die kaufmännische Angestellte in Beispiel 1 fällt unter diese Kategorie. Ihr depressiver Verarbeitungsmodus war schon lange Zeit dysfunktional. Zwar hat die Patientin sich im Leben zurechtfinden können, aber sie blieb durchgehend unter verstärkter seelischer Anspannung. Das Element der persönlichen Befriedigung blieb dabei unterentwickelt. Die aktuelle Auslösesituation hat etwas zur Dekompensation gebracht, was zuvor bereits schlecht kompensiert erschien. In der Version mit der depressiven Struktur kann man vermuten, daß sich die Spannungen vor allem in der Ehe vermehrt haben, während die Situation am Arbeitsplatz das Faß nur zum Überlaufen brachte (psychodynamisch betrachtet ist hier der Neid auf die erfolgreiche Schwester reaktualisiert worden).

4.6 Die Störanfälligkeit des psychischen Systems und die Borderline-Struktur

4.6.1 Zur Definition der Borderline-Störung

In den vorausgegangenen Abschnitten ging es stets um seelische Störungen, die sich innerhalb eines stabilen Struktursystems entwickelt haben: Die gebildeten Strukturen konnten funktional oder dysfunktional, konnten im Niveau einfach oder komplex sein, sie konnten mehr oder weniger starke Abweichungen von der Norm aufweisen; in jedem Falle waren die Strukturen das Ergebnis eines intensiven Wechselprozesses zwischen den innerseelischen Bedürfnissen und den Anforderungen der Außenwelt.

Das psychische Struktursystem ist aber wie andere informationsverarbeitende Systeme in sich störanfällig. Das sichtbarste und dramatischste Anzeichen einer solchen Störung ist die psychotische Dekompensation. Hier geht es nicht um diese oder jene Auffälligkeit, der wir Symptomcharakter zumessen, sondern das System ist in sich gestört und damit weitgehend funktionsuntüchtig.

Klinische Beobachtungen haben nun vielfach gezeigt, daß es nicht nur die totale, vollständige psychotische Dekompensation gibt, sondern offensichtlich auch umschriebenere Störungen im psychischen System, die sich nicht unter die Vorläufer einer Psychose subsumieren lassen, weil sie in sich stabil sind. Diese Form der Störung wird heute allgemein als Borderline-Störung bezeichnet. Borderline-Patienten wurden zu Recht als „seßhafte Grenzbewohner" beschrieben.

Die Borderline-Störung unterscheidet sich von der Neurose dadurch, daß sie im Kern eine psychoseähnliche Störung ist, die das Struktursystem in bestimmten Bereichen außer Funktion setzt. Sie unterscheidet sich von der Psychose dadurch, daß die Störung selbst neurotisch verarbeitet und das Struktursystem* auf diese Weise sekundär wieder stabilisiert wird.

Die Diagnostik der Borderline-Störungen hängt also entscheidend an der Erfassung von Störungen, die die Stabilität des psychischen Systems betreffen und damit über übliche strukturelle Störungen hinausweisen. Von einer *Borderline-Störung* sollte man m. E. nur dann sprechen, wenn eine Häufung von Störphänomenen zu beobachten ist. Die Diagnostik dieser *Borderline-Phänomene* wird im nächsten Abschnitt behandelt. Eine *Borderline-Struktur* sollte nur dann diagnostiziert werden, wenn die Struktur des Patienten über einen längeren Zeitraum hinweg geprägt ist von Borderline-Phänomenen.

Leider ergeben sich für die Diagnostik der Borderline-Struktur bzw. der Borderline-Phänomene eine Reihe von Problemen, die z. T. theoretischer, z. T. klinischer Natur sind:

Zum einen gibt es erhebliche Kontroversen zur Ätiologie und zu den pathogenetischen Mechanismen einer Borderline-

---

* Viele Autoren sprechen von der Psychose als einer Störung im Selbst, nicht im Struktursystem. Das Verhältnis von „Selbst" zu „Struktur" ist komplex und stark theorieabhängig. Ich ziehe es vor, das Selbst als Teil des Struktursystems aufzufassen: je höher, umfassender und abstrakter psychische Strukturen sind, desto mehr umfassen sie selbst-referentielle Systeme. Das höchste, umfassendste und abstrakteste selbst-referentielle Struktur-System wäre dann als „Selbst" zu fassen.

Störung. Psychosen und Borderline-Störungen werden oft erklärt mit der Regression auf einen archaischen Urzustand. Diese **Hypothese zur Pathogenese** der Störung verbindet sich gewöhnlich mit Hypothesen zur Ätiologie: so wird spekuliert, daß die Ätiologie der Borderline-Störung in einer Störung der Separations-Individuations-Phase zu suchen sei (Kernberg 1991, Rohde-Dachser 1983). Diese Hypothesen wurden bereits in Kapite l3.1 sowie 4.3 erläutert und kritisiert. Einer der offensichtlichen Schwachpunkte der Verknüpfung einer Borderline-Störung mit der Separationsphase ist, daß die Borderline-Störungen dann ätiologisch nicht mehr von neurotischen Störungen und den sog. strukturellen Störungen zu unterscheiden sind, für die ebenfalls Störungen in der Individuations-Seperations-Phase angenommen werden. Es besteht darüber hinaus die Gefahr, daß in der Diagnostik der Borderline-Störungen die gleichen Fehler gemacht werden, die die psychiatrische Diagnostik der Schizophrenie so lange geprägt haben: die Annahme nämlich, eines einzelnen ätiologischen Faktors, der die Vielzahl der klinischen Phänomene erklärt. Dabei wird die große Zahl ätiologisch relevanter Faktoren ignoriert. Wahrscheinlich gibt es ebenso wenig „die" Ätiologie der Borderline-Störung, wie es „die" Ätiologie für die ganze Gruppe der Schizophrenien und der übrigen psychotischen Dekompensationen gibt. Es ist offensichtlich, daß z. B. Traumatisierungen in der Kindheit in manchen Fällen eine wichtige Rolle spielen, in anderen Fällen dagegen nicht. Selbst wenn Autoren wie Dulz und Schneider (1996) bei 85% ihrer Patienten Mißbrauch in der Kindheit vorfinden, ist die Frage nach der Relevanz für die Ätiologie damit noch nicht beantwortet. Die Frage, ob der Borderline-Störung ein besonders gravierender Konflikt oder ein besonderer Ich-Defekt zuzuordnen ist, wird wegen der Vielfalt der Krankheitsursachen niemals generell zu beantworten sein!

Die zweite Schwierigkeit betrifft die Unzugänglichkeit jener Vorgänge, die die zentrale Störung markieren. Es ist unwahrscheinlich, daß wir klinisch den Kern der Störung je erfassen können. Wir erfassen wohl immer nur Reaktionen des Patienten auf die gestörte Informationsverarbeitung (s. dazu Mentzos 1995). Auch dieser Faktor wird anhand der Borderline-typischen Abwehrmechanismen kontrovers diskutiert.

Wenn man der Vorstellung folgt, daß Borderline-Phänomene häufig nur Notlösungen sind, die eine gewisse Stabilität garantieren sollen, dann muß der Tatsache Rechnung getragen werden, daß diese Notlösungen offensichtlich sehr unterschiedlich wirksam und effizient sind: Es scheint „Lösungen" zu geben, die sehr rasch in neue Dekompensation übergehen, während es andere Lösungen gibt, die sich durch eine größere **Stabilität** auszeichnen. Das wirft vor allem Probleme in der Definition der Borderline-Störung auf: Unter dem Einfluß der Arbeiten von Kernberg wird die Borderline-Diagnose sehr häufig an den Phänomenen der **Instabilität** im Struktursystem festgemacht. Kernberg beschreibt in der Tat eine Gruppe von Borderline-Patienten, die sich durch eine besondere Labilität und die Neigung zur Dekompensation auszeichnen. Kernbergs Patienten werden häufig als die Kerngruppe der Borderline-Störungen angesehen. Man kann mit gleichem Recht fragen, ob sie nicht eher eine Randgruppe oder zumindest eine Extremgruppe der Borderline-Störungen darstellen. Empirische Untersuchungen an schweren Persönlichkeitsstörungen, wie sie von Spitzer und Endi-

cott (1979) durchgeführt wurden, haben gezeigt, daß schwere Persönlichkeitsstörungen zwei Subgruppen enthalten, die sich z.T. überlappen: eine Gruppe der stabilen Persönlichkeitsstörungen und eine Gruppe von Patienten, die als „stabil-instabil" gekennzeichnet werden kann, weil die Patienten in einem instabilen Zustand verharren. Dieser Subgruppe entsprechen die Patienten, die von Kernberg beschrieben wurden. Im ICD 10 wird diese Gruppe als „emotional instabile Persönlichkeitsstörung" erfaßt, steht hier aber neben anderen Persönlichkeitsstörungen, die keineswegs Borderline-Charakter zu haben brauchen. Die Gruppe der psychisch stabilen Borderline-Patienten findet sich am ehesten unter den Kriterien der „schizoiden Persönlichkeitsstörung" im ICD 10 wieder. Solange wir an einer Klassifizierung festhalten wollen, die der Pathogenese dieser Störungen folgt, so lange darf m. E. die Diagnose der Borderline-Störung nicht auf eine Extremgruppe von emotional instabilen Störungen beschränkt bleiben, sondern sie muß jene Störungen mit einbeziehen, bei denen die Dekompensation durch eine Notlösung aufgefangen wurde, so daß zwar Stabilität gewährleistet, der alte Funktionszustand aber keineswegs wieder hergestellt worden ist. Auch diese Patienten zeigen Borderline-Phänomene, allerdings sind diese, wie später ausgeführt werden soll, von anderer Natur als die der Dekompensationen.

Noch einmal komplizierter wird die Situation dadurch, daß die Notlösungen in bestimmte Verhaltensstörungen münden können, die ebenfalls eine Stabilität gewährleisten: In Suchtverhalten z.B., Eßstörungen, in sexuelle Perversionen usw. Natürlich ergeben sich damit im klinischen Bereich große Abgrenzungsprobleme zu Süchten anderer Genese. Vielfältige Überschneidungen ergeben sich z.B. zwischen narzißtischen Persönlichkeitsstörungen und Borderline-Störungen (s.d. Kernberg 1996).

Wenn man bei der Borderline-Diagnose die verschiedenen durch die Notlösungen bedingten Erscheinungsformen mit berücksichtigen will, gelangt man zu folgender **Klassifizierung** der verschiedenen Borderline-Zustände:

1. Zustand der Dekompensation: Hier sind psychoseähnliche Denkmuster zu beobachten, die zeigen, daß die übliche (neurotische) Kontrolle versagt, daß Denkprozesse sich verselbständigen und daß die integrative Kraft des Struktursystems verlorengegangen ist.

2. Brüchigkeit: Sie kennzeichnet einen Zustand fehlender oder minimaler Dekompensation, der aber durch ein äußerst labiles Gleichgewicht gekennzeichnet ist. Schon bei einer geringfügigen seelischen Belastung tendiert der Patient zur Dekompensation. Belastet werden die Patienten durch alles, was ihre kognitive Sicherheit gefährdet, insbesondere durch unvorhergesehene Ereignisse, Enttäuschungen, Verluste.

3. Stabile Instabilität: Es ist ein Zustand erreicht, der gehalten wird durch ständig wechselnde Notmaßnahmen und Ausgleichsmanöver. Sie alle halten nur vorübergehend und müssen durch andere Notlösungen ersetzt werden. Beim Versagen der Notmaßnahmen tendieren diese Patienten zur Dekompensation.

4. Pseudostabilität mit Ausgleichssymptomen: Hierher gehören die Patienten, die das Gleichgewicht nur um den Preis schwerer Einschränkungen wie Süchten, Eßstörungen usw. halten können. Dann allerdings können Zeichen der Dekompensation weitgehend fehlen.

5. Pseudostabilität ohne Ausgleichssymptome: In dieser Gruppe ist eine Ersatzstruktur geschaffen worden, ohne daß Symptome zur Stabilisierung des Gleichgewichts notwendig werden. Die Stabilität ist aber erkauft mit einer Beziehung zur Außenwelt, die als Borderline-Phänomen eingestuft werden muß.

Es muß betont werden, daß diese Klassifikation der Borderline-Zustände nichts aussagt über die Schwere der zugrunde liegenden Funktionsstörungen. Aussagen scheinen mir lediglich möglich über die Veränderbarkeit und damit über die Therapieprognose: Die klinische Erfahrung zeigt, daß die Zustände offener Dekompensationen therapeutisch besser zugänglich sind als die Zustände mit ausgeprägter Pseudostabilität. Je stabiler das Gleichgewicht aufgrund der reparativen Vorgänge, desto weniger Ansatzpunkte finden sich noch für eine Psychotherapie. Die von Kernberg beschriebene Gruppe der Borderline-Störungen ist also zugleich diejenige mit der besseren Prognose.

Angesichts der enormen Abgrenzungsprobleme scheint mir eine Klassifikation der Störanfälligkeit, die Kategorien mit starren Grenzen vorsieht, kaum möglich. Die Klassifikation sollte deshalb auf einer Achse erfolgen, auf der das unterschiedliche Ausmaß der Störanfälligkeit bestimmt werden kann. Auf dem einen Pol dieser Achse stehen psychisch gestörte Patienten, die nur unter Zuständen außerordentlicher Belastung in ihrem Struktursystem dekompensieren. Am anderen Ende der Achse stehen solche Patienten, bei denen wir objektiv nur geringe Belastungsfaktoren nachweisen können, die aber relativ rasch und weitgehend dekompensieren oder aber ausgeprägte Notlösungsreaktionen aufweisen. Bei ihnen wäre eine große Störanfälligkeit gegeben. Eher in der Mitte einzuordnen wären Patienten mit aktuellen Störungen, die aber das Resultat von starken traumatischen Belastungen sind. Da wir das Ausmaß der seelischen Belastung oft nur schwer erkennen können, ist die Genauigkeit der Einschätzung wesentlich abhängig von der Kenntnis der übrigen Struktur und insbesondere der aktuellen Konflikte der Patienten.

4.6.2 Die Diagnostik von Borderline-Phänomenen

Die Einschätzung der Störanfälligkeit steht und fällt mit der Erfassung jener Störungen im Struktursystem, die wir als Borderline-Phänomene bezeichnen können. Wie zuvor bereits betont, sollte eine Borderline-Störung nicht auf die Beobachtung eines einzelnen Borderline-Phänomens begründet werden: Diese Phänomene haben m. E. für die Diagnostik eher den Charakter eines Ausrufezeichens, das den Therapeuten daran erinnert, daß hier die Störung über das neurotische Niveau hinausgeht. Nur die Häufung von Borderline-Phänomenen oder eine Ausprägung, die die ganze Struktur determiniert, ist Hinweis auf eine grundsätzlich gesteigerte Störanfälligkeit.

Eine ausführliche Übersicht über die Symptomatik der Borderline-Patienten findet sich bei Rohde-Dachser (1983). Der Nutzen dieser Übersicht ist allerdings dadurch eingeschränkt, daß die Autorin von Borderline-Störungen als einer Krankheitseinheit ausgeht und die fragwürdigen ätiologischen Hypothesen von Kernberg weitgehend übernimmt. Darüber hinaus differenziert sie wie viele andere Autoren zuwenig zwischen den eigentlichen Borderline-Phänomenen und eher randständigen Symptomen, wie sie auch bei anderen Neurosen anzutref-

fen sind. Damit wird der zuvor kritisierten Inflationierung der Borderline-Diagnose Vorschub geleistet.

Bei der Diagnostik der Borderline-Phänomene ist es hilfreich, zwischen akuten Dekompensationszeichen und Struktur-Deformationen als „Notlösungsreaktionen" zu unterscheiden. Diese Unterscheidung hilft zugleich bei der Differenzierung zwischen instabilen Borderline-Patienten und solchen mit sekundärer Stabilität.

Dekompensationszeichen

Dekompensationszeichen erfassen Entgleisungen in der Struktur, die über das neurotische Maß hinausgehen, die aber nicht zum Bild einer psychotischen Episode führen. Sie werden nur sichtbar, wenn der Therapeut sensibel für diese Form der Entgleisungen ist. Dabei hilft die Kenntnis der schizophrenen Psychosen wesentlich weiter, vor allem wenn sie dazu führt, das Erleben des Psychotikers dem eigenen Verständnis zugänglich zu machen.

Wenn man den intrapsychischen Aspekt und damit die informationsverarbeitende Funktion der seelischen Strukturen in den Vordergrund stellt, dann stößt man auf das Phänomen der **Denkstörungen**, die ein zentrales Element schizophrenen Psychosen wie der Borderline-Störungen darstellen. Es geht dabei um den Verlust von kognitiver, also gedanklicher Kontrolle. Verlust von Kontrolle und vor allem Kontrollverlustängste gehören natürlich auch zum Alltag der neurotischen Störungen. Dort aber verstehen wir unter Kontrollverlust eher einen Affektsturm mit Freisetzung lang unterdrückter Emotionen. Dem Betroffenen „platzt der Kragen". Wenn der Affekt verstanden und aufgegriffen werden kann, wird Kontrolle wieder hergestellt. Der Verlust der Kontrolle über die

Gedanken läßt sich dagegen durch keinen verdrängten Affekt erklären, obwohl der Patient vielleicht bestimmte Affekte dafür verantwortlich macht. Das Benennen der Affekte ändert nichts an der Störung, denn das Problem liegt im Bereich der Gedanken, die sich verselbständigen: „Die Gedanken laufen davon." Sie erfüllen nicht mehr ihre integrativen Funktion. Diese Entgleisung des Denkens muß den Therapeuten hellhörig machen: Wenn Eigengesetzlichkeiten den Gedankenablauf bestimmen, z. B. in Form von exzessiven Grübeleien oder auch von überwertigen Ideen, muß man an Borderline-Phänomene denken.

Eine Störung im Denken kann sich auch durch eine Lockerung des Gedankenflusses in Richtung auf assoziatives Denken bemerkbar machen, ohne daß bereits eine Zerfahrenheit im psychiatrischen Sinn zu beobachten wäre. Während der Gedankenreichtum der Hysterie einem erschließbaren Motiv folgt (z. B. einem ausdrücklichen Bedürfnis, durch Reden zu kontrollieren), erklärt bei Borderline-Patienten das Motiv die Lockerung des Gedankenflusses nicht ausreichend: die Gedanken laufen unfreiwillig davon. Zuweilen äußert sich die Denkstörung vorwiegend in einem ausgeprägten Mangel an Strukturierung im Gespräch: hier es gibt Parallelen zum schizophrenen Verlust an Abstraktionsvermögen: Wichtiges kann von Unwichtigem nicht mehr unterschieden werden.

Zu den Denkstörungen der Psychose gehört das Abreißen von Gedanken. Wenn im Gespräch mit einem Patienten gehäuft Blockierungen auftreten, die sich nicht oder nur unbefriedigend aufklären lassen, könnte es sich um ein Dekompensationszeichen handeln. Manchmal erscheint der Verlust der gedanklichen

Kontrolle im Gespräch auch wie ein plötzliches Versagen der Abwehr: Der Patient kann ohne heftige Gegenwehr Dinge denken oder Phantasien entwickeln, die mit seinen sonstigen Wertvorstellungen überhaupt nicht vereinbar wären. Dieses Vorpreschen ist dann keineswegs Zeichen einer progressiven therapeutischen Bewegung, bei der das Unbewußte plötzlich sichtbar wird, sondern Ausdruck einer Eigengesetzlichkeit, die die üblichen Barrieren überspringt.

Wenn man statt der intrapsychischen Vorgänge das **Selbst- oder Objekterleben** in den Vordergrund stellt, rückt eine andere Klasse von Primärsymptomen in den Vordergrund. Benedetti (1994), der eine sehr einfühlsame, verständnisfördernde Beschreibung schizophrener Entgleisungen liefert, hat hier neben der Ichspaltung und dem Autismus die Athymie in den Vordergrund gestellt: Es entsteht eine Welt, die geprägt ist vom Bewußtsein des Verlustes von Identität bzw. Einheitlichkeit, von einem Abbruch der lebendigen Beziehung zur Außenwelt und von einem Fehlen von Gefühlen und Stimmungen.*

Die Inhalte, die die Athymie kennzeichnen, bestimmen auch die Ausprägung der „negativen Existenz", wie sie später bei den sekundären Strukturveränderungen geschildert wird.

Gerade bei den Denkstörungen gilt, daß die Dekompensation bei Borderline-Phänomenen nie die ganze Persönlichkeit erfaßt, sondern rasch neurotisch verarbeitet wird: Der Patient aktiviert Ausgleichsbeziehungen und Ausgleichserlebnisse, die das Fehlen von Lebendigkeit überspielen. Beobachtbar sind einerseits die Folgen dieser Ausgleichsbemühungen oder die mehr oder weniger passageren Störungen des

Selbsterlebens, wie sie z. B. von Kohut (1973) als Selbst-Fragmentierung beschrieben wurden.

▷ **Beispiel 8**

Eine 24jährige Studentin meldet sich zum Gespräch an, weil sie Schwierigkeiten mit ihrem Freund habe und nicht mehr weiter wisse. Die zierliche junge Frau erscheint zunächst nicht zum Termin; sie ruft dann 35 Minuten später ganz aufgelöst bei mir an, sie habe die Praxis nicht gefunden. Wir verabreden telefonisch einen zweiten Termin, zu dem sie eine Stunde zu früh kommt, so daß sie noch einen längeren Spaziergang machen muß. Zu diesem zweiten Termin erscheint die Patientin in hot-pants mit Strumpfhosen und engem Pullover; das Gesicht wirkt unter dem vielen Make-up fast starr. Es verrät aber in der Mimik eine deutliche Anspannung, die zur sonstigen Aufmachung im Widerspruch steht. Als die Patientin über ihre Beziehungsschwierigkei-

---

* Wenn man von der Denkstörung als zentraler Ursache der Borderline-Störung ausgeht, sind die Phänomene der Ichspaltung die Folge einer Entgleisung des informationsverarbeitenden Systems: Solange die Störung anhält, werden die komplexeren und damit erlebensbestimmteren Informationen nicht mehr verarbeitet. Zugelassen sind nur noch abstraktere und damit unlebendigere Informationen. Aus dieser Sicht wird auch verständlich, warum menschliches und therapeutisches Interesse im Zustand der Dekompensation als bedrohlich, ja als feindseliger Akt verstanden wird: Das Beziehungsangebot durchbricht die Schranken des Informationsstops und vergrößert damit die Instabilität. Wenn man dagegen von einer Beziehungsstörung als letzter Ursache der Borderline-Störungen ausgeht, erscheinen die Denkstörungen als Folge: Angesichts des Fehlens von lebendigem Austausch entgleisen die Denkprozesse und neigen zu Ersatzbildungen, die Eigengesetzlichkeit entwickeln.

ten sprechen will, verzieht sich mehrfach den Mund, als wolle sie weinen, redet dann aber rasch darüber hinweg. Inhaltlich beschreibt sie eine schwere Beziehungskrise, weil ihr Freund, selbst Student, mehr und mehr in die Drogenszene abgeglitten sei. Er habe inzwischen Umgang mit ganz brutalen Männern, die einfach in die gemeinsame Wohnung kämen. Einer dieser Männer habe kürzlich mit ihr zu schlafen versucht, und sie konnte sich nur mit knapper Not in ihr Badezimmer retten.

Das Gespräch nimmt einen merkwürdigen Verlauf: Die Patientin verweilt ganz auffallend bei den brutalen und drogenabhängigen Bekannten ihres Freundes und bei seinem Mangel an Verantwortung; sie schildert dann in zunehmender Spannung immer neue Episoden und Details. Dabei verliert sie sich fast in der minuziösen Schilderung der zeitlichen Reihenfolge. Von ihrem sonstigen Leben erfahre ich spontan überhaupt nichts. Als ich mich nach Hilfestellungen durch das soziale Umfeld erkundige, erwähnt sie einige Freundinnen, denen sie von den Ereignissen erzähle. Nur im Nebensatz erfahre ich, daß beide Eltern Ärzte sind und weit entfernt von ihr wohnen. Sie habe sich im Studium von zu Hause abgelöst und sei mit ihrem Freund in diese Wohnung gezogen. Das Vorexamen hat sie mit gutem Erfolg bestanden, aber bei den jetzigen Ereignissen könne sie sich unmöglich noch auf das Studium konzentrieren. Nachfragen ergeben, daß sie seit einem halben Jahr keinerlei Veranstaltungen mehr besucht hat. Ich interessiere mich für ihre Tagesstruktur: Es entsteht eine Leere im Gespräch, und die Patientin verliert den Faden. Sie kann die Frage nicht beantworten, weil ihr im Augenblick überhaupt nichts zu ihrem übrigen Tag einfällt, – aber dann kommt die Erinnerung, wie sie beim Versuch zu arbeiten von ihrem Freund massiv behindert worden sei.

Der Hintergrund dieser Problematik muß nach dem bisher geschilderten Verlauf noch recht unklar bleiben. Mein Kenntnisstand war aber nach dem ersten Gespräch nicht wesentlich vollständiger. Wichtiger erscheint mir, anhand des unvollständigen Materials herauszuarbeiten, wo es Hinweise auf Borderline-Phänomene gibt:

Zunächst erscheint die Patientin zum Gespräch am falschen Ort und danach zur falschen Zeit. Das *kann* ein Hinweis auf eine gefährdete zeitliche und örtliche Orientierung sein, aber es *muß* kein Hinweis sein: Im Zustand starker Spannung nimmt bei allen Menschen die Orientierungsfähigkeit ab, und die Patientin ist offensichtlich im Zustand starker Spannung. Dann aber muß die äußere Erscheinung hellhörig machen: Sie paßt nicht zum Anlaß und zum Inhalt des Gesprächs. Auch das allein muß noch kein Borderline-Phänomen sein: Manche Patientinnen versuchen, die Spannung eines Erstgesprächs mit einem männlichen Therapeuten mit unangemessenen Mitteln zu überspielen. Die Aufmachung hat dann die Funktion eines Ablenkungsmanövers, das den Blick auf weniger brisante, weil „nur" sexuelle Themen lenken soll. Aber die Kombination beider Phänomene ist eindeutig unstimmig: Wenn die Spannung durch die Ereignisse so groß ist, daß die Patientin sich auf den Termin gar nicht mehr konzentrieren kann, dann paßt die Aufmachung nicht; wenn die äußere Erscheinung als Ablenkungsmanöver zu verstehen ist, dann paßt die Orientierungslosigkeit nicht zu diesem Manöver. Das Borderline-Phänomen liegt in einer Unstimmigkeit, um die die Patientin selbst nichts weiß, weil sie zwei miteinander unvereinbare Reaktionsformen gleichzeitig zum Ausdruck bringt.

Das zweite auffallende Phänomen ist das Kreisen der Patientin um den Freund und um seine Bekannten. Auch das muß nicht ungewöhnlich sein, wenn die Brutalität und die sexuellen Über-

griffe eine traumatisierende Wirkung gehabt haben. Dann aber passen die Reaktionen der Patientin nicht mehr: Sie wehrt sich nicht gegen die Übergriffe, sie zieht nicht aus, sie zieht sich – wie oben geschildert – sogar herausfordernd an. Die Auffälligkeit wird nur dann verständlich, wenn man annimmt, daß die Patientin gedanklich fixiert ist auf eine Form von Kontrollverlust, vor dem sie enorm große Angst hat, daß sie aber zugleich von sich selbst und von ihrer Angst nichts wahrnehmen bzw. ihre Eigenwahrnehmungen in keiner Weise verarbeiten kann. Statt dessen entwickelt dieser Selbstanteil eine Eigengesetzlichkeit, hinter der alle anderen Selbstanteile verschwinden.

Später hat die Patientin bestätigt, daß die Fixierung auf die brutalen Übergriffe nicht zufällig war: Es gibt Parallelen zu dem Verhalten ihres cholerischen Vaters, der die Grenzen zu seiner halberwachsenen Tochter mehrfach verletzte. Diese Parallele lieferte für die Patientin selbst durchaus „Erklärungen" für ihre Reaktionen – aber es blieb bei intellektuellen Erklärungen, die in ihrem Zustand nichts veränderten. Ihre Aufmerksamkeit verschob sich nur für einige Zeit vom Freund auf den Vater; das eigene Betroffensein wurde nicht wahrgenommen bzw. nicht verarbeitet, so daß die gleiche Ratlosigkeit fortbestand, die auch die ersten Gespräche kennzeichnete.

Die dritte Auffälligkeit besteht im Fehlen der Selbstwahrnehmung und des Selbsterlebens, das dort am deutlichsten wird, wo die Aufmerksamkeit der Patientin auf sich und ihren Tagesablauf gelenkt wurde. Sie konnte in diesem Augenblick über sich selbst überhaupt nichts sagen; nicht weil sie etwas verschwieg oder vermeiden wollte, sondern weil es buchstäblich aus ihrer Sicht zu sich selbst nichts zu sagen gibt. An dieser Stelle hätte der Mangel an Selbsterleben eigentlich spürbar werden müssen – aber hier setzte wie eine Notlösung ein gedanklicher Block ein, der das momentane Fehlen eines konturierten Selbstbildes überdeckte. Dieser gedankliche Block ist im hier beschriebenen Kontext als Borderline-Phänomen zu sehen, ebenso wie die Leere im Selbstbild. Daß die Leere sie nicht in alle Tiefen der von Benedetti beschriebenen Athymie gleiten ließ, sondern daß die realen Verwicklungen mit ihrem Freund sie wieder zurückholten in die Gegenwart, das unterscheidet diese

Patientin von psychotischen Patienten. Das gleiche Bild ergibt sich auch für andere Bereiche des Umganges mit sich selbst: Zwar vernachlässigt die Patientin ihr Studium und damit ihre berufliche Entwicklung, aber sie vernachlässigt ihr Äußeres nicht in einer Weise, wie es der inneren Leere entsprechen würde. Sie kann in einer neurotischen Weise überspielen, auf sich aufmerksam machen und für sich und ihren Freund sorgen.

Vergleichen wir diese Episode mit dem Bild einer anderen chaotischen Patientin:

Die 32jährige Reisekauffrau im Beispiel 4 läßt zumindest den Verdacht aufkommen, daß ihre vielen chaotischen Beziehungen einen ähnlichen Hintergrund haben. Im Gegensatz zur Studentin in Beispiel 8 fehlt ihren Beziehungen aber der imperative Charakter. Auch ihre Rettungsaktionen für chaotische Männer dienen der Selbstregulation, d. h. sie sind im Grundsatz narzißtisch. Bei ihr hat sich aber der Selbstaspekt gerade nicht vollständig vom Beziehungsaspekt gelöst: Die unglücklichen Auswirkungen dieser Beziehungen werden von der Patientin wahrgenommen und zu ihrem Problem gemacht. Das Scheitern der Beziehung hat somit Auswirkungen auf ihr Selbstgefühl. Bei stark gestörter Stabilität der Struktur würde die Patientin aus Beispiel 4 vermutlich unbeirrt an ihren Rettungsaktionen festhalten und das Scheitern bagatellisieren bzw. ableugnen.

Es scheint mir wichtig zu betonen, daß die Diagnostik der Borderline-Phänomene im Beispiel 8 praktisch unabhängig ist von Informationen zur Biographie. Bei der Frage, wie sich die Störung entwickelt hat, spielt die Biographie natürlich eine wesentliche Rolle. In diesem Beispiel gibt es Hinweise auf erhebliche belastende Faktoren, die mit der Familienstruktur zusammenhängen. Aber die Diagnostik selbst könnte nicht anders aussehen, selbst wenn wir ein völlig intaktes Elternhaus, gesunde Geschwister und eine bis zur Adoleszenz ungestörte Entwicklung vorfinden würden. In beiden Fällen wäre die Diagnose einer *Borderline-Struktur* (z. B. im Sinne der Definition von Kernberg oder als „emotional instabile Persönlichkeit" im ICD 10) verfrüht: Zum Zeitpunkt des Gespräches liegt lediglich eine *Borderline-Störung* im Sinne einer akuten Dekompensation vor, ohne daß es Hinweise auf eine generelle Neigung zur Dekompensation gibt. Es könnte sich sehr wohl um eine vorübergehende Störung handeln, die im Rahmen einer schweren Adoleszenzkrise anzusiedeln ist.

Zu den Ausgleichsbemühungen gegenüber den Phänomenen der Ichspaltung und des Autismus scheinen auch jene Abwehrvorgänge zu gehören, die gewöhnlich als **„archaische Abwehrmechanismen"** bezeichnet werden: Speziell die projektive Identifikation und die Spaltung als Abwehr gehören dazu. Daß es sich dabei um einen „frühen" Abwehrmechanismus handeln soll, wurde von Reich (1995) in Übereinstimmung mit anderen Autoren bezweifelt. Die Brisanz der Spaltungsvorgänge liegt m. E. vor allem in ihrem Notlösungscharakter: Nicht daß sie in Gut und Böse spalten, zeichnet Kernbergs Patienten aus, sondern wie sie spalten! Die Abtrennung und die Kontrolle des Bösen hat eine absolut imperative Dringlichkeit, der alle anderen Interessen und Erlebensweisen unterzuordnen sind. Auch die Abhängigkeit vom guten Objekt verliert nie den Charakter eines Kontrollbedürfnisses von imperativer Dringlichkeit, der sich das gesamte Selbstbild unterordnet. Nicht zu Unrecht sprechen Küchenhoff und Ahrens (1997) von „Neurosen mit manipulativer Abwehr". Wenn diese Abwehrvorgänge sexualisiert bzw. sexuell ausgelebt werden, erscheinen die betreffenden Patienten als außerordentlich triebhaft oder triebstark. Es ist wichtig zu sehen, daß diese sog. Stärke wenig mit lustbetonter Erotik oder Sexualität gemein hat, sondern daß sie Teil einer Dekompensation im Selbst- und Beziehungserleben ist.

Notlösungsphänomene

Die Charakteristika, die einen Abwehrvorgang zu einem Borderline-Phänomen werden lassen, führen bereits zu einer Gruppe von Notlösungsbemühungen, die nicht mehr viel von der akuten Dekompensation des Struktursystems erkennen lassen, die aber ohne die Annahme einer schweren Störung im Struktursystem nicht verstehbar und erklärbar sind. Sie führen zu Veränderungen im Struktursystem, denen ihrerseits Borderline-Qualität zugeschrieben werden muß. Die Veränderungen müssen auf zwei Ebenen beschrieben werden:

Die erste Ebene berührt die dauerhaften **Veränderungen des Selbsterlebens**, wie sie bei einer schizophrenen Psychose sichtbar werden. Veränderungen des Selbsterlebens werden in psychiatrischer Terminologie beschrieben als schwere affektive Störung, als Anhedonie, als psychotische Depersonalisation oder Derealisation. Benedetti (1994) hat das gestörte Selbsterleben mit dem Begriff der „negativen Existenz" beschrieben und versucht, die „Todeslandschaften" der Schizophrenen nachvollziehbar zu machen. Wenn die negative Existenz des psychotischen Selbsterlebens neurotisch überformt wird, dann finden wir sie in isolierten Symptomen wie in neurotisch anmutenden Depersonalisations- und Derealisations-Phänomenen, in Süchten, in sexuellen Perversionen oder in schweren Eßstörungen und nicht zuletzt im Symptom der Selbstverletzungen. Die Schwierigkeit bei der Diagnostik ist die gleiche wie die bei den Spaltungsvorgängen: Süchte, Eßstörungen usw. können vielerlei Ursachen haben; deshalb sind sie so wenig wie die Spaltung automa-

tisch ein Borderline-Phänomen. Wenn man allerdings als Therapeut den Eindruck gewinnt, daß ein schwer gestörtes Selbsterleben im Sinne der von Benedetti beschriebenen negativen Existenz durchbricht, sobald die Symptomatik aufgegeben wird, dann müssen die oben bezeichneten Symptome als Borderline-Phänomene diagnostiziert werden.

Die zweite Ebene der Notlösungsphänomene berührt die **Veränderungen in den Beziehungen**, wie sie auch in den schizophrenen Psychosen sichtbar sind. Die Störungen auf der Beziehungsebene werden in psychiatrischer Nomenklatur beschrieben als Mangel an Empathie, als Mangel an emotionaler Schwingungsfähigkeit, als sozialer und menschlicher Rückzug, als Autismus. Die Psychoanalyse hat zum Verständnis der psychotischen Beziehungsstörungen wesentliche Beiträge geliefert. Dabei wurde vor allem auf das veränderte Erleben dieser Patienten hingewiesen und dabei die Verwischung der Grenzen von Selbst und Objekt hervorgehoben (Federn 1978, Jacobson 1973, Searles 1965). Dabei rückten die mit der Selbst-Objekt-Diffusion verbundenen Formen von Abhängigkeit sowie die Mechanismen von Projektion und projektiver Identifikation in den Mittelpunkt.

Auch die psychotische Form des Beziehungserlebens unterliegt bei der Borderline-Störung einer neurotischen Überformung, die sich mit psychotischen Elementen mischt. Wenn diese Notlösungsreaktionen für eine gewisse Stabilität sorgen, dann beobachtet man eine auffallende menschliche Isoliertheit, eine soziale Ausgrenzung oder auch merkwürdige Abhängigkeitsverhältnisse. Wiederum ist bei der Diagnostik Vorsicht geboten: Isoliertheit, Rückzug, soziale Ausgrenzung usw. sind weit verbreitete Phänomene einer neurotischen Beziehungsgestaltung. Als Borderline-Phänomene sind diese Beziehungsmuster nur dann einzustufen, wenn sich ein psychotisches Beziehungserleben in ihnen verbirgt.

Das psychotische Element im Selbst- und Beziehungserleben erschließt sich m. E. dem Verstehen am ehesten, wenn man jene merkwürdige Verschränktheit von Selbst und Objekt in unserer psychischen Struktur im Auge behält, von der am Beginn dieses Kapitels die Rede war. Die **Integration von Selbst- zum Objekterleben** scheint in der Psychose und in der Borderline-Störung nachhaltig gestört:

„Wie auch immer unsere Theorie lauten mag, gesichert scheint mir, daß die *autistische Barriere*, die die *empathische Identifikation* verhindert, zugleich jene fundamentale Erfahrung ausschließt, die vermutlich jedem menschlichen Wesen angeboren ist: Die Erfahrung nämlich, unverwechselbar man selbst zu bleiben, trotz der Wahrnehmung ähnlicher oder – wenn auch in geringerem Maße – gleicher Fragmente im anderen. *Dieses Anders-Sein bei allem Sich-Ähnlen, das Verschieden-bleiben trotz wechselseitiger Durchdringung und das Aufrechterhalten einer Selbstidentität in der Dualität stellen einen Grundzug menschlichen Seins dar* und bilden die Voraussetzung für das gegenseitige Sich-identifizieren, ohne daß dabei jene schizoiden Ängste auftreten, die einen bevorstehenden Identitätsverlust ankündigen" (Benedetti 1994, S. 55 f).

Die Beschreibungen von Benedetti werden durch die Befunde der Säuglingsforschung in entscheidender Weise unterstützt: Das Kernselbst entsteht nämlich in ständigem Kontakt des Säuglings mit seinen Beziehungspersonen, wobei die wechselnde Kompetenz im Erfassen von Außenreizen untrennbar verknüpft ist mit einer zunehmenden Ausgestaltung der realen Interaktion und mit einer Verinnerlichung dieser Interaktionsmuster (Stern 1992, Dornes 1993). Von Beginn an ist die Psyche zugleich ein offenes und ein geschlossenes System, und nur in dieser Doppelgestalt ist sie überhaupt wachstums- und beziehungsfähig. Die Psychose unterbricht diese selbstverständliche Integration; Selbsterleben und Objekterleben fallen auseinander und werden schließlich austauschbar.

Wie bei der chronifizierten Psychose wird auch bei der Borderline-Störung die Integration durch die oben erwähnten Notlösungsphänomene ersetzt: Die Stabilisierung des Selbstsystems gewinnt Vorrang vor allen anderen Interessen. Daher rührt der imperative Charakter der „Triebbedürfnisse" wie auch der Abwehrmechanismen, die die Beziehungsgestaltung prägen. Den Borderline-Patienten zeichnet aus, daß er nicht kann, was jeder gesunde Säugling kann und tut: seine Emotionalität und sein (rudimentäres) Selbstgefühl mit seinen Beziehungserfahrungen zur Deckung zu bringen. Dafür kann der Borderline- Patient, was kein Säugling kann: averbale Austauschprozesse dazu zu benutzen, um die Selbststabilität auf Kosten der lebendigen Beziehung zu retten. Während der Säugling averbale Austauschprozesse benutzt, um sich selbst zu vermitteln und zu erfahren, werden in der projektiven Identifikation emotionale Austauschprozesse benutzt, um nicht integrierbare (aggressive) Selbstanteile „loszuwerden".*

---

* Diese Auffassung steht allerdings in klarem Widerspruch zur Position der Schule von Melanie Klein: dort bestimmen die unbewußten Phantasien des Säuglings in entscheidender Weise die Form der emotionalen Austauschprozesse. Für Melanie Klein wie für Bion sind Psychotiker und Säuglinge in diesem Punkt wesensgleich.

Das Auseinanderfallen von Selbst- und Beziehungserfahrung ist m. E. der überzeugendste Hinweis auf ein Borderline-Phänomen. Damit wird im Einzelfall die Abgrenzung von schweren neurotischen Störungen zu Borderline-Störungen wesentlich erleichtert.

▶ **Beispiel 9**

Ein 35jähriger Verwaltungsangestellter kommt auf Drängen seines Hausarztes wegen schweren Arbeitsstörungen, die seinen Arbeitsplatz gefährden. Er ist als Sachbearbeiter in einer Behörde tätig und verbringt viele Stunden am Tag, indem er über seinen Akten brütet, ohne fertig zu werden. Im Gespräch offenbart er zögernd, daß er es oft nicht fertig bringt, die vorgelegten Akten zu öffnen, um sie zu bearbeiten. Er weiß genau: Wenn er sie öffnet, findet er Probleme darin, über die er entscheiden muß. Deshalb legt er sie ungelesen beiseite.

Der Patient wohnt unverheiratet in einem eigenen Haus, das er auf dem elterlichen Grundstück mit viel Eigenarbeit errichtet hat. Obwohl die Eltern direkt neben ihm wohnen und viel geholfen haben, beschreibt er die Beziehung als „nicht sehr eng": Man sehe sich nur, wenn es etwas zu klären gäbe. Sein Haus hält er allein in peinlicher Ordnung. Weil er alles unerträglich findet, was er nicht selbst kontrollieren kann, hat er seinen Hausstand auf ein Minimum beschränkt: „Wenn ich wollte, könnte ich innerhalb eines Tages ausziehen!" Das Problem, das ihn Tag und Nacht quält, ist nicht die Arbeit, sondern die Tatsache, daß er unverheiratet geblieben ist. Er möchte unbedingt eine Frau haben und begreift nicht, warum sich für ihn keine findet. Seine sexuellen Erfahrungen beziehen sich auf eine Affäre von einem halben Jahr, die er vor drei Jahren mit einer Kollegin hatte, die sich gerade von ihrem Mann trennte. Sie ist jetzt fortgezogen und hat den Kontakt abgebrochen. Der Patient bemüht sich um Frauen, indem er jeden Samstag in eine Diskothek geht. Voller Wut stellt er fest, daß die jungen Kerle, die kaum Geld und auch sonst nichts vorzuweisen haben, reihenweise „Mädchen abschleppen". Wann immer er eine Frau auffordert, mit ihm nach Hause zu kommen, stößt er auf Ablehnung. Auch bei Kontaktanzeigen zeigen ihm die Frauen sofort die kalte Schulter. Seit einem Jahr tendiert er dazu, abends und an Wochenenden allein zu Hause zu bleiben; seitdem aber haben sich die Arbeitsstörungen entscheidend verstärkt.

Es ist offensichtlich, daß im hier beschriebenen Fall die Arbeitsstörungen nur Teil einer schweren Zwangssymptomatik sind, die sich auch anderweitig bemerkbar macht. Sie sind aber über die Zwangsneurose hinaus ein Borderline-Phänomen: Die genauere Analyse zeigt, daß der Patient mit einer Situation, die ihm Entscheidungen abverlangt, überhaupt nicht mehr fertig wird. Nicht das Kontrollbedürfnis steht im Vordergrund der Symptomatik, auch nicht ein Vollkommenheitsanspruch, sondern eine Handlungs- und Entscheidungsunfähigkeit, die auf der Angst vor jedweder Veränderung basiert. Diese Angst hat die gleichen Wurzeln, die Schizophrene mutistisch werden lassen: Jede Äußerung initiiert bereits Veränderungen, die das Gleichgewicht zum Einsturz bringen können (Benedetti 1994). Es gibt bei diesem Patienten über die Arbeitsstörung hinaus wenig Zeichen für eine Dekompensation als Borderline-Phänomen.

Deutlich ist dagegen, daß das Selbst- und Beziehungserleben in einer Weise gestört ist, die die Qualität eines Borderline-Phänomens hat. Dabei ist vor allem die Integration von Selbst- zu Objekterleben zerstört: Angesichts seiner fehlenden inneren Stabilität braucht der Patient eine äußere heile Welt, und zu dieser gehört zwingend eine Frau als Lebenspartner. Partnerschaftswünsche entspringen also nicht einem Beziehungswunsch, einer Sehnsucht, sondern repräsentieren eine Notwendigkeit von imperativem Druck. Deshalb ist es dem Patienten gar nicht möglich, die Beziehungswünsche und die Sehnsüchte potentieller weiblicher Partner überhaupt wahrzunehmen. Ihre Zuneigung könnte ihn gar nicht erreichen, würde sein inneres Gleichgewicht wohl eher massiv gefährden. Das Fehlen einer lebendigen Antwort auf Zuneigung führt natürlich dazu, daß Frauen einen weiten Bogen um den Patienten machen. Weil die Integration von Selbst- zu Objekterleben gestört ist, kann der Patient diese Ablehnung überhaupt nicht verstehen, kann sich also auch nicht emotional anders auf Frauen einstellen. Statt dessen entwickelt er eine aus seiner Sicht zwingende Wut auf die Konkurrenten, die aus unbegreiflichen Gründen bevorteilt werden. Dem Rückzug entspricht ein Stück Resignation im Bemühen um Selbststabilisierung; damit geht dem Patienten aber ein so wichtiges Stück Stabilität verloren, das er im Bereich der beruflichen Arbeit in Borderline-Art dekompensiert.

Natürlich lassen sich diese Vorgänge auch einfacher mit dem Begriff von Rückzug und Verleugnung umschreiben. Verleugnung ist bei Kernberg und bei Rohde-Dachser ein wesentlicher Abwehrmechanismus bei Borderline-Persönlichkeiten. Aber Verleugnungen und Rückzüge gibt es auch bei hysterischen

Patienten zuhauf. Dort ist der Rückzug aber gewollt; er wird zumindest als notwendig verteidigt, und er ist sogar, wenn er sich sehr verselbständigt hat, Teil eines bewußten Selbstkonzeptes. Der Rückzug als Borderline-Phänomen bleibt dagegen vom Patienten häufig unbemerkt. Er wird eher bagatellisiert, wird aber gar nicht zum Teil des Selbstkonzeptes oder zu einem Teil der internalisierten Objektbeziehungen. Die gestörte Integration von Selbst- und Objekterleben beinhaltet, daß eine lebendige sexuelle Erfahrung wahrscheinlich das Gleichgewicht vollends gefährden würde, so daß Rückzug z. Z. die einzige Form des Überlebens darstellt. Das ist es, was die Borderline-Strukturen von anderen neurotischen Strukturen unterscheidet.

Bei der 52jährigen Lehrerin mit der Überforderungsproblematik (Beispiel 6) liegt zum Beispiel eine chronifizierte Regression vor, die den Verdacht einer Borderline-Entwicklung nahelegen könnte. Hier ist der Rückzug aber in ausgeprägter Weise Teil des Selbstkonzeptes: Er ist verbunden mit Vorwürfen gegen die Umgebung. Auch die Beziehung zur Mutter ist von Vorwürfen gekennzeichnet; dennoch ist diese Kampfbeziehung in ihrer Weise sehr lebendig und trägt zum Selbstkonzept der Patientin entscheidend bei. Die Patientin bemerkt darüber hinaus ihre soziale Isolierung und beklagt sich darüber – allerdings ohne viel zu einer Veränderung beizutragen.

Es ist einleuchtend, daß Borderline-Strukturen der geschilderten Art immer ein deutlich **reduziertes Struktur-Niveau** haben, weil gerade die hochkomplexen Beziehungskomponenten in vereinfachter Form gehandhabt werden. Das darf, wie in Abschnitt 4.3 ausgeführt wird, nicht dazu führen, bei jeder Reduzierung des Struktur-Niveaus von einer Borderline-Störung zu sprechen. Die Reduzierung von Komplexität kann aber so gravierend sein, daß sie den Charakter eines Struktur-Defektes annimmt, auch wenn man die Genese dieses Defektes psycho-dynamisch erklären kann. Die Chancen einer psychotherapeutischen Veränderung sinken entscheidend, wenn die Notlösungsreaktionen eine Ersatzstruktur geschaffen haben, die weitgehende Stabilität verspricht. In diesem Falle ist es auch unerheblich, ob es sich im Ergebnis um einen Defekt handelt, um ein Extremstadium einer Borderline-Struktur oder um das Ergebnis eines schleichenden psychotischen Prozesses.

▷ Beispiel 10

Ein 50jähriger Apotheker kommt auf Drängen seines Arbeitgebers zur Therapie seiner Arbeits- und Konzentrationsstörungen. Er habe Pharmazie nur auf Drängen der Familie – der Vater war Arzt – studiert. Nach dem Studium habe er seine Frau kennengelernt; die Verbindung blieb aber kinderlos und ging nach 2 Jahren auseinander. Seitdem lebte der Patient zunächst im Hause der Eltern mit eigener Wohnung, seit 20 Jahren aber allein. Der Beruf habe ihn immer sehr angestrengt, weil er sich mit den Entscheidungen und der Verantwortung bei der Rezeptbearbeitung überfordert fühlte. Er sei so langsam geworden, daß er als angestellter Apotheker nicht mehr tragbar war. Aus Mitleid hat ihm sein Arbeitgeber eine Aushilfstätigkeit in der Ablage angeboten. Jetzt werden ihm auch diese Arbeiten zunehmend zuviel. Wenn sein Arbeitstag vorüber ist, brauche er den Rest der Zeit, um sich zu erholen. Dann lege er sich am liebsten aufs Bett.

Dieser Patient schildert seine Kindheit als weitgehend unauffällig. Er ist der ältere von 2 Kindern; seine Schwester hat ihn als die lebhaftere weit überholt. Der Kontakt zu ihr ist völlig eingeschlafen; er habe auch kein Interesse an ihr. In seinem Leben hat es offensichtlich nie eine psychotische Episode gegeben, aber mit der Adoleszenz ging es nach anfänglich durchschnittlichen Leistungen mit ihm beständig bergab. Dieser Patient ist in seiner schizoiden Entwicklung natürlich „stabil", aber die therapeutischen Möglichkeiten sind so gering wie bei einem chronifizierten psychotischen Geschehen.

Bei den Borderline-Patienten mit weniger ausgeprägten und instabilen Ersatzstrukturen ergibt sich der Ansatz einer Psychotherapie aus der hier dargestellten Pathogenese der Störung: Die Integration von Selbst- und Objekterleben kann am ehesten wieder hergestellt werden, wenn es gelingt, in vielen kleinen Schritten eine therapeutische Beziehung aufzubauen, die vom Patient nicht als intrusiv und beängstigend erlebt wird. Zunächst kann der Patient dann im geschilderten therapeutischen oder psychoanalytischen Rahmen Beziehungserfahrungen reintegrieren und mit seinem Selbsterleben verknüpfen. Der Erfolg einer solchen Therapie hängt davon ab, ob es dem Patienten gelingt, diese Beziehungserfahrungen aus dem therapeutischen Raum heraus in die soziale Realität hinein auszudehnen. Im günstigen Fall kann der Patient irgendwann die therapeutische Beziehung lösen, weil er außerhalb über genügend lebendige Beziehungen verfügt. In den schweren Fällen scheitert dieser Transfer, oder es kommt nur eine wenig intensive therapeutische Beziehung zustande. In diesen Fällen ist eine Veränderung der Borderline-Struktur nicht mehr möglich; die Ursachen der Störung sind zwar bekannt, aber nicht mehr veränderbar (siehe dazu Kapitel 3.3). Die Bemühungen des Therapeuten müssen sich dann darauf richten, dem

Patienten dabei zu helfen, sich mit der vorhandenen, relativ stabilen Ersatz-Struktur abzufinden und sie so funktional wie möglich zu gestalten.

4.7 Strukturdiagnostik in der therapeutischen Praxis

4.7.1 Zur Technik der unbefangenen Aufklärung

Es steht außer Frage, daß die Festlegung struktureller Merkmale vom Therapeuten einige Fertigkeiten verlangt, die nur über genügend Erfahrung mit Erstinterviews erworben werden können. Die Schwierigkeit besteht darin, die wesentlichen strukturellen Aspekte zu erfassen, ohne sich ausschließlich im Labyrinth der verschiedenen Kategorien zu verlieren. Gefordert wird m. E. neben der Routine eine ganz spezifische Einstellung des Therapeuten zum Patienten, die vor allem in der diagnostischen Phase von Bedeutung ist. In ihrer Ausbildung werden die Therapeuten ja vorwiegend geschult im mitfühlenden und verstehenden Wahrnehmen von Patientenreaktionen unter Einbeziehung der Übertragung und der Gegenübertragung. Es liegt so nahe, daß Therapeuten im Dienste des Verständnisses das Befremdliche und Trennende zwischen ihnen und dem Patienten zunächst einmal beiseite lassen, um auf eine gemeinsame Basis des Verständnisses zu kommen. Andererseits muß der Therapeut parallel dazu jene beobachtende Distanz zum Patienten herstellen, die Bestandteil des empathischen Zuhörens ist (s. dazu Kap. 5.3.2). Diese Technik ist besonders dann schwer aufrechtzuerhalten, wenn die Konvention es gebieten würde, im Interesse der Gemeinsamkeit Differenzen zu überspielen. Dazu muß der Therapeut bei aller Empathie die Fähigkeit gewinnen bzw. erhalten, angstfrei zu beobachten und einzuordnen. Weder der Patient selbst noch das andersartige in seiner Art darf dem Therapeuten Angst machen. Fehleinschätzungen im Bereich der strukturellen Merkmale resultieren m. E. seltener aus einem Mangel an Empathie auf seiten des Therapeuten. Sie resultieren viel häufiger aus einer **Angst**, den Patienten zu verletzen. Diese Angst entsteht unweigerlich dann, wenn es Unerfreuliches wahrzunehmen und zu klären gibt. Die naheliegende Reaktion auf Unerfreuliches oder Aggressives ist kompensatorische Freundlichkeit. Damit wird die gute Beziehung gewahrt, aber das Befremdliche bleibt draußen. Vor allem bereitet es Angst, das Unerfreuliche, Befremdende und Andersartige direkt in das Gespräch mit dem Patienten einzuführen, insbesondere wenn es sich um Borderline-Patienten handelt. Das Gespräch wird sehr oft von der Vorstellung des Therapeuten blockiert, daß Offenheit den Patienten schockieren, ja beschämen könnte und damit zum Auslöser für eine eventuell psychotische Dekompensation werden könnte. Diese Angst ist als Laienangst verständlich, aber sie verkennt m. E. die Natur der Instabilität von Borderline-Patienten, wie sie in Kapitel 4.3 und 4.5 dargestellt wurde: Diese Instabilität äußert sich gerade in der Ablösung der Selbstregulationsvorgänge vom Objektbezug, d. h. sie äußert sich in einer Form von Desinteresse am Objekt. Vor allem im Erstgespräch wird kaum ein Borderline-Patient einem Therapeuten bereits soviel persönliche Bedeutung einräumen, daß er aufgrund des Gespräches dekompensiert. Die typische Reaktion auf ungünstig verlaufende Erstgespräche ist der Rückzug oder der Abbruch, nicht die psychotische Dekompensation. Die Laienangst vor dem Borderline-Patienten verkennt aber auch die Not, in der der Patient sich befindet, weil ja die Selbststruktur aus dem Gleichgewicht geraten ist. Ein Benennen der Einschränkungen und der Defizite wird nicht als kränkend erlebt, wenn der Patient sieht, daß diese basale Not verstanden worden ist. Es läßt sich deshalb geradezu umgekehrt formulieren: Wenn ein Patient auf Einschränkungen und Defizite im Bereich der sozialen Kompetenz hingewiesen wird und ausgesprochen gekränkt reagiert, dann handelt es sich wahrscheinlich nicht um eine Borderline-Persönlichkeit, sondern um eine narzißtische Problematik (bei der Selbstwertfragen eine große Rolle spielen) mit sozialem Rückzugsverhalten.

Patienten reagieren auf das unbefangene Ansprechen ihrer Einschränkungen im sozialen Bereich ganz überwiegend nicht mit Beschämung, sondern mit erhöhter Aufmerksamkeit und Zuwendung. Das sind offensichtlich auch die Erfahrungen, die Kernberg machte, als er sein strukturelles Interview zur Diagnostik von Borderline-Patienten entwickelte (s. dazu Buchheim et al. 1987). Die Kernbergsche Technik in diesen Erstinterviews ist geradezu gekennzeichnet durch sehr detailliertes Nachfragen und durch das Benennen von all jenen Auffälligkeiten, die die Borderline-Problematik kennzeichnen. Dennoch scheint Kernberg keine Schwierigkeiten zu haben, die Patienten für seine Therapie zu gewinnen.

Im Grunde können Therapeuten bei den heiklen Themen der Einschränkungen und der Defekte im sozialen Bereich auf ein Rollenmuster zurückgreifen, das sich in der ärztlichen Praxis tausendfach bewährt hat: Unter dem Schutz ärztlicher Neutralität und Professionalität werden die sonst üblichen Grenzen der Intimität außer Kraft gesetzt. Beim Arzt darf man – soweit die Arzt-Patient-Beziehung funktioniert – über alles sprechen. Mit dem unbefangenen Ansprechen der Einschränkungen in der Realitätswahrnehmung bietet sich der Therapeut dem Patienten in einer ärztlichen Position an: Er zeigt damit ausdrücklich ein ärztliches Interesse am Patienten und seinen Problemen. Dieses Interesse bietet für viele Borderline-Patienten zunächst den Schutz, den sie brauchen, um sich ihrer Not und ihrer Schwäche überhaupt stellen zu können. Die Vorstellung, daß der Therapeut etwas von dieser Not weiß und versteht, wirkt deshalb in aller Regel entlastend. Auf diese Weise lassen sich auch bei den pseudostabilen Borderline-Patienten Einschränkungen, die den Charakter von Defekten tragen, ganz offen miteinander besprechen.

4.7.2 Pragmatische diagnostische Schritte

Die vorausgegangenen Abschnitte in Kapitel 4 waren getragen von dem Bemühen, die Festlegung struktureller Merkmale systematisch darzustellen. Diese systematische Darstellung sollte nicht dazu führen, daß Therapeuten bei der Behandlungskonzeption grundsätzlich in gleicher Weise systematisch vorgehen. Die Behandlungskonzeption im konkreten Fall sollte weitaus flexibler auf die Gegebenheiten des Einzelfalles zugeschnitten sein. Ein systematisches Abhaken aller einzelnen Aspekte wäre zu zeitraubend und zu mechanisch.

Wie bei der Psychodynamik sollte man sich bei der Festlegung struktureller Merkmale leiten lassen von den Auffälligkeiten, die zunächst ins Auge springen. Wenn Strukturmerkmale des Patienten augenfällig sind, dann kann die o. g. Systematik dazu verhelfen, eine Ordnung in die Beobachtungen und Beurteilungen des Therapeuten zu bringen. Dabei ist die Frage vordringlich, ob es sich eher um eine neurotische Störung im engeren Sinn handelt oder eher um eine Störung, die über das neurotische hinausgeht. Zur Beantwortung sollte der Therapeut auf Zeichen all jener Notlösungen achten, die in Kapitel 4.3.5 dargestellt wurden. Das gilt insbesondere für die Zeichen, die in der Literatur als „primitive Formen der Abwehr" beschrieben werden. Die Diagnostik der Strukturstörung hat dann Vorrang vor der Diagnostik der aktuellen Konflikte: wenn bei einem Haus die Fundamente beschädigt sind, sollte man seine Zeit nicht mit Schönheitsreparaturen verschwenden. Selbst die Festlegung gemeinsamer Therapieziele ist nur dann valide, wenn der Therapeut sich über die Struktur des Patienten Klarheit verschafft hat.

Wenn dagegen keine Hinweise auf eine Borderline-Störung vorliegen, kann der Therapeut Auffälligkeiten in der Struktur dadurch eingrenzen, daß er sich folgende Fragen stellt:

– Betreffen die Strukturauffälligkeiten mehr inhaltliche Aspekte oder mehr formale Aspekte im Sinne des Struktur-Niveaus?

– Wenn das Struktur-Niveau von Bedeutung ist: wieweit ist es beeinflußt von regressiven oder progessiven Prozessen im Sinne einer Flucht nach vorn?

– Was an den strukturellen Auffälligkeiten ist dysfunktional, also veränderungsbedürftig? Waren die strukturellen Auffälligkeiten schon immer dysfunktional, oder sind sie erst durch veränderte Umstände dysfunktional geworden?

In vielen anderen Fällen wird die Aufmerksamkeit des Therapeuten weitgehend von den aktuellen Konflikten und ihren Ursachen in Anspruch genommen, wobei die strukturellen Merkmale des Patienten eher unauffällig erscheinen. Hier genügt bei der Behandlungskonzeption ein kurzer kritischer Blick auf die strukturelle Seite der Problematik, damit nicht wichtige Probleme oder Fallstricke in der Behandlungsdurchführung übersehen werden. Die Fragen bei dieser Routinediagnostik lassen sich wie folgt formulieren:

– Welche Persönlichkeitsstrukturen und Konfliktlösungsmuster könnten in diesem Falle zu bestimmten ungünstigen Konfliktlösungen beitragen? Hier sind vor allem inhaltliche Charakteristika von Strukturen gemeint.

– Welches Struktur-Niveau ist zur Zeit vorherrschend? Hier könnte die grobe Einteilung in eher reife und eher unreife Struktur-Merkmale hilfreich sein, wenn sie nicht unkritisch mit ätiologischen Hypothesen verknüpft wird.

– Gibt es unabhängig von den in der Psychodynamik wichtigen Konfliktbereichen Struktur-Merkmale, die dysfunktional sind, also zum Leiden Anlaß geben?

– Gibt es Hinweise auf schwerwiegende Störungen im „System", die möglicherweise durch Pseudoprogression verdeckt sind?

5 Die Festlegung der Psychodynamik

5.1 Psychodynamische Erklärungen als Gestalt und als Hypothese

Psychodynamik ist ein zentraler Begriff zur Erklärung seelischen Geschehens. Wörtlich bedeutet Psychodynamik nichts anderes als das Zusammenspiel bzw. die Wechselwirkung seelischer Kräfte. In der Psychoanalyse verstehen wir darunter das Gesamt von bewußten und unbewußten Motiven, Wünschen, Phantasien und Verboten, egal ob wir eher vom Wechselspiel zwischen Trieb und Abwehr oder von Es, Ich und Über-ich sprechen. Für die psychoanalytisch begründeten Formen der Psychotherapie erklärt die Psychodynamik das neurotische Element der Symptomatik und den zentralen Ansatzpunkt der Therapie: Wenn das Spiel der Kräfte sich verändert, kann der Patient für seine Probleme andere Lösungen finden, so daß die mit seinen Problemlösungen verknüpften Symptome aufgegeben werden können.

Der hier so ausdrücklich betonte **Erklärungsanspruch** legt nahe, von der Psychodynamik ein hohes Maß an Objektivität zu fordern: die Erklärung der neurotischen Symptomatik darf nicht beliebig sein, sie muß intersubjektiv nachvollzogen werden können. Heute wissen wir aber, daß dieses Ideal der Objektivität in keinem Zweig der Medizin voll zu erreichen ist und daß speziell im Bereich der Psychotherapie das natur-wissenschaftliche Ideal dem Gegenstand nicht angemessen ist. Die Psychoanalyse und die davon abgeleiteten Therapieformen leben vor allem vom Verstehen des Patienten, nicht allein vom Erklären (s. d. Körner 1985). Darüber hinaus erfassen wir im Laufe unserer Arbeit immer nur bestimmte Aspekte des Patienten und seiner Psychodynamik. Diese Aspekte sind bestimmt von der gegenwärtigen Gesprächssituation, von der aktuellen Verfassung und von dem Blickwinkel, aus dem der Therapeut den Patienten betrachtet. Es gibt immer mehrere Blickwinkel nebeneinander, und sie beleuchten unterschiedliche Facetten von ein und derselben Sache. Es wird niemals möglich sein, ein auch nur annähernd vollständiges Bild der unbewußten Kräfte und Abwehrmechanismen zu zeichnen, das eine Person zum gegenwärtigen Zeitpunkt hat. Mit der Psychodynamik formuliert jeder Therapeut statt dessen **sein Modell vom Patienten** und macht es zur Grundlage der Therapie.

Auch Modelle haben eine erklärende Kraft. Diese folgt aber nicht allein den Gesetzen der Logik, sondern vor allem dem Gesichtspunkt der Plausibilität. Modelle sind dann überzeugend, wenn sie gute Gestalteigenschaften haben. Auch die Psychodynamik muß eine überzeugende **Gestalt** haben, wenn sie zur Erklärung neurotischer Symptome herangezogen werden will (s. d. Lachauer 1992).

Gestalten sind zwar kontextabhängig und vom jeweiligen Blickwinkel bestimmt, sie sind dadurch aber keineswegs beliebig. Die Gestaltpsychologie hat in vielen Experimenten herausgefunden, unter welchen Bedingungen Informationen als Gestalten wahrgenommen werden. Gestalten sind nicht einfach falsch oder richtig, sondern sie sind stark oder schwach. Eine starke Gestalt zwingt mehr oder weniger alle Betrachter zu der gleichen Interpretation der Wahrnehmungen: es gibt nur wenige widersprüchliche oder nicht einzuordnende Teilinformationen, die das Bild trüben. Auch in der Psychotherapie entscheidet die Plausibilität, ob eine psychodynamische Erklärung angenommen wird oder nicht. Korrekturbedürftige Erklärungen zeichnen sich dadurch aus, daß Widersprüche auftreten und daß die angebotene Erklärung mit der klinischen Erfahrung vieler Therapeuten (und Gutachter!) nicht übereinstimmt.

Die Gestaltsuche des Therapeuten bei der Behandlungskonzeption unterscheidet sich von den meisten Gestaltexperimenten in einem wichtigen Faktor: Die Informationen werden hier nicht gleichzeitig angeboten, sondern kommen stückweise im Laufe des Gesprächs. Das spezielle Problem in der Psychotherapie liegt somit darin, daß alle Gestaltfestlegungen vorläufigen Charakter haben und ständig ergänzt bzw. korrigiert werden müssen. Deshalb scheint mir als zweiter Grundsatz wichtig, daß die Festlegungen der Psychodynamik nicht nur als Gestalt begriffen, sondern zugleich als **Hypothesen** aufgefaßt werden müssen. Als Gestalt prägen diese Festlegungen die Wahrnehmungen und die Schlußfolgerungen der Therapeuten. Als Hypothesen sollten sie gleichzeitig immer wieder am neu dazukommenden Material und an den Reaktionen des Patienten überprüft werden. Nicht passendes Material oder unpassende Reaktionen des Patienten auf eine Intervention sollten als Infragestellung von Hypothesen ernstgenommen werden: Nicht alle Zurückweisungen von Hypothesen entspringen einem Widerstand des Patienten! Abweichende Reaktionen können auch anzeigen, daß der Patient etwas anderes erlebt hat, als der Therapeut glaubt. Es müssen die Hypothesen dem Erleben des Patienten angepaßt werden und nicht umgekehrt!

5.2 Psychodynamik und Behandlungsfokus

Die Psychodynamik als Gestalt verbindet die Vergangenheit mit der Gegenwart und der Zukunft im Sinne möglicher Veränderungen. Die Formulierungen zur Psychodynamik führen deshalb in der Psychotherapie kein zweckfreies Eigenleben. Zwar gibt es zu jedem Patienten viele Aspekte der Betrachtung und noch mehr erklärungsbedürftige Reaktionen und Gefühle, aber gefragt sind in der Phase der Behandlungskonzeption zunächst jene inneren Vorgänge, deren Veränderung die Krankheit „heilt". Deshalb läßt sich m. E. die Psychodynamik kaum überzeugend formulieren, wenn das Therapieziel nicht ausformuliert ist. Ohne Therapieziel bleibt nur die Möglichkeit der Begründung, warum die Persönlichkeit nun einmal so und nicht anders geworden ist. Wenn das Krankheitsverständnis des Patienten gering ist und noch zu keinem gemeinsamen Therapieziel geführt hat, sollte die Psychodynamik vor allem jene Problembereiche erklären, die der Therapeut seinerseits für veränderungsbedürftig hält. Natürlich wird die Formulierung der Psychodynamik viel leichter, wenn das gemeinsame Therapieziel bereits so formuliert ist, daß veränderungsbedürftige Probleme benannt sind, wenn also die reine Symptomebene bereits verlassen worden ist (s. d. Abschnitt 2.3).

Hier liegt im übrigen ein häufiges **Mißverständnis** über die Funktion psychodynamischer Hypothesen: die Vorstellung, daß die Psychodynamik in erster Linie die unbewußte Bedeutung der Symptome erklären müßte. Nur bei einem ganz speziellen Modell der Symptomentstehung, dem Konversionsmodell, drückt die Symptomatik kompromißhaft den unbewußten Konflikt symbolisch aus. Nur bei Konversionsneurosen darf man nach gründlicher Kenntnis des Patienten Hypothesen über die symbolische Bedeutung des Symptoms wagen. Sonst landet man allzu schnell bei Schnelldeutungen, die keinen klinischen Boden haben, und bei psychodynamischen Hypothesen, die sich am Material des Patienten nicht bestätigen lassen. Die Psychodynamik muß begründen, warum der Patient überhaupt Symptome entwickelt hat und warum er sie beibehält. Die Gründe für die spezifische Symptomwahl sind gerade im Bereich der funktionellen psychosomatischen Symptome außerordentlich vielschichtig.

Die **Einbeziehung der Auslösesituation** ist bei der Psychodynamik also wichtig. Die Chancen, eingefahrene Muster und chronifierte Symptome zu ändern, sind gering, wenn es nicht irgendeinen Aspekt gibt, der das gewohnte Bewältigungsmuster in Frage stellt und damit die Problemlösung wieder drängend macht. Wenn bei chronifizierten Symptomen die Auslösesituation weit zurückliegt, sollte wenigstens geklärt werden, warum der Patient ausgerechnet jetzt auf therapeutische Hilfe zurückgreift. Erfahrungs-

gemäß ist der Zeitpunkt, an dem ein Patient mit chronifizierter Symptomatik sich zur Therapie entschließt, selten zufällig. Meist gibt es eine Bewegung beim Patienten selbst oder im Umfeld, die einen Stein ins Rollen bringt. Wenn die Therapie an einem Aspekt ansetzen kann, der gerade jetzt aktuell ist, steigen die Chancen einer erfolgreichen Behandlung an.

Aus den bisherigen Ausführungen dürfte deutlich geworden sein, daß bei der Formulierung der Psychodynamik **behandlungsstrategische Gesichtspunkte** durchaus Bedeutung haben. Im Zweifelsfall hat immer diejenige Hypothese Vorrang, die am meisten Veränderung verspricht. Je mehr dieser behandlungsstrategische Aspekt im Vordergrund steht, desto mehr werden die psychodynamischen Hypothesen deckungsgleich mit dem sogenannten **Behandlungsfokus**. Der Begriff des Fokus wurde ja geprägt im Bemühen, die zentralen bzw. wesentlichen Probleme des Patienten herauszuarbeiten, um sie einer zeitlich begrenzten Therapie zugänglich zu machen. Der Fokusbegriff ist deshalb mit dem Konzept der analytischen Kurztherapie eng verbunden (s. d. Klüwer 1971, Balint et al. 1973, Leuzinger-Bohleber 1985). In der Behandlungskonzeption hat die Formulierung der Psychodynamik mit dem Fokus viel gemeinsam: es wird das gedankliche Feld zentriert auf wenige umschriebene Probleme; dabei wird unweigerlich Zentrales von Peripherem unterschieden und eine Bewertung zumindest in Richtung auf die aktuelle Relevanz der angebotenen Informationen vorgenommen. Fokussieren der Informationen bzw. des vom Patienten kommenden Materials ist also immer auch strukturierend. Das Gegenstück zum Fokussieren ist die Technik der gleichschwebenden Aufmerksamkeit, wie sie in der psychoanalytischen Therapie gefordert wird. In der gleichschwebenden Aufmerksamkeit wird nichts ausgeblendet, das Material wird nicht in wichtig oder unwichtig strukturiert. Teile der psychoanalytischen Technik sind für die Informationsgewinnung durchaus wichtig: Der Therapeut sollte Sorge tragen, daß er Informationen nicht zu früh als unwichtig aussondert. Selbst in Psychoanalysen muß sich aber die Aufmerksamkeit irgendwann auf einen zentralen Aspekt konzentrieren, damit Deutungen und das Durcharbeiten möglich werden. Thomä und Kächele (1985) haben das Wechselspiel von Fokussieren und gleichschwebender Aufmerksamkeit in der Psychoanalyse besonders herausgestellt und sprechen sogar von der Psychoanalyse als einer zeitlich nicht befristeten Fokaltherapie mit wechselndem Fokus.

Die Ausformulierung der Psychodynamik wird sich von einer Fokusformulierung um so mehr entfernen, je weniger sie von behandlungsstrategischen Überlegungen beeinflußt ist und je vielschichtiger die Persönlichkeitsanteile sind, die als erklärungsbedürftig angesehen werden. Die Differenziertheit der Psychodynamik hängt nur zum Teil von den Grundeinstellungen des Therapeuten und von seiner Tendenz zum Fokussieren bzw. zum Strukturieren ab. Der Handlungsspielraum des Therapeuten ist nicht unbegrenzt: Es gibt Patienten, die mit so eingeschränkten Problemstellungen kommen, daß sie mit einem einzigen oder wenigen psychogenetischen Mechanismen völlig ausreichend beschrieben sind. Das sind die Fälle, die z. B. in einer Fokuskonferenz wenig Probleme bereiten werden. Solchen klaren Problemkonstellationen wird man nicht gerecht, wenn man sie zu komplexen Zusammenhängen ausbaut, d. h. die Gestalt der Psychodynamik verliert dann

sogar an Überzeugungskraft. Umgekehrt gibt es Patienten mit so vielen ineinander verwobenen problematischen Bereichen, daß jeder Versuch, sie zu einem einzigen Konzept bzw. zu einer Gestalt zusammenzufassen, unbefriedigend bleibt. Die so gewonnene Gestalt wird dem Patienten nicht gerecht, sie wirkt dann schematisch und läßt Fragen offen. Es ist wichtig, sich bei der Ausformulierung der Psychodynamik offenzuhalten für das ganze Spektrum der pathogenetischen Zusammenhänge, so daß weder komplexe Problematiken in ein Prokrustesbett gezwängt noch relativ einfache Zusammenhänge über Gebühr problematisiert werden müssen.

5.3 Wie findet und wie validiert man psychodynamische Hypothesen?

5.3.1 Psychodynamik und klinische Theorie

In der Psychodynamik wird der Fundus der klinisch-psychoanalytischen Theorien in eine konkrete Gestalt gebracht. Die nächstliegende Antwort lautet deshalb: Wenn man auf der Suche nach einer adäquaten Hypothese ist, sollte man die klinischen Theorien der Psychoanalyse studieren. Leider ist die Sache häufig nicht so einfach: Die klinischen Theorien stammen aus Langzeitanalysen mit geeigneten Patienten und erfahrenen Analytikern. Da sie aus der Verallgemeinerung von Einzelbeobachtungen stammen, werden in der Regel die Erfahrungen mit spezifischen Analysebedingungen verallgemeinert. Selbst wenn diese Theorien im Grundsatz für viele oder alle Patienten gelten, sind sie doch stärker auf die tiefer unbewußten Regungen ausgerichtet als auf den konkreten Lebensbezug oder die spezifische Abwehrsituation einzelner Patienten. Wenn man Patienten zur früh mit Deutungen konfrontiert, die tiefer Unbewußtes erfassen, beobachtet man in der Regel ein intellektuelles Aufgreifen, das keine verändernde Wirkung auf das konkrete Erleben hat. Wir sprechen dann von einer intellektualisierenden Abwehr des Patienten. Wenn Therapeuten in der Planungsphase allzu theoriegeleitete Hypothesen entwickeln, zeigen diese Hypothesen die gleiche Problematik: Sie sind intellektuell, vielleicht zunächst brillant, aber eben theoretisch, weil sie sich zu weit von den Alltagsproblemen des Patienten, seinen Symptomen und seinen sozialen Konflikten entfernen. Es fehlen dann die Verbindungen vom Unbewußten zum sozialen Kontext des Patienten. Die psychodynamischen Hypothesen am Beginn einer Therapie müssen deshalb die Patientenprobleme **von der Oberfläche** her erfassen und je nach der Zugänglichkeit des Patienten soweit wie möglich tiefer Unbewußtes erfassen. Klinisch weniger erfahrene Therapeuten haben oft Probleme darin, die klinischen Theorien in ihr eigenes Erleben zu integrieren. Diese Theorien sind im Grunde genommen erst dann brauchbar, wenn sie ein Stück in die Selbsterfahrung des Therapeuten eingegangen sind, weil sie erst dann ihren lebendigen Lebensbezug enthalten. Mit zunehmender klinischer Erfahrung kann die Kluft zwischen den tiefer unbewußten Mechanismen der klinischen Theorie und den handhabbaren, am konkreten Lebensbezug ausgerichteten Hypothesen besser überwunden werden. Bis dahin fühlen sich aber viele Therapeuten bei der Formulierung der Psychodynamik von der Theorie allein gelassen.

Die folgenden Ausführungen sollen dazu helfen, diese Kluft etwas zu verkleinern. Es soll dabei die Hypothesenbildung im Vordergrund stehen, die bei mäßig zugänglichen Patienten angebracht ist, die niederfrequente Therapien erhalten. Daß auch Analysepatienten von einem pragmatischen, von der Oberfläche in die Tiefe zielenden Vorgehen profitieren, sei hier am Rande erwähnt.

Für die Hypothesenbildung gilt: Alles was die Gestaltwahrnehmung der unbewußten und vorbewußten Verbindungen fördert, ist hilfreich. Der erfahrene Therapeut unterscheidet sich vom unerfahrenen vor allem dadurch, daß er die Berichte des Patienten, die Interaktion im Gespräch und das Anliegen rascher zu einer Gestalt ordnen kann.

Aus dem Bereich der Kurzzeittherapien kommen wichtige Hilfestellungen, die die Bildung von psychodynamischen Hypothesen erleichtern. Die Hilfe besteht darin, daß ein bestimmtes Schema bzw. eine bestimmte Gestalt vorgegeben wird, in das sich das Material des Patienten leichter einordnen läßt. So hat Luborsky (1988) als Schema den **zentralen Beziehungskonflikt** herausgearbeitet: In seinem als Manual gestalteten Buch werden psychodynamische Hypothesen grundsätzlich als Beziehungskonflikt aufgefaßt und dieser Konflikt in einzelne Komponenten zerlegt. Auch Strupp und Binder (1991) stellen in ihrem „dynamischen Fokus" den Beziehungskonflikt in den Mittelpunkt. Bei ihnen liegt das pathologische Element des Konfliktes darin, daß sich bestimmte Erwartungen durch die daraus resultierenden Reaktionen im Sinne eines Teufelskreises selbst bestätigen oder verstärken. Auch diese Hypothesen ergeben sich wie bei Luborsky einerseits aus der Interaktion, zum anderen aus der erzählten Geschichte des Patienten.

Wie bei allen Schematisierungen wird auch bei diesen Fokusmodellen der Vorteil einer vorstrukturierten Gestalt bezahlt mit einer gewissen Einbuße an Flexibiliät: Natürlich läßt sich das gesamte Spektrum an menschlichen Verwicklungen und menschlicher Verzweiflung nicht mit einem einzigen Schema vollständig erfassen. Bei manchen Patienten führt die Einordnung zu gewissen Blickeinschränkungen. Andererseits sind diese Schemata für die Förderung der Gestaltwahrnehmung sehr hilfreich.

Einen anderen Weg hat Lachauer (1992) beschritten, dessen „Schema" inhaltlich wenig strukturiert ist, weil es ausschließlich auf die Formulierung eines Fokalsatzes ausgerichtet ist. Zentral bei Lachauer ist die enge Verbindung von Therapieziel (bzw. Therapieanlaß) und den dahinterliegenden unbewußten Motiven bzw. Ängsten des Patienten: Das Therapieziel wird bei ihm als „erste Zentrierung", die psychodynamischen Hypothesen werden als „zweite Zentrierung" gefaßt. Allein die sprachliche Form der Begründung („ich muß ..., weil ich...") sorgt für eine **Fokussierung der Psychodynamik** auf die aktuellen Beweggründe, wobei natürlich eher vorbewußte als tief unbewußte Gründe zur Gestalt werden. Im sehr anspruchsvollen Fokalansatz von Klüwer (1971) finden sich dagegen kaum schematische Einengungen der Fokusformulierung. Dort ist aber die Materie so komplex, daß für den Therapeuten wenig Hilfestellung bei der Gestaltwahrnehmung bleibt. Die Formulierung des Therapiefokus bleibt bei Klüwer eine Aufgabe, die am besten in einer Fokus-Konferenz von Psychoanalytikern zu leisten ist.

Für den klinisch arbeitenden Therapeuten ergibt sich bei den genannten Vorstrukturierungen das Dilemma, daß die angebotene Hilfe im Einzelfall nur dann greift, wenn das Schema gründlich erlernt und regelmäßig angewendet wird. Ein Therapeut muß sich also für eine längere Zeit dem vorgeschlagenen Strukturierungsvorschlag anschließen und regelmäßig in diesen Kategorien denken, bis er die Anwendung sicher gelernt hat. Die Ausschließlichkeit der einzelnen Modelle schreckt natürlich ab; darüber hinaus lassen sich, wie bereits erwähnt, die Modelle in Gruppendiskussionen leichter erlernen als autodidaktisch. Einige der Grundsätze, die in den Ansätzen von Luborsky, Strupp oder Lachauer enthalten sind, lassen sich aber unabhängig von der jeweiligen Vorstrukturierung übernehmen. Sie sollen im folgenden Abschnitt behandelt werden.

5.3.2 Zur Technik des Zuhörens und der Hypothesenbildung

Die Kunst des Erstgesprächs wie die Kunst der Hypothesenbildung besteht zunächst darin, verschiedene **Warumfragen** im Kopf zu behalten, ohne den lebendigen Kontakt zum Patienten und seinen Problemen zu verlieren. Die wichtigste Frage ist natürlich: „Warum hat der Patient diese Symptome bzw. diese Probleme mit sich und der Welt?" Eine zweite, ebenso wichtige Warumfrage lautet: „Warum kann der Patient nicht allein durch Ratschläge oder durch guten Willen 'gesund' werden bzw. seine Probleme lösen?" Die Antwort auf diese zweite Frage verweist speziell auf die unbewußten Mechanismen, die für den Charakter der Krankheit verantwortlich sind. Zur Beantwortung dieser Fragen braucht man nicht nur klinisches Wissen, sondern auch eine ganz besondere Technik der Informationsgewinnung. Diese Aspekte werden meist unter der Überschrift „**Erstinterviewtechnik**" abgehandelt, zu der es eine umfangreiche Literatur gibt (Balint und Balint 1990, Argelander 1970, Dührssen 1984). Es geht aber genau genommen nicht zu sehr um eine Gesprächstechnik, sondern um eine Form des Denkens und Wahrnehmens, die sich im Zuhören entwickelt. Sie ist genauso wichtig bei der nachträglichen Aufarbeitung eines Gesprächs wie bei Falldiskussionen oder auch bei der Supervision von Fällen. In der Psychoanalyse wurde dem Akt des Zuhörens schon immer eine besondere Bedeutung zugemessen. Luborsky (1988) hat in seinem Buch über analytische Psychotherapie das Zuhören eng mit dem Prozeß des deutenden Verstehens in Verbindung gesetzt. Ich möchte in Erweiterung seines Ansatzes von einer Technik des empathischen Zuhörens sprechen und möchte versuchen, den komplexen Vorgang der Hypothesenbildung ein Stück weiter aufzuschlüsseln und damit erlernbar zu machen:

1. Beim empathischen Zuhören geht es zunächst einmal darum, die **innere Logik** des Patienten zu entdecken und nachzuvollziehen, wenn dieser berichtet. Normalerweise gilt unsere Aufmerksamkeit dem Inhalt von Erzählungen: Wir vernehmen, was geschehen ist, was unser Gegenüber getan und was es erlebt hat. Wir betrachten mit ihm die Menschen seiner Umgebung und folgen dabei zunächst den Charakterisierungen, wie unser Gegenüber sie abgibt. Wenn man dagegen der inneren Logik des Patienten folgt, versucht man zu verstehen, warum der Patient so und nicht anders denkt, fühlt oder erzählt. Man versucht also empathisch die Strategie zu erfassen, die den Ausführungen des Patienten zugrunde liegt. Es geht dabei also keineswegs

um ein Bewerten oder Infragestellen, sondern zunächst geht es nur darum, die Strategie der Patientenäußerungen bewußt mitzuverfolgen, statt sich ihr unbewußt anzuschließen.

Ein Patient beginnt z. B. die Schilderung seiner Beschwerden mit dem Satz: „Ich weiß übrigens gar nicht, ob ich bei Ihnen richtig bin; ich habe jetzt schon vieles probiert ..." Der Patient erwähnt dann Besuche bei zwei anderen Therapeuten, bevor er sich der Schilderung seiner depressiven Verstimmungen als Hauptbeschwerde widmet. Am Beginn des Gespräches steht also eine gewisse Unentschiedenheit, bevor die eigentlichen Beschwerden ins Blickfeld kommen. Es stellt sich die Frage: Warum lenkt wohl der Patient jetzt ganz zu Beginn des Gespräches die Aufmerksamkeit des Therapeuten so eindeutig auf seine Unentschlossenheit, obwohl doch diese Unentschlossenheit etwas ist, was man normalerweise eher verbirgt? Warum verläßt er dann sehr rasch dieses Thema wieder, um die Aufmerksamkeit des Therapeuten auf seine Depressionen zu lenken?

2. Das Zuhören und gegebenenfalls das Ordnen von gewonnenen Informationen verlangt eine besondere Fähigkeit, die ich „**mehrgleisiges Denken**" nennen möchte. Einerseits muß man als Therapeut dem Gedankenfluß des Patienten folgen, man muß sich ihm sogar ein gutes Stück weit überlassen können. Andererseits stellen sich immer wieder Warum-Fragen, die sich aus der Art der Schilderung ergeben. Viele kleinere Warum-Fragen und ihre Antworten müssen sich schließlich zu einem Gesamtbild fügen. Natürlich werden Patienten im Gespräch nicht haltmachen, bis der Therapeut seine Warum-Fragen beantwortet hat. Es ist also notwendig, Fragen gedanklich zu fixieren, ohne sie beantwortet zu haben. Verschiedene unbeantwortete Warum-Fragen bleiben also beim mehrgleisigen Denken als Auffälligkeiten im Hinterkopf. Je erfahrener ein Therapeut ist, desto stärker gelingt es

ihm, die Klärung auch während des Gespräches voranzutreiben, so daß er unter Umständen die Antworten in seine Deutungen einbauen kann. Weniger erfahrene Therapeuten können unter Umständen erst nach der Sitzung die liegengebliebenen Fragen vertiefen und beantworten, sei es für sich allein oder im Rahmen einer Supervision. Das Prinzip der Mehrgleisigkeit bleibt aber auch beim späteren gedanklichen Aufarbeiten wirksam: Der manifeste Gesprächsverlauf bezeichnet die eine Linie der Entwicklung, die unbewußten Hintergründe eine andere. Einerseits muß die Bereitschaft da sein, alles aufzunehmen, was vom Patienten zur Sprache gebracht wird, in der zweiten Linie wird der Therapeut jedoch bestimmte Auffälligkeiten registrieren und bestimmte Fragen im Kopf behalten.

Das mehrgleisige Denken gleicht einer Gratwanderung: es besteht immer die Gefahr, daß der Therapeut sich nur mit der Geschichte des Patienten identifiziert, ohne es zu merken. Wenn der Therapeut aber um jeden Preis vermeiden will, in diesen Fehler zu verfallen, hält er zu viel kritische Distanz zum Patienten und verfehlt so den lebendigen Kontakt.

3. Bei der **Beantwortung von Warum-Fragen** gilt der Grundsatz: Das Nächstliegende sollte immer zuerst als Antwort probiert werden. Die Lebenserfahrung kann bei der Psychotherapie nicht einfach beiseite bleiben: Psychodynamische Erklärungen setzen erst dort ein, wo die Lebenserfahrung nicht weiterhilft. Wenn jemand hastig ißt, ist die naheliegende Erklärung, daß der Patient Hunger hat, und erst in zweiter Linie, daß er orale Triebdurchbrüche nicht steuern kann. Wer seine Mitmenschen bei geringem Anlaß angreift, fühlt sich wahrscheinlich in der Defensive; wer im Erstgespräch

viel schweigt, wartet wahrscheinlich auf strukturierende Anregungen des Therapeuten. Es ist ungünstig, wenn zu früh tieferliegende Erklärungen herangezogen werden, weil sie den Patienten überfordern und den Therapeuten in die Irre führen.

In unserem Beispiel ist die nächstliegende Antwort, daß der Patient am Gesprächsanfang darauf hinweisen möchte, daß er Zweifel am Sinn bzw. am Erfolg des Gespräches hat. Wenn die nachfolgenden Sätze diesen Zweifel verdeutlichen und wenn z. B. der Therapeut einen unsicheren Blick des Patienten auffängt, dann dürfte diese Erklärung passend sein, und irgendein ermutigender Hinweis wäre wahrscheinlich angebracht. Wenn der unsichere Blick aber ausbleibt und der Patient sich ohne weiteres Zögern der Schilderung der Symptomatik zuwendet, dann paßt die Eingangsfrage nicht zum weiteren Verlauf des Gespräches. Vielleicht registriert der Therapeut an dieser Stelle, daß ein gewisser Vorbehalt in den Worten des Patienten mitschwingt, so daß die Eingangsfrage so weit beantwortet werden kann, daß der Patient den Therapeuten schon vor Beginn der eigentlichen Symptomschilderung spüren läßt, daß er gewisse Vorbehalte mitbringt.

4. Ein wesentlicher Aspekt des empathischen Zuhörens ist das **Mitfühlen von Affekten** des Patienten, wobei es häufig auf die Nuancen ankommt. Viele Patienten verstecken ihre Affekte oder gerade ihre wahren Empfindungen hinter vernünftigen Überlegungen oder hinter sehr abstrakten Begriffen wie Aggressionen, Frustrationen usw. Zur inneren Logik des Patienten gehört aber nicht nur die Strategie seiner Themenwahl, sondern auch der begleitende, von ihm oft gerade nicht dargestellte Affekt in der Schilderung.

In unserem Beispiel schildert der Patient, ein 39jähriger Ingenieur, seine Depressionen so: Während er früher immer sehr kompetent und erfolgreich gewesen sei, haben sich in den letzten ein bis zwei Jahren plötzliche Einbrüche ereignet, die von ihm als Depressionen bezeichnet werden: Plötzlich ist das Selbstvertrauen weg, er zieht sich emotional zurück, fühlt sich entscheidungsschwach und unfähig zu reagieren. Auslöser seien häufig Spannungen am Arbeitsplatz, die der Patient eher wegwerfend als „üblichen Kleinkram" tituliert.

Dem Therapeuten fällt auf, daß der Patient zwar von Depressionen spricht, bei der Schilderung selbst aber durchaus nicht depressiv wirkt. Er spürt statt dessen ein zunächst nicht leicht zu greifendes „aggressives" Element. Dieses Element identifiziert der Therapeut zunehmend mehr als „Kränkung", das insbesondere gegenüber zwei Kollegen ins Spiel zu kommen scheint. Erst nachdem der Therapeut seinen Eindruck wiedergibt, daß der „Kleinkram" den Patienten doch mehr kränke, als dieser wahrhaben wolle, wird dieser Affekt manifest sichtbar. Der Patient berichtet darauf in verschiedenen Versionen über kleine, aber wirksame Kränkungen am Arbeitsplatz.

Um das Element der Kränkung zu spüren und verbalisieren zu können, muß der Therapeut die durchschimmernden Affekte in eine greifbare Gestalt bringen. Mit zunehmender Erfahrung muß sich eine Vorstellung entwickeln, wie sich z. B. eine Kränkung „anfühlt" und wie sie sich von anderen negativen Affekten wie Enttäuschung, Verlust, Niederlage oder Resignation unterscheidet. Dazu muß der Therapeut natürlich die entsprechenden Regungen bei sich selber kennen und voneinander differenzieren können. Der Zugang zur jeweiligen Gestalt wird natürlich erleichtert, wenn man das assoziative Umfeld jedes einzelnen Affektes für sich selbst verstanden hat. Da wird z. B. sichtbar, daß Kränkung fast immer verbunden ist mit einem gewissen (verletzten) Selbstanspruch. So wie der Selbstanspruch zur Kränkung, gehört die Hoffnung zur Enttäuschung, der Besitz zum Verlust, der Kampf zur Niederlage und die Selbstaufgabe zur Resignation. Diese Differenzierungen helfen dem Therapeuten, eine Depression im Einzelfall einer Kränkung

zuzuordnen statt einer Enttäuschung oder einer Niederlage. Letztlich jedoch entscheidet seine eigene Schwingungsfähigkeit darüber, ob er den unterschwelligen Affekt aufgreifen kann oder ob er ihn mißversteht.

5. Wenn man Empathie als das Erfassen der inneren Logik des Erlebens begreift und nicht als ein bloßes Übernehmen der Sichtweisen eines Patienten, dann wird ein wichtiges Element beim Zuhören greifbar: Das Verfolgen der Gesprächslinien deckt auch die **Brüche und die Widersprüche** in den Äußerungen des Patienten auf. Wieviel von den unbewußten Hintergründen auf diese Weise sichtbar werden kann, hat Dahl (1988) anhand von Verbatimprotokollen in empirischer Weise aufzeichnen können. Es ist ein elementares Mißverständnis, wenn man das empathische Nachvollziehen damit verwechselt, daß sich der Therapeut die Sichtweise des Patienten zu eigen machen müsse. Hier wird eine Dialektik in der Einstellung zum Patienten berührt: Der **Dualismus von Mitgefühl und Interesse.** Mitgefühl betont die Gemeinsamkeiten zwischen Menschen; deshalb werden im Mitgefühl die Unterschiede eher negiert. Interesse richtet sich auf das Andersartige, das Neue im Mitmenschen; deshalb setzt Interesse Andersartigkeit voraus. In der Psychotherapie brauchen wir beides: Mitgefühl ohne spezielles Interesse an den Auffälligkeiten des Patienten ist zwar angenehm, Mitgefühl allein kann aber dem Patienten nur sehr begrenzt weiterhelfen. Interesse ohne Mitgefühl ist effektiv bei der gedanklichen Abklärung, aber nüchternes Interesse schafft soviel Distanz, daß es therapeutisch ebenfalls nicht hilfreich ist. Die Kunst in der Psychotherapie besteht darin, ein Verhältnis von Interesse zu Mitgefühl zu entwickeln, das der diagnostischen Abklärung ange-

messen und zugleich für den Patienten hilfreich ist. Nur dann lassen sich Widersprüche und Auffälligkeiten im Gespräch sichtbar machen.

In unserem Beispiel berichtet der Patient jetzt spontan von verschiedenen kränkenden Situationen am Arbeitsplatz, die alle gut nachvollziehbar sind. Dem Therapeuten fällt aber auf, daß der Patient seinen Schilderungen zufolge erstaunlich wenig dafür tut, die kleinen Mißverständnisse zwischen ihm und seinen Mitarbeitern aufzuklären. Versuche, dem Patienten zumindest im Gespräch zu einer Klärung der Mißverständnisse zu verhelfen, werden vom Patienten nicht aufgegriffen. Es wird eher deutlich, daß der Patient sich in derartige Mißverständnisse geradezu hineinvertieft. Wiederum taucht eine wichtige Warumfrage auf: Warum ist der Patient an diesem Punkt an Hilfestellung uninteressiert und beharrt geradezu darauf, daß die Probleme am Arbeitsplatz unlösbar sind?

6. Ein zentrales Element des empathischen Zuhörens wie auch der Behandlungskonzeption ist die **Erklärung von Widersprüchlichkeiten** durch das Einbeziehen abgewehrter und damit unbewußter Persönlichkeitsanteile. Im Erstgespräch und in der Behandlungskonzeption wird es dabei vor allem um jene abgewehrten Anteile gehen, die relativ bewußtseinsnah sind, so daß sie vom Patienten relativ leicht nachvollzogen werden können. Zum Auffinden dieser Ursachen ist wiederum die Selbsterkenntnis des Psychotherapeuten ein wichtiges Hilfsmittel: Je mehr er jene oberflächennahen Abwehrformationen bei sich selber kennt, desto leichter wird er sein Wissen für den Patienten und seine unbewußten Abwehren nutzbar machen können. Natürlich ist darüber hinaus die klinische Erfahrung mit vergleichbaren Patienten und die klinische psychoanalytische Theorie ebenfalls von großer Wichtigkeit.

In unserem Beispiel ist nur ein gewisses Maß an Menschenkenntnis nötig, um das Phänomen der selbstinduzierten Mißverständnisse zu erklären: Der Patient ist offensichtlich daran interessiert, seine Mitarbeiter ins Unrecht zu setzen, weil ihm dieses Unrecht seinen eigenen Rückzug aus der Arbeit bestätigt. Zunächst einmal scheint er dabei die Reduzierung seines Selbstgefühls in Kauf zu nehmen. Diese Merkwürdigkeit wird plausibel, wenn man unterstellt, daß der Patient uneingestanden seinen eigenen Selbstanspruch nicht mehr erfüllen kann. Dann würde die Beschämung wesentlich kleiner, wenn die Kränkung von außen und nicht durch das eigene Unvermögen ausgelöst wird.

7. Ein weiterer wichtiger Schritt beim empathischen Zuhören besteht darin, die bereits vorhandenen Informationen versuchsweise einer Hypothese zuzuordnen und spezifische neue Informationen einzuholen. Spätestens an diesem Punkt endet die gleichschwebende Aufmerksamkeit und weicht einer **hypothesengeleiteten Strukturierung**: Paßt das, was der Patient jetzt sagt, zu der im stillen aufgestellten Hypothese?

Diese Phase der Hypothesenvalidierung ist spannungsreich: Dem normalen Kommunikationsbedürfnis würde es entsprechen, das strukturierende, verständniserleichternde Element möglichst bald mit dem Patienten zu teilen. Danach allerdings sind die Äußerungen des Patienten nicht mehr unbeeinflußt von den Hypothesen des Therapeuten, sondern sind eine Reaktion auf seine Deutung. Deshalb zeichnet sich die psychoanalytische Gesprächstechnik dadurch aus, daß möglichst lang ein Schwebezustand erhalten bleibt, der dem Therapeuten Zeit zur Hypothesenbildung gibt und der dem Patienten erlaubt, zunächst einmal die eigene Sicht in den Vordergrund zu stellen. Dieser Schwebezustand setzt voraus, daß der Therapeut und der Patient mit einem erhöhten Ausmaß an Spannung fertig werden können. Häufig ist dazu weder der Therapeut noch der Patient in der Lage. Weil Überforderung dem Verständnis schadet, ist es nicht empfehlenswert, den Schwebezustand zu sehr zu strapazieren. Vor allem erfüllt sich nur manchmal die Hoffnung des Therapeuten, daß der Patient in seinen Schilderungen wie zufällig jene Informationen beisteuert, die die Hypothesen des Therapeuten abrunden. Deshalb muß man zur Überprüfung der eigenen Hypothesen nicht selten auch Fragen an den Patienten stellen, um wichtige Informationsdetails zu ergänzen.

In unserem Beispiel besteht die Erklärung der auffälligen Reaktion am Arbeitsplatz in der Annahme, daß der Patient seinem eigenen Selbstanspruch nicht mehr gerecht wird und die Ursache dafür nach außen verlagert. Zu den für den Therapeuten verfügbaren Informationen gehört das Wissen um die etwas merkwürdige Einleitungsphase dieses Gesprächs. Die Frage, ob die Einleitungsszene zur Hypothese paßt, führt hier sogar zu einem präziseren Verstehen dieser Eingangssequenz: Die Skepsis des Patienten, ob er hier richtig sei, enthält einen nicht unerheblichen Anspruch auf eine kompetente Behandlung. Die erfolglosen ärztlichen Kollegen sind diesem Anspruch jedenfalls nicht gerecht geworden; dabei sind sie anscheinend für die Erfolglosigkeit der Vorgespräche verantwortlich. Der Patient signalisiert dem Therapeuten indirekt: Du mußt schon sehr gut sein, wenn Du glaubst mir helfen zu können. Der Therapeut registriert erst jetzt, daß die Eingangssequenz ihn unter einen gewissen Erwartungsdruck bzw. unter einen Selbstanspruch gesetzt hat. Das Ergebnis der Überlegungen kann deshalb nur lauten: Die Eingangssequenz paßt hervorragend zur Hypothese eines hohen Selbstanspruchs mit der Tendenz, andere für das Scheitern verantwortlich zu machen.

Die Hypothese erlaubt weitere Fragen, die sich allein aus Schlußfolgerungen ergeben: Wenn die Situation am Arbeitsplatz sich erst in den letzten zwei Jahren verschlechtert hat, muß das Selbstgefühl des Patienten erst seitdem Schaden genommen haben. Die Wende läge also im Alter von 37 Jahren. Gibt es Hinweise für wichtige Veränderungen im Leben des Patienten in dieser Zeit? Könnte der Patient beruflich den Zenit seiner Laufbahn als Ingenieur erreicht oder gar überschritten haben? Wie sieht es in seinen familiären Beziehungen aus? Wie alt sind seine Kinder? Was tut die Ehefrau früher und jetzt? Antworten auf diese Fragen können entweder die Hypothese eines Einbruchs stützen, sie widerlegen (z. B. wenn es seit zwei Jahren eher bergauf statt bergab geht), oder sie können neutral zur Hypothese stehen (z. B. wenn sich in den zwei Jahren kaum etwas verändert hat).

8. Im hier gewählten Beispiel deuten die Reaktionen des Patienten am Beginn des Gesprächs eine bestimmte Beziehungskonstellation an, die psychoanalytisch als **Übertragungsbereitschaft** bezeichnet wird. Die Reaktion des Therapeuten läßt sich entsprechend als **Gegenübertragungsreaktion** fassen. Wesentlich erscheint mir, daß die Aspekte der Übertragung und der Gegenübertragung gewöhnlich nur dann zur Hypothesenbildung herangezogen werden können, wenn sie mit Vorfragen verknüpft werden. Wenn man einen Therapeuten auffordert, er solle die Übertragung und die Gegenübertragung in einem Erstinterview oder in einer Gesprächssequenz beschreiben, wird man häufig nur Unspezifisches zur Antwort bekommen: Die Übertragung sei „positiv" oder „negativ", sie gelte dem Therapeuten als Mutter oder als Vater oder als hilfreiches Objekt usw. Entsprechend unspezifisch sind die Gegenübertragungsgefühle: Interessiert, um Hilfe bemüht oder aber ratlos, hilflos oder ärgerlich, das sind häufige Angaben. Unter dem Einfluß einer einmal gestellten und beantworteten Warum-Frage läßt sich im vorliegen-

den Beispiel aber ein sehr viel spezifischeres Angebot des Patienten herausarbeiten, dem eine sehr typische Antwort des Therapeuten zuzuordnen ist. Das hier gewählte Beispiel paßt deshalb zur These, daß häufig die Warum-Fragen des Therapeuten und die damit verbundene gedankliche Aktivität die im Material verborgenen affektiven Antworten strukturieren und nicht umgekehrt. Das von der Psychoanalyse empfohlene Vorgehen, das Material möglichst lange unstrukturiert auf sich wirken zu lassen, setzt viel Zeitaufwand voraus und bewährt sich nur bei bestimmten Patienten.

5.4 Psychodynamische Alternativen: Welche Dimension des Unbewußten?

Psychodynamische Hypothesen beziehen sich im Grundsatz auf unbewußte Mechanismen und unbewußte Persönlichkeitsanteile. Im klinischen Sprachgebrauch reden wir häufig vom „Unbewußten", so als handele es sich dabei um einen monolithischen Block. Gerade bei der Formulierung psychodynamischer Hypothesen läßt sich aber nicht übersehen, daß es doch recht unterschiedliche Dimensionen vom Unbewußten gibt und daß es für die Therapiekonzeption keineswegs gleichgültig ist, welche Dimension des Unbewußten angesprochen wird. Deshalb sollen die verschiedenen Dimensionen so weit aufgeschlüsselt werden, wie sie für die Ausformulierung der Psychodynamik von Bedeutung ist.

Eine wichtige Unterscheidung hat bereits Freud getroffen, als er das System **Vorbewußtsein** vom **Unbewußten** einerseits und vom **Bewußtsein** andererseits unterschied. Das Vorbewußte nimmt eine Zwischenstellung ein: Im deskriptiven Sinn ist es unbewußt, weil von der bewußten Wahrnehmung ausgeschlossen. Im dynamischen Sinn gehört es bei Freud eher zum System Bewußtsein, weil die Benennung des Vorbewußten nicht zum Widerstand in der Behandlung führt (s. d. Laplanche und Pontalis 1972).

Für die tiefenpsychologisch orientierte Therapie ist diese Dreiteilung zwar nützlich, aber nicht ausreichend: Sie berücksichtigt zu wenig das breite Spektrum vorbewußter und unbewußter Vorgänge: Wie tief unbewußt muß oder darf ein psychodynamischer Fokus sein, wenn er zu einer sinnvollen und erfolgreichen Therapie führen soll? Hier erscheint es sinnvoller, zunächst beim Vorbewußten zwei Dimensionen zu unterscheiden: Jene Vorstellungen, Einsichten und Regungen, die ohne jeden Widerstand bewußtseinsfähig werden können, und solche Inhalte, die zwar im Prinzip bewußtseinsfähig erscheinen, aber doch nur unter größeren Mühen bewußt werden können. Zu letzterer Kategorie gehört die große Gruppe der nicht reflektierten **Hintergrundphänomene**. Daß sie dem Bewußtsein nicht zugänglich sind, ist nicht das Ergebnis von gezielter Abwehr. Dennoch bereitet das Sichtbarmachen oft große Mühe, weil das Bewußtmachen verunsichert: gewohnte Strukturierungsprinzipien werden außer Kraft gesetzt, bislang stabile Gestalten verlieren an Eindeutigkeit. Die Reflexion des gedanklichen Hintergrundes kann deshalb mit erheblichen Irritationen verbunden sein.

Den Hintergrundsphänomenen der Wahrnehmungspsychologie entsprechen die **Gewohnheiten** von Patienten auf der Verhaltensebene: Auch sie haben gleichsam Hintergrundcharakter und sind zwar im Prinzip bewußt erkennbar, sind aber nur unter gewisser Mühe zu reflektieren. Es gibt einen breiten Bereich von Bewältigungsstrategien, die nicht Abwehrmechanismen im engeren Sinne sind (s. d. Kächele und Steffens, 1988), die aber zur Bildung von Gewohnheiten wie auch zur Bildung von seelischen Strukturen einen großen Beitrag leisten. Deshalb reicht das bewußte Wissen bzw. die Einsicht allein oft nicht aus, um Strukturen oder Gewohnheiten zu verändern. Gewohnheiten können in der psychoanalytischen Therapie erst im Rahmen des „Durcharbeitens" (Freud 1914g) aufgelöst werden, was mit erheblicher therapeutischer Arbeit verbunden ist, weil dadurch neue Strukturierungen aufgebaut werden müssen.

Wie die Bedeutung des Durcharbeitens zeigt, kann sich die psychotherapeutische Arbeit sehr wohl auf vorbewußte Mechanismen konzentrieren. Psychodynamische Hypothesen können deshalb durchaus auch eher bewußtseinsnahe Mechanismen beschreiben und zum Fokus machen. Das Krankheitsverständnis, wie es in den Psychotherapie-Richtlinien formuliert wurde, ist mit dieser Auffassung vereinbar: Auch vorbewußte Mechanismen können einen Patienten daran hindern, aus freiem Willen heraus seinen Zustand zu verändern. Je irrationaler allerdings das Erleben und das Verhalten des Patienten erscheint, je größer also die Abweichungen von der sozialen Umgebung sind, desto weniger plausibel erscheint eine psychodynamische Erklärung, die sich lediglich auf vorbewußte Inhalte stützt. Irgendwann läßt sich die Frage nicht mehr abweisen, warum der Patient, gegebenenfalls unter Inkaufnahme erheblichen Leidens, an Gewohnheiten festhält, die ihn so sehr in Gegensatz zur sonstigen Umwelt bringen. Das gilt erst recht, wenn dieser Gegensatz mit erheblichem subjektiven Leiden verbunden ist. Wir müssen dann

zunehmend mehr Mechanismen vermuten, die den Patienten unbewußt an seinen jetzigen Zustand fixieren. Konsequenzen hat ein eher vorbewußter Fokus auch für die Behandlungsstrategie: Je bewußtseinsnäher der Fokus ist, desto mehr nähert sich die Therapie einem Beratungsgespräch, so daß sich irgendwann die Frage stellt, ob die Behandlungsmaßnahme überhaupt noch unter eine tiefenpsychologisch orientierte Therapie fallen kann.

Auch das **Unbewußte** hat verschiedene Dimensionen, selbst wenn Freud ausdrücklich an der Einheitlichkeit des Unbewußten festhielt. Die wichtigste Dimension für die analytischen Therapieverfahren ist die Dimension des sogenannten dynamischen Unbewußten. Wir verstehen darunter jene Persönlichkeitsanteile, die einer gezielten Abwehr unterliegen, so daß sie unbewußt geworden sind. Das dynamische Unbewußte ist der Hauptangriffspunkt der von der Psychoanalyse abgeleiteten Verfahren, da die Abwehrschranke bekanntlich durch Deutungen überwunden werden kann. Erst wenn Regungen und Gedanken bewußt geworden sind, sind sie der freien Entscheidung und dem freien Willen des Patienten unterworfen. Deshalb zielen die gut fundierten psychodynamischen Hypothesen in der Regel auf das dynamische Unbewußte.

In der Psychoanalyse hat das Unbewußte aber noch weitere Dimensionen. Bei vielen Autoren steht es gleichbedeutend für die eigentliche innere Welt, für den Kern der psychischen Realität. Freud hat diese Welt später dem Es zugeschrieben. Das Es besteht nicht nur aus dem Verdrängten, sondern auch aus Vorstellungen und Repräsentanzen, die niemals bewußt gewesen sind und deshalb auch niemals abgewehrt wurden. Sie gehorcht der psychoanalytischen Theorie zufolge dem Primärprozeß, nicht dem bewußtseinsnahen Sekundärprozeß. Erschließbar ist diese Welt nur in speziellen regressiven Zuständen, in denen die Kontrolle des Verstandes entfällt, also z. B. in Träumen, aber auch in Zuständen seelischer Dekompensation oder tiefer Regression. In den durch die Therapie, insbesondere durch die Psychoanalyse induzierten regressiven Zuständen wird die Verbindung zwischen unbewußten Vorgängen und dem bewußten Erleben in oft erstaunlicher Weise evident. Allerdings wird es mit zunehmender Tiefe der Regression immer schwieriger, das Erleben in der Therapie in das Alltagsleben mit seinen spezifischen Anforderungen zu übertragen. Mit anderen Worten: Der Transfer der therapeutischen Erkenntnisse in den sozialen Kontext (Orlinsky 1994), die Effektivität der von der Psychoanalyse abgeleiteten Verfahren, steht und fällt mit der nachvollziehbaren Verbindung von tiefer unbewußten Vorgängen zum bewußten Erleben. Deshalb eignen sich die tief unbewußten Ängste und Impulse nur dann für psychodynamische Hypothesen, wenn das Bewußtmachen bzw. das Bearbeiten dieser Vorgänge auch reale Konsequenzen für das Erleben und Verhalten im Alltag haben werden. Im Zweifelsfall sollten psychodynamische Hypothesen deshalb eher so formuliert werden, daß sie auf das dynamische Unbewußte, d. h. auf gezielte Abwehrvorgänge, Bezug nehmen, und nicht so sehr auf tiefer unbewußte Prozesse abheben. Das gilt insbesondere für Patienten mit geringem Introspektionsvermögen.

5.5 Welcher unbewußte Konflikt?

Der unbewußte Konflikt steht im Zentrum der Psychodynamik, vor allem wo sie Ich-psychologisch orientiert ist. Dennoch gibt es in der Literatur nur wenig Hilfestellungen bei der Frage, wie man denn im Material des Patienten einen solchen Konflikt finden und beschreiben kann. Das ist kein Zufall. Das **Konfliktmodell der Neurose** ist zunächst ein theoretisches Modell, das zu einer allgemeinen Theorie des Seelenlebens ausgebaut wurde. Dieses Modell ist zentriert auf das Ich und die Abwehrmechanismen (A. Freud 1936) und damit auf das Strukturmodell der Psyche.

Die psychoanalytischen Objektbeziehungstheorien haben das Konfliktmodell der Psyche in den Hintergrund gerückt, ohne daß sie das Element der Konflikthaftigkeit im Seelenleben geleugnet hätten. Das Neurosenmodell in der Objektbeziehungstheorie ist aber viel stärker an die psychischen Entwicklungslinien gebunden. Musterbeispiel für die Verbindung von Konflikt und Entwicklungslinie war der klassische Ödipus-Konflikt bei Freud: einerseits beschreibt er eine Konfliktkonstellation, die als zentral für alle Neurosen angesehen wurde, andererseits beschreibt er ein spezielles Entwicklungsstadium. Die Objektbeziehungstheorien definieren die Neurose nach dem gleichen Muster wie den Ödipuskonflikt, nur verlagern sie die Entwicklungsstadien in immer frühere Zeiten. Unter den präödipalen Konflikten hat der sog. Separations-Individuations-Konflikt (Mahler et al. 1978) mit Abstand die größte Bedeutung erlangt, zumal er anhand von empirischen Beobachtungen an Müttern und Kindern entwickelt und damit validiert wurde (siehe dazu Abschnitt 4.6.1).

Im deutschen Sprachraum hat Mentzos (1984) den Versuch unternommen, die Objektbeziehungstheorien mit der Konfliktpsychologie zu verbinden. Dabei hat er eine **Systematik** der typischen menschlichen Konflikte entworfen, die auch für den Kliniker von Bedeutung ist. Mentzos ordnet die Konflikte um spezifische Aufgaben, die jedes Individuum im Rahmen seiner Entwicklung lösen muß. Diese Aufgaben werden von ihm als primäre Konflikte gekennzeichnet. Die sekundären Konflikte enthalten bei Mentzos bereits die Reaktionen des Individuums auf die primären Konflikte und verkomplizieren damit das Geschehen. An sekundären Reaktionen betont Mentzos insbesondere die Rolle der Aggressivierung und die Rolle des Überich.

Der Vorteil dieser Systematik liegt m. E. darin, daß für den Therapeuten Konfliktbereiche nebeneinander gestellt werden, die das gesamte Leben umfassen und nicht nur auf die ersten drei Lebensjahre beschränkt sind. Die Aufstellung gibt dem Therapeuten eine Richtschnur, wenn er in der Fülle komplexer pathogenetischer Mechanismen zu ertrinken droht.

Andererseits zeigen sich gerade in der Systematik von Mentzos die Gefahren, die von einer Vermischung von entwicklungspsychologischen Annahmen mit Konfliktbereichen ausgeht. Auch dieses Schema legt nämlich die in Abschnitt 4.3 kritisierte Polarisierung von „reif" versus „unreif" nahe. Basale Konflikte sind schon von der Theorie her assoziiert mit „frühen" Störungen bzw. Traumatisierungen, ohne daß diese Verbindung noch klinisch überprüft werden müßte. Darüber hinaus berührt der erste Grundkonflikt „symbiotische Verschmelzung versus Selbst-Objekt-Differenzierung" Entwicklungstheorien, die von der neueren Säuglingsforschung inzwischen erheblich in Frage gestellt werden (s. d. Dornes 1993).

In jüngster Zeit hat eine Arbeitsgruppe zur „operationalisierten psychodynamischen Diagnostik" (OPD) den Versuch unternommen, eine **Systematik des unbewußten Konflikts** zu erstellen, die sich der Grundgedanken von Mentzos bedient, seine entwicklungspsychologischen Hypothesen aber auszuklammern versucht (Arbeitskreis OPD, 1996). Die Konfliktachse im OPD-1 ordnet sich um folgende Konfliktbereiche:

a) Abhängigkeit versus Autonomie
b) Kontrolle versus Unterwerfung
c) Versorgung versus Autarkie
d) Selbstwertkonflikte (Selbst- versus Objektwert)
e) Überich und Schuldkonflikte
f) Ödipale und sexuelle Konflikte
g) Identitätskonflikt
h) Fehlende Konflikt- und Gefühlswahrnehmung

Gegenüber der Systematik von Mentzos ist festzustellen, daß in der Tat die Konfliktfelder nebeneinander angeordnet sind und nicht einer Hierarchie im Sinne von reif oder unreif folgen. Im Bemühen, möglichst das Feld psychodynamischer Hypothesen systematisch abzudecken, haben die Autoren m. E. aber das konflikthafte Element teilweise vernachlässigt. Nur die ersten vier Konfliktfelder bezeichnen überhaupt beide Konfliktanteile (z. B. Abhängigkeit versus Autonomie), später werden nur noch Problemfelder benannt, ohne daß sichtbar wäre, was mit wem unverträglich ist.

Auch die Konfliktachse des OPD-1 bringt für den klinisch arbeitenden Therapeuten Anregungen für psychodynamische Hypothesen, sie kann aber die

Aufgabe nicht ersetzen, die Frage nach den pathogenetischen Mechanismen für jeden Patienten einzeln zu beantworten.

Möglicherweise führt gerade der Versuch, die ganze Fülle individueller Konflikte auf eine Systematik menschlicher Grundkonflikte zurückzuführen, therapeutisch in die Irre. Wir müssen fragen: Ist es die Präsenz von dieser oder jener Konfliktkonstellation, die den Patienten krank macht? Was macht den ungelösten Konflikt aus, der für die Krankheit entscheidend ist?

G. Klein (1976), ein hierzulande viel zu wenig beachteter Autor, hat dazu eine überzeugende Antwort gegeben: Bei Klein wird ein Konflikt erst dann unbewußt und potentiell pathogen, wenn der Patient Bestrebungen entwickelt, die nicht erfüllt werden können, weil sie im Widerspruch zur **Selbst-Identität** stehen. Erst dann fällt dem Ich die Aufgabe zu, diese Inkompatibilität von Selbst-Identität und dem eigentlichen Wunsch durch Verdrängung aufzuheben.

Konflikte im Sinne von Inkompatibilitäten gibt es unendlich viele im Leben, aber wir ertragen sie ohne Verdrängung, wenn beide Konflikt-Elemente mit unserer Identität vereinbar erscheinen. Erst wenn wir die mit der einen Seite verbundenen Strebungen als Gefahr für die Selbst-Identität erleben, wird ein unbewußter Konflikt daraus. Menschen unterscheiden sich wahrscheinlich nicht nur in der Art ihrer Konflikte, sondern auch darin, wie rasch sie unvereinbare Bestrebungen als Gefahr für die Selbstidentität betrachten (Hohage 1985).

Das Beispiel im Abschnitt 5.3.1 dieses Kapitels läßt eindeutige psychodynamische Hypothesen zum unbewußten Konflikt zu: nicht mit der Selbst-Identität dieses Patienten zu vereinbaren ist der Gedanke, daß er beruflich seine Grenzen

erreicht hat. Es geht also hier nicht um eine Triebproblematik im weiteren Sinn, sondern um eine narzißtische Problematik, die zentriert ist um das Phänomen der eigenen Grenzen. Diese Problematik kann, muß aber nicht in Verbindung stehen mit einem speziellen Männlichkeitsideal, das mit zunehmendem Alter des Patienten ebenfalls gefährdet ist.

Wenn man Kleins Vorstellung ernstnimmt, daß das Unbewußte im Konflikt am Problem einer gefährdeten Selbstidentität hängt, dann wird die Problematik der Verknüpfungen von Konflikten mit Entwicklungsstadien besonders deutlich. Das gilt insbesondere auch für das **Separations-Individuations-Phänomen**, das bei so vielen Therapeuten den Ödipus als Kern der Neurosen abgelöst hat. Im Gegensatz von „Symbiose" und Individuation liegt in der Tat ein konflikthaftes Element, das in Erscheinung tritt, wann immer engere Bindungen bestehen oder angestrebt werden. Es gibt wohl kaum einen Menschen, der diese Probleme gelöst hätte in dem Sinne, daß er unter dem Gegensatz von Symbiose und Individuation in seinen Beziehungen nicht gelegentlich leiden würde: keiner ist mit der höchstpersönlichen Regelung dieses Konflikts restlos zufrieden. Da die Separations-Individuations-Phase aber als die Quelle aller schwereren seelischen Störungen angesehen wird, gibt es anscheinend nur „früh" gestörte Menschen.

Die Aufgaben einer psychodynamischen Diagnostik können also offenbar nicht dadurch gelöst werden, daß man auf einen ungelösten Symbiose-Individuations-Konflikt oder auf einen Abhängigkeits-Autonomie-Konflikt verweist und eine Störung in der entsprechenden Phase postliert. Statt dessen wird man auf erhebliche Unterschiede stoßen, wenn man nach den unbewußten Elementen dieser Konfliktkonstellation fragt. Die meisten Menschen leiden darunter, daß sie beide Seiten kennen und bewußt erleben: die Sehnsucht nach der Symbiose und das Streben nach Unabhängigkeit. Nur bei einer kleinen Zahl von Patienten wird daraus ein unbewußter Konflikt im Sinne von G. Klein: die Unverträglichkeit ist bei ihnen so groß, daß entweder alle Symbiose-Wünsche oder aber alle Separationsbestrebungen unterdrückt und abgespalten werden. Deshalb leiden diese Menschen bewußt gerade nicht unter dem Konflikt! Statt dessen entwickeln sie eine basale Störung in der Beziehungsfähigkeit, weil die grundlegenden Bedingungen von Bindung für sie mit unbewußter Angst verknüpft sind.

G. Klein hat im übrigen darauf verwiesen, daß die „unpassenden" Selbstanteile durchaus nicht immer tief ins Unbewußte verdrängt sein müssen. Freud selbst (1914d) hat schon auf das Phänomen der hysterischen Aufspaltung verwiesen. Diese Aufspaltung bedeutet, daß das Wissen zur Zeit nicht verfügbar ist oder bestimmte Vorstellungen nicht wahrgenommen werden, obwohl sie im Grundsatz bewußtseinsfähig sind. Es geht beim unbewußten Konflikt nicht selten um Vorgänge, bei denen die Grenze zwischen Aufspaltung, Verleugnung und kompletter Verdrängung nicht scharf zu ziehen ist.

Im Beispiel 1 aus dem Kapitel 4 läßt sich der unbewußte Konflikt in der Psychodynamik etwa so formulieren: Die Patientin hat eine ausgeprägte Neid- bzw. Rivalitätsproblematik, die sich genetisch an der Beziehung zur älteren Schwester festmacht und die jetzt durch den Konflikt mit der Kollegin am Arbeitsplatz aktiviert worden ist. Der unbewußte Konflikt macht sich speziell an den aggressiven Regungen fest: Die Rivalität zu einer älteren und sozial mehr anerkannten Schwester ist für sich genommen noch nichts Auffälliges; hier aber sind alle damit verbundenen aggressiven Regungen nicht mit der Selbst-Identität vereinbar und werden unterdrückt. Die

Patientin tendiert deshalb zu einem gekränkten Rückzug, der sie von vornherein in eine unterlegene Position bringt, was die Rivalität natürlich verschärfen muß. Da es sich, wie im Kapitel 4.2 aufgeführt, um eine strukturell tief verankerte Problematik handelt, muß man sich natürlich fragen, ob sich unbewußt hinter der Schwester nicht eine Störung in der Beziehung zur Mutter verbirgt. Dafür würde z. B. die Partnerwahl sprechen, bei der der Ehemann offensichtlich wesentliche mütterliche Funktionen übernehmen muß. Die Erinnerungen der Patientin an die Mutter passen nicht zu dieser Hypothese; deshalb sollte sie noch nicht in Deutungen umgesetzt werden. Statt dessen sollte man beobachten, ob die Patientin die Mutter insgeheim durch Idealisierung schützt.

Bei der Entwicklung psychodynamischer Hypothesen ist es in jedem Fall wichtig, die abgespaltenen bzw. verdrängten Selbstanteile zu berücksichtigen. Deshalb ist der folgende Abschnitt der Frage gewidmet, welche unbewußten Anteile des Patienten in eine psychodynamische Hypothese eingearbeitet werden können.

5.6 Welche unbewußten Anteile?

Wenn in der Psychodynamik von unbewußten Anteilen die Rede ist, dann bewegen wir uns theoretisch auf der **Ebene des Selbstsystems** und behandeln die Psyche als geschlossenes System (siehe dazu Kapitel 4.1). Damit ist nicht gesagt, daß Beziehungsaspekte außer Betracht bleiben. Die Beziehungen stellen sich dabei nämlich auf der Ebene des Selbst-Systems dar, z. B. als Wünsche, Triebe, Ängste, Phantasien. Die Alternative zu dieser Betrachtungsweise wäre die konsequente Erfassung bzw. die Analyse von Beziehungsmustern. Sie erlaubt zwar eine direkte Abbildung gestörter Beziehungen, aber damit läßt sich das Phänomen des dynamischen Unbewußten, also die Mechanismen von Konflikt und Abwehr, wie sie in den vorausgegangenen Abschnitten beschrieben wurden, nicht gut erfassen. Die Psychodynamik als Krankheitsursache läßt sich dann von der Beziehungsstörung als Krankheit nicht mehr gut trennen, was zu Problemen beim Anspruch auf eine kausale Therapie führt. Deshalb muß die Psychodynamik als intrapsychisches Geschehen formuliert und der Beziehungsaspekt dazugedacht werden.

Wie früher bereits ausgeführt, sollten die unbewußten Anteile aber so formuliert werden, daß sie möglichst eine enge Verbindung zum Lebensalltag und zu den Lebensproblemen herstellen. Deshalb sollen in den folgenden Abschnitten auch diejenigen unbewußten Anteile benannt werden, die relativ bewußtseinsnah sind.

5.6.1 Unbewußte Ängste

Man könnte meinen, daß Patienten mit Angstsymptomen vor allem an unbewußten Ängsten leiden. Das hieße aber, die Angst als Symptom zu verwechseln mit den unbewußten, in der Psychodynamik wirksamen Ängsten. Der bewußte Angstinhalt, z. B. die Todesangst, ist durchaus etwas anderes als die unbewußten Befürchtungen neurotischer Patienten. Deshalb ist es bei Patienten mit manifesten Angstsymptomen eher hilfreich, wenn man nach den unbewußten Bedeutungen der angstauslösenden Situationen sucht und wenn man den Angstanfall selbst als psychosomatisches Phänomen behandelt (Thomä 1995).

Gerade bei Patienten, die auf der bewußten Ebene frei von Angst sind, sind die unbewußten Ängste in der Psychodynamik von großer Bedeutung: Das Ziel jeder Abwehroperation ist ja schließlich,

das Abgewehrte im Unbewußten zu lassen. Unbewußte Ängste lassen sich in der Therapie am besten an ihren Auswirkungen erkennen. Angst bewirkt je nach Gefahrensituation **drei typische Reaktionen**: Lähmung, Flucht und Aggressivität. Unbewußte Ängste spielen also bei solchen Patienten eine besondere Rolle, die eine dieser drei Reaktionen als typisches Erleben oder Verhalten ausgebaut haben.

1. In erster Linie muß man an unbewußte Ängste denken, wenn Patienten ausgeprägte **Hemmungen** haben. Wenn diese Hemmung dem Patienten bewußt und damit ich-dyston ist, ist die unterliegende Angst häufig leicht zu erschließen. Ein im sozialen Kontakt gehemmter junger Mann wird z. B. relativ rasch akzeptieren können, daß er Angst hat, sich im Kontakt mit dem weiblichen Geschlecht zu blamieren und zu versagen. (Dann allerdings werden sich rasch neue Warum-Fragen ergeben: Warum ist bei diesem Mann die Versagensangst so groß? Welche unbewußte Bedeutung mißt dieser Patient dem an sich doch ungefährlichen sozialen Kontakten bei?) Ist dagegen die Hemmung ich-synton, muß erst der unbewußte Anteil von Angst aufgedeckt werden, bevor die Hemmungen aufgegeben werden können.

2. **Flucht** ist die am meisten anzutreffende Reaktion auf Angstgefühle. Als Reaktion auf reale Gefahren ist Flucht ein adäquates Verhalten. Neurotische Fluchtreaktionen beziehen sich aber auf eine unbewußte Angst bzw. Gefahr, deshalb erscheinen sie als irrational. Häufig findet man nur eine besondere Form von Defensivität oder eine Vermeidungsstrategie, die zu einer festen Persönlichkeitskonstante geworden ist. Gerade hier ist die Suche nach den unbewußten Ängsten von großer Wichtigkeit.

Eine Illustration zum Thema „Vermeidungsstrategie und Angstabwehr" liefert die Verwaltungsangestellte im Beispiel 2 des Kapitels 4. Für sie, die in ihrem bisherigen Leben nur im Schatten und im Schutz der vitaleren Schwester gelebt hat, ist Sicherheit gleichbedeutend mit dem Erhalt einer konfliktarmen, aber nur wenig beziehungsintensiven Umwelt. Das Scheitern dieses Konzepts im beruflichen Bereich und wahrscheinlich auch im privaten Bereich muß zu Verlustängsten führen, die der Patientin aber nicht bewußt sind. Sie reagiert auf diese Verlustängste mit einer Variante der Vermeidung, nämlich mit einem ängstlich-depressiven Rückzug. Diese Reaktion wird man nur auflösen können, wenn man die an den Konflikt geknüpften Verlustängste therapeutisch bearbeitet.

Heimliche Fluchtreaktionen führen oft zu einer Aktivität, die nicht wirklich „freiwillig" ist, sondern die wie unter einem inneren Zwang zu erfolgen scheint. Ein Musterbeispiel ist hier der Bewegungsdrang der anorektischen Patienten: Er ist unmittelbarer Ausdruck der Angst vor der Gewichtszunahme, auch wenn er oft von der Patientin rationalisiert wird. Dieser innere Zwang ist nicht mit einer Zwangssymptomatik zu verwechseln, obwohl er ähnliche Wurzeln hat. Flucht-Patienten werden getrieben von einer nicht eingestandenen Angst, und sie entwickeln oft ein ganzes Arsenal von Rationalisierungen, die das Vermeidungsverhalten kaschieren.

3. **Aggressivität** läßt sich häufig verstehen als eine Flucht nach vorn. Auch diese Flucht ist dann psychodynamisch gut als Angstreaktion zu erklären. Aggressivität als Fluchtreaktion führt zu einer recht effektiven Angstbewältigung, so daß Veränderungen erschwert werden. Es gibt breite Überschneidungen zum kontraphobischen Verhalten, bei dem allerdings der Abwehrmechanismus der Reaktionsbildung im Vordergrund steht. In beiden Fällen hilft die therapeutische Arbeit an den unbewußten Ängsten, das

problematische Reaktionsmuster ich-dyston zu machen und Schritt für Schritt zu verändern. Probleme eigener Art bietet die Bearbeitung bei der Tendenz zu manifester Gewalttätigkeit. Hier muß neben der unbewußten Angst auch die spezifische, oft über Generationen hinweg tradierte Form der aggressiven Angstbewältigung zum Fokus der Therapie gemacht werden. Beim Phänomen der Gewalt in der Sexualität sind die spezifischen, aufs andere Geschlecht bezogenen Ängste für die Bearbeitung von zentraler Bedeutung.

Eine wichtige Form der Angstbewältigung ist allerdings die Tendenz zur Kontrolle nach innen wie nach außen. Deshalb führt bei zwanghaften Patienten die Frage nach den unbewußten Ängsten oft entscheidend weiter. Es spricht klinisch und theoretisch einiges dafür, wie im amerikanischen DSM III die **Zwangsphänomene** den Angststörungen zuzurechnen. Bei Zwangspatienten ist aber der Abwehrmechanismus der Reaktionsbildung mehr oder weniger durchsetzt mit latenten Formen der Aggression als Antwort auf die Angst. Bei der Psychotherapie des Zwanges ist es deshalb geradezu unerläßlich, sowohl die unterliegende Angst als auch die Tendenz zur aggressiven Kontrolle zu bearbeiten.

Die einzelnen **Angstinhalte** sind natürlich Personen- und Situations-spezifisch. Es ist hilfreich, zwischen verschiedenen Angstinhalten zu unterscheiden: am bedeutungsvollsten ist sicher die Trennungs- und Verlustangst. Andere wichtige Angstinhalte sind die Beschämungsangst, die Schuldangst, die Angst vor Kontrollverlust und die Kastrationsangst, wenn man darunter die Angst vor Verlust der körperlichen oder seelischen Integrität versteht. Bezeichnenderweise fehlt in dieser Aufstellung die Todesangst. Der

Tod selbst ist kein Ereignis, das als erlebtes Ereignis Angst machen könnte. An ihn knüpfen sich die unterschiedlichsten Bedeutungen. Todesängste sind eher als Lebensängste zu verstehen und zu bearbeiten, wobei die oben dargestellten Angstinhalte als Schema hilfreich sein könnten.

5.6.2 Unbewußte Bedeutungen

Wenn ein Patient auf bestimmte Reize oder Situationen in ungewöhnlicher, ja irrationaler Weise reagiert, ohne daß seine Reaktionen aufgrund von Erfahrung korrigiert werden könnten, dann spielen häufig unbewußte Bedeutungen eine Rolle. Der Patient setzt einen spezifischen Reiz oder eine konkrete Situation unbewußt mit einer anderen Situation gleich und reagiert in „adäquater" Weise auf die falsche Situation. Am eindrucksvollsten läßt sich die Wirkung unbewußter Bedeutungen an den Phobien studieren: Der kleine Hans in Freuds Krankengeschichte (1909b) fürchtete Pferde, weil er diese unbewußt mit Vorstellungen über gefährliche und bedrohliche Sexualität in Verbindung brachte. Seine Angst vor diesen sexuellen Aktivitäten war sicherlich nicht völlig unangemessen.

Unbewußte Bedeutungen entwickeln sich im Kontext von Beziehung und den mit Beziehungen verbundenen Erlebnissen, Phantasien und Motiven. Unbewußt bleiben Bedeutungen dann, wenn sie an gedankliche Inhalte rühren, die nicht akzeptabel erscheinen und deshalb abgewehrt werden. Phobien, aber auch andere irrationale Ängste, lassen sich am plausibelsten psychodynamisch erklären, wenn man auf die damit verbundenen unbewußten Bedeutungen eingeht. So bekommt die Angst vor Krankheit z. B. dann irrationale Züge, wenn Krankheit

etwa ausschließlich die Bedeutung von Verlassenwerden erhält. Auch die Angst vor der Angst, die für die Paniksyndrome so typisch ist, hat oft plausible psychodynamische Ursachen: Wenn ein Patient das Auftreten von Angst unbewußt mit Kontrollverlust in Verbindung bringt, setzt Auftreten der Angst einen Circulus vitiosus in Gang.

Eine besondere Rolle spielt die unbewußte Bedeutung bei der psychodynamischen Erklärung von **krankheitsauslösenden Situationen** und Ereignissen. Die meisten dieser Ereignisse sind für sich genommen banal oder zumindest erträglich; häufig sind es ganz typische Entwicklungsschritte, die zu Krankheitsauslösern werden. Ihre pathogene Wirkung enthalten die Ereignisse, weil darin bedrohende oder beschämende Bedeutungen hängen. Je mehr der Therapeut um die typischen unbewußten Bedeutungen solcher alltäglicher Ereignisse weiß, desto leichter kann er eine auf den Patienten passende Psychodynamik formulieren. Selbst scheinbar angenehme und befriedigende Ereignisse, wie z. B. eine Verliebtheit, können zu Krankheitsauslösern werden, weil sie unbewußt eine ganz andere, evtl. bedrohliche Bedeutung bekommen: Sie kann z. B. als Verlust von Selbstgrenzen erlebt worden sein oder als schutzloses Ausgeliefertsein an Kränkungen und Zurückweisungen oder als Rückfall in längst überwunden geglaubte innere Abhängigkeit, weil unbewußte Bedürfnisse geweckt worden sind.

Im Beispiel 5 des Kapitels 4, dem 23jährigen Elektrotechniker mit der Impotenz ist in der Beurteilung das regressive Element bzw. eine regressive Phantasie besonders herausgestellt worden. Wenn man die Psychodynamik dieses Patienten formulieren sollte, dann müßte man sicher die Auslöse-Situation, nämlich die drohende Trennung von der Freundin, miteinbeziehen. Diese Trennung hat wahrscheinlich die unbewußte Bedeutung des Verlustes der zentralen Bezugsperson, wird also mit dem Alleingelassenwerden eines Kleinkindes gleichgesetzt. Die (regressiven) Reaktionen dieses Patienten passen durchaus zu der phantasierten Situation des Verlassenwerdens: er klammert sich fest, er appelliert an die Beschützer-Gefühle und an das Gewissen der „Bezugsperson", – und natürlich verliert er dabei seine Männlichkeit. Wenn man diese Psychodynamik entwickelt, muß man nicht unterstellen, daß die Beziehung zur Mutter in der Kindheit besonders schlecht war: auch bei relativ stabilen Beziehungen gibt es das Verlassenwerden, auf das der Patient emotional zurückgreifen kann. Im Gegenteil: der ausgeprägte Anspruch an das (mütterliche) Gewissen spricht dafür, daß dieses Beziehungsangebot früher „erfolgreich" war: ein anaklitisch-depressives Kind sendet ja gerade keine Apelle mehr an die Mutter aus!

Es gibt vorbewußte oder unbewußte Bedeutungsmuster, die soweit verbreitet sind, daß man sie als ubiquitär bezeichnen kann. Ein zentrales Bedeutungsmuster in all unseren Beziehungen ist das der Grenzerhaltung bzw. der **Grenzüberschreitung**. Dieses Bedeutungsmuster knüpft unmittelbar an unsere Körpererfahrungen an, wobei die Vorstellung von Grenzen wahrscheinlich ganz eng an das Hauterleben anknüpfen: Das Körperich des Menschen ist zunächst ein Hautich (Anzieu, 1992). Der Bedeutungshof von Grenzüberschreitungen konzentriert sich naheliegenderweise zunächst auf die **Körperöffnungen**, weil hier zunächst im Körpererleben, dann auch im Beziehungserleben die Grenzen am spürbarsten sind. Erikson (1961) hat in seiner klassisch gewordenen Arbeit dargestellt, wie sich zu den jeweiligen Körperzonen ein besonderes Erleben als Bedeutungshof dazu gesellt. Im Prinzip geht es bei allen oralen, analen oder phallisch-genitalen Modi um das gleiche Thema: Um das Abgrenzen im Sinne von Absicherung und Schutz und um die Grenzüberschreitung im positiven oder negati-

ven, im aktiven oder passiven Sinn. Probleme der Grenzziehung hat deshalb jedermann. Die damit verbundenen Bedeutungszusammenhänge sind aber für jeden Menschen spezifisch: Ob die Grenze mehr hautbezogen, mehr oral, anal oder genital erlebt wird, ob mehr positive oder mehr negative, mehr aktive oder passive Elemente damit verbunden werden und welche Personen in welchem Kontext auftreten, das markiert die Bedeutungszusammenhänge von lebendigen Beziehungen. Psychodynamische Hypothesen müssen deshalb die persönlichkeitsspezifischen Bedeutungen erfassen und können sich nicht mit globalen Hinweisen auf Grenzverletzungen zufriedengeben.

Schwierigkeiten bei der Formulierung der Psychodynamik ergeben sich dadurch, daß jeder Vorgang im Prinzip jede unbewußte Bedeutung hat bzw. annehmen kann. Grenzüberschreitungen und Abgrenzungen im Alltagsleben lassen sich theoretisch korrekt immer mit oralen wie mit analen oder phallischen Bedeutungen versehen, lassen sich in ihrer aktiven wie in ihrer passiven Bedeutung verstehen. Damit würde die Hypothesenformulierung zu einer beliebigen, ja willkürlichen Angelegenheit, die eher etwas über das Seelenleben des Therapeuten als über das des Patienten aussagt. Deshalb ist es grade bei der Zuschreibung unbewußter Bedeutungen von besonderer Wichtigkeit, den erlebensnahen und **bewußtseinsnahen Kontext** auf seiten des Patienten zu erfassen, statt zu theoretisieren. Nicht jede Bedürftigkeit hat per se eine orale Bedeutung: Hier muß z. B. differenziert werden zwischen dem Wunsch nach Geborgenheit (Bindungswünsche), nach Absicherung des inneren Gleichgewichtes (narzißtisches Sicherheitsbedürfnis), nach Anerkennung oder Bewunderung (Selbstachtung bzw. Selbstwert), nach Zärtlichkeit und Nähe (erotische Sehnsucht) und schließlich nach jenem Versorgtwerden, das an die frühe mütterliche Versorgungssituation erinnert. Jede dieser differenzierteren Bedeutungen „paßt" nur zu einem bestimmten bewußtseinsnahen Erlebens- und Verhaltensspektrum, und dieses muß erfaßt werden, wenn man die angemessene Bedeutung von Bedürftigkeit finden will.

5.6.3 Unbewußte Phantasien

Das Konzept von den unbewußten Phantasien ist wohl das umfassendste theoretische Konzept des unbewußten Seelenlebens. Alle Ängste, Bedeutungen und Motive lassen sich auf unbewußte Phantasien zurückführen. Hier ergibt sich allerdings oft die Situation, daß die von der Theorie abgeleiteten Postulate auf einer so hohen Abstraktionsebene angesiedelt sind, daß sich zu wenige Verbindungen zwischen Konzept und dem alltäglichen Erleben des Patienten herstellen lassen. Der Rückgriff auf die unbewußte Phantasie wird dann in der Behandlungskonzeption zu „theoretisch".

Vollständig ausgearbeitete Phantasien enthalten in der Regel ein bestimmtes **Selbstbild**, ein Bild vom **Objekt**, und eine Geschichte über die **Beziehung** dazwischen. Insoweit sind die Beziehungsepisoden bei Luborsky (1988) und der dynamische Fokus von Strupp und Binder (1991) eindeutig auf die Phantasiewelt des Patienten bezogen. Allerdings sind Phantasien nicht immer vollständig. Häufig erkennt man nur einzelne Bedeutungen oder isolierte Ängste und muß klinisch mit diesen arbeiten.

Kontrovers behandelt wird die Frage, wieweit Phantasien zur seelischen Grundausstattung des Menschen gehören. Manche Autoren sehen in der Phantasie einen unmittelbaren Ausdruck von angeborenem Trieb und Abwehr, so daß Menschen gleichsam mit vorgeprägten Phantasien zur Welt kommen (s. dazu Ogden 1982, Beland 1989). Man muß die Ergebnisse der neueren Säuglingsforschung aber dahingehend interpretieren, daß umschriebene Phantasien erst mit der Entwicklung bildhaften und symbolischen Denkens auftreten und deshalb erst ab dem 18. Lebensmonat eine Rolle spielen (Dornes 1994). Phantasien sind dann überwiegend das Ergebnis von Erlebnisverarbeitung, und sie müßten auch vorwiegend im Hinblick auf ihre erlebnisverarbeitende Funktion analysiert werden (Hohage 1993).

Das Konzept der unbewußten Phantasien ist m. E. vor allem dort hilfreich, wo Patienten ein Bild von sich und der Welt entwickelt haben, das zu ständigen Problemen in den Beziehungen führt, ohne daß die Erfahrungen das Bild korrigieren könnten. Im Gegenteil: das vorgefertigte (Selbst)-Bild dieser Patienten beeinflußt alle Beziehungen dahin, daß sie das Bild von sich und der Welt bestätigen. Dieser Ablauf ist ein spezielles Merkmal der **hysterischen Konfliktverarbeitung** (Mentzos 1980). In der Tat scheint die hysterische Grundstruktur eine starke Affinität zu unbewußten und bewußten Phantasien zu haben. Deshalb hilft hier die Frage nach den abgespaltenen Phantasien bei der Psychodynamik besonders gut weiter.

Im Beispiel 3 in Kapitel 4 läßt sich die Psychodynamik überzeugend auf den Einfluß einer unbewußten Phantasie beziehen: Die unverheiratete Fremdsprachenkorrespondentin hat nach der Trennung der Eltern eine konflikthafte Beziehung zur Mutter, die wohl unbewußt für die

Scheidung verantwortlich gemacht wird. Der Vater wird dagegen idealisiert; er erscheint in der Phantasie als „Traum-Vater". In der Phantasie dürfte er zugleich der „Traum-Mann" sein, für den sie eine gute Partnerin sein könnte. Es läßt sich aus dieser Konstellation ziemlich schlüssig ableiten, daß die Partnerwahl dieser ansonsten sehr differenzierten Patientin immer wieder dem Muster der Vater-Phantasie folgt: Sie ist für einen begabten, aber unglücklich verheirateten Mann die bessere Partnerin und „rächt" sich insoweit an der Mutter. Die depressiven Einbrüche ereignen sich dann, wenn sie mit ihren Phantasien scheitert.

So wie es ubiquitäre Angstmuster und Bedeutungsmuster gibt, gibt es auch typische Phantasien auf einer eher vorbewußten Ebene, die fast überall anzutreffen sind. Sie sind als Relikte aus der Mutter-Kind-Interaktion zu betrachten, die deshalb im Vorbewußten so gut lebendig bleiben, weil sie eine Art Grundanspruch an die Welt enthalten. Selbst sehr erwachsene Menschen erhalten sich in aller Regel in einer Ecke ihrer Seele diese Grundansprüche, die in kritischen Situationen mit den dazugehörigen Phantasien wieder lebendig werden. Bezeichnenderweise haben diese **ubiquitären Phantasien** ein Doppelgesicht: Es sind auf der einen Seite Größenphantasien, auf der anderen Seite Kleinheitsphantasien. Die Größenphantasie läßt sich prototypisch so formulieren: „Ich bin der Mittelpunkt der Welt und ein so ungewöhnliches Kind, daß die Gesetze der Menschen auf mich nicht zutreffen." Zu dieser Größenvorstellung gehört häufig ein narzißtischer Selbstanspruch: „Worum andere kämpfen müssen, das hole ich mir in einem einzigen Atemzug!" Zugleich korrespondiert zu diesem Größenanspruch bezeichnenderweise eine Kleinheitsphantasie mit dem entsprechenden Schutzanspruch: „Es muß doch auf dieser Welt eine Mutter geben, die sich für mich verantwortlich fühlt." Oder in aggressiverer Form: „Hat die

Welt doch selber Schuld, wenn ich mir die Hände erfriere, warum bekomme ich keine neuen Handschuhe!" Kleinheitsphantasien und die daraus abgeleiteten Ansprüche gehören zur Psychodynamik einer Vielzahl von selbstdestruktiven Aktivitäten. Gerade weil sie so weit verbreitet sind, werden sie als psychodynamische Hypothesen häufig vernachlässigt. Die Funktion dieser Größen- und Kleinheitsphantasien ist offensichtlich: Sie schützen das Kind vor der Auseinandersetzung mit seiner Begrenztheit und seiner Machtlosigkeit im Vergleich zu den Erwachsenen.

Bezeichnenderweise gehört zu den Größen- und Kleinheitsphantasien neben der Anspruchsseite auch eine moralische Variante, die wahrscheinlich während der Pubertät erst eine große Rolle spielt: „Andere mögen ja stärker bzw. besser sein als ich, aber in moralischer Hinsicht besiege ich sie alle!" Diese Phantasie kennzeichnet insbesondere den Fundamentalisten oder den Märtyrer. Ganz dicht neben der Größenphantasie liegt auch hier die Kleinheitsphantasie im moralischen Sinne: „Ich bin ja noch so unschuldig, daß es für mich noch gar keine Strafe geben kann." Die Glaubwürdigkeit des Therapeuten wie die seiner Methode muß sich nicht zuletzt daran beweisen, daß der Patient einen Anspruch auf Verständnis hat, ohne daß seinen Kleinheitsansprüchen oder seinen Größenphantasien nachgegeben wird. Andernfalls wird der Therapeut rasch zu einem Glied in der Kette anderer manipulierbarer Autoritäten.

Die hier aufgezeigten ubiquitären Größen- und Kleinheitsphantasien können in vielen Fällen krankheitsauslösend und vor allem krankeitserhaltend sein. Wenn sie tief im Charakter verankert sind, stellen sie eine ernsthafte therapeutische

Herausforderung dar, die auch die Prognose einer Besserung erheblich gefährden kann.

5.6.4 Unbewußte Motive

Handlungen und ihre Motive sind in der Psychoanalyse lange Zeit unter triebdynamischen Gesichtspunkten behandelt worden. Die Trieb-Abwehr-Theorie bewegt sich aber auf einer Abstraktionsebene, die zu weit vom Erleben des Patienten entfernt ist, als daß sie Hilfestellung für die Formulierung der Psychodynamik geben könnte. Daß der Patient aggressive oder libidinöse Impulse abwehrt, ist immer zutreffend, aber genauso spezifisch wie die Aussage, daß er häufig Hunger oder Durst hat. Zur Formulierung der Psychodynamik bedarf es der Festlegung, welche spezifischen Regungen vom Patienten verurteilt und deshalb nicht wahrgenommen werden. Noch wichtiger ist es, die heimlichen Ziele zu erkennen, die das Handeln des Patienten bestimmen.

Unbewußte Motive sind für die Psychodynamik immer dann von großer Wichtigkeit, wenn das Handeln des Patienten Quelle seines Leidens ist und deshalb kritisch hinterfragt werden muß. Handlungen haben gewöhnlich ein Ziel, und ihnen liegt eine bestimmte Intention zugrunde. Das dem Bewußtsein zugängliche **Ziel und das Motiv des Handelns** kann aber das Ergebnis von Scheinbegründungen bzw. von Rationalisierungen sein. Aufgabe der Therapie ist es dann, jene Motive zu entdecken, die dem Handeln zugrunde liegen. Der Patient kann dann entscheiden, ob er seinen inzwischen bewußtseinsfähigen Motiven folgen oder auf bestimmte Handlungen verzichten will. Gelegentlich verstecken wir unser Handeln aus Abwehrgründen gänzlich, indem wir die Position des Opfers einnehmen (s. d. Abschnitt 5.6). Das Motiv bleibt dann unerkannt, weil es sozial wenig akzeptiert ist: z. B. Rache als Motiv oder Neid oder Rivalität. Auf einer tiefer unbewußten Ebene stehen die Motive des Handelns natürlich in enger Verbindung zu den unbewußten Ängsten und Bedeutungen sowie zu den Phantasien.

Im Erstinterview ist häufig nur wenig vom Handeln des Patienten die Rede, um so mehr dagegen von seinen Gefühlen und Erfahrungen. Wenn man aber das Sprechen selbst als Handeln versteht, erschließt sich häufig etwas von den unbewußten Motiven in der konkreten Situation: Dann erkennt man z. B., wo der Patient appelliert, wo er den Therapeuten beeinflußt, wo er auf Parteinahme im Sinne eines gemeinsamen Bündnisses drängt. All diese Maßnahmen stehen im Dienste unbewußter bzw. verheimlichter Motive, und gewöhnlich sind diese eingebunden in breitere Motivstrukturen, die die Beziehungsmuster des Patienten prägen (Schafer 1982).

Die Reisekauffrau im Beispiel 4 des 4. Kapitels liefert Hinweise für die Bedeutung unbewußter Motive in der Psychodynamik: Die Partnerschaften dieser Patientin werden immer nach dem gleichen Muster geschlossen und aufgelöst: hinter ihren überstürzten Freundschaften steht das Motiv, das Selbstwertgefühl zu stabilisieren. Dieses Motiv kann sich die Patientin aber nicht eingestehen, ohne mit ihrem bewußten Selbstbild in Konflikt zu kommen. Die augenblickliche suizidale Krise markiert deshalb nur einen von vielen Punkten, an denen sie mit ihrem Bemühen scheitert. Wenn eine Therapie hier Erfolg haben soll, dann muß die Patientin realisieren, daß Männer für sie Hilfsmittel zur Stabilisierung sind, daß sie aber diese Aufgabe nie wirklich erfüllen können. Die Störung selbst hat ihre Wurzeln wahrscheinlich in einer schlechten, ja chaotischen Mutterbeziehung, ohne daß der Vater eine korrigierende Erfahrung dargestellt hätte. Dieser Aspekt wird aber erst bearbeitet werden können, wenn die Patientin ihre Versuche, dem inneren Konflikt durch Flucht zu entkommen, zurückstellen kann.

Wenn man die psychoanalytische Therapie als Konfliktpsychologie betrachtet, dann fußen alle Konflikte im Kern auf der Konkurrenz unterschiedlicher Bedürfnisse und damit häufig auf divergierenden Motiven. Es gibt ein zentrales Motiv, das für vielfältige Widerstände in der Therapie verantwortlich ist: Das Motiv, dieser Konflikthaftigkeit zu entkommen. Abwehr ist nicht ausschließlich ein unbewußter Vorgang, wie er von Freud beschrieben wurde. Abwehr ist z. T. auch vorbewußt intendiert. Die Übergänge von Verdrängung zur halbbewußten Verleugnung sind fließend. So wie manche bewußtseinsnahen Phantasien die heile Welt der Mutter-Kind-Beziehung wieder herstellen sollen, dienen viele Aktivitäten dazu, die **Illusion einer heilen Welt** zu erhalten, in der wenigstens der Patient mit sich selbst im reinen bleiben kann. Die Aufrechterhaltung einer scheinbar heilen Welt ist das große Anliegen des narzißtischen Modus der Konfliktverarbeitung. Dazu verhilft die Tendenz der (bewußtseinsnahen) Abspaltung unerfreulicher Wünsche, die Tendenz zur Schwarzweißmalerei (die zwar traurige Verhältnisse anerkennt, in denen der Patient aber doch immer konfliktfrei auf einer Seite stehen kann). Vor allem verhilft dazu die Tendenz, die Realität so zu kaschieren, daß einander widersprechende Bestrebungen *doch* noch nebeneinander untergebracht werden können. „Er will das Fünferle und das Weckle" sagt man im süddeutschen Idiom dazu.

Die Vereinbarung zur Psychotherapie wird oft in der stillschweigenden Annahme getroffen, daß der Therapeut dieses Motiv zur Verleugnung widerstrebender Motive unangetastet läßt. Er soll heilen, aber er soll die innere Welt möglichst einfach und unkompliziert lassen. Wird diese Vorannahme nicht frühzeitig erkannt und zum Gegenstand des Gesprächs, dann resultiert daraus eine Therapie, die nur solange gut läuft, wie die innere Konflikthaftigkeit des Patienten ausgeklammert bleibt (häufig trifft sich in solchen Therapien das Bedürfnis des Patienten mit einem vergleichbaren Bedürfnis auf seiten des Therapeuten). Eine solche Therapie kann durchaus mit Symptombesserung einhergehen, aber das Ergebnis ist beeinträchtigt dadurch, daß die Konflikte an die soziale Umgebung delegiert und auf deren Kosten ausgetragen werden.

5.6.5 Unbewußte Wertvorstellungen

Es fällt auf, daß in der klinischen Praxis die Problematik der Patienten nur selten auf Konflikte bezogen werden, die auf unbewußten Wertvorstellungen beruhen. Wenn überhaupt, wird unter Rückgriff auf Freuds Strukturmodell von einer Überichproblematik gesprochen. Die von Freud beschriebenen Überichprobleme berühren aber das Phänomen der unbewußten Werthaltungen nur am Rande: Bei den typischen Hysterien ging es um den Konflikt zwischen (Trieb-)Wünschen und (Überich-)Verbot. In diesem Modell ist das Verbot selbst eher bewußt: Es liefert lediglich das unbewußte Motiv für den Vorgang der Verdrängung.

Bei den Konflikten um unbewußte Werthaltungen geht es um ein anderes Phänomen: Daß nämlich bestimmte Ideale und Gebote zum Konflikt des Patienten beitragen, weil sie zu anderen Idealen in Widerspruch stehen, und daß sie deshalb der Abwehr anheimfallen. Es geht dabei häufig um **Relikte aus der Pubertät und der Adoleszenz**: Der Adoleszente bemüht sich ja dezidert um eine Ablösung nicht nur von den realen Elternfiguren, sondern von den Eltern-Imagines, von ihren Normen und Idealen. Diese sollen nach Möglichkeit durch eigenständige Normen ersetzt werden. Diese Eigenständigkeit gegenüber den elterlichen Normen wird aber nur selten erreicht. Sehr häufig bleiben die Normen als elterliche Ideale wichtig und stehen den neuen, altersentsprechenden Idealen gegenüber. Es ist ein „reifes", aber psychisch aufwendiges Verfahren, den Konflikt zwischen elterlichen Normen und eigenständigen Werthaltungen ständig bewußt und offen zu halten. Der seelische Aufwand ist viel geringer, wenn die elterlichen Normen introjiziert werden und als Introjekte unbewußt bleiben. Ihre Wirksamkeit zeigt sich dann nur in indirekter Form: Die eigenen Werthaltungen stehen unbewußt im Schußfeld innerer Kritik, sie werden nicht souverän gehandhabt, sondern defensiv behauptet, dabei auch häufig reaktiv überhöht.

Klinisch beobachtet man z. B. eine ausgeprägte Tendenz zu Schuldgefühlen oder zu Selbstwertzweifeln. Vor allem aber beobachtet man bei vielen Patienten eine Tendenz zur Rationalisierung, zur Intellektualisierung und zur Radikalisierung der eigenen Normen, die eine heimliche defensive Note hat. Häufig wird die Eigenständigkeit gegenüber den Eltern in einer demonstrativen, an Verleugnung erinnernden Art betont. Das, was wir klinisch als „innerlich nicht gelöste Bindung" an die Eltern bezeichnen, ist im Kern häufig eine Abwehr introjizierter elterlicher Wertvorstellungen und Normen.

Bei der Lehrerin aus Beispiel 6 im 4. Kapitel wird die Psychodynamik in umgekehrter Weise von unbewußten Wertvorstellungen beeinflußt: Diese Patientin hat sich bewußt vollständig mit dem mütterlichen Wertsystem von Fürsorge und Schonung identifiziert. Wie bei so vielen problematischen Mutter-Tochter-Beziehungen ist ein System entstanden, bei dem nicht mehr klar ist, wer hier die Mutter-Rolle und wer die Tochter-Rolle übernommen hat. Der Vater mit seinem eigenen Wertsystem und seinem Zugang zur Welt scheint vollkommen in den Hintergrund gerückt zu sein. Aus der Anamnese ist ersichtlich, daß die Patientin als Studentin einen ernsthaften Versuch unternahm, aus der mütterlichen Welt mit ihren eingeschränkten Werten auszubrechen und eine eigenständige Welt aufzubauen. Es muß hellhörig machen, daß sie in diesem Bereich durchaus erfolgreich war, bis sie in ihrer Ehe scheiterte und zur Mutter zurückkehrte. Väterliche, eher leistungsbezogene Werte tauchen aber wieder auf in der Konfrontation mit dem Rektor, auf den die Patientin sehr heftig reagiert. Hier scheint eine alternative Wertwelt angesprochen zu sein, mit der sie bewußt nichts zu tun haben will, die sie aber möglicherweise unbewußt gerade deshalb beschäftigt, weil sie von der Mutter hätte wegführen können. Wenn eine Therapie bei dieser regressiven Entwicklung überhaupt noch eine Chance haben soll, dann liegt sie in der Reaktivierung der abgewehrten Ideale von Aktivität, sozialem Engagement und sozialer Verantwortung, die sie anscheinend in einer wichtigen Phase ihres Lebens hat vertreten können, mit denen sie aber auch gescheitert ist.

Abgespaltene Wertvorstellungen sind in der Psychodynamik von jenen Patienten wichtig, die unter den Folgen von **Identitätskonflikten** leiden. Der bewußte Konflikt ist dabei wiederum selten pathogen; hier wäre wahrscheinlich auch die Bezeichnung „Loyalitätskonflikt" treffender. Wenn dagegen die Unvereinbarkeit der Werthaltungen unbewußt bleibt und wenn unbewußte Strafängste dazu kommen, kann die Störung im Erleben und im Verhalten erheblich sein. Der Konflikt ist um so ernster, je tiefer verankert beide Identitäten im Patienten sind. Dennoch sollte der Identitätskonflikt nicht verwechselt werden mit dem

Phänomen der Identitätsdiffusion, wie sie etwa von Kernberg (1991) beschrieben wurde. Bei Kernbergs Patienten ist die einigende Kraft des Selbstsystems gering; die unbewußt gehaltenen Werthaltungen werden dagegen beim Identitätskonflikt deshalb verdrängt, weil sie auf ein intaktes Selbst treffen.

5.7 Täter oder Opfer?

Wenn Patienten über sich selbst berichten, erzählen sie zunächst ihre Lebensgeschichte. Diese Geschichte enthält zu wesentlichen Teilen das Selbstbild des Patienten und das Bild, das er sich von seiner Umwelt macht. Die Selbstpsychologie hat verdeutlicht, daß im Selbst immer zwei Aspekte enthalten sind: **Das Selbst als Handlungsträger**, als Zentrum der Aktivität; daneben das **Selbst als Objekt**, d. h. als Empfänger von Außenwahrnehmungen und als Objekt äußerer Einflußnahmen. Dabei sind beide Aspekte miteinander verwoben: Schon die Reaktionen auf die äußeren Reize sind durchaus als Handlungen einzustufen, weil sie Einfluß auf die Umgebung haben. Wenn man nicht nichtkommunizieren kann, kann man auf die Dauer auch nicht nichthandeln. Umgekehrt gibt es keine Handlungen, die nicht bereits in äußere Vorgaben eingebunden sind, auf die das Individuum keinen direkten Einfluß hat. Auch das selbständigste Selbst ist ständig Objekt von äußeren Einflüssen. Auf der moralischen Ebene spiegelt sich das Verwobensein beider Aspekte in die diffizile Dialektik der Position von Täter oder Opfer wider. Beide sind auf einer höheren Ebene aufeinander bezogen und bilden ein gemeinsames System.

Ein gesundes Selbstbild trägt dieser Dialektik von Akteur und Objekt, von Täter und Opfer Rechnung: Zur reifen Reflexionsfähigkeit gehört es, die eigene Aktivität auch in der passiven Position zu erkennen und dafür ein Stück Verantwortung zu übernehmen. Nicht selten begegnen wir aber Patienten, deren Selbstbild genau jene Dialektik nicht enthält, so daß sie sich ausschließlich als Akteur oder als Opfer sehen.

Das Problem einer Position ausschließlich als Akteur findet man bei Menschen, die ein ausgeprägtes **Autarkie-Ideal** haben und ihre passiven Anteile ablehnen bzw. verleugnen. Passivität wird als Abhängigkeit betrachtet. Diese Patienten finden selten den Weg zur Psychotherapie, weil sie allein durch das Setting in ihren Autarkiebestrebungen beeinträchtigt werden. Diagnostisch sind es häufig Patienten mit narzißtischer Problematik.

Das Problem der **Opferpatienten** ist weitaus mehr verbreitet. Dabei kann die Opferrolle zuweilen ganz an den gegenwärtigen sozialen Beziehungen festgemacht sein, manchmal ganz an der Vergangenheit bzw. an der Lebensgeschichte. In jedem Falle werden wechselnde Beziehungskonstellationen geschildert, in denen der Patient immer als derjenige erscheint, der schlecht behandelt wurde. Cremerius (1977) hat eine besondere Gruppe dieser Patienten beschrieben: Die sogenannten **Vorwurfspatienten** stellen mit ihren Vorwürfen ihre spezielle Überich-Problematik dar. Eine andere Gruppe von Patienten schildert scheinbar unberührt haarsträubende und erschreckende Ereignisse, die sie als Objekt einer endlosen Kette von Traumatisierungen erscheinen lassen.

Opferpatienten bringen ihre Therapeuten in eine Zwangslage: Wenn der Therapeut psychodynamische Hypothesen formulieren soll, dann muß er sich ein objektiveres Bild über den Patienten und seine Lebensgeschichte machen. Das kann dazu führen, daß er die subjektive Realität des Patienten uminterpretieren muß, ja, daß er im Interesse eines konsistenten Bildes vom Patienten eine alternative Realität zur subjektiven Realität des Patienten einführen muß. Auf die Dauer spürt der Patient, daß sein Therapeut eine andere Sichtweise von ihm und von der Realität hat, und sehr häufig ist es ein dringendes Anliegen des Patienten, daß der Therapeut seine Sichtweise „versteht", was nichts anderes heißen soll als daß er sie „teilt". Dann ist eine **Kampfsituation** um die richtige Sicht von Realität in der Therapie schwer zu vermeiden.

Es gibt zwei Argumentationshilfen, die es einem Therapeuten erleichtern, solch eine Auseinandersetzung mit dem Patienten durch Vermeiden zu „lösen". Zum einen kann man aus psychoanalytischer Sicht darauf hinweisen, daß der Gegenstand der Therapie ja schließlich die subjektive, die psychische Realität des Patienten sei. Wenn dieser sich als Opfer fühlt, dann sei dieses Gefühl Thema der Therapie, wie immer die Realität einmal ausgesehen habe. Es sei eine Verletzung der analytischen Neutralität, wenn der Therapeut zur äußeren Realität eine wie immer geartete Stellung beziehe. Diese Position ist allerdings in sich nur stimmig, wenn sich im Laufe der Analyse eine Übertragung entwickelt, in der die zentralen Konflikte des Patienten ausgetragen werden. Dann allerdings wird der Patient sich in kurzer Zeit auch in der Analyse als Opfer fühlen, und er wird den Analytiker schnell zum Täter, zum Aggressor machen. Der Konflikt wird dann in der Übertragung ausgefochten statt an der äußeren Realität. Voraussetzung ist, daß der Analytiker im Übertragungskonflikt nicht die Sichtweise des Patienten übernimmt (z. B. nicht seinen

eigenen Schuldgefühlen folgt) und daß der Patient in der Lage ist, eine derartig konfliktbesetzte Therapiesituation herzustellen und durchzuhalten. Viele Patienten vermeiden diese Konstellation, indem sie den Therapeuten ausschließlich die Rolle als idealisierten Objekts zuweisen und die Neutralität so interpretieren, daß der Therapeut ihre Sichtweise teilt. Gerade bei niederfrequenten Psychotherapien ist es eher der Fall. Hier wird sich bei Einhaltung einer falsch angewendeten Neutralität unweigerlich eine Konstellation herausbilden, in der der Patient stillschweigend davon ausgeht, daß der Therapeut seine Sichtweise von der Realität übernimmt. Die Therapie bleibt dann im friedlichen Fahrwasser, aber die zentrale Problematik bleibt unbearbeitet.

Die zweite Argumentationshilfe kommt aus einer **einseitig angewendeten Selbstpsychologie**. Kohut (1979) hat in der Tat die Ursachen der Selbststörungen ganz überwiegend in einer unempathischen Haltung der Bezugspersonen, insbesondere der Mutter gesehen. In diesem Punkte war Kohut ein Romantiker, der die Sehnsucht nach einer heilen Welt teilte und das Idealbild einer empathischen, nahezu konfliktfreien Frühphase der Entwicklung im Auge hatte. Seine Position ist mehrfach kritisiert worden (s. d. Thomä und Kächele 1985, Mertens 1990, Eagle 1988). Dennoch hat sich jener romantische Einschlag in der Psychotherapielandschaft gut durchgesetzt, weil er die romantische Sehnsucht der Psychotherapeuten so gut trifft. Eine ganze Welle an romantischer Sehnsucht nach einer heilen Kindheit hat Alice Miller (1979) in Gang gesetzt. Ihrem Ansatz zufolge wiederholt ein Therapeut die unempathische Haltung der Mutter, wenn er sich vom Selbstbild des Patienten und seiner Realitätssicht abgrenzt. Miller und manche Therapeuten mit ihr nehmen schlicht die Geschichte des Patienten für die Realität, insbesondere die Lebensgeschichte (siehe dazu auch Kapitel 3.4). Der Erfolg scheint der Sichtweise dieser Therapeuten recht zu geben: In der Tat geht es dem Patienten nach einer solchen „stützenden" Therapie häufig besser.

Bei genauerem Licht betrachtet ist der Erfolg solcher Therapien allerdings von zweifelhaftem Wert: Der Therapeut bietet sich als das idealisierte Objekt, als die bessere Mutter an, was natürlich als Unterstützung und Entlastung erlebt wird. Beide Beteiligten kämpfen gemeinsam auf der „Opferseite" (Blomeyer 1994). Die Rechnung zahlt die soziale Umgebung: Die realen Angehörigen der Patienten, die Partner, die Arbeitskollegen. Sie alle bekommen den Rückenwind zu spüren, den der Patient durch die Therapie bekommt, und sehen sich dabei in die Position von Tätern gedrängt. Es ist menschlich wie ärztlich ein höchst anfechtbares Ergebnis, wenn Psychotherapie darin besteht, daß jeweils ein Teil der Bevölkerung, nämlich die Therapierten, auf Kosten der Nichttherapierten ihr Selbstgefühl und ihre aggressive Durchsetzungskraft stärken.

Eine ärztlich und menschlich vertretbare Psychotherapie kann sich also nicht darauf beschränken, die ohnehin enorme Tendenz zur Viktimisierung von jedermann auch noch zu unterstützen. Es muß Aufgabe der Therapie sein, die Dialektik von Täter und Opfer, von Verantwortung und Entlastung aufzuarbeiten und die Spannung dabei auszuhalten. Zu dieser Spannung gehört der **Mut des Therapeuten**, der äußeren Realität ihren Platz einzuräumen, zumindest für das eigene Arbeitsmodell. Natürlich ergibt

sich hier das Problem, festlegen zu müssen, was Realität ist. Aber Festlegungen schaden nicht, wenn der Therapeut jederzeit seine Irrtumsmöglichkeit mit einkalkuliert und wenn er bereit ist, seine Festlegungen zugunsten neuerer Erkenntnisse zu korrigieren.

Eine besondere Brisanz hat diese Problematik der Opferposition dadurch bekommen, daß die Zahl der Patienten, die in der Kindheit **realen** massiven **Traumatisierungen** ausgesetzt waren, offensichtlich lange Zeit unterschätzt wurde. Sexueller Mißbrauch in der Kindheit und Gewalttätigkeit in den Familien ist leider ein häufiges Phänomen, und Therapeuten haben sich in früherer Zeit allzu häufig geirrt, wenn sie entsprechende Patientenberichte für Phantasien gehalten oder sie wie andere Formen psychischer Realität behandelt haben. Dabei brauchen die Opfer realer Gewalt und realen Mißbrauchs eine andere Art von psychotherapeutischer Bearbeitung als diejenigen, die sich nur als Opfer erleben. Wenn man ihre bewußten traumatischen Erfahrungen wie Phantasien behandelt oder wenn man ihnen masochistische Tendenzen unterstellt, schafft man neue Traumatisierungen, statt alte abzubauen. Gerade die Enthüllungen über sexuellen Mißbrauch und über Gewalt in den Familien unterstreichen aber m. E. die Notwendigkeit, daß der Therapeut sich eine Meinung bildet und daß er dazu Stellung bezieht, was er für Realität hält und was nicht. Sonst passiert es schnell, daß Eltern und Verwandte zu Unrecht des Mißbrauchs beschuldigt werden und die Beschuldigten zu Opfern einer Enthüllungswelle werden, die dann von Psychotherapeuten noch angestachelt statt kritisch befragt wird.

6 Die Konzeption des Behandlungsplans

6.1 Zur Problematik von Therapieindikationen

Fragen nach der Indikation sind den meisten Psychotherapeuten eher lästig; allzu oft laufen sie auf einen Begründungszwang für Psychotherapie hinaus. Viele Therapeuten glauben, daß es vollkommen ausreiche, im Erstinterview herauszufinden, ob der Patient für eine Psychotherapie oder eine Psychoanalyse geeignet sei. **Auswahlkriterium** ist für sie vorwiegend die Motivation des Patienten und der gefühlsmäßige Eindruck, miteinander zu können. Zeigen nicht sogar empirische Untersuchungen, daß der wichtigste Prädiktor für eine erfolgreiche Therapie die Qualität der sogenannten hilfreichen Beziehung ist? (Luborsky et al. 1988) Reicht es dann nicht aus, im Erstgespräch zu überprüfen, ob es genügend Gemeinsamkeiten für eine therapeutische Arbeit gibt? Ist nicht schon das Denken in Indikationskriterien ein Rückfall in jene Ein-Personen-Psychologie, die Balint (1990) zu Recht kritisiert hat?

Ich bin der Überzeugung, daß diese Meinung nicht richtig ist, sondern daß sie eher als Relikt aus den Anfängen der Psychotherapie zu werten ist. Überzeugungen dieser Art gehören zu einer Zeit, als es noch keinen Anspruch auf psychotherapeutische Versorgung gab, die Psychotherapie also noch voll nach den Gesetzen des freien Marktes funktionierte. Damals mußte es niemanden interessieren, was aus denjenigen Patienten wurde, mit denen die Therapeuten „nicht konnten", denn es gab ohnehin kaum Therapieplätze. Es war naheliegend, daß die therapeutischen Methoden dort angewendet wurden, wo sie am besten wirkten. Zu dieser Zeit beanspruchten alle therapeutischen Schulen, jeweils den einzig korrekten Weg zur Neurosentherapie weisen zu können, wenn nur der Patient bereit war, mitzumachen. Deshalb stellte sich die Frage nach der Empfehlung einer anderen Methode überhaupt nicht.

Heutzutage gibt es mehrere anerkannte psychotherapeutische Verfahren nebeneinander, und der aufgeklärte Therapeut weiß darum und kann in groben Zügen abschätzen, ob das eigene Methodenspektrum den Anforderungen des Patienten entspricht oder nicht. Der aufgeklärte Therapeut kennt auch verschiedene therapeutische Settings, oder er bietet selbst verschiedene Settings an; dabei kann er Vorhersagen machen, welches Setting und speziell welches Vorgehen innerhalb eines gegebenen Settings dem Patienten und seiner Problematik am weitesten entgegenkommt. Damit sind lauter Fragen angesprochen, die zum Indikationskatalog des aufgeklärten Psychotherapeuten gehören.

In einem wichtigen Punkt ist die Frage nach der Indikation in der Psychotherapie immer anders behandelt worden als in der übrigen Medizin: in der Medizin lassen sich relativ klare Indikationen angeben, weil sich bestimmte Therapiemethoden regelmäßig bei bestimmten Krankheitsbildern bewährt haben. Eine solche regelhafte Zuordnung von Therapiemethoden zu Symptomen oder Krankheiten gibt es in der Psychotherapie nicht, wie Bastine (1981) zu Recht feststellt. In der Psychotherapie orientiert sich das Spektrum der Therapietechniken am ehesten an den spezifischen Veränderungsbedingungen des einzelnen Patienten; wir können deshalb keine generelle Therapieindikation für eine „Depression" oder eine „Zwangsneurose" angeben. Damit wird der Vorgang der Indikationsstellung viel komplexer und damit subjektiver (s. dazu Schneider 1990, Baumann 1981). Um so mehr muß aber am Grundsatz festgehalten werden, daß die Therapiemethode sich nach der Besonderheit des Patienten richten muß und nicht umgekehrt!

In der Psychotherapie-Forschung wird in diesem Zusammenhang vom Grundsatz der adaptiven Indikation gesprochen (Zielke 1981), die von der Praxis der selektiven Indikation abgegrenzt wird. Eine **adaptive Indikation** setzt voraus, daß der Therapeut über ein gewisses Spektrum an Vorgehensweisen verfügt und daß er die spezifischen Veränderungsbedingungen des Patienten im vorhinein benennen kann. In der Praxis des niedergelassenen Therapeuten sind beiden Voraussetzungen Grenzen gesetzt, aber innerhalb dieser Grenzen können durchaus Indikationsentscheidungen getroffen werden. Im günstigen Fall kann ein Therapeut folgende Entscheidungen treffen:

a) Er kann überprüfen, ob eine Psychotherapie überhaupt der geeignete Weg zur Lösung der vordringlichsten Probleme ist. Das ist, wie im Einleitungskapitel bereits vermerkt, durchaus nicht immer der Fall (s. dazu Hohage et al. 1981). Indikationsüberlegungen können dem Therapeuten wichtige Argumentationshilfen geben, mit denen er ggf. auch einem Patienten von der Aufnahme einer Therapie abraten kann, statt ihn nur hilflos an andere Therapeuten abzuschieben.

b) Der Therapeut kann im Grundsatz überprüfen, ob das zur Verfügung stehende **Methodenspektrum** überhaupt für den Patienten geeignet ist.

c) Er kann überprüfen, **welches Setting** innerhalb des verfügbaren Methodenspektrums für den Patienten am günstigsten ist.

d) Schließlich kann der Therapeut prüfen, **welches Vorgehen** innerhalb des angestrebten Settings für den Patienten am hilfreichsten ist. Damit sind wir beim Aspekt der Behandlungsplanung im engeren Sinn.

6.2 Indikationskriterien in der Psychotherapie

Zur Klärung der Indikationskriterien sei daran erinnert, daß in den Psychotherapie-Richtlinien Störungen der Wahrnehmung und der Erlebnisverarbeitung nur dann als Krankheiten akzeptiert werden, wenn sie der willentlichen Steuerung durch den Patienten nicht mehr oder nur zum Teil zugänglich sind (s. Faber und Haarstrick 1996, S. 21). Mit anderen Worten: Der Patient muß den Wunsch nach Veränderung mitbringen, ohne ihn in Handeln umsetzen zu können, weil er in diesem Punkte unbewußten Mechanismen unterliegt, die er nicht steuern kann. Aus dieser Konstellation heraus lassen sich die verschiedenen Indikationskriterien ableiten:

a) Veränderungswunsch des Patienten

Es reicht für die Indikation nicht, daß der Patient ein Symptom aufweisen kann, das als neurotisches Symptom zu gelten hat. Es reicht noch nicht einmal, daß der Patient unter diesem Symptom leidet. Notwendig für die Indikation ist, daß der Patient eine Veränderung anstrebt, die zu einer Symptomaufhebung führt. Angesprochen ist also die Frage nach dem subjektiven Therapieziel des Patienten: Wünscht er aus dem Wissen um seine Problematik eine Veränderung? Oder leidet er zwar unter den Symptomen, hat aber soviel Angst vor seelischen Veränderungen, daß er lieber das Leiden in Kauf nimmt? Dann ist die Indikation zur Psychotherapie sehr fragwürdig. Erst recht gilt das natürlich für den Fall, daß der Patient insgeheim Gewinn aus seiner Symptomatik zieht, so daß ihm schon aus äußeren Gründen eine Veränderung unwillkommen ist (sekundärer Krankheitsgewinn). Auch hier ist keine Psychotherapie im Sinne einer Fachpsychotherapie indiziert, zumindest solange der sekundäre Krankheitsgewinn überwiegt. Durchaus indiziert sind aber Vorgespräche, die den Stellenwert des sekundären Krankheitsgewinns klären und ggf. in Frage stellen. Es kann in diesen heiklen Fällen von entscheidendem Nutzen sein, mit dem Patienten intensiv zu arbeiten, ohne sich zu einer festen Therapiezusage verführen zu lassen.

b) Veränderungsnotwendigkeit

Der subjektive Behandlungswunsch des Patienten muß keineswegs zusammenfallen mit einer von der Gesellschaft anerkannten Behandlungsnotwendigkeit. Es gibt krasse Beispiele: So wurde berichtet von einem 50jährigen Patienten, der über Potenzprobleme klagte und Psychotherapie wünschte. Sein Problem war, daß er seit einigen Monaten nicht mehr den täglichen Geschlechtsverkehr mit seiner Frau vollziehen konnte. Hier ist der Behandlungswunsch offensichtlich, die Notwendigkeit für eine Psychotherapie aber wohl kaum gegeben. Der heikle Punkt bei diesem Kriterium der Indikation ist, daß der Therapeut aufgerufen ist, die Behandlungsnotwendigkeit anzuerkennen oder auch zu verweigern. Er sollte dies nicht nach seinem Gutdünken tun, sondern sollte, wie im Kapitel über Therapieziele ausgeführt, hier als Experte für seelische Gesundheit stehen, der eine Notwendigkeit akzeptiert oder nicht. Die „objektive" Begründung für die Ablehnung des Behandlungswunsches müßte so lauten: Ein gewisses Nachlassen der Potenz mit zunehmenden Lebensalter ist so weit verbreitet, daß daraus allein noch keine Krankheit abgeleitet werden kann, selbst wenn das Nachlassen in diesem konkreten Fall zu zwischenmenschlichen Problemen führen sollte.

Es gibt weniger eindeutige Fälle, die eine Begründung der Ablehnung schwieriger machen. Das Prinzip bleibt aber das gleiche: Der Veränderungswunsch des Patienten kann nur dann zu einer Therapie führen, wenn er vom Therapeuten als Experten mitgetragen werden kann. Wenn es hier keine Einigung über Therapieziele gibt, dann kann es auch keine Indikation zur Psychotherapie geben.

c) Veränderbarkeit des Patienten

Selbst wenn es genügend Gemeinsamkeiten in der Zielsetzung gibt, setzt eine Indikation voraus, daß auch genügend Aussicht darauf besteht, daß das Therapieziel erreichbar ist. Veränderbar muß nicht etwa nur das Symptom sein, sondern die dem Symptom zugrunde liegenden Krankheitsursachen müssen vom Therapeuten als veränderbare Ursachen eingestuft werden (s. Abschnitt 4.3). Angesprochen ist die Frage nach der Prognose des Therapieprozesses. Die grundsätzliche Veränderbarkeit der Krankheitsursache ist dabei nur ein Aspekt. Zu berücksichtigen sind all jene Krankheitsbedingungen, die die Prognose des Veränderungsprozesses beeinflussen. Heigl (1987) hat eine Vielzahl von prognostischen Kriterien in einer Systematik zusammengestellt. Ein wesentlicher Aspekt dabei ist die Frage nach den gesunden Persönlichkeitsanteilen und nach den Bewährungsproben, die der Patient in seinem Leben schon bestanden hat (Alexander und French 1946). Die Prognose hängt aber nicht nur von der Persönlichkeit des Patienten ab, sondern auch vom sozialen Kontext, in dem die Veränderung vollzogen werden muß. Auch bei zweifelhafter Prognose kann eine Therapie natürlich indiziert sein. Aber es muß vorausgesetzt werden, daß zumindest eine plausible Hoffnung besteht, daß die Therapieziele auch erreicht werden können. Ist die Prognose sehr schlecht, dann rücken alternative Maßnahmen natürlich stärker in den Blickpunkt.

d) Die Effizienz der geplanten Therapie

Solange die Ressourcen im Gesundheitswesen begrenzt sind, müssen medizinische Maßnahmen auch nach der Relation von Kosten und Nutzen befragt werden. Bei dem Stand der gegenwärtigen psychotherapeutischen Versorgung nimmt jeder Psychotherapiepatient einem anderen Patienten einen Behandlungsplatz weg. Deshalb ist es durchaus legitim, ja notwendig, daß der Aufwand der geplanten Maßnahme in einer gewissen Relation zum erreichbaren Effekt stehen muß. Manche Patienten sehen

dies anders: Sie sehen Therapeuten als omnipotente Versorger wie die Mutter der frühen Kindheit. Zur Geborgenheit der Kindheit gehört natürlich die Phantasie, selbstverständlich und unbegrenzt auf die verantwortliche Fürsorge der Eltern zurückgreifen zu können und für jedes Problem ein offenes Ohr zu finden. Therapeuten sollten nicht aus dem Auge verlieren, daß der Wert dieser Geborgenheit als behandlungstechnisches Mittel begrenzt ist. Therapeuten sind weder omni-potente noch omni-präsente „Fürsorger" im sozialen Netz. Bei der Behandlungsplanung muß deshalb geklärt werden, wieviel Aufwand und wieviel Präsenz notwendig und begründet ist. Absprachen gelingen um so leichter, je mehr der Therapeut sich selbst über die Begrenzungen seiner Rolle im klaren ist. Andernfalls fördert er ungewollt die kindlichen Illusionen seiner Patienten und trägt damit zu deren unglücklicher Lebensbewältigung bei.

e) Abwägung von Behandlungsvorteilen und Behandlungsrisiken

Alle Behandlungen haben mehr oder weniger ausgeprägte **Nebenwirkungen**. Am eindeutigsten ist dies bei den medikamentösen Therapien. Aber auch für die Psychotherapie gilt, daß eine Methode, die keinerlei Nebenwirkungen hat, wahrscheinlich auch keine überzeugende Wirkung haben wird. Strupp et al. (1977) haben in einer Arbeit zu negativen Therapieergebnissen auf das Nebenwirkungsproblem Bezug genommen. Die bekanntesten negativen Begleiterscheinungen einer Therapie sind wohl die unerwünschte Abhängigkeit vom Therapeuten, die Verstärkung kindlicher Verhaltensweisen, die das Zusammenleben mit anderen erschweren, und die Verringerung von Entscheidungs- und Handlungskompetenz in Zeiten intensiverer Therapie. Nicht zu vergessen ist die größere Gefahr von neurotischen oder evtl. sogar psychotischen Dekompensationen.

Nicht zu vergessen ist, daß von einer Psychotherapie für manche Patienten geradezu eine Verlockung ausgeht, andere unter Druck zu setzen. Leidtragende dieser Tendenz ist das soziale Umfeld und insbesondere der Partner der Patienten: mit einer Psychotherapie im Rükken läßt es sich hervorragend streiten, vor allem wenn der Therapeut diese Form des Agierens nicht erkennt, sondern direkt oder indirekt mitagiert. Natürlich ist z. B. der Erhalt einer bestehenden Partnerschaft nicht unbedingt ein Therapieziel, aber der überraschend hohe Prozentsatz von Ehen, die unter einer Psychotherapie scheitern, sollte doch zu denken geben. Das Agieren von Konflikten läßt sich also durchaus unter die unerwünschten Nebeneffekte einordnen.

Behandlungsrisiken können durch eine geeignete Behandlungstechnik großenteils wieder aufgefangen werden. Dies mag ein triftiger Grund sein, warum sie in der Literatur eher selten erwähnt werden. Wenn aber Behandlungsrisiken schon von Beginn an vorauszusehen sind, dann können sie ein Grund sein, die therapeutischen Maßnahmen zu modifizieren oder nach Ersatzlösungen Ausschau zu halten (s. Abschnitt 6.5).

6.3 Differentialindikation zu verhaltenstherapeutischen Verfahren

Bevor die Indikation zu verschiedenen therapeutischen Settings erörtert wird, muß die Differentialindikation zu den verhaltenstherapeutischen Verfahren ge-klärt werden. Eine erschöpfende Darstellung dieser Frage würde allerdings den Rahmen dieses Buches sprengen. Aussagen über die Differentialindikation setzen ein gesichertes Wissen über die klinischen Unterschiede und über den Behandlungserfolg beider Verfahren voraus. Die aufwendige **Metaanalyse der Erfolgsstudien**, die von Grawe et al. (1994) veröffentlicht wurde, ist zum Gegenstand heftiger Kontroversen geworden. Leider hat sich Grawe im Anschluß an seine Metaanalyse zu Schlußfolgerungen verleiten lassen, die zwar publikumswirksam, aber auch unseriös sind, zumal die methodische Sauberkeit seiner Metaanalyse umstritten ist (Tschuschke et al. 1994, Meyer 1994, Rüger 1995). Die Fragezeichen aber liegen für den klinisch arbeitenden Psychotherapeuten nicht einmal in methodischen Einwänden. Sie liegen viel mehr darin, daß die Therapien, die in der Metaanalyse von Grawe erfaßt werden, nur einen kleinen Teil und dazu einen untypischen Teil der Therapien ausmachen, die in der Praxis geführt werden. Der Patient, der in kontrollierten Studien erfaßt wird, hat überwiegend Ambulanzen und andere Institutionen aufgesucht, er hatte eine Symptomatik, die den Auswahlkriterien der kontrollierten Studie entsprach, er hat einer aufwendigen Begleituntersuchung und einer katamnetischen Untersuchung zugestimmt, ohne sich zu sträuben. Er hat sich von Therapeuten behandeln lassen, die an Vergleichsstudien und an methodisch klar definiertem Vorgehen interessiert waren. Kontrollierte Effektivitätsstudien belegen, daß unter diesen Bedingungen Psychotherapie funktioniert und daß es z. T. statistisch signifikante Unterschiede zwischen verschiedenen Verfahren gibt. Das ändert aber nichts an der Tatsache, daß sowohl der Patient der kontrollierten Studie als auch sein Therapeut für die Praxis untypisch sind. Dies gilt für die verhaltenstherapeutischen Verfahren vielleicht noch stärker als für die analytisch begründeten Verfahren, weil in den psychologischen Praxen Verhaltenstherapie sehr häufig mit anderen Verfahren kombiniert wird, während in den kontrollierten Studien mit standardisierten Methoden gearbeitet wird. Erst wenn es gelänge, eine echte Praxisstudie mit vergleichbaren Ergebnissen aufzulegen, könnte man bei der Differentialindikation auf das gesicherte Wissen zurückgreifen, das Grawe et al. schon zu haben meinten.

Andererseits kann man die Vergleichsstudien nicht einfach als irrelevant vom Tisch wischen, vor allem wo sie klinische Erfahrungen durchaus ergänzen. Diese Erfahrungen und Befunde belegen Unterschiede im Therapieerfolg, die sich bei bestimmten Störungen recht deutlich zeigen. In diesem Sinne haben auch Faber und Haarstrick in ihrem Kommentar zu den Richtlinien einige Hinweise gegeben. Sie weisen zugleich darauf hin, daß sich die Frage nach der Differentialindikation in der Praxis nur selten stellt, weil Psychotherapeuten gewöhnlich nur eines der Verfahren anbieten können und weil sie sich verständlicherweise scheuen, den Patienten an einen anderen Therapeuten weiterzuverweisen. Es müssen schon relativ eindeutige Indikationen vorliegen, um diesen Schritt zu rechtfertigen:

– Auf der Symptomebene besteht Übereinstimmung, daß monosymptomatische, gut umschriebene Störungen mit einer Verhaltenstherapie effektiver behandelt werden können als mit analytisch begründeten Verfahren. Dies gilt insbesondere für monosymptomatische Phobien und für Panikattacken.

– Auf der Ebene der Persönlichkeitsvariablen hat die Verhaltenstherapie dort Vorteile, wo sie auf umschriebene Störungsbereiche trifft oder wo sie zumindest Störungen in umschriebene Teilstörungen aufschlüsseln kann.

– Auf der Ebene der Motivation ist die Verhaltenstherapie dort im Vorteil, wo der Patient vor allem an einer möglichst raschen Symptombeseitigung interessiert ist und wo er wenig an sich selbst leidet. Voraussetzung ist aber auch dort eine gute Bereitschaft zur Mitarbeit.

Eigene Erfahrungen in der Kooperation mit Verhaltenstherapeuten haben mich vor allem von einem **Unterschied im methodischen Vorgehen** überzeugt, der auch die o. g. Unterschiede mitbestimmt: die Stärken der psychoanalytisch begründeten Verfahren liegen in der Fähigkeit, einfache Sachverhalte in einen komplexen und größeren Zusammenhang einzuordnen. Wenn Patienten viel über sich wissen wollen, liegen sie mit den analytischen Verfahren richtig. Die Stärken der verhaltenstherapeutischen Verfahren liegen in der Fähigkeit, komplexe Sachverhalte auf einfache seelische Mechanismen zu reduzieren. Wo diese Reduktion angebracht oder notwendig ist, ist die Verhaltenstherapie im Vorteil.

Die Einschränkungen der Differentialindikation liegen vor allem darin, daß sie nur dort überzeugend ausfällt, wo Therapeuten relativ starr an den methodischen Vorgaben festhalten. Je offener ein Verhaltenstherapeut in seiner Praxis die therapeutische Beziehung in seine Interventionen einbezieht, je flexibler ein analytisch arbeitender Therapeut eine aktive und regressionssteuernde Technik (s. d. Abschnitt 7.4) einsetzen kann, desto geringer werden die Unterschiede. Diese Beobachtung läßt sich allerdings auch im Sinn einer Differentialindikation umformulieren: Wenn ein Patient aufgrund seiner Persönlichkeit und seiner Symptomatik eine Gesprächstechnik verlangt, die ausgesprochen handlungsorientiert, aktiv, regressionssteuernd und entlastend zu sein hat, dann sollte der Therapeut sich überlegen, ob ein verhaltenstherapeutisch arbeitender Kollege diese Aufgabe besser und effektiver lösen könnte.

6.4 Gesprächstechniken in den analytisch begründeten Verfahren

Im Gegensatz zur Verhaltenstherapie werden in den psychoanalytischen Verfahren keine standardisierten, voneinander sauber getrennten Gesprächstechniken angeboten. Der Verzicht auf Standardisierung ist sinnvoll, wenn man eine möglichst große Flexibilität in Anpassung an die Bedürfnisse des Patienten im Auge hat. Andererseits hilft der Grundsatz der Flexibilität in der psychotherapeutischen Praxis wenig, wenn der Therapeut nicht weiß, welche alternativen Vorgehensweisen ihm zur Verfügung stehen. Er ist dann auf seine Fähigkeit angewiesen, spontan auf die Angebote, aber auch auf die plötzlich auftretenden Krisen in der Therapie zu reagieren. Manche Komplikation in der Therapie läßt sich bei genügendem behandlungstechnischen Wissen vorhersagen und damit auch vermeiden. Mir scheint, daß in der Weiterbildung die Theorie der Gesprächstechniken eher zu kurz kommt. Dabei ist offensichtlich, daß die Gefahr von unerwünschten Effekten in der Psychotherapie um so größer ist, je starrer der Therapeut seine eigene Technik handhabt. Im folgenden Abschnitt soll aufgezeichnet werden, zwischen welchen Polen die Gesprächstechnik jeweils variieren kann. Dabei sollte deutlich werden, wo die Vorteile und wo die Komplikationen der jeweiligen Vorgehensweise liegen.

a) Aktive oder kontemplative Bewältigung?

Es gibt für alle Patienten verschiedene Möglichkeiten, ihre persönlichen Probleme zu lösen. Der eine Weg besteht im **Ausprobieren von Lösungen** und im Lernen durch Versuch und Irrtum. Gerade im sozialen Bereich lernt man adäquates Verhalten oft nicht durch Nachdenken, sondern durch eine Vielzahl von Erfahrungen, die aus sozialen Interaktionen resultieren. Die zweite Form der Problemlösung ist die der **gedanklichen Aufarbeitung** eines Problems mit der Entwicklung einer Lösungsstrategie.

In den psychoanalytisch begründeten Therapien kommen beide Formen der Problemlösung zur Anwendung. Viele Fortschritte werden z. B. durch soziales Handeln und soziales Lernen innerhalb und außerhalb der Therapie erzielt. Nicht selten bietet sich der Therapeut bzw. der Analytiker als handelndes Gegenüber an. Dann werden wichtige Erfahrungen im Rahmen eines „Handlungsdialoges" (Klüwer 1983) gemacht. Häufig wird der Therapeut aber auch den Patienten in seinen Erfahrungen außerhalb der Therapie begleiten, wird zu Probehandlungen ermutigen und Handlungsalternativen durchspielen. Das analytische Element der Therapie liegt dann eher in der Post-hoc-Analyse der abgelaufenen Erfahrungen und Handlungen, wobei die Reflexion der Konsequenzen des Handelns von großer Bedeutung ist. Die Klarifikation und die Konfrontation sind bevorzugte Interventionen einer mehr aktiven Gesprächstechnik.

Eine aktive, handlungsorientierte Technik bietet sich naturgemäß bei jenen Patienten an, deren Probleme (Symptome) eindeutig auf der Handlungs- bzw. Verhaltensebene liegen. Das gilt insbesondere bei Phobien, wo angstmachende Situationen habituell durch Vermeidung entschärft werden, oder bei Patienten mit sozialen Hemmungen, die sich selbst durch Vermeidung ständig verstärken. Dies gilt auch bei Eßstörungen, wenn das gestörte Eßverhalten im Vordergrund steht. Hier überall hilft die Reflexion allein nur wenig, wenn sie nicht von realen Konsequenzen auf der Handlungsebene gefolgt ist. Im Gegenteil: manche Patienten setzen Reflexion ein im Dienste der Vermeidung von Handlungen oder Entscheidungen. Eine aktive therapeutische Technik kann durchaus positiven Einfluß auf die therapeutische Beziehung haben: Durch seine Nachfragen signalisiert der Therapeut sehr konkret Interesse an den Handlungen und am Wohlergehen des Patienten. Er signalisiert, daß nicht nur Denken und Reden, sondern auch die aktuelle Lebenssituation wichtig ist. Solange er vermeidet, den Patienten zu bedrängen, kann der Patient sich durchaus vom Therapeuten unterstützt fühlen.

Während der Patient bei der aktiven Bewältigung das Problemfeld aktiv aufsucht, versucht er bei der **kontemplativen Bewältigung** die Distanz zu vergrößern. Der Therapeut kann ihn dabei durch seine Gesprächstechnik unterstützen, indem er sich seinerseits mehr auf das Zuhören und das Kommentieren verlegt. Er dient dann dem Patient eher als Beispiel für größere Distanz, für die Klugheit des Abwartens und für eine Gelassenheit, die unüberlegte Reaktionen und kurzsichtiges Handeln besser ausschließt. Deutungen sind typische Intervention auf der kontemplativen Ebene, schon weil sie gewöhnlich eine Analyse auf einem anderen Abstraktionsniveau anbieten.

Kontemplative Techniken bieten sich naturgemäß an bei Patienten, die auf der

Handlungsebene ausreichende Kompetenz besitzen, ohne daß sie in ihrem Erleben daraus Befriedigung oder Sicherheit gewinnen können. Sie sind insbesondere bei jenen Patienten wichtig, die äußere Aktivität dazu benutzen, um die Wahrnehmung innerer Regungen zu übertönen bzw. zu verdrängen. Auch Handeln kann durchaus Fluchtcharakter annehmen. Die kontemplative Haltung des Therapeuten wirkt auf handlungsorientierte Patienten oft verunsichernd, was durchaus therapeutisch erwünscht sein kann. Der Therapeut kann allerdings dazu beitragen, diese Verunsicherung in Grenzen zu halten, wenn er dem Patienten Einblick gibt in die Art und Weise, wie er selbst über den Patienten denkt. Es ist oft hilfreich, dem Patienten zu erläutern, wie man dessen Handeln gedanklich einordnet, welche Voraussetzungen man dabei sieht und welche Konsequenzen einem durch den Kopf gehen. Der Therapeut bietet sich dann gleichsam als Modell an für ein reflektiertes Vorgehen. Der Patient erlebt mit, daß Reflexion auch Sicherheit im Denken vermitteln kann.

b) Regressionsfördernde oder regressionssteuernde Technik?
Wichtig ist auch die Frage, wie viele regressive Elemente notwendig sind, damit der Patient seine Probleme besser lösen kann. Eine **regressionsfördernde Technik** läßt das Gespräch bekanntlich „offen", d. h., sie gibt wenig Strukturierung vor. Der Patient ist dadurch angehalten, den Strom seiner Gedanken zu folgen und gedankliche Kontrolle aufzugeben. Regression wird ferner dadurch gefördert, daß den affektiven Elementen und Signalen eine größere Bedeutung im Gespräch zugemessen wird als den gedanklichen Elementen. Musterbeispiel für eine solche strukturauflockernde Vorgehensweise ist die Technik der frei-

en Assoziation in der Psychoanalyse. Hier wird in besonderem Maße die Menge der Außenreize reduziert, der Blick des Patienten nach innen gelenkt und strukturierende Erläuterungen vermieden. Im günstigen Fall kann der Patient auf der Basis eines stabilen Rahmens und einer guten Beziehung eigene Aktivitäten entdecken und entwickeln, die ihm vorher verborgen geblieben sind. Das regressive Element wird u.a. gefördert durch die Arbeit an den Kindheitserinnerungen und durch das empathische Aufgreifen von kindlichen Bedürfnissen und Beziehungsangeboten.

Bei einer **regressionssteuernden Technik** behandelt der Therapeut den Patienten eher als Handelnden denn als Objekt von Handlungen, und er konfrontiert den Patienten stärker mit den Konsequenzen seines Handelns. Er unterstreicht damit indirekt, daß er den Patienten mehr als erwachsenen Menschen sieht, der für Entscheidungen verantwortlich, aber auch zu Entscheidungen fähig ist. Regression wird darüber hinaus vor allem dann gebremst, wenn der Patient viel Kontrolle über sein Denken und Handeln behält bzw. zurückerhält. Das hat besondere Bedeutung für die Regression innerhalb der therapeutischen Beziehung: Wenn der Therapeut sich bemüht, das eigene Handeln und Denken zu erläutern, verschafft er dem Patienten ein Stück Kontrolle über das, was innerhalb der Situation geschieht. Die Bearbeitung der aktuellen Interaktion im Hier und Jetzt bietet ebenfalls viele Möglichkeiten zur Steuerung von regressiven Prozessen.

Regressionsfördernde Techniken sind hilfreich, wo Patienten in ihrer Problemlösung scheitern, weil sie zu wenig Zugang zu ihrer affektiven Welt haben. Dies gilt insbesondere für Patienten mit nar-

zißtischer Abwehr von Depression und für jene psychosomatischen Patienten, deren Pseudo-Vernünftigkeit den emotionalen Zugang erschwert. Bei letzteren ist allerdings zu beachten, daß zu viel Regressionsangebot auch die Angst verstärken und zu noch größerer Kontrolle führen kann. Auf der anderen Seite stehen Patienten mit einer ausgeprägten Tendenz zur regressiven Entgleisung. Wo immer aktives Handeln zur Konfliktlösung gefragt ist, wirkt sich eine starke Regression negativ aus. Eigene Probleme werfen die Borderline-Patienten auf, bei denen regressive Prozesse plötzlich entgleisen und zu schwerwiegenden Krisen Anlaß geben können. Wenn die Regression sich nur innerhalb der Therapie auswirkt, bekommt nur der Therapeut das zu spüren. Wenn sich aber die Regression außerhalb der Therapie bemerkbar macht, kann die Therapie unfreiwillig zum Anlaß werden, daß die soziale Situation des Patienten sich drastisch und nachhaltig verschlechtert.

Der Umgang mit der Regression ist stark geprägt von der Art und Weise, wie der Therapeut die Krankheitsursachen einschätzt. Therapeuten, die eher traumatische Einflüsse der Kindheit als Ursachen angehen, neigen zu einem eher regressionsfreundlichen Umgang; wer dagegen die regressiven Aspekte der aktuellen Problematik betont, neigt eher zu einer regressionssteuernden Technik.

c) Entlastung oder Infragestellung?
Die hier benannte Polarität deckt sich zum Teil mit der alten Dichotomie zwischen **supportiven und aufdeckenden Verfahren**. Die Psychoanalyse gilt im Rahmen dieser Dichotomie als das zentrale aufdeckende Verfahren im Gegensatz zu den niederfrequenten Therapien, die dann eher als „stützend" qualifiziert werden. Empirische Untersuchungen

haben allerdings gezeigt, daß die Gegenüberstellung in dieser Form nicht stimmt: Auch in der Psychoanalyse gibt es Abschnitte oder ganze Therapien, in denen die Unterstützung überwiegt (Wallerstein 1986); im Rahmen der fokalen Kurztherapie ist das Aufdecken von unbewußten Konflikten trotz geringer Frequenz ein zentrales Thema (s. d. Klüwer, 1971, Strupp und Binder 1991).

Wahrscheinlich ist die Gegenüberstellung von konfliktaufdeckenden und supportiven Verfahren bzw. Techniken in sich bereits irreführend. Sie legt nahe, daß Konfliktaufdecken im Gegensatz zur Unterstützung stehen müßte. Dabei ist das Benennen eines unbewußten Konfliktes zuweilen ausgesprochen hilfreich, weil klärend für den Patienten. Auf der anderen Seite hat Mentzos (1986) darauf hingewiesen, wie wenig hilfreich eine sog. supportive Technik ist, die nur im Sinne einer Beschwichtigung eingesetzt wird. Adäquater ist deshalb die Frage, ob mit einer Intervention eher Entlastung oder eine Infragestellung des Patienten angestrebt wird.

Wenn Angst und Spannung beim Patienten bis an die Schwelle des Erträglichen ansteigen, dann sollte der Therapeut eher **entlastende Interventionen** einsetzen: Mitgefühl und Verstehen wirken in der Regel entlastend, weil der Patient sich mit seinen Gefühlen nicht so allein fühlt. Entlastend wirken auch Interventionen, aus denen deutlich wird, daß der Patient Grund dafür hat, so und nicht anders zu fühlen. Die überragende Bedeutung, die die Arbeit an den Kindheitserinnerungen in der Psychotherapie hat, leitet sich zu einem ganz wesentlichen Teil aus ihrer Entlastungsfunktion ab: Das, was den Patienten jetzt als „Symptom" stört oder ängstigt, ist nicht ohne Grund und ohne Logik aufgetaucht, sondern es folgte einer eigenen Logik und damit Gesetzmäßigkeit, auch wenn diese heute nicht mehr angemessen ist. Unter diesem Aspekt betrachtet wirken auch Deutungen, die die Kindheit rekonstruieren, in aller Regel entlastend. In die gleiche Richtung wirkt die Erfahrung, daß der Therapeut in der Lage ist, viel Spannung und vor allem viel Unsicherheit auszuhalten: Die Externalisierung der eigenen Ängste veranlaßt die Patienten häufig zur Annahme, daß kein Mensch ihren inneren Druck ertragen könne. Die von Bion (1962) beschriebene Containerfunktion des Analytikers nimmt auf diese Ängste Bezug und beschreibt die Entlastung, die erreicht werden kann, wenn sich der Analytiker vorübergehend als Container vom Patienten gebrauchen läßt.

Auf der anderen Seite stehen Gesprächstechniken, die **das Gewohnte in Frage stellen**. Unter den Interventionen wirkt das Aufheben der Verdrängung durch Deutung am stärksten in Frage stellend. Das gilt insbesondere für Abwehrdeutungen, zumal eine vollständige Abwehrdeutung nicht nur das Abgewehrte, sondern auch das Motiv für die Abwehr benennt. Deutungen unbewußter Motive konfrontieren den Patienten nun einmal mit einem Handeln, das von ihm bewußt gar nicht so gesteuert worden ist. Das ist der Grund, warum auch Übertragungsdeutungen so stark verunsichern können. Wenn die Übertragungsdeutung nicht nur Vorbewußtes benennt, sondern eine bisher für selbstverständlich erachtete Interaktion bzw. ein Verhaltensmuster in einen ganz fremden Zusammenhang stellt, wird dem Patienten der Boden seiner vertrauten Beziehungsstruktur entzogen. Die Bearbeitung der Übertragung muß deshalb mit Bedacht in die Therapie eingeführt werden.

Das Infragestellen von bisher Gewohntem ist für den Patienten mit Angst und Unbehagen verbunden. Andererseits ist das Infragestellen von scheinbar eindeutigen Selbsteinschätzungen eine Voraussetzung zur **Veränderung durch Einsicht**. Durch Entlastung allein wird der Patient sich nur bestätigt fühlen und sich nur soweit entwickeln, wie es sein festgelegtes Selbstbild erlaubt. Im Rahmen einer Behandlungsplanung muß geklärt werden, wieviel Infragestellung notwendig und für den Patienten zu ertragen ist und wieviel Entlastung der Patient im Rahmen der Therapie braucht. Dabei läßt sich vorhersagen, daß das Infragestellen um so wichtiger für den Therapieerfolg ist, je stärker ein pathogenes Erleben oder ein Verhaltensmuster charakterlich verfestigt und damit ich-synton ist. Entlastende Behandlungstechniken sind um so eher angesagt, je näher der Patient einer ängstlichen oder depressiven Dekompensation ist. Wenn beim gleichen Patienten beide Komponenten sich mischen, ist mit einer krisengefährdeten und komplizierten Therapie zu rechnen.

d) Intrapsychische Bearbeitung oder Bearbeitung auf der „realen" Ebene?

Auch die tiefenpsychologisch fundierte Psychotherapie zielt auf die Bearbeitung eines intrapsychischen Konflikts bzw. einer solchen Problematik. Dennoch läßt sich nicht übersehen, daß die meisten Patienten wegen Problemen kommen, die auf einer äußeren bzw. einer **zwischenmenschlichen Ebene** liegen. Im Idealfall läßt sich die äußere Problematik ohne Schwierigkeiten darauf zurückführen, daß ein bestimmtes inneres Problem die Lösung behindert. Die Veränderung der inneren Konstellation führt dann fast von allein zu einer Veränderung der sozialen Konflikte. Nicht selten wird man allerdings feststellen, daß der äuße-

re Konflikt die innerseelische Bearbeitung verhindert. Der Konflikt kann z.B. so akut oder so bedrohlich sein, daß er die Entwicklung von Einsicht regelrecht blockiert. Dies ist z. B. auf dem Höhepunkt einer zerbrechenden Ehe eine typische Komplikation. Hier muß zunächst eine Entspannung auf sozialer Ebene erreicht werden, bevor innerseelische Veränderungen angestrebt werden können.

Schwierig wird die Bearbeitung innerseelischer Probleme auch bei jenen Patienten, deren soziale Wahrnehmung durch Verleugnungen so stark verzerrt ist, daß sie ihren eigenen Anteil gar nicht erkennen können. Bei Verleugnungen ist es notwendig, sich sehr konkret der Analyse der sozialen Realität zuzuwenden, um den Patienten mit seinen Wahrnehmungsdefiziten konfrontieren zu können. Das gilt auch für die Analyse chronifizierter Partner- oder Familienkonflikte.

Schließlich wird man gelegentlich feststellen, daß sich trotz innerer Veränderung die Problematik auf der sozialen Ebene verfestigt bzw. verselbständigt hat. Selbst eine andere innere Einstellung führt dann kaum weiter, weil der Patient von seiner Umwelt genau so behandelt wird, wie er früher gewesen war. Es zeigt sich dann, daß die Umgebung aus ihrer Eigendynamik heraus zu einer Veränderung nicht willens oder nicht fähig ist.

Ein narzißtisch kränkbarer Beamter hatte sich innerhalb seiner Behörde durch querulatorische Manöver in eine massive Außenseiterposition hineinmanövriert. In einer stationären Therapie konnte er sich von seinen narzißtischen Problemen lösen und sich verändern. In den Dienst zurückgekehrt, mußte er aber feststellen, daß die Vorgesetzten keineswegs gewillt waren, seine Veränderungen zur Kenntnis zu nehmen: Es hatte sich eingespielt, den Patienten als Prügelknaben des sozialen Systems zu gebrauchen.

In den oben beschriebenen Fällen führt die Beschränkung auf eine intrapsychische Ebene nur zu begrenztem Ziel. Sie muß ergänzt werden durch eine Arbeit an den konkreten Interaktionsmustern. Bei Paar- und Familienproblemen läuft das auf eine Veränderung der Ehe bzw. der Familienkonstellation hinaus, auch wenn der Patient allein in Therapie ist. Als Voraussetzung für weitere Veränderungen ist also zumindest eine „Paartherapie zu zweit" nötig, bei der die Paar-Realität immer wieder in den Fokus rückt. Entsprechend muß die therapeutische Technik aussehen: Zuweilen muß der Therapeut die Position der sozialen Umgebung erläutern, gelegentlich muß er den Patienten mit seinen Wahrnehmungsdefiziten konfrontieren, oder er muß die Kommunikationsstörung selbst benennen.

Bei anderen Patienten wird die Therapie genau deshalb zum Problem, weil sie bei der Bearbeitung der realen bzw. der sozialen Konflikte stehenbleibt: Der Patient füllt die Stunden mit immer neuen Verwicklungen und Kränkungen, und der Therapeut bemüht sich, den gröbsten Schaden abzuwenden oder Entgleisungen wieder einzurenken. Aus der Therapie wird dann mehr und mehr eine Ehe- oder Lebensberatung, die vom Patienten u. U. dankbar begrüßt wird, die aber keine bleibenden Veränderungen erlaubt, so daß sie nur mit ungutem Gefühl beendet werden kann. In diesen Fällen muß man feststellen, daß die Therapiesituation infolge einer unerkannten **Übertragungs-Gegenübertragungs-Verwicklung** mißbraucht wird: Die Übertragung besteht häufig in einer mehr oder weniger unbewußten Erwartung, daß der Therapeut als Elternersatz für das Wohlergehen des Patienten verantwortlich ist und daß er die Welt so zu richten hat, daß sie zu den Bedürfnissen und Empfindlich-

keiten des Patienten paßt. Therapeuten kommen leicht in die Situation, daß sie diese Form der Übertragung mitagieren, weil sie eine entsprechende Gegenübertragung entwickeln und sich über Gebühr dafür verantwortlich fühlen, daß der Patient in seinem sozialen Bereich zurechtkommt. Auf diese Weise besteht die Therapie dann überwiegend darin, daß die Scherbenhaufen beiseite geräumt werden, die der Patient aufgrund seiner Konflikte immer wieder verursacht.

In der Phase der Behandlungsplanung sollte der Therapeut sich deshalb rechtzeitig genug fragen, wieviel Arbeit an der äußeren Realität hinreichend und wieviel notwendig ist.

6.5 Welches therapeutische Setting?

Wenn man die verschiedenen Behandlungstechniken in der Psychotherapie im Auge behält, fällt es wesentlich leichter, die Fragen nach dem geeigneten Setting zu beantworten. Die Setting-Indikationen sind in der Praxis eines niedergelassenen Therapeuten ohnehin nur mit erheblichen Einschränkungen zu stellen: In der Regel bestimmt der freie Therapieplatz und das zufällige therapeutische Spektrum des Therapeuten, welche Setting-Alternativen der Patient überhaupt vorfindet. Andererseits verbietet es sich aber aus Gründen der medizinischen Ethik, die Indikation des Settings ausschließlich vom eigenen Interesse und den eigenen Möglichkeiten abhängig zu machen. In der Planungsphase sollten deshalb alternative Möglichkeiten der Behandlung zumindest in Erwägung gezogen werden.

6.5.1 Stationäre oder ambulante Therapie?

Entscheidungen für eine stationäre Therapie werden häufig aus einer Notsituation heraus getroffen: Typisch sind z. B. die Notwendigkeit zur klinischen Überwachung oder zur umfangreichen klinischen Diagnostik sowie die Tendenz zur Selbstgefährdung des Patienten. Über diese sogenannten Notfallindikationen hinaus gibt es aber auch positive Kriterien, die eine stationäre Therapie nahelegen (s. d. Becker und Senf 1988). Die wichtigsten Vorteile der stationären Therapie liegen in der Entfernung vom aktuellen Konfliktherd, also in der Erleichterung eines kontemplativen Zugangs zu den Problemen. Sie liegen darüber hinaus in der gleichzeitigen Nutzung von verschiedenen therapeutischen Verfahren, insbesondere der Kombination von Einzeltherapie und Gruppentherapie. In der Mehrzahl wirken stationäre Therapien eher regressionsfördernd als regressionssteuernd (s. d. Hohage 1993); nur wenige Kliniken bemühen sich dezidiert um regressionssteuernde Maßnahmen. Deshalb sind die stationären Therapien bei Patienten mit Pseudoprogression und mit Somatisierungstendenzen besonders indiziert. Hier werden sie ja insbesondere eingesetzt, um überhaupt Krankheitsverständnis beim Patienten zu wecken.

Weniger indiziert sind die stationären Therapien bei Patienten, die ohnehin bereits zu regressivem Verhalten und zur Flucht aus der sozialen Realität neigen. Die größere Entfernung zum aktuellen Konfliktherd kann sich natürlich durchaus als nachteilig für die Bearbeitung der anstehenden Konflikte erweisen. Fluchttendenzen werden durch eine psychosomatische Kur nicht selten noch verstärkt und führen dann zu erheblichen Schwierigkeiten bei der Resozialisierung. Im günstigen Fall wirkt in stationären Therapien die Konfrontation mit anderen Patienten hilfreich, so daß die Krankheitseinsicht gefördert wird. Andererseits werden Opferhaltungen durch Mitpatienten oft erheblich verstärkt. Bei Patienten, die eine ausgeprägte Opferhaltung haben und diese geschickt verkaufen können, wäre ich deshalb mit der Indikation zur stationären Therapie eher vorsichtig.

6.5.2 Einzeltherapie oder Gruppentherapie?

Auch die Indikation für eine Gruppentherapie richtet sich in der therapeutischen Praxis stark nach den verfügbaren Therapieplätzen. Gruppentherapien sind für die Kostenträger weniger aufwendig und deshalb dann effizienter, wenn sie vergleichbare Wirkung wie eine Einzeltherapie haben. Es gibt zuweilen Patienten, bei denen die Gruppentherapie der Einzeltherapie überlegen ist. Heigl und Heigl-Evers (1978) haben die Wirkungsweise und die Indikationsgesichtspunkte zur Gruppenpsychotherapie schlüssig herausgearbeitet. Sie betonen die **Vorteile der Gruppe** für charakterlich verankerte, eher ich-syntone Störungen. Diese Störungen werden im günstigen Falle durch die Gruppe zurückgespiegelt, so daß der Patient intensiver als in der Einzeltherapie mit seinen Problemen konfrontiert wird. Wenn die Beziehungsprobleme eines Patienten sich in der Gruppendynamik widerspiegeln und zum Gegenstand des therapeutischen Prozesses werden, dann werden seine Probleme natürlich sehr direkt auf der sozialen Ebene angegangen. Dies ist insbesondere hilfreich bei Patienten, die die intrapsychische Dimension der Bearbeitung nur begrenzt für eine Veränderung nutzbar machen können. Die Übersetzung der Gruppenerfahrungen ins soziale Leben ist, wie Heigl und Heigl-Evers betonen, in manchen Fällen besonders dicht und direkt. Darüber hinaus wird betont, daß Gruppen eine bessere Regressionssteuerung erlauben, weil die Selbstbehauptung und die Verantwortung in der Gruppe stärker herausgearbeitet werden können. **Voraussetzung für diese Wirkung** ist aber, daß der Patient bereit ist, sich innerlich in der Gruppe und in den Gruppenprozeß zu stellen und daß die Gruppe keine Eigendynamik entwickelt, die die Pathologie des einzelnen Patienten schützt oder fördert. Patienten, die sich nur wenig ins Gruppengeschehen einbringen können, profitieren in der Regel auch wenig von der Gruppe. Problematisch sind Gruppen auch für Patienten, deren aktuellen Konflikte ein fokussiertes Vorgehen erfordern: Fokusorientiertes Arbeiten ist in der Gruppe natürlich nur sehr begrenzt möglich. Deshalb ist in Krisensituationen eine einzeltherapeutische Betreuung vorzuziehen. Als problematisch ist schließlich die Tatsache anzusehen, daß Gruppen noch stärker als einzelne Therapeuten dazu neigen, die Problematik des Patienten mitzuagieren und damit an der falschen Stelle Lebenshilfe zu geben.

6.5.3 Kurzzeittherapie oder Langzeittherapie?

Die therapeutischen Möglichkeiten, die sich durch die probatorischen Sitzungen und durch die Kurzzeittherapie von 25 Stunden ergeben, werden m. E. noch weitgehend unterschätzt. Voraussetzung für einen sinnvollen Einsatz der beiden Möglichkeiten ist allerdings, daß der Therapeut sich relativ rasch ein Bild vom Patienten macht und eine gute Behandlungskonzeption entwickelt, auch wenn diese naturgemäß globaler und vorläufiger ist. Probetherapie und Kurzzeittherapie können sowohl zur **Krisenintervention** eingesetzt werden als auch zur Prüfung der Indikation für eine Langzeittherapie. Merkwürdigerweise wird die Prüfung der Indikation fast durchweg so verstanden, daß der Patient vom Therapeuten auf eine Langzeittherapie hingeführt, also für weitere Therapie motiviert werden müßte. Angesichts der vielen Patienten, die psychotherapeutisch nicht versorgt werden können, ist es aber genauso wichtig und legitim, in den probatorischen Sitzungen und in der Kurzzeittherapie zu erproben, ob der Patient nicht auch ohne weitere Therapie mit sich zurechtkommt. Man sollte die Selbstheilungskräfte unserer Psyche nicht unterschätzen. Voraussetzung für die Selbstheilung ist, daß der Patient sich Klarheit darüber verschafft, wohin der Weg eigentlich gehen soll. Die Formulierung von Zielen, sei es von Therapiezielen oder vor allem auch von Lebenszielen, ist deshalb eine zentrale Aufgabe der probatorischen Sitzungen wie auch der Kurzzeittherapie. Wie im Kapitel 2 dargestellt, besteht eine sehr enge Verbindung von Therapiezielen zu Lebenszielen. Je mehr der Therapeut Ziele als Lebensziele formuliert, je stärker er die bewußtseinsnahen Werte und Ideale des Patienten in die Zielvorstellungen einbezieht, desto mehr öffnet er das Feld für die Prozesse der Selbststeuerung. Dann wird aus der Kurzzeittherapie eine tiefenpsychologisch orientierte Form der Beratung, die weitere tiefenpsychologisch orientierte Therapie zum Teil überflüssig macht. Da es durchaus im Interesse der Kostenträger liegt, daß Psychotherapien begrenzt werden auf kompliziertere Fälle, kommt es allen Beteiligten entgegen, wenn sich im Laufe der probatorischen Sitzungen oder der Kurzzeittherapie zeigt, daß hier bereits Beratung ausgereicht hat. Dadurch, daß die Lebensziele klarer gefaßt werden, ist häufig schon ein großes Stück Unsicherheit und Hilflosigkeit überwunden, und es werden neue Weichen gestellt.

Zwei **typische Voreinstellungen** machen es vielen Therapeuten schwer, die Möglichkeiten der probatorischen Sitzungen und der Kurzzeittherapie therapeutisch auch wirklich zu nutzen. Zum einen kann man Beratungen mit Patienten nur dann durchführen, wenn man der Überzeugung ist, daß in manchen Problemsituationen eben doch der bewußte Wille etwas auszurichten vermag. Die psychoanalytische Theorie zeigt die Begrenztheit des bewußten Willens, aber sie beweist natürlich keineswegs, daß willentliche Anstrengung grundsätzlich wirkungslos ist. Daß der Wille auch Berge versetzen kann, zeigen gerade die erfolgreichen Beratungen, bei denen der Patient beflügelt wird von der Erfahrung, daß sein Therapeut ihm Entwicklung und Veränderung zutraut. Beratung muß deshalb vor allem mit Ermutigung und Bestätigung einhergehen und darf nicht zuviel in Frage stellen. Zur Ermutigung gehört dann auch die Überzeugung von dem Veränderungspotential des Patienten.

Die zweite bremsende Voreinstellung von Therapeuten ist die Überzeugung, daß die Beschränkung auf eine Beratung nur bei Patienten sinnvoll sei, die „psychisch gesund" seien. Da kaum jemand das Prädikat völliger seelischer Gesundheit für sich in Anspruch nehmen kann, wäre letztlich bei niemandem eine Beratung ausreichend. Es ist wichtig daran zu denken, daß die Beschränkung auf Beratung gerade bei psychisch schwer gestörten Patienten sinnvoll sein kann, wenn Beratung mehr im Sinne von Anpassung

ans Unabänderliche eingesetzt wird. Probetherapie ist also auch und gerade indiziert bei schweren Störungen, die nicht genügend veränderungsfähig sind. Die Kurzzeittherapie dient dann der Entwicklung von Bewältigungsstrategien, die dem Patienten helfen, sich in das Unveränderliche zu fügen und aus dem Vorhandenen noch etwas zu machen.

Begrenzungen der Therapie werden von den Patienten um so leichter akzeptiert, je mehr sie die Gewißheit haben, daß sie sich im Zweifelsfall wieder erneut an den Therapeuten wenden können. Einigen Patienten reicht die **Sicherheit eines erneuten Zugangs**, ohne daß sie davon überhaupt Gebrauch machen; andere Patienten melden sich in größeren Abständen erneut beim Therapeuten, wobei dann jeweils ein bis zwei Stunden reichen, um einige Probleme erneut zu klären. Nach meiner Erfahrung sind es wenige Patienten, die später wieder kommen und dann doch eine Langzeittherapie brauchen.

Ganz anders stellt sich die Situation natürlich dann dar, wenn der Therapeut den Patienten zu einer **Therapie motivieren** möchte, während der Patient noch unklar in seiner Motivation ist. Auch hier stehen m. E. die Therapieziele im Vordergrund der Bearbeitung. Wie im Kapitel 3 erläutert, muß in den Gesprächen entschieden werden, ob es ein gemeinsames Therapieziel geben kann oder nicht. Hier müssen nichtstrafende Konfrontationen dafür sorgen, daß der Patient an der entscheidenden Stelle Einsicht in seine Krankheit entwickelt, daß er seine eigene Not bei den unlösbaren Problemen anerkennt. Gelingt es, seine Probleme so zu definieren, daß der Patient die Notwendigkeit zur Änderung einsieht, kann die Indikation für eine Langzeittherapie ohne große Probleme gestellt werden. Wenn es um das Motivieren für eine längere Therapie gehen soll, dann sollte der Therapeut allerdings mit der beraterischen Aktivität zurückhaltender sein: hier kann es sonst zu früh zu Weichenstellungen kommen, die später in der Therapie nur mühsam wieder korrigiert werden können.

Wenn von vornherein nur eine Kurzzeittherapie geplant ist, ist die Begrenzung der Zielvorstellungen die entscheidende Komponente. Die Lebensziele können dabei durchaus weit gesteckt sein. Die konkreten Therapieziele müssen aber so eng begrenzt sein, daß sie auch in wenigen Stunden erreicht werden können. Häufig sind diese begrenzten Ziele aufzufassen als erste Schritte auf einem längeren Wege, der nicht notwendigerweise mit dem Therapeuten zusammen beschritten werden muß.

Bei der Verfolgung von Kurzzeittherapien als Kriseninterventionen kommt man ohne fokale Techniken nicht aus. Hier ist es wichtig, schon bei der Psychodynamik solche Mechanismen in den Vordergrund zu stellen, die als Fokus zu fassen sind (s. Abschnitt 5.2). In der Behandlungstechnik sind auch bei Kurztherapien durchaus Infragestellungen möglich, aber das Hinterfragen sollte sich auf wenige Themen beschränken. Indiziert sind Kurzzeittherapien nur dann, wenn diese Beschränkung genügend Entlastung bringt, daß der Patient allein weitermachen kann.

6.5.4 Niederfrequente Therapie und Halt gebende Beziehung

Als besondere Form des Settings ist es möglich, Patienten eine niederfrequente Therapie anzubieten mit Abständen von 14 Tagen oder mehr zwischen den einzelnen Sitzungen. Es besteht darüber hinaus die Möglichkeit, die Sitzungen in zwei Sitzungen von 25 Minuten aufzuteilen. Dieses Setting kann im Rahmen der Richtlinien-Psychotherapie abgerechnet werden. Die Stärken liegen vor allem bei schwer gestörten Patienten mit geringem Veränderungspotential, wenn durch eine stabile therapeutische Beziehung ein seelisches Gleichgewicht geschaffen werden kann. Diese Stundenfolge ist also bevorzugt für **Rehabilitationstherapien** reserviert. Es liegt nahe, im Rahmen einer niederfrequenten Therapie eher regressionssteuernd zu arbeiten als regressionsfördernd, eher entlastend zu sein als in Frage stellend, und eher aktive Techniken zu bevorzugen als kontemplative. Die Auseinandersetzung mit den durch die seelische Störung bedingten Einschränkungen gehört allerdings zu den wichtigen Essentials dieser Therapieform. Der Therapeut übernimmt dabei ichstützende Funktionen, die geeignet sind, die Schwächen des Patienten auszugleichen.

Der Terminus der „**Halt gewährenden Beziehung**" ist in Verbindung mit der niederfrequenten Therapie in die Psychotherapie-Richtlinien eingegangen. Die Halt gebende Beziehung scheint aber bereits okkupiert worden zu sein für eine ganz andere Behandlungsphilosophie. Sie bezeichnet dort einen therapeutischen Zugang, mit dem Patienten mit strukturellen Defekten wieder aufgebaut und zur Nachreifung gebracht werden sollen. Die hier angestrebte Technik der Therapie ist eine eher regressionsfördernde, sie ist eher wunscherfüllend als konfrontativ. Der Theorie nach soll in einer korrigierenden emotionalen Erfahrung (Alexander 1937) die Erlebniswelt des Kleinkindes reaktiviert und korrigiert werden, um dann bessere strukturelle Entwicklungen zu ermöglichen.

Die Therapie durch eine Halt gebende Beziehung baut in ihren theoretischen Voraussetzungen auf **Reifungsphantasien**, die bereits in den Kapiteln 3.3 und 4.1 kritisch behandelt worden sind. Die durchaus vorhandenen Erfolge beruhen im Grundsatz auf den Effekten der Regression: Wann immer Patienten in ihren seelischen Strukturen verändert werden sollen, müssen zunächst Strukturen abgebaut, Gewohnheiten in Frage gestellt, Automatismen gelöst werden. Die sogenannte Halt gewährende Beziehung ist verknüpft mit einem ausdrücklichen regressiven Angebot, und sie kann zu dieser Auflösung von Strukturen beitragen bzw. Umstrukturierungen in Gang setzen. Das Hauptproblem bei diesem regressionsfördernden Angebot ist, daß es kaum zwischen veränderungsbedürftigen und stabilitätsgewährenden, zwischen fragwürdigen und lebensnotwendigen Strukturen differenziert. Der Abbau von Strukturen geschieht bei unstrukturierter Regression eher wahllos. Die in Kapitel 3.2 bereits geschilderten Reifungsphantasien des Therapeuten enthalten die Vorstellung, daß der Patient am Ende seiner therapeutischen Regression gezielt jene Strukturen wieder aufbaut, die er zum Lebenskampf in einer regressionsfeindlichen Umwelt braucht. Wenn die Beziehung allzu gewährend und regressionsfördernd ist, bleibt dieser Aufbau aber dem Zufall überlassen. Dadurch gibt es zwar Besserung im Befinden und im Selbstgefühl, sie sind aber nicht selten erkauft mit klaren Rückschritten im sozialen Bereich; mit Berufsunfähigkeit etwa, mit Rückzug auf ungefährliche Bereiche oder mit einer Verlagerung des Interesses ausschließlich auf den therapeutischen Bereich mit all seinen Verlockungen. Unter den Patienten, die nach Abschluß der Therapie ihrerseits gern therapeutisch tätig werden möchten und damit ihren Beitrag

zum „Psychoboom" leisten, sind nach meiner Erfahrung viele, die Therapien im Rahmen sogenannter Halt gewährender Beziehungen gemacht haben und die anschließend an ihrer Regression gescheitert sind. Wenn der Therapeut dagegen den Halt in der Beziehung auch so verstehen möchte, daß er den Aufbau bzw. den Erhalt lebensnotwendiger Strukturen fördert, dann muß er, wie schon im Kapitel 3.3 geschildert, zum Mittel der Pädagogik greifen: Er muß drängen, im Interesse des Patienten bestimmte Aktionen fördern und durchsetzen. Der Rückgriff auf pädagogische Prinzipien ist unvermeidlich, weil der Therapeut selbst ja die Strukturschwäche des Patienten konstatiert und bislang auch mit Worten anerkannt hat. Ob das Prinzip „Pädagogik" in dieser Situation wirklich besser ist als das Prinzip „Therapie", bei dem der Patient von Beginn bis Ende als erwachsener Mensch behandelt wird, das wage ich zu bezweifeln.

6.5.5 Tiefenpsychologisch fundierte Psychotherapie oder Psychoanalyse?

Die tiefenpsychologisch fundierte Psychotherapie hat inzwischen einen sehr breiten Anwendungsbereich, denn im Umfang zwischen 50 und 100 Stunden läßt sich eine breite Palette von Therapiezielen unterbringen. Dennoch tauchen bei Ärzten mit dem Zusatztitel Psychotherapie nicht selten Zweifel auf, ob dieser oder jener Patient nicht lieber psychoanalytisch behandelt werden sollte. Die häufigsten Bedenken finden sich bei den stärker gestörten Patienten im Hinblick auf die Frage, ob hier tiefenpsychologisch fundierte Psychotherapie „ausreicht". Die Entscheidung hat hier tiefreichende Konsequenzen, weil bei positiver Antwort der Patient an einen

Analytiker weiterverwiesen werden müßte.

Für Psychoanalytiker stellt sich die Frage gewöhnlich unter umgekehrten Vorzeichen: Sie müssen sich fragen oder fragen lassen, ob bei diesem Patienten und seinen Problemen nicht auch tiefenpsychologisch fundierte Psychotherapie „ausreicht". Berührt wird hier das Feld der ärztlichen Ethik: Wir sind verpflichtet, den Patienten diejenige Therapie zukommen zu lassen, die angesichts seiner Probleme die schonendste und die einfachste ist – und Psychoanalyse ist eine sehr aufwendige und eingreifende Therapie. Insoweit sind Psychoanalytiker gehalten, in jedem Falle neu zu prüfen, ob dem Patienten nicht bereits mit einem begrenzten Verfahren ausreichend geholfen werden kann.

Meines Wissens wird in der Literatur selten auf die Differentialindikation zwischen tiefenpsychologisch fundierter Psychotherapie und Psychoanalyse Bezug genommen. Viele psychoanalytische Autoren beschränken sich auf die Frage nach der Analysierbarkeit bzw. nach der Eignung des Patienten für Psychoanalyse, obwohl **Indikation und Analysierbarkeit** nicht notwendigerweise zusammenfallen. Im deutschen Sprachraum diskutiert Mertens (1990) ausführlicher die Indikationsfrage bei Psychoanalysen. Dabei stellt er die unterschiedlichen Verfahren von idealtypischer Psychoanalyse, analytischer Psychotherapie und von verschiedenen Formen tiefenpsychologisch fundierter Psychotherapie in zum Teil schematischer Form einander gegenüber. Als Kennzeichen des „psychoanalytischen Standardverfahrens" hebt Mertens hervor, es sei verstärkt an den infantilen Strukturen bzw. am Vergangenheits-Unbewußten interessiert; es fördere die Entwicklung einer regressi-

ven Übertragungsneurose, deren Durcharbeiten im Mittelpunkt des analytischen Prozesses stehe, die Übertragung schließlich werde überwiegend auf die infantilen Objekte bezogen. Allerdings bleibt auch Mertens bei der Beschreibung von Unterschieden in der Methodik stehen. Daß sich die unterschiedlichen Verfahren rechtfertigen aus jeweils unterschiedlichen Therapiezielen, darauf haben Thomä und Kächele eindeutig hingewiesen: „Die Diskussion um Indikationen für verschiedene psychoanalytische Behandlungsverfahren ist deshalb im Grunde genommen eine Diskussion um verschiedene Ziele der Veränderung, die angestrebt werden können. Die Entscheidung, einem Patienten eine hochfrequente Analyse vorzuschlagen, enthält die Zielvorstellungen, daß dieser mit einer gewissen Wahrscheinlichkeit eine gründliche, tiefgehende Form der Veränderung seiner seelischen Prozesse erreichen kann, von der wir annehmen, daß sie sich in vielfältiger Form auf die verschiedenen Lebensbereiche auswirkt" (1985, S. 190 f).

Die Frage nach der **Analyseindikation** kann also am eindeutigsten beantwortet werden, wenn man die methodischen Voraussetzungen des Verfahrens zu den gemeinsam erarbeiteten Therapiezielen und zu den strukturellen Merkmalen des Patienten in Beziehung setzt. Dann zeigt sich, wieweit das Verfahren den therapeutischen Interessen des Patienten entgegenkommt.

a) Die psychoanalytische Methodik ist ganz ausdrücklich auf die Bearbeitung der **intrapsychischen Dimensionen** ausgerichtet. Sie entfaltet ihre Wirksamkeit also speziell bei solchen Patienten, die stark an sich selbst und nicht so sehr an der Umgebung bzw. an den äußeren Umständen leiden. Patienten, die sehr stark in die Konflikte mit ihrer Umgebung eingebunden sind und die auf diese Auseinandersetzungen fixiert sind, tun sich mit der Psychoanalyse schwer. Eher nicht indiziert ist die Psychoanalyse auch bei Patienten mit festgelegter Struktur, die allein durch die Veränderung der Lebenssituation dysfunktional geworden ist, und die nur solange leiden, wie diese Dysfunktionalität nicht beseitigt werden kann. Es gibt umgekehrt einen Patiententypus, der mit anderen als mit analytischen Verfahren nur sehr schwer verändert werden kann: Es sind jene Patienten, die symptomarm erscheinen, sich aber leer und unglücklich fühlen. Sie funktionieren im täglichen Leben ausreichend bis gut, ohne daß sie daraus eine innere Stabilität beziehen könnten. Es ist, als würden sie bei allen Begabungen irgendwie an sich selbst vorbei leben. Winnicott (1974) hat für diesen Patiententypus den Begriff vom falschen Selbst geprägt, der allerdings inzwischen inflationär gebraucht wird.

b) Der psychoanalytische Prozeß entwickelt sich auf dem Wege der **Kontemplation**. Das bedeutet, daß Patienten mit der Tendenz, sich Entscheidungen und dem Handeln zu entziehen, in ihrer Pathologie durch die Analyse zunächst eher gestärkt werden, so daß die Indikation mit großer Vorsicht zu stellen ist. Auch bei Patienten, die sich in einer aktuellen Umbruchsituation befinden (z. B. mitten in einer Scheidung, vor einschneidenden beruflichen Veränderungen usw.), ist Psychoanalyse als Standardverfahren selten indiziert. Der idealtypische Analysepatient hat vor der Therapie immer wieder versucht, durch verschiedene Aktivitäten seine Problematik zu meistern, und stellt irgendwann fest, daß etwas grundsätzlich bei ihm falsch läuft, was er bislang beharrlich auszublenden versucht hat.

Die Arbeit an der intrapsychischen Dimension und das kontemplative Element werden entscheidend gefördert und bestimmt durch die Ausbildung einer **Übertragungsneurose**. Damit ist gemeint, daß in der psychoanalytischen Therapie der Analytiker für den Patienten vorübergehend eine überragende Bedeutung bekommt. Die Übertragungsneurose führt vor allem dazu, daß die wichtigsten Konflikte, Einschränkungen und Abwehrmechanismen direkt beobachtbar und bearbeitbar sind, weil sie sich im direkten Umgang mit dem Analytiker manifestieren. Das gilt insbesondere auch für die negativen Anteile einer Beziehung: für Ängste, Frustrationen, Aggressionen. Indiziert ist eine intensive psychoanalytische Therapie deshalb nur bei jenen Patienten, die genügend Beziehungsfähigkeit entwickeln, daß sich eine ausreichende Bindung an den Analytiker entwickelt. Das ist z. B. bei manchen Persönlichkeitsstörungen nicht der Fall. Paradoxerweise wirkt sich auch ein ausgeprägter Symptomdruck negativ auf den analytischen Prozeß aus: Wer zu 95 % mit der Kompensation seiner Ängste, mit somatischen Beschwerden oder mit einer Zwangssymptomatik beschäftigt ist, wird kaum seelische Kapazitäten zur Entwicklung einer intensiven Beziehung zum Analytiker freisetzen können. Hier ist zumindest am Anfang analytische Psychotherapie eher nicht indiziert. Zuweilen bietet es sich an, mit einer Therapie im Sitzen zu beginnen und dann in eine analytische Therapie überzuwechseln, wenn der Symptomdruck sich gelegt hat und die therapeutische Beziehung sich festigt.

c) Der psychoanalytische Zugang erlaubt die Klärung von Problemen auf vielen **verschiedenen Ebenen gleichzeitig**. Häufig erscheint das Phänomen oder Problem wie ein Mosaikstein, der sich erst sehr viel später mit anderen Steinen zu einem Gesamtbild fügt. Wenn sich die Psychodynamik eines Patienten schlüssig auf ein oder zwei Probleme reduzieren läßt, bieten sich eher fokale Behandlungsstrategien an. Wenn es sich dagegen um eine facettenreiche Problematik handelt, die stark charakterlich verankert ist, dann bietet eine analytische Psychotherapie einen weitaus adäquateren Rahmen als eine tiefenpsychologisch fundierte Psychotherapie.

Andererseits beobachtet man gelegentlich, daß Therapeuten eine analytische Psychotherapie beantragen, weil sich (noch) keine überzeugenden psychodynamischen Hypothesen finden lassen, die die Symptomentstehung bzw. -verschlechterung erklären. Hier dient dann der Rückgriff auf verschwommene Kindheitstraumata als Ersatz für konkrete psychodynamische Hypothesen. Die Therapeuten folgen dem Fehlschluß, daß „vage" psychodynamische Mechanismen wahrscheinlich eher „frühe" Mechanismen seien, und sie verkennen, daß die Unschärfe viel naheliegendere Ursachen haben kann: Unklarheiten bezüglich dessen, was der Patient verändern will, bewußtes oder unbewußtes Verschweigen wichtiger Details und schließlich falsche, nicht durch das Material zu stützende Hypothesen. Deshalb scheint es mir als nicht statthaft, in diesen Fällen in eine aufwendige und zeitraubende Therapie auszuweichen, wenn die psychodynamischen Hypothesen noch unbefriedigend sind.

d) Psychoanalytische Therapie wird wirksam unter ausdrücklicher Einbeziehung regressiver Erlebens- und Verhaltensmuster. Die **Regression** vollzieht sich dabei unter Rückgriff auf infantile Beziehungsmuster bzw. auf kindliche Konflikte und Traumatisierungen. Die psycho-

analytische Methode erfordert eine ganz spezielle Fähigkeit zur Regression: die Fähigkeit, in einem zeitlich begrenzten Rahmen längst vergessene Wünsche und Sehnsüchte wieder zu entdecken. Die Analyse verlangt vom Patienten eine zusätzliche Fähigkeit: Er muß die therapeutische Regression beenden können, wenn die Stunde vorbei ist. Mit anderen Worten: Die regressive Entwicklung muß auf die Stunden beschränkt bleiben und darf nicht die Gestalten der sonstigen sozialen Beziehungen prägen (s. d. Kapitel 4.6). Damit ist der Indikationsbereich für eine Psychoanalyse in zweierlei Weise eingeschränkt: Zum einen ist sie nicht indiziert bei Personen, die regressive Erfahrungen strikt ablehnen bzw. zuviel Angst davor entwickeln; zum anderen ist sie nicht indiziert bei Personen, die den Rahmen für die regressiven Erfahrungen nicht einhalten können und innerhalb oder außerhalb der Therapie regressiv entgleisen (Zetzel 1974).

e) Psychoanalytische Standardtechnik stellt den Patienten in seinem bisherigen Beziehungsgefüge in hohem Maße in Frage. Die Entwicklung einer Übertragungsneurose stellt eine Erfahrung für den Patienten dar, die gewöhnlich als beunruhigend erlebt wird. Darüber hinaus schafft das Setting im Liegen neue, zunächst **befremdliche Erfahrungen**, die durch die Aufforderung zum freien Assoziieren noch verstärkt wird. Deshalb können nur solche Patienten die Möglichkeiten nutzen, die die Infragestellung gewohnter sozialer Muster ohne allzuviel Angstentwicklung ertragen können. Durch Variationen der Behandlungstechnik kann der Analytiker natürlich viel zur Milderung von Angst und Spannung beitragen, aber die grundlegende **Verunsicherung** muß allein vom Patienten ertragen werden. Notwendig ist diese Form der Verunsicherung vor allem bei Patienten, deren Beziehungs-problematik bestimmt ist von tiefer unbewußten Phantasien und Vorgängen (s. d. Kapitel 6.4). Das schränkt die Indikationen zum psychoanalytischen Standardverfahren z. B. bei Patienten ein, die massiven realen Traumatisierungen ausgesetzt waren, wie Gewalt in der Familie oder massivem sexuellen Mißbrauch. Je stärker die Erfahrungen und die Verarbeitungen dem Patienten bewußt oder vorbewußt sind, desto weniger profitieren die Patienten von einer Therapie, die speziell auf das tiefer Unbewußte abhebt. Bei massiven Traumatisierungen ist eine Therapie im Gegenübersitzen vorzuziehen. Auf der anderen Seite stehen diejenigen Patienten, die einer oft ganz sublimen, aber um so wirksameren Grenzüberschreitung oder Manipulation ausgesetzt waren: Die in vielfachen Verleugnungen oder Verdrängungen überspielten Erfahrungen und Verarbeitungen offenbaren sich zuweilen nur im Zustand tiefer therapeutischer Regression unter Hinterfragung von festverwurzelten, pathologischen Erwartungsmustern an den Analytiker (s. d. Weiss 1994).

6.5.6 Sitzend oder liegend bei welcher Frequenz?

Die Frage nach den hier benannten Setting-Variablen stellt sich für die tiefenpsychologisch fundierte Psychotherapie im allgemeinen nicht. Für die analytische Psychotherapie wurden im vorausgegangenen Abschnitt bereits die wesentlichen Gesichtspunkte bei der Planung erläutert. Es ist offenkundig, daß eine zweistündige analytische Therapie im Sitzen mehr Ähnlichkeit mit der tiefenpsychologisch fundierten Psychotherapie hat als mit der Psychoanalyse im Standardverfahren. Von ersterer unterschei-

det sie sich vor allem durch die größere Breite und den Facettenreichtum, der durch die Zweistunden-Frequenz ermöglicht wird. Die Behandlung im Liegen steht grundsätzlich unter anderen Vorzeichen, weil das Element der therapeutischen Regression und der Infragestellung durch Ausschaltung sozialer Rückversicherungen wächst. Von wenigen Ausnahmen abgesehen (Hoffmann 1983), werden Psychoanalysen im Liegen mit mindestens zwei Stunden abgehalten. Je höher die Frequenz der Sitzungen ist, desto mehr kann die Therapie facettenreich in die Breite gehen, desto intensiver kann sich die Übertragung entwickeln und desto stärker werden regressive Entwicklungen innerhalb der Therapie.

Dabei sollte beachtet werden, daß es für eine hohe Frequenz der psychoanalytischen Therapie zwei **unterschiedliche Indikationen** gibt: Zum einen kann eine hohe Frequenz notwendig sein, um überhaupt eine Entwicklung anzustoßen, die das Feld für eine kausale Therapie der Störungen öffnet. Dies gilt z. B bei Patienten, die einen ausgeprägten, charakterlich verfestigten Widerstand haben, die aber zugleich entwicklungsfähig genug sind, daß der Widerstand durch Analyse verändert werden kann. Die Entwicklung einer vertieften therapeutischen Beziehung und eine tiefe therapeutische Regression gelten dann als Voraussetzungen für einen therapeutischen Prozeß, der die entscheidenden Beziehungskonflikte offenlegt und bearbeitbar macht. Die zweite Form der Indikation ergibt sich daraus, daß eine ausgeprägte Übertragungsneurose oder eine tiefe Regression mit entsprechender Abhängigkeit unvermeidlich sein wird, weil sie zur psychischen Struktur des Patienten gehört. Eine zu geringe Stundenfrequenz würde bei solchen Patienten die Behandlung erschweren, weil die größeren zeitlichen Abstände zwischen den Sitzungen jene regressiven Regungen verhindern, die gerade Gegenstand der Analyse sein sollten.

Beide Indikationslinien haben ihre Gültigkeit, können aber bei vielen Patienten ins Feld geführt werden. Deshalb muß aus der Struktur und der Dynamik des Patienten ersichtlich sein, daß hier eine besonders zwingende Notwendigkeit zur Hochfrequenz besteht.

Aus den vorausgegangenen Ausführungen kann man schließen, daß es oft gute Gründe für eine hochfrequente Psychoanalyse, oft aber auch gute Gegengründe gibt. Die Überlegungen zeigen vor allem, daß weder die Indikation noch die Kontraindikation allein am Schweregrad der Störung festgemacht werden kann. Es müssen für dieses wirksame, aber auch aufwendige Verfahren eine ganze Reihe von Elementen zusammenkommen: Auf der einen Seite die Fähigkeit zum Leiden an sich selbst, zur Introspektion, zur produktiven Regression. Auf der anderen Seite ist sie nur sinnvoll bei einer tiefgreifenden, charakterlich verankerten und facettenreichen Pathologie. Nicht zu vergessen ist, daß für eine Psychoanalyse auch die äußeren Bedingungen „stimmen" müssen. Wenn keine Zeit oder kein innerer Raum zu Verfügung steht, ist das Verfahren nicht sinnvoll, selbst wenn der Patient analysierbar erscheint.

Der häufig geäußerte Vorwurf, die Psychoanalyse als aufwendigstes Therapieverfahren komme gerade nicht den Schwerkranken und damit den bedürftigsten Patienten zugute, dieser Vorwurf ist angesichts der oben genannten Indikationskriterien nicht leicht zu widerlegen. Es wird soviel an Fähigkeiten und soviel Differenziertheit vom Analysepatienten erwartet, daß er ohnehin viel besser dran zu sein scheint als weniger begabte Leidensgenossen. Der Vorwurf verkennt aber ein grundlegendes Element menschlichen Leidens: den Einfluß von Bewußtheit und von Aufmerksamkeit auf die **Leidensintensität**. Ähnlich wie beim Schmerz ist Leiden dann am schlimmsten, wenn wir es in voller Bewußtheit und Differenziertheit erleben. Es gehört zu den Schattenseiten unseres Daseins, daß mit der Fähigkeit zum Glück auch die Fähigkeit zum Leiden wächst. Insoweit ist der Satz richtig, daß Analysepatienten mehr Chancen zum Glücklichsein mitbringen als andere. Leider trifft auch die Kehrseite zu: Diese Patienten haben besonders viel Chancen, neurotisch zu leiden und an ihrem Leiden zu zerbrechen. Deshalb ist gerade hier ausreichende Therapie angezeigt.

Ab April 1997 haben alle Psychotherapeuten die Möglichkeit, im Rahmen der Richtlinien-Psychotherapie die Frequenz ihrer Therapie den Erfordernissen entsprechend zu erhöhen. Diese Notwendigkeit der Frequenzerhöhung muß dem Gutachter gegenüber gesondert begründet werden, und sie gilt nur für begrenzte Abschnitte der Therapie, die nicht einmal das ganze Kontingent eines Bewilligungsschrittes erfassen dürfen. Dennoch ist diese Neuregelung ein Fortschritt, der einerseits Krisenverläufe in tiefenpsychologisch fundierten Psychotherapien berücksichtigt, der andererseits auch erlaubt, besonders schwierige Verläufe bei analytischer Psychotherapie in Hochfrequenz zu analysieren. Die Praxis muß zeigen, wie häufig Therapeuten diese Neuregelung in Anspruch nehmen werden.

6.6 Die Bewertung unterschiedlicher Therapiekonzeptionen

In den vorausgegangenen Abschnitten wurde dargestellt, daß die wesentlichen Bestandteile einer Behandlungskonzeption (Therapieziel, Struktur, Psychodynamik und Therapieplanung) nicht vorgegeben sind, sondern daß sie „konstruiert", durch Absprache festgelegt, als ordnender Gedanke dem Material des Patienten unterlegt werden müssen. Dadurch ist der **Ermessensspielraum** eines Psychotherapeuten bei seiner Therapiefestlegung groß, vergleicht man ihn mit anderen medizinischen Disziplinen oder etwa mit einem Reparaturvorgang: Man könnte daraus schließen, daß Psychotherapie eine subjektive Angelegenheit ist, bei der der Willkür des Therapeuten Tür und Tor geöffnet wird.

Diese Vorstellung ist m. E. falsch. Es gibt eine Reihe von inhärenten **Begrenzungen**, die die Freiheit des Therapeuten bei der Behandlungskonzeption einschränken und die erlauben, zwischen „guten" und „unbefriedigenden" Konzeptionen zu unterscheiden.

Die wichtigste Einschränkung ergibt sich aus der Notwendigkeit, jede einzelne Komponente der Behandlungskonzeption mit der Realität zu konfrontieren bzw. zur Deckung zu bringen. Diese Realität ist zum einen die subjektive Realität des Patienten, seine psychische Realität unter Einschluß unbewußter Phantasien und schließlich die soziale Realität seiner Umgebung. Das Problem der Anerkennung von Realität wurde bereits in den vorausgegangenen Abschnitten genügend behandelt:

– Therapieziele sind realistisch, wenn sie im Erleben des Patienten angenommen werden und wenn sie sowohl zu seiner psychischen Realität als auch zur sozialen Realität passen.

– Bei den Krankheitsursachen ist der Aspekt der Veränderbarkeit zentral, wobei hier dispositionelle Faktoren, die persönlichen Ressourcen wie auch die Lebensrealität entscheidende Bedeutung bekommen.

– Die Hypothesen zur Psychodynamik können nur soweit helfen, wie sie das Erleben des Patienten erfassen (zur Diskussion des „Wahrheitsgehaltes" von psychoanalytischen Theorien und Deutungen s. Thomä und Kächele 1985, S. 379 ff).

– Indikationen zur Therapie, insbesondere die Wahl des Settings und die Form der Gesprächstechnik, müssen sich wiederum an objektiven Kriterien wie der Veränderbarkeit messen lassen, hängen zugleich aber auch an Fragen der Realisierbarkeit.

Wenn die Realität bei der Festlegung der Einzelkomponenten nicht ausreichend berücksichtigt wird, dann entsteht die Gefahr eines Therapieabbruchs (bevorzugt, wenn die subjektive Realität des Patienten zu kurz kommt), oder die Therapie endet erfolglos. Sie scheitert dann an der Lebensrealität. Das muß nicht ausschließen, daß Teilerfolge erzielt werden, daß insbesondere das subjektive Befinden bei Therapieende gebessert ist. Auf die Dauer läßt sich aber eine Veränderung, die sich gegen die Lebensrealität behaupten soll, nicht halten.

Die zweite wichtige Eingrenzung der Behandlungskonzeption ergibt sich daraus, daß die Einzelkomponenten zusammenpassen müssen, so daß eine Gestalt des Ganzen entsteht. Das Gesamtbild wurde von Peterfreund (1983) treffend als „Arbeitsmodell" vom Patienten gekennzeichnet. Es bestimmt bewußt und unbewußt die Struktur des therapeutischen Prozesses. Wenn dieses Arbeitsmodell in sich widerspruchsvoll bzw. unlogisch ist, dann resultiert daraus mit großer Wahrscheinlichkeit eine Störung in der therapeutischen Beziehung, weil das Vorgehen des Therapeuten für den Patienten nicht nachvollziehbar bzw. nicht konsistent erscheint (s. d. Greenson 1973).

Die Einbettung der Einzelkomponenten in ein stimmiges Gesamtbild beinhaltet, daß jede Änderung der einzelnen Komponente die Gestalt der übrigen Komponenten beeinflußt bzw. determiniert. Diese Veränderungen ergeben sich schlicht aus der Logik der Verknüpfung von Therapieziel, Psychodynamik und Struktur und den geplanten Therapiemaßnahmen. Die Logik der Verknüpfung erklärt, warum es z. B. in Supervisionen gelingt, innerhalb kurzer Zeit das angebotene Informationsmaterial völlig neu zu ordnen: Wird an einer Stelle ein neues Element eingeführt, dann erhalten zwangsläufig alle anderen Komponenten eine neue Bedeutung; im günstigen Fall entsteht ein Gesamtbild vom Patienten, in dem alle Aspekte und Befunde plötzlich zueinander „stimmen".

Die Logik der Verknüpfung von Einzelkomponenten zu einem Gesamtbild hat weitreichende Konsequenzen für den Prozeß der Behandlungsplanung und das Ergebnis. Zunächst muß festgestellt werden, daß die einleuchtende **Reihenfolge der Festlegung**: erst Therapieziele, dann Krankheitsursachen, dann Indikationsüberlegungen, so nicht stimmt! Sie wird der Praxis der Gesprächsführung keineswegs gerecht. Vorentscheidungen, die der Therapeut bezüglich der Therapierbarkeit, der Indikation usw. trifft, finden

nämlich sofort Eingang in die Therapiezielfestlegung. Die Expertenmeinung zum Therapieziel ist nicht etwa vorgegeben, sondern sie befindet sich im ständigen Fluß! Das gleiche gilt für die ersten Eindrücke, die der Therapeut von den strukturellen Merkmalen des Patienten erhält: Sie beeinflussen seine Vorstellungen über Veränderbarkeit und über Möglichkeiten der therapeutischen Beeinflussung. Diese Einflüsse bleiben nicht auf den Kopf des Therapeuten beschränkt, sie determinieren bewußt und unbewußt seine Gesprächsführung und damit die Gestalt der therapeutischen Beziehung. Deshalb strukturieren die ersten Eindrücke indirekt auch die weitere Befunderhebung: Der Patient wird sich je nach Gesprächsführung und nach therapeutischer Beziehung in ganz unterschiedlicher Weise präsentieren. Mit anderen Worten: Was immer im Erstgespräch an Behandlungskonzeptionen entwickelt wird, entsteht über Kreisprozesse innerhalb der Therapeut-Patient-Beziehung. Die gefundenen Konzepte müssen zur äußeren Realität passen, aber sie haben einen dyadischen, situationsbezogenen Charakter.

Dieser **dyadische Aspekt der Behandlungskonzeption** dämpft m. E. auch die Hoffnungen, daß eine noch so flexible operationalisierte Diagnostik sich in der psychotherapeutischen Praxis voll durchsetzen kann und dort zu validen Behandlungskonzepten führt. Denn auch hier trifft die ideal-typische Reihenfolge nicht die Realität der Behandlungskonzeption: Rüger (1994) stellt z.B. ein Schema vor, an dessen Anfang ein individueller klinischer Befund steht, der durch klinische Erfahrung und Krankheitstheorie zu einer klinischen Diagnose strukturiert wird. Aus dieser Diagnose erwächst dann eine patientenbezogene Behandlungsplanung. Die Prozesse der Gesprächsführung laufen aber gerade nicht in dem von Rüger postulierten Sinne: Am Anfang des Gesprächs stehen keine Befunde, sondern Klagen des Patienten, und ein noch unklarer und vielleicht irrationaler Heilungswunsch. Schon die ersten (z. T. averbalen, affektiven) Antworten des Therapeuten strukturieren die weiteren „Befunde" sowie die Schlußfolgerungen, die der Therapeut daraus zieht. Vor allem ist es oft nicht die (operationalisierte) Diagnose, die letztlich über Behandlungsabsprachen entscheidet, sondern es ist die Einigung über die Ziele und über die Bedingungen, unter denen Therapie stattfinden kann. Diagnostische Überlegungen sind essentiell zur Beurteilung der Veränderbarkeit und der Krankheitsursachen. Eine aufwendige Diagnostik kann aber auch das Anliegen der Behandlungskonzeption erdrücken.

Wahrscheinlich ist es kein Zufall, daß die systematische und aufwendige Diagnostik dort mit Erfolg praktiziert wird, wo das Symptom ganz im Vordergrund der Störung steht: bei Angstpatienten, bei Schmerzpatienten oder bei Eßstörungen. (Viele Zwangssymptome gehören in den gleichen Kreis; nicht zufällig sind sie verstärkt von den Verhaltenstherapeuten als dankbares therapeutisches Feld entdeckt worden.) Es sind in der Tat diejenigen Störungen, bei denen der Einstieg über die Therapieziele schwierig ist und wo auch therapeutisch direkt am Symptom gearbeitet werden muß.

Die wechselseitige Abhängigkeit einzelner Komponenten hat aber auch wichtige Konsequenzen für das Ergebnis der Behandlungskonzeption: Das jeweilige Konzept bleibt bis zu einem gewissen Grad abhängig von **zufallsbedingten Konstellationen**. Die Person des Therapeuten, seine theoretische Ausrichtung, seine Ausbildung und seine Vorlieben sind wichtige Einflußgrößen, wie man aus der empirischen Psychotherapieforschung weiß. Sie alle bedingen Vorab-Festlegungen, die eine konzise Behandlungsplanung zwar nicht unmöglich machen, die aber das Ergebnis bereits festlegen: Wer von vornherein nur tiefenpsychologische Psychotherapie anbieten kann, ist gezwungen, das Material des Patienten so zu strukturieren, daß sich begrenzte Therapieziele ableiten lassen, und daß die Psychodynamik auf relativ rasch veränderbare Ursachen bezogen wird. Bei vielen Patienten ist dies kein Problem. Zuviel Komplexität und zuviel Fragwürdigkeit in der Struktur und in den Konflikten aber machen das Behandlungskonzept einer begrenzten Psychotherapie unglaubwürdig; diese Unklarheiten müssen deshalb in der Psychodynamik eher verkürzt und auf Bekanntes reduziert werden. Ähnliches gilt auch für all zu regressive Übertragungsangebote, die zwangsläufig eher „stützend" aufgefangen werden müssen, statt daß sie sich in der Psychodynamik entfalten dürfen. Der Zwang zur Begrenzung und zur Einschränkung kann durchaus zu kreativen Lösungen führen, aber das Ergebnis ist z. T. vorgegeben.

Wenn andererseits Analytiker ihre Erstgespräche auf die Frage beschränken, ob das Problem des Patienten analytisch zu bearbeiten ist oder nicht, dann wird der Zugang zu den Therapiezielen und zur Psychodynamik entscheidend vorstrukturiert. So lenkt Eckstaedt (1991) das Interesse ihrer Patienten schon im Erstgespräch dezidiert auf die Elemente, die später den psychoanalytischen Prozeß bestimmen, wobei die Symptomatik oder Therapieziele keine nennenswerte Rolle spielen. Dieses Interesse am Prozeß führt zwar dazu, daß sehr rasch zwischenmenschliche Probleme spürbar und erlebbar werden, die im Alltagsdialog schlicht untergehen würden. Die bislang unverstandenen und uneingestandenen Wünsche und Enttäuschungen können innerhalb einer einzigen Stunde so offenkundig werden, daß daraus der Wunsch nach einer Analyse resultiert. Aber dabei wird natürlich ein sehr spezielles **Arbeitsmodell** vom Patienten entworfen, in dem z. B. die quälenden Auswirkungen der Symptomatik auf das Selbstbild und auf die Lebensrealität nur peripher berücksichtigt werden.

Wer schließlich überwiegend in diagnostischen Kategorien denkt, wird im Erstgespräch Wert auf ein möglichst umfassendes, detailliertes Bild vom Patienten Wert legen. Er wird viele Fragen stellen müssen, um auch dort Informationen zu bekommen, wo der Patient spontan nicht berichtet. Er wird strukturelle Merkmale, Beziehungsmuster und Ressourcen des Patienten aus einer größeren Distanz heraus wahrnehmen und die Angaben des Patienten relativieren, statt die Berichte zu Tatsachen zu machen. Verstärkte Diagnostik wird wahrscheinlich zu einer objektiveren, realitätsnäheren Behandlungskonzeption führen. Die aus der therapeutischen Beziehung ablesbaren sehr subjektiven Probleme werden in dieser Konzeption aber nur begrenzte Beachtung finden.

Die Beschränkung auf ein einziges idealtypisches Vorgehen bedeutet deshalb immer auch eine **Einschränkung der Wahrnehmung**, bei der wichtige Abwehraspekte des Patienten übersehen, ja sogar mitagiert werden. Die Tendenz zur Eingrenzung und zur Beschränkung z. B., die in der tiefenpsychologischen Psychotherapie gefordert wird, verstärkt auch das Prinzip der ständigen Kompromisse und Notlösungen, wo grundsätzliches Überdenken angebracht und wo grundsätzliche Veränderungen möglich wären. Sie fördert eine Grundhaltung der Besänftigung, bei der für jedes Problem rasch ein Deckel gefunden und wo jedes grundlegende Mißbehagen rasch stützend aufgefangen und behandelt wird.

Das Interesse an der Innenwelt des Patienten, das für das psychoanalytische Erstinterview so typisch ist, geht an den Bedürfnissen jener Patienten vorbei, die massiv unter dem Druck ihrer Symptome leiden und die deshalb auf aktuelle Hilfe und Entlastung angewiesen sind. Das Interesse an der Innenwelt kann darüber hinaus eine Haltung fördern, die geprägt ist durch die Abkehr von der unbefriedigenden Außenwelt und durch die Flucht nach innen. Der Wunsch nach Psychoanalyse ist manchmal in sich eher Symptom als Lösung, weil in ihm genau jene Hoffnung auf Zuflucht, auf Schonung und Rückzug gebunden ist, die das Scheitern an der Lebensrealität begründet.

Das betonte diagnostische Interesse schließlich stärkt zunächst das Vertrauen des Patienten in die fachliche Kompetenz des Therapeuten. Diagnostisch bedeutet dies aber immer auch den Verzicht auf eine Form therapeutischer Hilfe, die sich auf das Wesentliche beschränkt und die rasch Unterstützung bringt. Diagnostik läßt den Therapeuten als Gegenüber unbehelligt, beläßt ihn in einer mehr beobachtenden Position. Das verstärkt die Tendenz jener Patienten, die in der Psychotherapie eher einen seelischen Reparaturvorgang sehen als eine höchstpersönliche Angelegenheit. Diagnostik verstärkt aber auch **Fluchttendenzen im Therapeuten**, weil er sich zunächst hinter Fragen, Informationen und Klassifikationen verstecken kann, wenn er im Aushalten und im Aufnehmen von menschlichen Leiden gefordert wird.

Nicht zu Unrecht hat z. B. Streeck (1983) darauf hingewiesen, daß klassifikatorische Überlegungen immer dann bei Psychotherapeuten aufkommen, wenn sie sich mit einer unangenehmen (weil negativen) Gegenübertragung konfrontiert sehen.

All diese Überlegungen führen hin zur **Utopie des „idealen Therapeuten"** in der psychotherapeutischen Praxis. Dieser ideale Therapeut besitzt Erfahrungen in den unterschiedlichsten Settings; er hat Behandlungskapazität frei, ohne daß er unter ökonomischem Druck nach neuen Patienten Ausschau halten muß; er hat genügend Zeit, um den Patienten den notwendigen Raum für die Vorgespräche einräumen zu können. Aus dieser Situation heraus ist der ideale Psychotherapeut ganz offen für den Verlauf der Vorgespräche: Er wird sich bei symptomorientierten und symptomfixierten Patienten sorgfältig den Problemen der Symptomverarbeitung und den daraus folgenden sekundären und tertiären Persönlichkeitsveränderungen zuwenden; er wird, soweit notwendig, sein Gesprächsrepertoire um diagnostische Testverfahren ergänzen. Er wird andererseits den Mut haben, auf Diagnostik weitgehend zu verzichten, wenn er einem Patienten mit erdrückenden Lebensproblemen begegnet. Statt dessen wird er sich zunächst nur auf die Frage konzentrieren, was die aktuelle Krise denn für seinen Patienten so erdrückend macht, daß dieser psychisch dekompensiert. Er ist also in der Lage, gegebenenfalls von der ersten Stunde an Klärung mit aktiver therapeutischer Hilfe zu verbinden. Der ideale Psychotherapeut ist andererseits in der Lage, sich weitgehend auf das Zu-

hören zu beschränken, wo die Problematik des Patienten nicht mit einfachen Lösungen und Hilfestellungen zu lösen ist. Er kann in solchen Fällen auch dem Druck des Patienten nach raschen Antworten widerstehen und den Patienten mit den tieferliegenden Ursachen seines Leidens konfrontieren. Er kann im Zuhören erfassen, welche Position ihm auf der bewußten wie auch auf der unbewußten Ebene zugespielt wird, und er ist geduldig genug, dieses Wissen gegebenenfalls auch für sich zu behalten. Er erträgt es, viele Unwägbarkeiten in der Schwebe zu halten, und auf viele Fragen keine Antworten zu haben, und er erträgt es, wenn all sein theoretisches und behandlungstechnisches Wissen gar nicht gefragt ist, weil den Patienten viel zu konkrete und lebenspraktische Probleme drücken.

Schlußendlich besitzt der ideale Therapeut genügend Selbstbewußtsein und Kompetenz, um neidlos anzuerkennen, wo andere therapeutische Verfahren ihre Stärken haben. Er kann also Patienten ohne Ressentiment an Therapeuten mit anderen Schwerpunkten weiter verweisen, wenn er den Eindruck hat, daß er seinem Patienten nicht voll gerecht werden kann.

Der ideale Therapeut wird eine Utopie bleiben, weil es immer äußere und innere Begrenzungen geben wird, die diese Utopie nicht Wirklichkeit werden lassen. Aber die Utopie verweist auf die Notwendigkeit, daß wir Psychotherapeuten den großen Freiheitsraum, den uns die analytisch begründeten Therapieverfahren einräumen, mit einem Maximum an Verantwortung füllen.

7 Kassenanträge: Bericht zum Erstantrag

7.1 Formale Grundlagen des Kassenantrags

Die rechtlichen Grundlagen des Antragsverfahrens finden sich als Anlage zum Bundesmantelvertrag zwischen der kassenärztlichen Bundesvereinigung und den Krankenkassen. Dieser Vertrag enthält die sog. „Psychotherapie-Vereinbarungen"; dazu lagen Beschlüsse des Bundesausschusses der Ärzte und Krankenkassen vor. Die sog. Richtlinien des Bundesausschusses wurden erstmals 1967 formuliert und sind seitdem mehrfach verändert worden. Sie betreffen die Grundsätze der kassenärztlichen Versorgung in der Psychotherapie und haben der „Richtlinien-Psychotherapie" ihren Namen gegeben. Die entscheidende Festlegung in den Psychotherapie-Richtlinien liegt darin, daß die Krankenkassen die Kosten einer Psychotherapie dann, aber auch nur dann übernehmen, wenn seelische Krankheit vorliegt und wenn die Psychotherapie der Heilung bzw. der medizinischen Rehabilitation dient. Damit mußte der **Begriff der seelischen Krankheit** verbindlich definiert werden:

„In diesen Richtlinien wird seelische Krankheit verstanden als krankhafte Störung der Wahrnehmung, des Verhaltens, der Erlebnisverarbeitung, der sozialen Beziehungen und Körperfunktionen. Es gehört zum Wesen dieser Störungen, daß sie der willentlichen Steuerung durch den Patienten nicht mehr oder nur zum Teil zugänglich sind" (1991, S. 2).

Aus der Krankheitsdefinition der Psychotherapie-Richtlinien folgt, daß Krankheit mehr ist als das bloße Auftreten von Symptomen. Funktionelle Beschwerden, phobische Ängste oder depressive Verstimmungen reichen allein nicht aus, um Krankheit zu begründen. Die Richtlinien legen fest, daß all diese Symptome nur dann als Krankheit einzustufen sind, wenn der Patient sie nicht mehr willentlich steuern kann. Der Wille zur Veränderung muß also vorliegen. Wenn z. B. der potentielle Patient mit seinen Symptomen Druck ausüben will auf seine Umgebung, könnte er die Symptomatik aus eigener Kraft heraus verändern, will es aber (vielleicht aus gutem Grund) nicht. Damit entfällt eine der Voraussetzungen für eine Kostenübernahme durch die Krankenkasse.

Die Konsequenzen, die sich aus den Richtlinien und aus den Psychotherapievereinbarungen für den Kassenarzt bzw. für den Psychologen im Delegationsverfahren ergeben, sind von Faber und Haarstrick im „Kommentar Psychotherapie-Richtlinien" (1996) niedergelegt worden. Dieser Kommentar ist juristisch betrachtet nur eine Auslegung des Vertragswerkes. Weil die Autoren aber häufig als Berater gefragt sind, hat ihr Kommentar in vielen Bereichen nahezu normative Kraft. Für die formalen und rechtlichen Fragen, die sich bei der Antragstellung ergeben, sei deshalb auf diesen Kommentar verwiesen. Das gleiche gilt für Fragen, die sich bei der Antragstellung in Beihilfefällen ergeben: Die Beihilfebestimmungen folgen weitgehend den Regelungen der gesetzlichen Krankenkassen und sind im Kommentar mit berücksichtigt.

Die Psychotherapie-Richtlinien benennen eine Reihe von Voraussetzungen, die erfüllt sein müssen, wenn die Therapie von einer Kasse finanziert sein soll.

a) Die Psychotherapie muß als kausale, also als ursachenorientierte Therapie angelegt sein. Es wird vorausgesetzt, daß der Therapeut bestimmte seelische Mechanismen (z. B. Konflikte) als Ursachen der Erkrankung erkennt und daß er seine therapeutischen Schritte so ausrichtet, daß die Ursachen der Störung beseitigt werden. Um Mechanismen als Ursache einer Erkrankung anerkennen zu können, bedarf es einer umfassenden psychologischen Theorie, in die gesunde und krankmachende Faktoren im Leben des Patienten eingeordnet werden können. Entscheidend ist nicht, wie die Theorie im einzelnen aussieht, sondern daß der Therapeut seine Behandlungsschritte konsistent und im Einklang mit seiner Theorie einsetzt (siehe Kapitel 1; 6.6).

b) Die besonderen Umstände müssen erwarten lassen, daß die geplante Therapie auch zum gewünschten Ergebnis führt. Es muß also eine korrekte Indikation zur Psychotherapie vorliegen, und die Prognose muß ausreichend gut sein.

c) Die Therapie muß wirtschaftlich vertretbar sein, d. h. es darf keine auffallende Diskrepanz zwischen dem Ausmaß von Krankheit bzw. von Leiden bestehen

zum Umfang der geplanten Therapiemaßnahmen.

Die analytische Psychotherapie wie auch die tiefenpsychologisch fundierte Psychotherapie greifen auf die Theorien der Psychoanalyse zurück: Es geht sowohl um eine Theorie der Krankheitsursachen als auch um eine Theorie der Therapie, d. h. um die rationale Begründung, warum bestimmte Maßnahmen geeignet sind, bestimmte Ziele zu erreichen. Der Bericht an den Gutachter muß zeigen, daß diese Theorie im Einzelfall mit den Gegebenheiten des jeweiligen Patienten übereinstimmt.

Als Konsequenz aus den Psychotherapie-Richtlinien ergibt sich weiterhin, daß der Leistungsumfang der Psychotherapie im Grundsatz begrenzt ist. Die Leistungspflicht für eine Behandlung muß durch die Kasse festgestellt werden, und zwar auf Antrag des Versicherten. Lediglich die probatorischen Sitzungen werden über Abrechnungsscheine bzw. Überweisungsscheine abgerechnet. Die Kurzzeittherapien von maximal 25 Stunden erfordern lediglich eine formale Beantragung mit einer kurzen Begründung durch den (delegierenden) Arzt. Dagegen müssen Anträge auf Langzeittherapie sowie Anträge zur Umwandlung einer Kurzzeittherapie in eine Langzeittherapie durch einen ausführlichen Bericht des Therapeuten an den Gutachter ergänzt werden. Hier muß der Therapeut sein Behandlungskonzept erläutern und begründen, und ein von der Krankenversicherung beauftragter Gutachter hat zu prüfen, ob die Voraussetzungen für eine Psychotherapie nach den Richtlinien als gegeben anzusehen sind. Das gleiche gilt für die Anträge zur Fortsetzung einer Psychotherapie, die sogenannten Verlängerungsanträge.

7.2 Grundsätzliches zum Bericht an den Gutachter

Die wichtigsten Hürden, die sich der Abfassung eines Kassenantrags entgegenstellen, sind psychologischer Natur. Wie verschiedene Autoren festgestellt haben, gerät der Gutachter rasch in die Position eines Überich bzw. einer äußeren Autorität, der gegenüber sich der Therapeut zu rechtfertigen hat. Die Reaktionen des Therapeuten reichen von der Tendenz zur Verweigerung (Hinausschieben des Antrages) über Unterwerfungsgesten bis hin zu Appellen an das Gewissen des Gutachters, den Antrag doch zu unterstützen. Häufig bekommt die Krankenkasse oder der Gutachter eine Bedeutung als „Dritter" im Übertragungsgeschehen, wobei die Externalisierung von Überich-Aspekten die Therapie durchaus belasten kann. Patient und Therapeut sehen sich dann gemeinsam einer unerbittlichen, kontrollierenden Macht gegenüber, die man mit Geschick überlisten oder durch Unterwerfung gnädig stimmen muß.

Angesichts dieser **psychologischen Hürden** scheinen mir einige Hinweise wichtig, die die ungünstigen Aspekte des Verfahrens in den Hintergrund treten lassen und die die Abfassung des Berichtes erleichtern.

1. Der Therapeut sollte sich sehr eindeutig dazu bekennen, daß der Patient Antragsteller ist, nicht der Therapeut selbst. Rotmann (1992) hat dazu einen bedenkenswerten Aufsatz verfaßt, der die Konsequenzen für die Übertragung aufzeigt, wenn der Therapeut stillschweigend die Funktion des Antragsstellers übernimmt. Der Patient ist es, der finanzielle Unterstützung für die Therapie durch seine Kasse bekommen möchte; und es ist durchaus nicht selbstverständlich, daß er dabei die Unterstützung seines Therapeuten erhält. Als vertragsärztlicher Psychotherapeut behalte ich mir ausdrücklich das Recht vor, selbst zu überprüfen, ob die Voraussetzungen für eine Psychotherapie nach den Richtlinien gegeben sind oder nicht. Gegebenenfalls muß ich dem Patienten erklären, daß die Voraussetzungen fehlen, so daß die Therapie nicht durch die Kasse finanziert werden kann.

Typisch war z. B. die Situation mit einer Patientin, die depressiv reagierte, weil der Ehemann sie zu verlassen drohte. Sie hatte, aus einfachen Verhältnissen stammend, „nach oben" geheiratet, hatte zwei Kinder großgezogen und indirekt von der Karriere ihres Mannes profitiert. Als dieser jetzt anfing, sich nach jüngeren Frauen umzusehen, brach für sie ein Traum zusammen. Es gelang in den Vorgesprächen nicht, ein Therapieziel festzulegen, das eine Veränderung der Patientin zum Inhalt gehabt hätte. Alles was die Patientin wollte war, daß ihr Ehemann sich wieder ihr allein zuwandte. Die Vorgespräche waren ausschließlich gefüllt mit Anklagen und Vorwürfen an seine Adresse. In dieser Situation fand ich die Voraussetzungen für eine Therapie nicht erfüllt; eine Beratung im Sinne einer Lebenshilfe war dagegen durchaus angezeigt. (Im Hintergrund war natürlich nicht zu übersehen, daß die Patientin ihre Depression auch als Waffe in der ehelichen Auseinandersetzung einsetzte, also durchaus einen sekundären Krankheitsgewinn mit ihren Depressionen verband.) Die probatorischen Sitzungen endeten mit der Feststellung, daß zumindest gegenwärtig kein Leiden vorliegt, das durch Psychotherapie geheilt werden könnte, daß die Patientin aber gleichwohl unglücklich ist und von Beratung profitieren könnte.

2. Der Antrag an die Krankenkasse und der Bericht an den Gutachter bleibt während der Vorgespräche auch in anderer Weise präsent: Ich bespreche mit dem Patienten, wie „wir" die Leistungspflicht der Kasse gegenüber begründen wollen. Häufig ist es jene Notwendigkeit zur Begründung, die wichtige Fortschritte bei der Festlegung von Therapiezielen oder erste Einsichten in psychodynamische Zusammenhänge mit sich bringt. In der Regel hat ein Patient zu Beginn der Therapie eher zu wenig Distanz zu sich selbst; die durch den Antrag geforderte Distanz kann sich deshalb sehr produktiv auswirken. Rotmann (1992) empfiehlt sogar, den Bericht an den Gutachter dem Patienten regelmäßig zugänglich zu machen, damit der Beitrag des Therapeuten analytisch aufgearbeitet werden kann. Selbst wenn man so weit nicht gehen will, bleibt doch der Grundsatz wichtig, daß der Patient die Grundzüge des Berichts und der Indikationsstellung kennen sollte, d.h., daß der Bericht so abgefaßt ist, daß der Patient ihn eventuell auch lesen kann (Thomä und Kächele 1985, S. 218).

3. Unabhängig vom Antragsverfahren sollte – das ist eine der Grundaussagen dieses Buches – der Therapeut für sich selbst und für seinen Patienten die Therapie rational begründen können. Deshalb mache ich zunächst einen Behandlungsplan für mich selbst, in dem ich die wichtigsten Elemente (Therapieziel, Struktur, Psychodynamik, Indikationsfragen) präzisiere. Der Bericht an den Gutachter enthält nichts, was in dieser Therapiekonzeption nicht bereits geklärt worden wäre. Allerdings ist die Reihenfolge des Vorgehens aus meiner Sicht eine andere, als dies im Formblatt für den Bericht an den Gutachter vorgegeben ist. Dort erscheint bereits nach den „Spontanangaben" die „lebensgeschicht-

liche Entwicklung". Dieses Vorgehen verführt dazu, die Symptomatik von der Biographie her zu begründen, statt an die pathogenetischen Mechanismen zu denken (s. d. Kapitel 3.1). Ich bevorzuge den Weg, nach den Spontanangaben und den Therapiezielen die Frage zu erörtern, warum der Patient sich nicht ohne Therapie ändern kann, was zu psychodynamischen Überlegungen hinführt. Deshalb beantworte ich im Entwurf des Berichtes gewöhnlich die Frage nach der Psychodynamik und den strukturellen Besonderheiten zuerst und gehe dann erst auf die Lebensgeschichte ein.

4. Bei der Abfassung des Berichtes bin ich weniger beschäftigt mit dem, was ich alles über den Patienten weiß, als mit der Frage, was der Gutachter von diesem Fall wissen muß, wenn er meine Behandlungskonzeption nachvollziehen und die Voraussetzungen für eine Kassenleistung überprüfen will. Ein allzu knapper Bericht läßt den Gutachter mit Fragen allein, ein zu ausführlicher Bericht überschwemmt ihn mit Material, was die Urteilsbildung eher erschwert. Ein allzu langer Bericht läßt darüber hinaus fast immer den Schluß zu, daß der Therapeut Schwierigkeiten hat, die notwendige gedankliche Distanz zum Patienten einzuhalten. Meine Berichte sind deshalb selten kürzer als zwei Schreibmaschinenseiten und nie länger als drei Schreibmaschinenseiten.

5. Wie zuvor erläutert, hat die kassenärztliche Vereinigung im Einklang mit den Psychotherapie-Richtlinien bei der Überprüfung der Leistungspflicht einen Weg beschritten, der sich zwischen den Polen typischer Fremdkontrolle und eines Peer-Review-Systems bewegt. Die **Gutachter** sind in ihrer Mehrzahl Therapeuten, die ihrerseits Berichte an einen Gutachter schreiben müssen, sie unter-

liegen also den gleichen Gesetzen wie die übrigen Therapeuten und schreiben selbst wahrscheinlich mal überzeugende, mal weniger überzeugende Berichte. Es ist für die Abfassung des Berichtes sicherlich viel hilfreicher, wenn der Therapeut den Gutachter als (erfahrenen) Kollegen behandelt, demgegenüber er seine Therapiekonzeptionen begründet und mit dem er seine Überlegungen teilt, als wenn er den Gutachter als Kontrollinstanz von den Problemen ausklammert. Das gilt gerade für diejenigen Patienten, deren Therapiekonzeption Schwierigkeiten macht, weil z. B. die Indikation und die Prognose bedenklich sind. Es ist viel klüger, dem Gutachter diese Schwierigkeiten zu erläutern und darzustellen, warum man sich dennoch zu einer Therapie entschlossen hat, als die Schwierigkeiten zu verharmlosen. Wenn ich selbst als Gutachter für Beihilfefälle tätig bin, überzeugen mich die Berichte mit offen dargestellten Problemen gewöhnlich spontan von der Qualität der Therapiekonzeption, auch wenn ich die Bedenken bei der Prognose oft teilen muß. Es liegt bei guter Therapiekonzeption sehr viel näher, einem Behandlungsversuch selbst bei fraglicher Prognose zuzustimmen, weil der Patient offensichtlich „in guten Händen" ist.

Psychologische Barrieren ergeben sich natürlich durch die oft gravierenden Unterschiede in der Erfahrung. Je größer die Unsicherheiten und die Zweifel an der eigenen Qualifikation, desto größer ist die Tendenz, sich einer beschämenden Konfrontation mit den eigenen Schwächen zu entziehen. Solange Gutachterverfahren *auch* die Funktion einer externen Kontrolle durch Fachleute haben, wird sich an dieser Konstellation nicht so schnell etwas ändern. Der unerfahrene Therapeut tut sich etwas leichter, wenn er sich bei den ersten Berichten an den Gutachter ohne Beschämung in die Position des Lernenden begibt und sich damit tröstet, daß die Kompetenz mit zunehmender Erfahrung steigen wird.

6. Trotz aller Bemühung schließt das gegenwärtige System der Überprüfung nicht aus, daß der berichtende Therapeut vom Gutachter ungerechtfertigt kritisiert oder in seinen Intentionen nicht verstanden und nicht unterstützt wird. Aus allen Seminaren und Supervisionsgruppen wissen wir, daß diese Komplikation in der Natur der Sache liegt, weil beim Berichtenden wie beim Zuhörer Menschen mit ihren Begrenzungen, mit ihren Vorlieben und Vorurteilen ins Spiel kommen. Auch Gutachter sind Menschen mit Vorlieben und Vorurteilen, und ihr Urteil ist nicht immer gerecht. Der Therapeut tut gut daran, solche Komplikationen einzuplanen und den Ärger bereits im vorhinein als „menschliche Betriebsverluste" abzubuchen. Die Reaktion auf **ungerechtfertigte Kritik** kann in verschiedene Richtungen gehen; das Gutachterverfahren sieht ja die Einschaltung eines Obergutachters ausdrücklich vor. Manchmal ist es naheliegender und menschlich angenehmer, wenn der Therapeut zunächst mit dem Gutachter Rücksprache hält, indem er z. B. ausführlichere Begründungen nachreicht oder auf die Bedenken des Gutachters eingeht, vor allem wenn er sich mißverstanden fühlt. Je mehr „Dialog" zwischen Therapeut und Gutachter zustande kommt, desto besser steht es für die ganze Therapie!

Wichtig für die Abfassung des Berichtes ist die Beachtung der präzisierenden Fragen, die in einem Informationsblatt der Kassenärztlichen Vereinigung enthalten sind. Die präzisierenden Fragen sind den folgenden Ausführungen jeweils vorangestellt worden.

7.3 Spontanangaben zum Patienten

Schilderungen der Klagen des Patienten und der Symptomatik zu Beginn der Behandlung, möglichst mit wörtlichen Zitaten. Gegebenenfalls auch Bericht der Angehörigen / Beziehungspersonen des Patienten. (Warum kommt der Patient zu eben diesem Zeitpunkt und durch wen veranlaßt?)

Der Bericht an den Gutachter verlangt ausdrücklich Auskunft über „Spontanangaben" und vermeidet die naheliegende Etikettierung als „Symptomatik". Wenn wir von Symptomen sprechen, sind die Klagen des Patienten bereits diagnostisch erfaßt und ärztlich-therapeutisch etikettiert (s. Kapitel 2.3). Es wird im Kassenantrag statt dessen Wert gelegt auf die Schilderung der **Klagen** bzw. der **Beschwerden**, die der Patient selbst oder seine Umgebung vorzubringen hat. Deshalb wird im Formblatt auch nach wörtlichen Zitaten gefragt. Bei der Darstellung der Symptomatik sollte der Therapeut also die Symptomdiagnosen vermeiden. Er sollte nicht von Zwängen reden, sondern darstellen, daß der Patient sich gegen alle Vernunft gezwungen sieht, sich die Hände zu waschen, bzw. daß er immer wieder das Schließen der Türen kontrollieren muß. Genauso wenig sollte von Depressionen die Rede sein oder von phobischen Ängsten. Wie ernst man die Forderung nach wörtlicher Schilderung der Spontanangaben nehmen muß, sei dahin gestellt. Manchmal bringt ein wörtliches Zitat die Schilderung genau auf den Punkt; dann gehört sie in den Bericht hinein. Häufig muß der Therapeut eine umfangreiche Schilderung des Patienten zusammenfassen, um sie plausibel darstellen zu können. Dann paßt das wörtliche Zitat nicht. Manchmal sieht man Berichte, in denen diese Zusammenfassung vom Therapeuten in

Anführungszeichen gesetzt und damit dem Patienten in den Mund gelegt wird. Damit wird die eigene (zum Teil ja kreative!) Leistung des Therapeuten verschleiert aus einer Art Sklavengehorsam dem Formblatt gegenüber. Ich selber verwende nur in einem Teil meiner Anträge wörtliche Zitate des Patienten.

Zur Darstellung der Klagen gehört auch deren Beginn und deren Entwicklung. Die Symptomanamnese sollte also bereits im Abschnitt Spontanangaben aufgeführt werden, sofern sie nicht allzu eng mit der Lebensgeschichte oder der Krankheitsanamnese verbunden ist.

Am Schluß der Erläuterungen zu den Spontanangaben findet sich die Frage, warum der Patient zu eben diesem Zeitpunkt kommt, und auf wessen Veranlassung. Diese Frage paßt streng genommen nicht mehr zu den Spontanangaben, weil sie ja gerade über die reine Darstellung der Klagen hinausweist. Dennoch ist ihre Beantwortung wichtig, weil sie auf die Zielvorstellungen des Patienten verweist. Im Interesse einer konzisen Darstellung der Behandlungskonzeption scheint es mir wichtig, daß die Beschwerden des Patienten bereits geschildert werden aus der Perspektive der inzwischen abgeklärten Therapieziele. Das, was Gegenstand der Therapie sein soll, also vor allem das Leiden des Patienten an sich selbst, sollte bei den Spontanangaben Berücksichtigung finden. Der Gutachter bekommt auf diese Weise bereits im ersten Abschnitt des Berichtes eine Vorstellung vom Gegenstand der Therapie und von der innerseelischen Problematik des Patienten.

Beispiel 1: Spontanangaben
Der Patient klagt seit mehreren Jahren über einen Druck in der Magengegend, verbunden mit Übelkeit und Schmerzen. Diese Beschwerden treten in Zeiten von vermehrter Belastung

häufiger auf. Unabhängig davon klagt er in den letzten Monaten vermehrt über eine quälende Schlaflosigkeit. Beide Beschwerden stehen in engem Zusammenhang mit seinen Problemen: den Sorgen, keinen Partner mehr zu finden, den vergeblichen Versuchen, sich mehr von der Mutter zu lösen, und dem beruflichen Ärger, weil er sich von seinen Vorgesetzten häufig ausgenutzt oder übergangen fühlt. Er sei deshalb im letzten Jahr seelisch sehr unausgeglichen und reizbar geworden.

Bei diesem Beispiel ist offensichtlich, daß der Patient bereits eine Verbindung zwischen seinen Beschwerden und seinei innerseelischen Problematik hergestellt hat. Dies kann durchaus das Ergebnis der ersten Gespräche gewesen sein. Ausgangspunkt der Darstellung ist aber ausdrücklich der Beginn der Behandlung, nicht das erste Zusammentreffen. Deshalb ist es durchaus sinnvoll, bei den Spontanangaben das Ergebnis der vorbereitenden Gespräche einzubeziehen.

Bei manchen Patienten gelingt es nicht, in den Vorgesprächen bereits eine so gute Übereinstimmung bezüglich der Therapieziele zu erreichen. Dann ist es wichtig, diese Nichtübereinstimmung in den Therapiezielen im Bericht an den Gutachter zum Ausdruck zu bringen. Beispiel 1 müßte dann korrekterweise so aussehen:

Beispiel 1a: Spontanangaben
Der Patient leidet seit mehreren Jahren an einem Druck in der Magengegend, verbunden mit Übelkeit und Schmerzen. Der Patient hält diese Beschwerden für körperlich begründet, und er hat deshalb schon viele Spezialisten aufgesucht. Außerdem habe er quälende Schlafstörungen, speziell beim Einschlafen. Er sei im letzten Jahr seelisch unausgeglichen und reizbar, was er auf berufliche und private Probleme zurückführt: Er habe Sorgen, keinen Partner mehr zu finden, und er fühle sich von seinen Vorgesetzten häufig ausgenutzt und übergangen.

Aus dem Beispiel 1a geht für den Gutachter hervor, daß hier ein psychosoma-

tischer Beschwerdekomplex im Vordergrund steht, zu dem noch keine entscheidende Einsicht in die Psychogenese vorliegt. Der Patient ist aber offensichtlich in der Lage, persönliche Schwierigkeiten als Problem anzuerkennen und diese mit einer weniger gewichtigen Symptomatik in Verbindung zu bringen. Was diese Beschwerden anbelangt, besteht eine gewisse Übereinstimmung in der Veränderungsbedürftigkeit. Bei der Darstellung der Prognose muß der Therapeut allerdings klarlegen, wie gravierend wohl die Tendenz zum Somatisieren ist und wie er sie beim Patienten zu überwinden gedenkt.

Manche Patienten klagen über viele Symptome oder Problembereiche gleichzeitig, so daß sich die Frage stellt, wie vollständig deren Auflistung im Bericht sein muß. Auch hier gilt m. E. der Grundsatz: Beschränkung auf das Wesentliche! Nur das sollte bei „Spontanangaben" auftauchen, was für den Patienten wesentlich ist und was in der „Psychodynamik" auch erklärt wird. In komplizierteren Fällen, die auch eine umfangreiche Therapie nötig machen, darf allerdings auch die Zahl der Probleme etwas komplexer sein:

Beispiel 2: Spontanangaben
Der Patient leidet seit seinem 17. Lebensjahr unter beidseitigen Kopfschmerzen, die in Abhängigkeit von emotional belastenden Situationen auftreten. Sie lähmen dann die Arbeitskraft des Patienten und seine Initiative.
Als emotional belastend erlebt der Patient seine Probleme im Partnerbereich. Nach kurzen Phasen einer Freundschaft bekommt er Angst vor der Beziehung und möchte fliehen. Schuldgefühle halten ihn davon ab, so daß er sich weder binden noch lösen kann. Eine krisenhafte Zuspitzung in der Freundschaft war auch der Anlaß, jetzt Hilfe zu suchen.
Probleme ergeben sich für den Patienten auch im Arbeitsbereich, besonders im Umgang mit männlichen Autoritäten, wo es leicht zu Rivalität

und Abgrenzungskämpfen kommt. Darüber hinaus quälen ihn Zweifel an der Qualität seiner Doktorarbeit, so daß er diese seit langer Zeit vor sich her schiebt.

Dieses Beispiel zeigt einen Patienten, der eher arm an „Symptomen" ist, der aber eine Fülle von Beziehungsproblemen zu haben scheint. Hier ist es natürlich besonders einfach, die gemeinsam festgelegten Therapieziele im Auge zu haben und sie den „Spontanangaben" zugrunde zu legen.

Wenn aus den Spontanangaben überhaupt keine Therapieziele ableitbar sind und trotzdem eine Langzeittherapie beantragt wird, dann zeigt sich häufig, daß der Therapeut sich vom Patienten zu einer Hilfeleistung hat verführen lassen, die nicht in erster Linie psychotherapeutischer Natur ist, sondern Lebensberatung oder vielleicht auch „Rettung". Diese Schwäche wird häufig durch eine besonders dramatische Schilderung der Leiden überspielt.

Beispiel 3a: Spontanangaben
Die Patientin klagt über schwere Erschöpfungszustände und Niedergeschlagenheit. „Ich kann überhaupt nur noch weinen." Sie könne nicht mehr schlafen und brauche dringend Hilfe. Sie könne ihren beruflichen Anforderungen als Lehrerin nicht mehr gerecht werden und sei deshalb seit einigen Wochen krank geschrieben. Der Rektor der Schule habe ihr eine Klasse übergeben, die als schlimmste in der ganzen Schule verschrien sei. „Für meine Probleme hat niemand Verständnis." Auch ihr Ehemann sei eine große Enttäuschung für sie. Während er sich anfangs der Ehe sehr um sie bemüht habe, habe er sich jetzt zunehmend zurückgezogen und mehr seine eigenen Interessen verfolgt. Sie wisse jetzt nicht mehr weiter.

Hier ist eine Summe von Lebensproblemen aufgelistet, die allem Anschein nach mit starkem Appell vorgetragen werden. Sie alle rechtfertigen aber noch keine Psychotherapie, denn Psychotherapie

kann auf die soziale Umgebung der Patientin keinen direkten Einfluß nehmen. Der Therapeut wird wahrscheinlich eine Depression diagnostiziert haben. Es handelt sich hier aber nicht um eine neurotische Symptomatik im eigentlichen Sinn, denn die Niedergeschlagenheit der Patientin ist im Prinzip eine angemessene Reaktion auf ihre desolate Lebenssituation. Man kann vermuten, daß die Patientin nicht ohne eigenes Dazutun in die Misere hineingeraten ist, aber genau davon enthält die Beschwerdeschilderung nichts. Der Bericht läßt erkennen, daß der Therapeut sich zu sehr mit der Hilflosigkeit der Patientin identifiziert und sie „retten" möchte, denn die wörtlichen Zitate betreffen ausdrücklich die demonstrierte Hilflosigkeit.

Natürlich ist die Darstellung der Spontanangaben schwierig, wenn noch gar nicht absehbar ist, wo die Veränderungsbedürftigkeit auf seiten des Patienten liegt. Dies ist ja bei vielen psychosomatischen Beschwerden der Fall oder bei Patienten mit schweren Persönlichkeitsstörungen ohne entsprechende Krankheitseinsicht. Hier ist es oft naheliegend, zunächst eine Kurzzeittherapie zur Überprüfung der Indikation einzuleiten und später die Umwandlung in eine Langzeittherapie zu beantragen. Anderenfalls muß man sich im Abschnitt „Spontanangaben" auf den gemeinsamen Nenner beschränken und später begründen, warum trotz dieser Schwierigkeit eine Langzeittherapie geplant ist.

Beispiel 3b (korrigiert): Spontanangaben
Die Patientin klagt seit mehreren Wochen über ausgeprägte Erschöpfungszustände, die sogar zu längerer Arbeitsunfähigkeit geführt hätten. Die Erschöpfung geht einher mit tiefer Niedergeschlagenheit und Mutlosigkeit. Auslösend für die jetzige Krise sind Probleme in der Schule, wo die Patientin sich vom Rektor schlecht behandelt fühlt. Bereits vorher habe es vielfältige Enttäu-

schungen und Kränkungen in der Ehe gegeben, weil der Ehemann sich zunehmend von der Patientin zurückgezogen hätte.

7.4 Kurze Darstellung der lebensgeschichtlichen Entwicklung

a) *Familienanamnese*
b) *Körperliche Entwicklung*
c) *Psychische Entwicklung*
d) *Soziale Entwicklung mit besonderer Berücksichtigung der familiären und beruflichen Situation, des Bildungsganges und der Krisen in phasentypischen Schwellensituationen.*

Dieser Abschnitt ist häufig ein neuralgischer Punkt des Berichtes: Ganz offensichtlich weichen hier die Erfordernisse des Antragsverfahrens entscheidend von den Vorstellungen vieler Therapeuten ab.

Schon die Erläuterungen zum Vordruck auf dem Informationsblatt der KBV machen unmißverständlich deutlich: Im Vordergrund dieses Abschnittes soll eine Darstellung der Lebensentwicklung stehen, nicht die Schilderung aller wichtigen Beziehungen im Leben des Patienten. Die Lebensentwicklung muß aus einer gewissen Distanz zum Patienten heraus geschildert werden, während ein Bericht über das Erleben des Patienten nur dann gelingt, wenn der Therapeut sich mit seinem Patienten identifiziert.

Die Abfassung dieses Abschnittes wird für viele Therapeuten deshalb so problematisch, weil sie in der Weiterbildungssituation anderes lernen, als hier verlangt wird. Die **biographische Anamnese** unter dem Gesichtspunkt der Beziehungsgeschichte hat in vielen Weiterbildungsinstituten eine zentrale Stellung. Bei der Darstellung der Beziehungsgeschichte ist

der Therapeut zur nachhaltigen Identifizierung mit seinem Patienten aufgefordert. Die biographische Anamnese dient in diesen Fällen dem Nachweis der „Psychogenese" der Störung: Sowohl der Patient wie auch der Außenstehende soll durch die Beziehungsanamnese davon überzeugt werden, daß die jetzige Problematik mit entsprechenden Erfahrungen in der Kindheit verknüpft ist und deshalb psychotherapeutisch und nicht biologisch behandelt werden muß. Wenn diese Voreinstellung die Darstellung bestimmt, dann durchzieht eine Rechtfertigungshaltung unweigerlich den Bericht über die Lebensgeschichte, wobei der Gutachter von der Dringlichkeit der Behandlung überzeugt werden soll. In der Ausbildungssituation soll die starke Identifizierung des Kandidaten mit dem Patienten darüber hinaus dazu helfen, empathische Einfühlung zu entwickeln und Interesse am Patienten auch dann zu entwickeln, wenn unangenehme Seiten zum Tragen kommen. Wenn diese Ausbildungsinhalte unreflektiert in den Bericht an den Gutachter eingehen, dann werden die Schwächen des Patienten in der Tendenz mit der unglücklichen Lebensgeschichte entschuldigt: Patient und Therapeut sind in der Situation, eine kritische Autorität von der Notwendigkeit der Therapie und vom schweren Schicksal des Patienten überzeugen zu müssen.

Leider wird m. E. in der Ausbildungssituation häufig zu wenig vermittelt, wie der Therapeut seine Empathie mit diagnostischer Distanz zum Patienten verbinden kann (s. d. Kapitel 5.3.2). Genau dies ist aber im Bericht an den Gutachter verlangt: Der Therapeut soll mit dem Gutachter zusammen die Lebenssituation des Patienten verfolgen, so daß daraus Schlüsse für die Behandlungsplanung gezogen werden können.

Das Informationsblatt gibt die wichtigsten Gesichtspunkte bei der Schilderung der Lebensgeschichte bereits vor: Familienanamnese, körperliche Entwicklung, psychische Entwicklung und soziale Entwicklung sollen berücksichtigt werden. Aus dieser Auflistung wird deutlich, daß es um die Darstellung eines Entwicklungsgeschehens gehen soll. Dabei müssen die einzelnen Unterpunkte nicht zwanghaft und vollständig abgehandelt werden, sondern sie dienen eher als strukturierende Gesichtspunkte. Die Familienanamnese z. B. sollte nur dann Berücksichtigung finden, wenn es Auffälligkeiten gibt, die für die Beurteilung relevant sind. Wenn Therapeuten die Familienneurose bis in die Großelterngeneration hinein aufzeigen, schießen sie weit über das Ziel hinaus. Statt dessen geht es um schwere Störungen und Geisteskrankheiten in der Familie, um konstitutionelle Belastungen im seelischen oder somatischen Bereich. Das gleiche gilt für die körperliche Entwicklung des Patienten: Nur die für die Behandlungskonzeption auffälligen Daten müssen ausgeführt werden. Bei der psychischen Entwicklung haben natürlich die Beziehungen und das Familienklima ausführlicher Platz. Im Sinne einer Konzentration und einer Beschränkung scheint es mir aber hilfreich, wenn man die Psychodynamik des Patienten bereits im Kopf hat und bei der Lebensgeschichte darauf achtet, daß die in der Psychodynamik angesprochenen biographischen Zusammenhänge auch in der Lebensgeschichte beschrieben werden. Dagegen sollten Beziehungsprobleme, die später nicht in der Psychodynamik von Bedeutung sind, nur kurz dargestellt werden. Mit anderen Worten: Die Lebensgeschichte muß zur Psychodynamik passen, sie soll sie in angemessener Form ergänzen.

Für die Darstellung der Lebensgeschichte ist es oft unzweckmäßig, sich strikt an die vorgegebene Strukturierung in Unterpunkte zu halten. Im Interesse einer flüssigen Darstellung der eigentlichen Geschichte springe ich durchaus zwischen den Unterpunkten hin und her, achte aber darauf, daß alle Aspekte zur Sprache kommen.

Lebensgeschichte des Beispiels 2 aus diesem Kapitel

Die Familienanamnese ist weitgehend unauffällig. Der jüngere Bruder (-4) ist seit längerer Zeit in Psychotherapie.

Der Patient ist der ältere von 2 Brüdern eines kaufmännischen Angestellten. Die Ehe der Eltern war konfliktreich. Der Vater war ein cholerischer Mann, der sich ganz in den Beruf zurückzog; die Mutter wird als infantile Persönlichkeit geschildert. Als gravierend schildert der Patient die Tatsache, daß die Mutter ihn häufig dazu benutzte, den Vater zur Eifersucht zu reizen. Der Vater habe ihn als Muttersöhnchen verächtlich gemacht; gelegentlich kam es aber zu Wutausbrüchen, bei denen der Vater den Patienten brutal mißhandelte. Der Patient lernte erst im 2. Lj sprechen; 4.–5. Lj Stottern; in der gleichen Zeit phobische Ängste. Im 6. Lj habe er ein Magengeschwür entwickelt und längere Zeit im Krankenhaus zugebracht. Er galt als schwächlicher und motorisch ungeschickter Junge, der aber intellektuell seinen Altersgenossen voraus war. Gute Schulleistungen. Mit 17 Jahren trat der Patient gegen den Willen der bigott-frommen Mutter aus der Kirche aus und wandte sich vermehrt dem Vater zu. Es entwickelten sich die zuvor erwähnten schweren Kopfschmerzen, die zeitweilig zu Krankenhausaufenthalten zwangen. Im Alter von 22 Jahren des Patienten verstarb der Vater; nach seinem Tod kam es vorübergehend zu einem Abbruch der Beziehungen zur Mutter. Der Patient nahm nach dem Abitur das Studium der Naturwissenschaften auf und schloß dieses mit Erfolg ab. Er arbeitet jetzt als wissenschaftlicher Angestellter.

Mädchen gegenüber war der Patient sehr scheu. Eine erste sexuelle Beziehung mit 20 Jahren. Häufig Beziehungen zu Ausländerinnen; dabei wirkte die räumliche Entfernung eher entlastend. Zur Zeit ist er mit einer Asiatin befreundet, mit der die zuvor beschriebenen Probleme besonders kraß zutage treten.

152

Häufig wird im Bericht die Darstellung der sozialen Entwicklung des Patienten vernachlässigt. Auch dies hängt mit Voreinstellungen zusammen, die in manchen Ausbildungsgängen Vorrang haben: Das soziale Element wird in der Tendenz zugunsten des intrapsychischen Zusammenhanges stark zurückgedrängt. Die soziale Entwicklung gibt dem Gutachter vor allem Auskunft über die psychische Struktur des Patienten: Ein Patient, der bei jeder Schwellensituation strauchelt und zur Dekompensation neigt, bringt offensichtlich eine große Menge an Belastungen mit sich, seien sie nun mehr traumatischer oder mehr dispositioneller Art. Dies berührt natürlich die Frage der Veränderbarkeit. Auch eine völlig glatte Kindheitsanamnese ist manchmal verdächtig, vor allem wenn sie in der Pubertät abgelöst wird durch eine schwer nachvollziehbare drastische Verschlechterung. Solche Patienten scheinen nach dem Alles-oder-nichts-Prinzip zu funktionieren. Schon bei der Beschreibung der Schwellensituation sollte sich der Therapeut ein wenig selbst über die Schulter schauen und sehen, ob eigentlich auch Stärken und befriedigende Entwicklungen zu berichten sind. Ist dies nicht der Fall, reduziert dies die Prognose einer Therapie erheblich. Das gleiche gilt für die Schilderung der gegenwärtigen sozialen Situation. Wenn ein Patient keinerlei befriedigende Seiten und Entwicklungen in seinem Leben berichten kann, ist die Prognose für eine Psychotherapie eher schlecht.

Eine Schwierigkeit bei der Darstellung der Lebensgeschichte ist häufig die Frage, ob der Therapeut die Berichte seines Patienten über die Lebensgeschichte als **Realität** nehmen oder nur als subjektiv gefärbte Erinnerung behandeln soll (s. d. Kapitel 3.4 und 5.6). Manchmal hat er Grund anzunehmen, daß es sich bei den Berichten des Patienten eher um realitätsfremde Phantasien handelt. Am Umgang mit den Angaben des Patienten kann der Gutachter meist leicht erkennen, wie gut der Therapeut den Patienten versteht, wo er mit ihm überidentifiziert ist und wo er sich affektiv von ihm distanziert. Das wird die prognostische Einschätzung des Gutachters in manchen Fällen durchaus beeinflussen. Es scheint mir deshalb wichtig, daß der Therapeut im Bericht deutlich macht, was er für Realität und was er für subjektiv gefärbt hält. Für die Darstellung realer Aspekte bietet sich an, die direkte Rede zu verwenden. „Der Patient ist am... geboren, sein Vater war Handwerker, er hat drei Geschwister..." usw. Für die Erinnerungen, die der Therapeut für subjektiv gefärbt hält, bietet sich die indirekte Rede an: „Die Mutter sei nach der Geburt völlig erschöpft gewesen; er selbst sei ein ungeplantes Kind, um das niemand sich gekümmert habe...." Man kann die Subjektivität des Berichtes im Bedarfsfalle noch unterstreichen: „Der Patient schildert seine Mutter als...; nach seiner Darstellung sei er immer ein ungeliebtes Kind gewesen..." usw.

Beispiel 3c: Lebensgeschichte mit zu wenig kritischer Distanz des Therapeuten
Die Patientin ist das erste von fünf Kindern. Der Vater war Kfz-Mechaniker, die Mutter Verwaltungsangestellte. Ihre Geburt sei nicht geplant gewesen. Statt dessen hat die Mutter ihren Vater mit der Geburt zur Heirat erpreßt. Schon wenige Tage nach der Geburt wurde die Patientin zu einer Tante in Pflege gegeben, weil die Mutter krank wurde. Sie hätte dort eine Verdauungsstörung entwickelt, bis die Mutter sie wieder zurücknahm. Die Mutter hatte nie Zeit für die Patientin, sondern war mit der Erziehung und dem Haushalt überfordert. Die Patientin mußte schon mit drei Jahren allein ihr Bett machen; wenn sie einnäßte, wurde sie von der Mutter verprügelt. Sie sei dann immer in den Wald gelaufen, um sich zu trösten. Dort habe sie mit Steinen und Blättern als Puppen gespielt. In der

Schule wurde sie wegen der Brille von anderen Kindern als Brillenschlange verspottet. Nur für zwei Jahre lang hatte sie eine richtige Freundin, die aber bald wieder fortzog.

Der Bericht 3c ist in einem Stil gehalten, der von den Vorwürfen der Patientin gegen die ganze Umgebung geprägt ist. Man muß daraus entnehmen, daß der Therapeut bereits mit dieser Vorwurfshaltung identifiziert ist, denn er übernimmt in seinem Bericht zur Lebensentwicklung weitgehend die „story", die die Patientin ihm darbietet. Dazu „paßt" die Darstellung der Spontanangaben, wie sie unter Beispiel 3a ausgeführt wurde. Für den Leser ist offensichtlich, daß die Patientin hier wohl keinen Therapeuten gefunden hat, der mit ihr ihre Opferhaltung bearbeiten will. Die Chancen auf eine Veränderung dieser Haltung sind dann eher schlecht.

Beispiel 3d: Lebensgeschichte für einen Bericht mit genügender Distanz
Die Patientin ist als erste von fünf Kindern in ländlicher Umgebung aufgewachsen. Sie schildert sich als ungeliebtes und ungeplantes Kind. Die ersten Lebenswochen verbrachte sie bei einer nahen Verwandten der Mutter in Pflege; sie sei ein sehr unruhiges Baby gewesen, das Milchschorf- und Verdauungsstörungen entwickelt habe. Die Mutter wird als eher überlastete, wenig liebevolle Frau beschrieben, während der Vater als freundlich, aber schwach geschildert wird. Die Sauberkeitsentwicklung verlief offensichtlich verzögert: Die Patientin näßte etwa bis zur Schulzeit ein. Kein Kindergartenbesuch; die Patientin war offensichtlich ein recht phantasiereiches, aber zurückgezogenes Kind, das in der Schulzeit große Probleme hatte, von den anderen Kindern akzeptiert zu werden.

Im Beispiel 3d wurde versucht, den Tenor des subjektiven Berichtes aus größerer Distanz heraus wiederzugeben, ohne daß die Patientin deshalb kritisiert oder entwertet wird. Wenn in der Psychodynamik die Vorwurfshaltung der Patientin und eine Opfer-Phantasie als unbe-wußter Hintergrund angegeben wird, dann würde dieser Bericht zur Lebensgeschichte viel genetisches Material zur Psychodynamik liefern.

Lebensgeschichte des Beispiels 1 aus diesem Kapitel
Aus der Familienanamnese ist bekannt, daß der Großvater väterlicherseits im höheren Alter an schweren Depressionen litt und sich schließlich suizidierte.
Der Patient ist das einzige Kind eines Mechanikers und einer Verwaltungsangestellten. Der Vater erkrankte im 2. Lj des Patienten an einer Nephritis und war häufig in Kliniken. Die Ehe der Eltern wird als schlecht beschrieben, wobei die Mutter sich ganz auf die im Hause lebende Großmutter konzentrierte. Da die Mutter arbeitete, wurde er weitgehend von der Großmutter erzogen. Von dieser sei er eher verwöhnt worden, während er die Mutter als fordernd und gereizt erlebte. Nach dem Tod der Großmutter in seinem 13. Lj hat die Mutter sich ihm dann mehr und mehr angeschlossen. Der Vater verstarb in seinem 16. Lj.
In der psychischen und sozialen Entwicklung blieb der Patient recht unauffällig, wobei er sich gern anderen Kindern anschloß. Er besuchte nach dem Abitur eine FH als Ingenieur; mit seiner Arbeit sei er bisher gut zurechtgekommen. Erst in der jetzigen Firma, der er seit 6 Jahren angehört, haben sich Konflikte mit dem Inhaber zugespitzt, wobei der Patient trotz einer führenden Position große Probleme habe, sich überhaupt Gehör zu verschaffen. Statt dessen versuche er voller Zorn, alle Organisationsmängel durch doppelten Einsatz aus der Welt zu schaffen.
Sexuelle Interessen entwickelte der Patient spät. Erst während des Studiums nahm er eine sexuelle Beziehung zu einer verheirateten Frau auf. Vor vier Jahren verlobte er sich dann mit einem sehr viel jüngeren Mädchen, wobei sexuelle Beziehungen ausgespart blieben. Das Mädchen hat die Beziehung jetzt beendet, was den Patienten ziemlich aus dem Gleichgewicht brachte.

7.5 Krankheitsanamnese, psychischer und somatischer Befund

7.5.1 Krankheitsanamnese

Es sollen möglichst alle wesentlichen Erkrankungen, die ärztlicher Behandlung bedurften oder bedürfen, erwähnt werden, insbesondere bereits früher durchgeführte psychotherapeutische Behandlungen.

Die Krankheitsanamnese, nach der hier gefragt ist, weicht nicht von den anamnestischen Angaben ab, wie sie in kurz gefaßten Arztbriefen üblich sind. Die Betonung liegt also durchaus auf den wesentlichen Erkrankungen, wobei alle Krankheiten wesentlich sind, die irgendwie mit den aktuellen Beschwerden in Verbindung gebracht werden können.

Faber und Haarstrick verweisen auf die Notwendigkeit, die beigefügten Unterlagen anderer Ärzte und Untersuchungen zu anonymisieren. Daraus sollte man m. E. nicht schließen, daß möglichst viele Unterlagen beigefügt werden. Nur dort, wo die wörtliche Kenntnis der Behandlungsberichte für das Verständnis der jetzigen Erkrankung wesentlich ist, sollten Vorbefunde in Kopie mitgeschickt werden.

Von besonderer Bedeutung sind die Angaben zu früheren psychotherapeutischen Behandlungen. Im Informationsblatt wird nur verlangt, daß **Vortherapien** aufgelistet werden. Der Gutachter wird sich Gedanken machen, aus welchen Gründen eine erneute Therapie notwendig ist, und das wird seine prognostische Beurteilung durchaus beeinflussen. Es erscheint mir deshalb wichtig, daß der Therapeut sich selbst diese Frage beantwortet und daß er den Patienten in den Vorgesprächen über den Erfolg und das Ergebnis der Therapien befragt: Hat die Therapie das angestrebte Ziel erreicht? Was hat der Patient mit der Psychotherapie für eine subjektive Erfahrung gemacht? War Therapie für ihn überhaupt wichtig, oder ging diese Erfahrung unter? Was hat der Patient an Verständnis für sich selbst aus der Vortherapie gewonnen?

All diese Fragen müssen im Bericht an den Gutachter nicht ausdrücklich beantwortet werden, aber der Therapeut sollte in seinen Formulierungen einige Zusatzinformationen einfließen lassen, die das Bild vom Patienten vervollständigen:

„Der Patient machte von ... bis ... eine einstündige Psychotherapie, die zwar Symptombesserungen erbrachte, aber noch zu wenig grundlegender Veränderung führte."
„Der Patient hat ... wegen einer ... eine Psychotherapie gemacht, die die damalige Symptomatik wesentlich gebessert hat."
„Der Patient hat von ... bis ... eine analytische Psychotherapie gemacht, die aber offensichtlich wenig Eindrücke hinterlassen hat."

Krankheitsanamnese im Beispiel 2 aus diesem Kapitel
Aus der Kindheit ist eine Hüftverletzung erwähnenswert, die zu einem längeren Krankenhausaufenthalt zwang. Häufige Kinderkrankheiten. Mit 17 Jahren Tumorverdacht wegen der ständigen Kopfschmerzen, der zu längeren diagnostischen Krankenhausaufenthalten zwang. Neurologisch ergab sich aber nie ein pathologischer Befund.

7.5.2 Psychischer Befund   a + b !

a) Emotionaler Kontakt, Intelligenzleistungen und Differenziertheit der Persönlichkeit, Einsichtsfähigkeit, Krankheits-

einsicht, Motivation des Patienten zur Psychotherapie.
b) Bevorzugte Abwehrmechanismen, ggf. Art und Umfang der infantilen Fixierungen, Persönlichkeitsstruktur.
c) Psychopathologischer Befund (z. B. Bewußtseinsstörungen: Störungen der Stimmungslage, der Affektivität und der mnestischen Funktionen; Wahnsymptomatik, suizidale Tendenzen).

Von erheblicher Bedeutung für den Antrag ist der psychische Befund. Dieser Abschnitt soll dem Gutachter vor allem Informationen vermitteln zur Frage der Veränderungsfähigkeit (s. d. Abschnitt 6.2). „Befunde" sind objektivierbare Beobachtungen oder Messungen. Die Informationen sollen also in eher sachlicher Form vermittelt werden. Das unterscheidet den Befund von einem Erstinterviewbericht, in dem das subjektive Element des Therapeuten eine viel größere Rolle spielen darf. Das Informationsblatt unterteilt den psychischen Befund in drei Unterkategorien:

a) Zunächst geht es um eine Darstellung von beobachtbaren Persönlichkeitsmerkmalen. Im Kern wird damit aber das ganze Kapitel der Arzt-Patienten-Beziehung berührt, wie sie sich im Interview darstellt (s. d. Kapitel 5.3). Es fällt auf, daß im Bericht zum Erstantrag an keiner Stelle ausdrücklich nach der Arzt-Patient-Beziehung gefragt wird. Die gegenwärtige Berichtsform zwingt den Therapeuten dazu, die Beobachtungen aus der Interaktion in eine objektivierende Betrachtung zu übersetzen, so daß daraus Schlußfolgerungen für die Indikation und die Prognose gezogen werden können. Für die Antragsstellung selbst bedeutet dies, daß der Therapeut nicht die eigentliche Begegnung mit dem Patienten darstellen, sondern nur die Schlußfolgerungen mitteilen soll, die er daraus gezo-

gen hat. Eine der prognostisch wichtigen Fragen ist dabei die Frage, ob und in welcher Weise der Patient eine persönlich gefärbte Beziehung zum Therapeuten aufgenommen hat. Dies läßt sich durchaus mit wenigen Worten darstellen. Dabei hat der Therapeut m. E. zwei Möglichkeiten: Er kann hier die Art der Beziehung beschreiben und dabei auf die Persönlichkeitsanteile des Patienten verweisen – dann beantwortet er die Frage auf einer mehr subjektiv-persönlichen Ebene. Er kann aber auch die Fragen des Antrags wörtlich nehmen und bei der Beschreibung der Persönlichkeitsanteile bleiben, ohne die therapeutische Beziehung selbst zu erwähnen. In keinem Fall sollte er einen „Interview-Bericht" liefern, schon weil er dazu zuviel Platz braucht.

Beispiel 4a für einen „Interview-Bericht" am falschen Platz
Die modisch mit Jeans und Bluse gekleidete Patientin begrüßt mich mit etwas freundlichem kokettem Lächeln. Sie beginnt zunächst sehr sachlich über den Alkoholismus ihres Ehemannes zu berichten, der ihr so schwer zu schaffen macht. Dabei sieht sie mich häufig fragend an. Als ich sie auf die Parallele zwischen ihrer jetzigen Situation und der Vergangenheit anspreche, kommen ihr die Tränen, und sie erzählt Einzelheiten darüber, wie sie unter dem Alkoholismus des Vaters gelitten hat. Vieles wiederhole sich jetzt in der Ehe. Sie wirkt im Gespräch sehr verzweifelt: So wie bisher könne sie nicht weiterleben. Ich spüre im Gespräch den Appell, sehr rasch etwas für sie tun zu sollen, und erlebe sie durchaus als introspektiv und motiviert für eine Psychotherapie.

Beispiel 4b für eine adäquate Beschreibung der Persönlichkeitsanteile
Die Patientin wirkt im Erstgespräch zugewandt und kontaktfreudig. Sie ist durchschnittlich intelligent und differenziert, neigt allerdings dazu, sich als sehr schwach und hilflos zu präsentieren. Ihre Krankheitseinsicht war zunächst nur begrenzt auf das Thema der Abhängigkeit vom Ehemann, wobei sich die Therapiemotivation darauf beschränkte, mit Hilfe des Therapeuten

156

die Verhältnisse zu ändern. Im Verlauf des Gespräches gelang es aber, die Krankheitseinsicht deutlich zu erhöhen und die Patientin für die eigenen Konflikte zu interessieren.

Die Beschreibung der therapeutischen Beziehung ist dann besonders sinnvoll, wenn sie sich innerhalb der Gespräche verändert hat. Dies war ja im oben genannten Beispielsfall gegeben. Eine positive Veränderung ist prognostisch immer ein wichtiges Zeichen und sollte deshalb im Bericht an den Gutachter erwähnt werden. Im Beispiel 4 macht erst die Wendung im letzten Teil des Erstgespräches plausibel, warum der Therapeut überhaupt eine Indikation zur Psychotherapie stellen konnte.

b) Im zweiten Abschnitt wird nach jenen Persönlichkeitsanteilen gefragt, die nicht direkt beobachtbar, sondern nur aus Beobachtungen des Therapeuten erschlossen werden können. Hier müssen die für Prognose und Therapieplanung wichtigen Informationen über die Persönlichkeitsstruktur untergebracht werden. Dabei gibt die Frage nach den infantilen Fixierungen überwiegend Auskunft zur inhaltlichen Charakterisierung der Persönlichkeitsstruktur. Die Frage nach den Abwehrmechanismen gibt überwiegend Auskunft über das Strukturniveau und die Stabilität des psychischen Systems.

Die Fragen nach der Persönlichkeitsstruktur und den Abwehrmechanismen entstammen offensichtlich einer klinischen Theorie, die von der Objektbeziehungspsychologie nur wenig beeinflußt ist. Strukturelle Merkmale werden hier in etwas starrer Form als Gegebenheiten behandelt, die man ziemlich unabhängig von Beziehungskonflikten beschreiben kann. Dazu paßt die Auffassung von Faber und Haarstrick, daß Strukturen vor allem Dispositionen, also unveränderbare Merkmale der Persönlichkeit,

beschreiben. Der Therapeut wird den Fragen zu diesem Unterabschnitt am besten gerecht, wenn er die unveränderbaren Strukturanteile hier aufführt. Dabei sollte er weniger relvante Fragen ruhig weglassen. Infantile Fixierungen spielen z. B. nur in solchen Theorien eine Rolle, die noch der klassischen psychoanalytischen Entwicklungspsychologie verpflichtet sind. Statt einer Auflistung von Abwehrmechanismen kann z. B. kurz die vorherrschende Abwehrstruktur beschrieben werden. Strukturelle Eigenschaften sollen nur so weit erwähnt werden, wie sie auffällig oder therapierelevant sind.

c) Im dritten Unterabschnitt ist nach dem psychischen Status gefragt, so wie er bei einer psychiatrischen Untersuchung erhoben wird. Der psychopathologische Befund ist wichtig, wenn differentialdiagnostisch biologische Prozesse (endogene oder exogene Psychosen) als Ursachen ausgeschlossen werden sollen. Dann sollte der Befund hier in einiger Ausführlichkeit dargestellt werden. Bei stabilen Patienten mit neurotischen Konflikten kann man sich dagegen kurz fassen.

Beispiel 5: Psychischer Befund bei einer schwer gestörten Patientin
Die jugendliche Patientin nimmt fast überstürzt Kontakt mit mir auf und wirkt zunächst überschwemmend, fast distanzlos in ihrer Selbstdarstellung. Im Laufe des Gesprächs, nicht zuletzt angeregt durch meine vorsichtigen Konfrontationen, entwickelt sich aber eine gewisse Nachdenklichkeit. Es zeigt sich, daß sie meine Interventionen zumindest aufnehmen kann. Die Krankheitseinsicht ist bislang eher auf ihre Symptomatik bezogen als auf ihre Beziehungsprobleme; dennoch hat sich im Verlauf der Gespräche zunehmend eine gute therapeutische Beziehung entwickelt. Inzwischen ist die Motivation für eine innere Veränderung zumindest ausreichend.
In der Abwehrstruktur dominieren primitive Abwehrmechanismen wie Verleugnung und

Spaltung, letzteres in Verbindung mit der Tendenz zur Idealisierung und Entwertung. Die infantil-hysterisch strukturierte Patientin weist deutliche orale Fixierungen auf. In der Psychopathologie dominiert der Wechsel von gehobener Stimmung (im Sinne einer manischen Abwehr) und plötzlichen Stimmungseinbrüchen. Suizidalität wurde verneint, jedoch halte ich die Patientin für latent suizidgefährdet. Es besteht eine Neigung zu assoziativem Denken, aber es finden sich keine Gedankenabbrüche, keine Zerfahrenheit, keine ausgeprägten formalen oder inhaltlichen Denkstörungen.

Psychischer Befund in Beispiel 1 dieses Kapitels
Im Gespräch wirkt der Patient freundlich-devot und zugewandt. Trotz eines deutlichen Leidensdruckes erscheint die emotionale Schwingungsfähigkeit zunächst reduziert. Im Verlauf weiterer Gespräche nimmt die emotionale Dichte aber zu. In der Abwehr dominieren Verleugnung, Vermeidung und Reaktionsbildung; es finden sich keine primitiven Abwehrmechanismen, insbesondere keine Spaltungen. In der psychischen Struktur finden sich Hinweise auf anale Fixierungen bei einer Persönlichkeit mit einer gewissen schizoiden Ausprägung. Es finden sich keine formalen oder inhaltlichen Denkstörungen, keine Suizidalität, keine Auffälligkeiten im Antrieb.

Psychischer Befund in Beispiel 2 dieses Kapitels
Der noch etwas jungenhafte und unfertig wirkende Patient nimmt ohne Schwierigkeiten Kontakt mit mir auf; dabei kontrolliert er das Gespräch durch „Sachfragen". Er ist überdurchschnittlich intelligent, introspektiv und differenziert. Ohne Zögern stellt er eine Verbindung von der Symptomatik zu seinen Beziehungsproblemen her; er erscheint sehr gut motiviert für eine Therapie. Es überwiegen differenzierte Abwehrmechanismen, allen voran Reaktionsbildung und Intellektualisierung, wobei diese zur Beziehungsregulierung im Gespräch eingesetzt werden. In der Persönlichkeit überwiegt eine hysterische Konfliktverarbeitung mit der Tendenz zu narzißtischer Abwehr von regressiven Bedürfnissen. Es finden sich keine Auffälligkeiten im formalen oder inhaltlichen Denken, keine schweren affektiven Störungen.

7.5.3 Somatischer Befund

Das Ergebnis der körperlichen Untersuchung, bezogen auf das psychische und das somatische Krankheitsgeschehen, ist mitzuteilen.
Der somatische Befund soll nicht älter als 3 Monate sein. Die Mitteilung des körperlichen Befundes ist grundsätzlich erforderlich. Wenn ein somatischer Befund nicht mitgeteilt wird, muß der antragstellende Arzt dies hier begründen. Falls die körperliche Untersuchung nicht vom ärztlichen Psychotherapeuten selbst durchgeführt wird, müssen Angaben zum somatischen Befund eines anderen Arztes, evtl. auch zu dessen Therapie (ggf. gebietsbezogen) beigefügt werden.
Bei Delegation und Beauftragung ist dieser Punkt vom delegierenden Arzt auf der Rückseite des Formblattes PT 3abc bzw. PT 3abc E zu beantworten.

Schon die Länge der präzisierenden Fragen macht offenkundig, daß es den Vätern des Antragsverfahrens sehr wichtig war, die somatischen Aspekte seelischer Erkrankungen keinesfalls zu vernachlässigen: die Psychotherapie soll in die ärztlichen therapeutischen Maßnahmen eingebettet bleiben. Deshalb verlangt das Infoblatt hier ausdrücklich einen somatischen Befund, der nicht älter als drei Monate ist. Dabei reicht für den Antrag, daß der Therapeut ärztliche Befunde mitteilt, wenn sie bei anderen Ärzten erhoben wurden. Er muß die Befundberichte anderer Ärzte oder Kliniken nicht unbedingt beifügen. Hier gelten die gleichen Empfehlungen wie bei der Krankheitsanamnese: Nur für die jetzige Erkrankung wichtige Befunde sollten in Kopie mitgeschickt werden. Das gilt natürlich besonders bei negativen Befunden. Bei positivem Befund reicht in der Regel eine knappe Darstellung der Ergebnisse mit Benennung der Auffälligkeiten.

Eine besondere Situation entsteht dann, wenn der Patient keinen Anlaß sieht oder sich weigert, sich bei einem anderen Arzt untersuchen zu lassen. Die Weigerung bei Patienten mit eindeutigen psychoneurotischen Symptomen, wie z. B. Zwängen oder Depressionen ist häufig gut nachvollziehbar. Faber und Haarstrick verweisen in ihrem Kommentar (1996, S. 62), daß man dem ärztlichen Therapeuten bzw. dem delegierenden Arzt zutrauen muß, daß er die Notwendigkeit von zusätzlichen Untersuchungen einschätzen kann, daß er weitere Untersuchungen veranlaßt oder aber im Bericht plausibel begründet, warum auf (weitere) Untersuchungen verzichtet wurde.

7.6 Psychodynamik

Darstellung der neurotischen Entwicklung und des intrapsychischen neurotischen Konfliktes mit der daraus folgenden Symptombildung. (Zeitpunkt des Auftretens der Symptome und auslösende Faktoren im Zusammenhang mit der Psychodynamik, auch der interpersonellen Dynamik, sind zu beschreiben.)
Bei Behinderung und bei strukturellen Ich-Defekten ist ein von Behinderung und Defekt abgesetztes, aktuell wirksames Krankheitsgeschehen in seiner Psychodynamik darzustellen.

Wenn die Spontanangaben des Patienten mit Hinweisen auf das gemeinsame Therapieziel verknüpft sind, läßt sich die Psychodynamik leichter formulieren. Die Psychodynamik sollte im Bericht dann vorrangig jene Bereiche der Persönlichkeit beleuchten, die in den Spontanangaben als veränderungsbedürftig geschildert worden sind (s. d. Abschnitt 6.2).

Entscheidend bei der Darstellung der Psychodynamik ist das, was der Patient über sich nicht weiß bzw. was er nicht wahrhaben will. Nichts anderes meint die Theorie vom unbewußten Konflikt (s. d. Kapitel 5.5. sowie 5.6). In der Psychodynamik geht der Therapeut immer ein Stück über die Selbstwahrnehmung und über die aktuelle Einsicht des Patienten hinaus. Manche Therapeuten mißverstehen die Darstellung der Psychodynamik dahin, daß sie die bewußten Angaben der Patienten in eine psychoanalytische Theoriesprache übersetzen. Wenn also jemand gerne durchsetzungsfähiger werden möchte, attestiert ihm der Therapeut in der Psychodynamik aggressive Hemmungen; wenn Probleme bei der Partnersuche auftreten, hat der Patient eine gestörte Beziehungsfähigkeit; wenn jemand nichts an sich herankommen läßt, wehrt er libidinöse und aggressive Regungen ab; wenn jemand nicht viel von seinem Vater hält, konnte er sich nicht mit dem Vater positiv identifizieren. All dies sind lediglich Umschreibungen manifester Probleme durch eine Theoriesprache. Für den Bericht muß der Therapeut aber die Frage beantwortet haben, warum der Patient sich nicht durchsetzt, keinen Partner findet, niemanden an sich herankommen läßt usw. (s. d. Kapitel 5.3).

Die ausgeprägtesten Schwächen in der Konzeption der Psychodynamik kommen dadurch zustande, daß der Therapeut den Aspekt der Lebens- und Beziehungsgeschichte nicht genügend trennen kann von den aktuell wirksamen **pathogenen Mechanismen**. Dann verkürzt sich die Psychodynamik zu einer nachträglichen Begründung, warum der Patient so und nicht anders geworden ist. Diese Problematik wurde in den Abschnitten 3.1 und 3.4 ausführlich geschildert. Deshalb verlangt auch der Erstbericht an den

Gutachter ausdrücklich ein aktuell wirksames Krankheitsgeschehen, das therapiebedürftig ist. Der Therapeut muß also, wie im Kapitel 5 ausgeführt, Hypothesen für die augenblickliche Konfliktlage bilden, bevor er sich der genetischen Ableitung der gegenwärtigen Störung zuwendet.

Beispiel 3e für Psychodynamik ohne aktuellen Konflikt
Die Patientin leidet unter einen frühen Störung der Mutter-Kind-Beziehung. Sie hat schon in den ersten Lebenswochen auf die Mutter verzichten müssen und hat deshalb kein Urvertrauen und keine stabile primäre Beziehung aufbauen können. Zum Vater konnte sich keine haltgebende Beziehung entwickeln, weil dieser zu wenig präsent war. Die Patientin wurde in der Familie und außerhalb in Schule bzw. Kindergarten abgelehnt und entwickelte so ein ausgesprochen negatives Selbstbild. Später fand sie in ihrem Ehemann einen Ersatz für die zuvor vermißte Nähe, der Partner konnte aber ihre Symbiose-Wünsche nicht adäquat beantworten. Das negative Selbstbild hat auch zu den Schwierigkeiten in der Schule beigetragen, wo die Patientin sich vom Rektor ausgegrenzt und abgeschoben sieht. Hier wiederholt sie die ödipale Enttäuschung am versagenden Vater.

Beispiel 3f für Psychodynamik mit aktuellem Konflikt
Im Zentrum der aktuellen Krise stehen vielfältige Enttäuschungen der Patientin an ihrem Ehemann. Der Partner hat zunächst offensichtlich Mutterfunktionen für die Patientin übernommen und damit unbewußte Wiedergutmachungsphantasien erfüllt. Die Kinderlosigkeit des Ehepaares hat ihre Wurzeln in dieser Kindkonstellation der Patientin. Das verstärkte berufliche Engagement des Ehemannes und seine Erfolge haben aber diese geschützte Position in Frage gestellt und alte Verlusterlebnisse reaktiviert. Die Patientin sieht sich als „abgeschoben" und reagiert mit einer ausgeprägten Vorwurfshaltung. Die Vorwürfe haben den Rückzug des Ehepartners offensichtlich noch beschleunigt und die Krise verstärkt.
Diese Konfliktsituation ist verstärkt worden durch Spannungen am Arbeitsplatz, wo sich die gleiche Konfliktkonstellation abzeichnet. (Zuvor hatte die Patientin in der Schule einen Ausgleich gefunden.) Damit wurde die endgültige Dekompensation ausgelöst.

Genetisch lassen sich die gegenwärtigen Konflikte in Verbindung bringen mit einer ungünstigen familiären Entwicklung. Die Beziehung zur Mutter war schlecht, wobei die rasche Folge von Geburten wohl Mangel- und Enttäuschungssituationen geschaffen hat, aber auch Anlaß zu Neid und Rivalitätsgefühlen gab. Das Gefühl von Macht- und Hilflosigkeit war offensichtlich in der Kindheit groß; in Reaktion darauf hat sich die Patientin in der Pubertät zum „schwarzen Schaf" in der Familie entwickelt. Diese Konstellation wird in der gegenwärtigen Schulsituation wiederbelebt.

Ein ernsthaftes Problem ist die Einbeziehung von Auffälligkeiten der seelischen Struktur in die Darstellung der Psychodynamik. Wie im Kapitel 3.2 ausgeführt, sind die Krankheitsursachen manchmal mehr in Konfliktform darzustellen, manchmal mehr in Strukturtermini zu fassen. Als Grundsatz läßt sich formulieren, daß alle strukturellen Besonderheiten, die die seelische Krankheit des Patienten begründen, in der Psychodynamik Platz finden müssen. Dabei muß der Therapeut aber das Problem der **Veränderbarkeit** schon bei der Darstellung der Psychodynamik im Auge behalten: Wenn er Strukturen, die kaum veränderbar sind, als ausschlaggebende Krankheitsursachen würdigt, kann er am Ende des Berichtes keine ausreichende Prognose begründen. Diejenigen strukturellen Anteile, die nicht ausschlaggebend für die Krankheit sind, aber zur Charakterisierung des Patienten beitragen, gehören eher in den „psychischen Befund", vor allem wenn sie nicht veränderbar und nicht veränderungsbedürftig zu sein scheinen. In die Psychodynamik gehören dagegen solche Strukturen, die dysfunktional geworden sind. Manifeste Probleme tauchen ja gerade dann auf, wenn bislang funktionierende Strukturen zur Umwelt oder zur eigenen Entwicklung nicht mehr passen. Die Therapie muß durchaus nicht immer die Veränderung dysfunktioneller Strukturen zum Ziel haben; zuweilen kann Therapie auch in der Anpassung des Erwartungshorizontes an eine nicht mehr veränderbare Struktur bestehen (siehe Kapitel 3.3).

Psychodynamik des Beispielfalles 1 aus diesem Kapitel
Die funktionellen Beschwerden erscheinen als Ausdruck einer krisenhaften Entwicklung, die sich seit zwei bis drei Jahren abzeichnet. Der Patient wünscht sich auf der bewußten Ebene eine Partnerschaft, unbewußt dagegen hat er große Angst, von Frauen manipuliert und in seiner Autonomie beeinträchtigt zu werden. Die Fähigkeit zur Intimität gerade im erotisch-sexuellen Bereich ist stark herabgesetzt. Bindungswünsche richten sich viel stärker auf die unbelebte Umgebung des eigenen Heims als auf Personen. Diese strukturell verankerte Beziehungsstörung ist solange unproblematisch geblieben, wie der Patient im Elternhaus wohnte und Ausgleich in den lockeren Beziehungen einer Clique fand. Mit zunehmendem Alter hat der Patient aber seine Einsamkeit bemerkt und ist damit vor allem in seinem Selbstgefühl bedroht. Erschwerend für die gegenwärtige Krise ist, daß eine Kompensation durch berufliche Erfolge nicht mehr möglich ist. Auch hinter den beruflichen Problemen ist eine deutliche Selbstunsicherheit versteckt, die den Patienten allzu abhängig macht von Anerkennung und Unterstützung durch den Vorgesetzten.
Genetisch hängt diese Entwicklung mit der ausgeprägten Fixierung des Patienten an die Mutter und die Großmutter zusammen; diese Entwicklung wurde durch die Erkrankung des Vaters verstärkt. Von großer Bedeutung für die damalige Entwicklung ist, daß der Patient als Junge von der Mutter als Ersatzpartner mißbraucht wurde, wobei sowohl Generationsgrenzen als auch Geschlechtergrenzen vielfältig mißachtet wurden.

In dieser Darstellung der Psychodynamik wird verdeutlicht, daß die gegebenen Strukturen erst durch die Lebensentwicklung dysfunktional geworden sind. Die Veränderbarkeit der daraus resultierenden Beziehungsstörung scheint ge-

ring, so daß sich anbietet, daß der Patient über eine Psychotherapie seinen Erwartungshorizont den strukturellen Gegebenheiten anpaßt. Die Veränderungsmöglichkeiten im beruflichen Bereich erscheinen deshalb ungleich größer, so daß hier eher eine Verbesserung der Befriedigungsmöglichkeiten angestrebt werden kann. Zu beachten ist aber, daß die Konzeption von Psychodynamik das Therapieziel in einer besonderen Weise strukturiert: Zwar richten sich die Klagen des Patienten auf das Fehlen eines Partners, so daß man zunächst an das Ziel denken könnte, dem Patienten das Finden eines Partners zu ermöglichen. Der hier beschriebenen Dynamik zur Folge sind die Chancen dafür aber zu gering, so daß das Ziel darin besteht, dem Patienten zu einem stabilen Selbstgefühl zu verhelfen, selbst wenn er keinen Partner für sich gewinnen kann. Mit diesem begrenzten Therapieziel läßt sich durchaus ein Antrag auf eine tiefenpsychologisch fundierte Therapie begründen.

Psychodynamik des Beispielfalles 2 aus diesem Kapitel
Im Zentrum der aktuellen Problematik stehen ausgeprägte Bindungs- und Beziehungsängste auf seiten des Patienten. Vorherrschend ist die Phantasie von einem Zustand des Ausgeliefertseins, also von dem Verlust von Eigenkontrolle. Deshalb stellt der Patient unbewußt immer wieder Beziehungen her, in denen er in eine gewisse Abhängigkeit von Freundinnen gerät, um diese Abhängigkeit dann narzißtisch abzuwehren. Dabei spielen Vorstellungen von beschädigter Männlichkeit und männlicher Schwäche eine wichtige Rolle.
Genetisch spielt hier die konflikthafte Mutterbindung eine wesentliche Rolle: der Patient war als Kind offensichtlich das narzißtische Objekt der Mutter und wurde in dieser Funktion von ihr mißbraucht. Der Preis für eine gute Beziehung scheint sein Verzicht auf Männlichkeit gewesen zu sein. Dies erklärt, warum er seine Männlichkeit besonders dann bedroht sieht, wenn er sich als Mann emotional engagiert.

In seinen beruflichen Schwierigkeiten kommen die konflikthaften Aspekte der Vaterbeziehung zum Tragen: auf der einen Seite sieht er in männlichen Autoritäten den brutal attackierenden (ödipalen) Vater, mit dem er rivalisiert. Andererseits besteht eine starke Vatersehnsucht, weil allein der Vater ein stabiles Gegengewicht gegen den Einfluß der Mutter bildete. Wegen der regressiven Aspekte muß aber auch die Vatersehnsucht ständig kontrolliert werden.

7.7 Neurosenpsychologische Diagnose zum Zeitpunkt der Antragsstellung

Darstellung der Diagnose auf der symptomatischen und strukturellen Ebene; differentialdiagnostische Erwägung unter Berücksichtigung auch anderer Befunde gegebenenfalls unter Beifügung der anonymisierten Befundberichte.
(Auch von anderen Ärzten erhobene Befunde, besonders der letzten drei Monate, sowie die Ergebnisse klinischer Untersuchungen und Behandlungen sind anonymisiert als Kopie beizufügen.)

Die Diagnosenstellung in der Psychotherapie ist ein schwieriges und bislang noch nicht befriedigend gelöstes Kapitel. Gerade hier weichen Wunsch und Wirklichkeit in besonderem Maße voneinander ab.

Der Wunsch der Psychotherapeuten richtet sich auf ein Diagnosesystem, dessen Krankheitsbilder die Symptomatik mit ätiologischen und pathogenetischen Elementen verbindet, das klare Differentialdiagnosen erlaubt und aus dessen Konzepten die Differentialindikation zur Therapie wie auch schlüssige Therapiekonzepte abgeleitet werden können. Im Hintergrund dieses Wunsches steht das Modell einer psychischen Erkrankung als nosologische Einheit, in der alle die o. g. Aspekte zusammenlaufen.

Die Wirklichkeit sieht anders aus: Die in der speziellen Neurosenlehre beschriebenen Krankheitsbilder haben wahrscheinlich keine einheitlichen Ursachen, sondern stellen eher eine gemeinsame Endstrecke von sehr unterschiedlichen Entwicklungen und unterschiedlichen Persönlichkeitsvariablen dar. Generell läßt sich sagen: Je länger bei einem Krankheitsbild die gemeinsame Endstrecke ist, desto größer werden die Gemeinsamkeiten zwischen verschiedenen Patienten sein.

Die Erkenntnis, daß es echte nosologische Einheiten in der Psychiatrie und in der Psychotherapie nicht gibt, hat bekanntlich zu neuen Entwicklungen bei den diagnostischen Schemata geführt. Vor allem der amerikanische DSM III ist getragen von einer Tendenz zur deskriptiven, also nicht mehr ätiologisch-pathogenetisch orientierten Diagnostik. Das DSM III hat die Neuformulierung des internationalen Diagnoseschlüssels ICD wesentlich mitbestimmt. Auch die neue Version des ICD 10 kennt inzwischen nur noch deskriptive Diagnosekategorien, bei denen der Neurosebegriff wie auch der Psychosebegriff nicht mehr vorkommt. (Zur kritischen Auseinandersetzung mit dem ICD 10 siehe Schneider et al. 1994). Der ICD 10 wird für Kassenärzte später verbindlich sein; deshalb werden auch die Psychotherapeuten die neuen diagnostischen Kategorien erlernen und anwenden müssen. Das gilt insbesondere für die „Kassendiagnosen" auf den Formblättern PTV 2a oder PTV 2b. Auf die Dauer werden wir auch die Krankheitsbilder der speziellen Neurosenlehre in die neuen diagnostischen Schemata integrieren müssen.

Andererseits bleibt die Beschränkung auf deskriptive Einteilungen für klinisch arbeitende Psychotherapeuten unbefriedigend. Schneider und Freyberger (1994) haben die Einwände jüngst noch einmal zusammengefaßt: Es ergeben sich aus den rein deskriptiven Einteilungen keinerlei Handlungsanweisungen, ja nicht einmal Ordnungsgesichtspunkte, die dem Therapeuten das Strukturieren von klinischen Beobachtungen ermöglichen. Deshalb geht ein zweiter Trend dahin, die Vorteile einer nicht nosologieorientierten Diagnostik mit einer ursachenorientierten Diagnostik zu verbinden. Übernommen wird von den Diagnostikmanualen das Denken in „Achsen". Statt daß man eine regelmäßige Verknüpfung von Symptomen mit bestimmten Ursachen und bestimmten Persönlichkeitsvariablen als gegeben annimmt, werden Symptome und verschiedene andere diagnostische Kategorien nebeneinander auf Achsen angeordnet, die im Prinzip voneinander unabhängig sind. Jeder Einzelfall läßt sich dann anhand der diagnostischen Kategorien auf jeder dieser Achsen einem bestimmten Punkt zuordnen. Aus der nosologischen Einheit wird ein diagnostisches Profil, aus dem sich dann Einzelfall-spezifische Schlußfolgerungen und Handlungsanweisungen ableiten lassen.

Die erste Version einer solchen operationalisierten psychodynamischen Diagnostik (OPD-1) wurde kürzlich vorgestellt (Arbeitskreis OPD, 1996). Die vollständige psychodynamische Diagnose enthält Festlegungen auf insgesamt fünf Achsen: dem Krankheitserleben und den Behandlungsvoraussetzungen, den Beziehungen, den Konflikten, der Struktur und den Syndromen entsprechend dem ICD 10.

Die Abschnitte der in diesem Buch vorgestellten Behandlungskonzeption kommen dem Grundprinzip der fünf Achsen

im OPD-1 relativ nahe, wenn man die Therapieziele stärker mit dem Krankheitserleben in Verbindung bringt. Unterschiede finden sich in der diagnostischen Einordnung der Beziehungsmuster, die im OPD-1 einer eigenen Achse zugeordnet werden, während sie in der vorliegenden Einteilung alle diagnostischen Kategorien in spezifischer Weise prägen.

Für die psychotherapeutische Praxis dürfte die Kenntnis der fünf Achsen des OPD-1 hilfreich sein, aber es wäre eine Überforderung, wenn der Therapeut im Bericht an den Gutachter regelmäßig alle fünf Achsen diagnostisch berücksichtigen sollte. Die Erstellung einer vollständigen Diagnose auf alle fünf Achsen ist mit dem Nachteil verbunden, daß sie den klinisch arbeitenden Therapeuten einen übergroßen gedanklichen Aufwand abverlangt, der ihn aus dem konkreten Gespräch und aus der konkreten therapeutischen Beziehung zu weit wegführen würde. Praktikabler ist dagegen die Anerkennung, daß die neue diagnostische Entwicklung vom Therapeuten ein Denken in verschiedenen Systemen abverlangt. Er muß die **deskriptive Diagnose** kennen, und er muß zugleich eine **ursachenorientierte Diagnose** stellen. Diese muß präzise, aber eben nicht vollständig sein. Es bietet sich an, die Diagnose so zu formulieren, daß sie das enthält, was der Therapeut bevorzugt behandeln möchte bzw. was im Fokus seiner Aufmerksamkeit steht.

Dabei ist das Denken in diagnostischen Achsen auch bei der Formulierung einer ursachenorientierten Diagnose hilfreich. Die Diagnose, die dem Gutachter mitgeteilt wird, sollte deshalb in der Regel drei, zumindest aber zwei verschiedene Achsen miteinander verbinden:

Teil 1 enthält die Symptomatik des Patienten, also etwa depressive Verstimmungen, Angstsymptome, funktionelle Beschwerden usw. Wenn eindeutig abgrenzbare Symptome fehlen oder wenn die eigentliche Symptomatik hinter den charakterlich verankerten Störungen zurücktritt, kann der Symptomteil auch wegfallen, dann aber muß der deskriptive Anteil der Diagnose in der Struktur des Patienten wiederzufinden sein, z.B. in der Diagnostik der Persönlichkeits- und Verhaltensstörungen.

Teil 2 enthält die Psychodynamik in diagnostischen Kategorien, insbesondere die Ebene der unbewußten Konflikte. Mir scheint es nicht zwingend, daß der Therapeut sich bei der Konfliktdiagnose strikt an irgendein Konfliktschema hält; er kann deshalb in die Konfliktdiagnose jene Aspekte einbringen, die ihm vordringlich erscheinen. Wie bereits im Abschnitt 3.2. ausgeführt, gibt es Patienten, für die sich nur schwer eine Konfliktdiagnose formulieren läßt, weil ihre Konflikte so eng mit strukturellen Besonderheiten verknüpft sind. Auch hier erscheint es mir durchaus vertretbar, statt der Konfliktdiagnose diejenigen strukturellen Merkmale diagnostisch zu erfassen, die der Behandlung zugänglich gemacht werden sollen. Dazu müßten Symptome benannt werden können, die die Notwendigkeit einer Therapie zu diesem Augenblick begründen.

Daß Symptomatik und Konflikt ursächlich miteinander verknüpft sind, wird in der Diagnoseformulierung so zum Ausdruck gebracht: „Depressive Verstimmungen mit Selbstwertproblematik" oder „Funktionelle Oberbauchbeschwerden auf dem Boden eines Autonomie-Abhängigkeits-Konflikts".

Teil 3 der Diagnose sollte den strukturellen Anteil der Patienten enthalten, also typische Charakterformationen, typische Persönlichkeitsstörungen oder andere strukturelle Merkmale benennen. Vor allem wenn der Therapeut diese Merkmale für unveränderbar hält, kann er sie von der Konfliktdiagnose absetzen. „Depressive Verstimmungen mit Selbstwertproblematik bei hysterischer Charakterstruktur" wäre so eine dreiteilige Diagnose, bei der aus der Formulierung schon ersichtlich wird, daß der hysterische Charakter für eher unveränderbar gehalten wird. „Depressive Verstimmungen auf dem Boden einer hysterischen Charakterneurose" deutet hingegen darauf hin, daß hier die Charakterneurose Gegenstand der Therapie werden wird. „Depressive Verstimmungen auf dem Boden einer Selbstwertproblematik" läßt hier wiederum die Selbstwertregulation in den Vordergrund treten. Wenn die strukturellen Merkmale des Patienten nur schwer in eine Diagnose zu fassen sind, z. B. weil sie nicht ausgeprägt bzw. nicht auffällig sind, ist es nicht zwingend, mühsam eine Strukturdiagnose zusammenzustellen. Ich würde eine Strukturdiagnose nur dort erwähnen, wo sie prägnant und für die Therapieplanung relevant ist. Auch in diesem Falle würde die neurosenpsychologische Diagnose im Bericht nur aus zwei diagnostischen Achsen bestehen.

Neben dieser an den diagnostischen Achsen orientierten Formulierung darf m. E. die „klassische" neurosenpsychologische Diagnose weiterhin einen Platz im Erstbericht haben. Die Therapeuten sollten diese klassischen Diagnosen aber nur bei jenen Patienten verwenden, bei denen Symptom, Konflikt und Struktur dem Muster typischer Krankheitsbilder entsprechen. Den Krankheitsbildern der speziellen Neurosenlehre, wie sie etwa von Fenichel (1977) beschrieben wurden, liegt ja noch das Ideal der Neurose als nosologische Einheit zugrunde. Wenn also ein Patient in der Tat Zwangssymptome hat, dazu starke Kontrollverlustängste und dazu eine anankastische Charakterstruktur, dann trifft bei ihm die klassische Diagnose „Zwangsneurose" durchaus zu. Sind die Zwangssymptome dagegen z. B. verbunden mit sexuellen Konflikten und einer narzißtischen Charakterstörung, dann führt die Diagnose „Zwangsneurose" schlicht in die Irre. Dann sollte der Therapeut diagnostizieren: „Zwangssymptomatik mit sexuellen Ängsten bei narzißtischer Persönlichkeitsstörung." Das gleiche gilt für die klassische Diagnose „depressive Neurose". Hier ist besondere Vorsicht geboten: depressive Verstimmungen sind mit Abstand das häufigste Symptom in der Praxis der Psychotherapeuten. Depressionen treten im Gefolge unzählig vieler Störungen auf, angefangen von organischen Hirnveränderungen über schizophrene Psychosen bis hin zu psychosozialen Überlastungssituationen. Wenn ein Therapeut eine typische Überlastungssituation oder eine typische hysterische Störung mit Depressionen beschreibt, als Hauptdiagnose aber eine „depressive Neurose" angibt, dann legt er den Verdacht nahe, daß er nur die depressiven Klagen, nicht aber die übrigen Störungen des Patienten verstanden hat.

Im Erstbericht werden vom Therapeuten zusätzlich zur Diagnose noch Überlegungen zur Differentialdiagnose verlangt. Dies ist von großer Bedeutung bei Patienten mit psychiatrischen oder psychosomatischen Störungen: Hier ist es wichtig, die Abgrenzung von organischen Erkrankungen wie auch von anderen psychischen und geistigen Störungen vorzunehmen. Wenn es sich dagegen ein-

deutig um eine psychogene Störung mit psychischen Symptomen handelt, sind lange differentialdiagnostische Überlegungen m. E. nicht gefragt.

7.8 Behandlungsplan und Prognose

7.8.1 Behandlungsplan und Zielsetzung der Therapie

Begründung für die Wahl der Behandlungsform und deren Anwendung in Einzel- und Gruppentherapie. Bei Gruppentherapie sind Gruppensetting, Zusammensetzung der Gruppe und die gruppenspezifische Indikation, auch die Erfahrung des Patienten in natürlichen und sozialen Gruppen darzustellen. Es muß ein Zusammenhang nachvollziebar dargestellt werden zwischen der Art der neurotischen Erkrankung, der Sitzungsfrequenz, dem Therapievolumen und dem Therapieziel, das unter Berücksichtigung der nach den Psychotherapie-Richtlinien begrenzten Leistungspflicht der Krankenkasse als erreichbar angesehen wird.
Andere Verfahren als die in den Psychotherapie-Richtlinien genannten Behandlungsmethoden (B I 1.1) können nicht Bestandteil des Behandlungsplans sein.

Wenn man die Erläuterungen zum Erstantrag anschaut, wie sie im Informationsblatt angegeben sind, dann scheint das Kapitel der Behandlungsplanung nur dann wichtig zu sein, wenn spezielle Verfahren wie Gruppentherapie oder Psychoanalyse angestrebt werden. In den Erläuterungen des Berichtes zum Erstantrag spiegelt sich in der Tat ein Stück Realität in der psychotherapeutischen Versorgung wider: Die tiefenpsychologisch fundierte Psychotherapie ist zu einer Art Standardverfahren geworden.

Allein aus der statistischen Norm läßt sich aber noch keine normative Funktion für diese Form der Psychotherapie ableiten. Es ist festzuhalten, daß jedes Verfahren innerhalb der Richtlinien-Psychotherapie begründet werden muß.

Zu den Besonderheiten der tiefenpsychologisch fundierten Psychotherapie gehört die Beschränkung in der Zielsetzung: Der Therapeut sollte sich vor der Antragstellung bereits Klarheit darüber verschafft haben, was veränderungsbedürftig ist und welche Veränderungen in dieser Therapie angestrebt werden. Weiterhin muß schlüssig abgeleitet werden, daß die im Behandlungsplan angegebene Zielsetzung auch erwarten läßt, daß sich die Symptomatik des Patienten verändert, vor allem, wenn diese Symptomatik Hauptquelle seines Leidens ist.

Beispiel 6a
Bei einer 43jährigen Sekretärin bildeten Ängste die Hauptsymptomatik; die vor einem halben Jahr aufgetretenen Angstanfälle wurden phobisch verarbeitet und hatten zu einer Agoraphobie geführt. Die Therapeutin stellte fest, daß die Patientin, die noch im Elternhaus lebte, in ambivalenter Weise an die Eltern, vorzugsweise an die Mutter, gebunden war. Die Psychodynamik drehte sich in ihrer Sichtweise vorwiegend um das Zustandekommen dieser Ambivalenz: die Patientin fühlte sich seit ihrer Kindheit von der Mutter entwertet und gegenüber der Schwester benachteiligt. Sie hatte darauf mit Unterwerfung reagiert und hatte alle Initiative aus der Hand gegeben. Die Therapeutin diagnostizierte eine infantil-hysterische Charakterstruktur. Als „Behandlungsplan und Zielsetzung" sollte angegeben werden, daß die Patientin sich von den Elternfiguren lösen müsse. Dazu sollte sie im Rahmen einer haltgebenden Beziehung Autonomie und bessere Ich-Grenzen entwickeln.

Zunächst aber ist es fraglich, ob eine 43jährige Frau allein dadurch den bislang versäumten Schritt zur Selbständigkeit nachvollzieht, daß sie im Rahmen einer therapeutischen Beziehung Versäumtes

nachholt. Die Unselbständigkeit muß zum gegenwärtigen Zeitpunkt durch aktuellere Mechanismen bzw. Konflikte determiniert sein: Durch unbewußte Schuldgefühle etwa, oder durch die Phantasie, noch etwas nachholen zu müssen, was früher versäumt wurde. Wichtig in unserem Zusammenhang ist, daß das Problem der Unselbständigkeit seit vielen Jahren besteht, die Angstsymptomatik aber erst seit einem halben Jahr. Es ist nicht zu erwarten, daß bei größerer Selbständigkeit vom Elternhaus *automatisch* die Angstsymptomatik verschwindet. Wahrscheinlicher ist, daß die Patientin zwar in der Therapie Fortschritte macht, daß aber die Symptomatik unverändert bleibt und die weitere Entwicklung behindert. Die Therapeutin hat bei der Psychodynamik nicht die Frage erörtert, warum die Patientin jetzt die Angstsymptome entwickelte. Nur wenn sie diese Frage klären kann und wenn hier Veränderungen eintreten, dürfte sich auch die Symptomatik verlieren. Zur Diagnose einer infantil-hysterischen Charakterstuktur paßt darüber hinaus in der Regel keine regressionsfördernde Gesprächstechnik; es ist sonst zu befürchten, daß hier lediglich die Abhängigkeit von der Mutter mit der Abhängigkeit von der Therapeutin vertauscht wird. Dann würde sich die Angstsymptomatik bei jeder Trennung in der Therapie wieder verstärken.

Beispiel 6b
Nach einer Supervision hörte sich die oben beschriebene Therapiekonzeption wie folgt an:
In der Psychodynamik wird dargestellt, daß ein relativ harmloses Verlusterlebnis die Patientin daran erinnerte, daß sie allein geblieben ist, während die Eltern zunehmend schwächer geworden sind. Erste Anzeichen der nahenden Menopause haben dazu beigetragen, daß dieses Fortschreiten der Zeit nicht mehr verleugnet werden konnte. Das Auftreten der Angstsymptomatik ist wohl durch diese Krise in der Entwicklung zu erklären. Die Patientin hat eine

infantil-hysterische Persönlichkeitsstruktur mit der Tendenz, sich als Opfer zu erleben. Versuche einer partnerschaftlichen Bindung wurden nach relativ kurzer Zeit aufgegeben, ohne daß die Patientin darunter gelitten hätte. Sie tendierte dagegen zu einer idealisierenden Verehrung älterer und fernstehender Männer. Jetzt wird die vorherrschende Struktur zu einem Problem, weil die Weiterentwicklung blockiert ist. Zu bearbeiten sind die Wiedergutmachungsphantasien, die eine Loslösung vom Elternhaus verhindern, und die Beschämungsängste, die mit dem Status der unverheirateten Frau verknüpft werden.

Bei dieser Behandlungsplanung geht es zunächst um die Aufhebung der Verleugnung. Es soll erreicht werden, daß die Patientin sich unter dem Druck der Verhältnisse mehr auf ihre progressiven Fähigkeiten besinnt und im Rahmen ihrer strukturellen Möglichkeiten mehr Eigenverantwortung übernimmt. Das ist angesichts einer einigermaßen befriedigenden Berufssituation möglich. Dazu muß bearbeitet werden, wie stark sie sich inzwischen mit der Entwertung durch die Mutter identifiziert hat, zugleich aber von der Einzelkindsituation im Erwachsenenalter profitiert. Die infantil-hysterische Grundstruktur soll nicht mehr grundsätzlich verändert werden.

Im Erstbericht muß schlüssig abgeleitet werden, daß die im Behandlungsplan angegebene Zielsetzung erwarten läßt, daß die Symptomatik des Patienten sich verändert, vor allem wenn diese die Hauptquelle seines Leidens ist. Damit ist die Verknüpfung der Psychodynamik mit der Symptomatik angesprochen, wie sie im Kapitel 5.2 erläutert wurde.

Speziell bei der Begründung der tiefenpsychologisch fundierten Psychotherapie ist es günstig, dem Gutachter einige Hinweise zum Fokus der Therapie zu geben, vor allem wenn aus der zuvor geschilderten Psychodynamik nicht ohne weiteres ein Therapiefokus abgeleitet werden

kann. Der Therapeut kann an dieser Stelle nachträglich seine Akzente verdeutlichen: „Im Vordergrund der therapeutischen Arbeit soll ... stehen." Eine solche Festlegung ist keine Verpflichtungserklärung, die den Spielraum einengt. Sie kann natürlich dem Therapieverlauf und dem Material der Stunden angepaßt werden. Sie zeigt aber, daß der Therapeut sich vor Beginn der Therapie ein Bild gemacht hat und daß sie hilft, Mißverständnisse beim Gutachter zu vermeiden.

Empfehlenswert ist auch ein Hinweis auf die geplante Form der Gesprächstechnik (s. Kapitel 6.4). Wenn der Therapeut sich darüber im klaren ist, welche Technik zu seiner Behandlungskonzeption paßt, sollte er dies dem Gutachter ruhig vermitteln.

Wie im Abschnitt 6.4 und 6.5 ausgeführt, bedarf die Beantragung einer analytischen Psychotherapie m. E. einer etwas anderen Form der Begründung: Der Therapeut muß erläutern, warum hier ein Verfahren sinnvoll ist, das stärker die regressiven Aspekte in der Übertragung betont und das stärker auf die Analyse des Widerstandes ausgerichtet ist. Vor allem muß unter dem Stichwort der Behandlungsplanung deutlich werden, in welchem Setting und mit welcher Frequenz die Therapie durchgeführt werden soll. Es besteht, wie zuvor ausgeführt (Kapitel 6.5), ein erheblicher Unterschied in der angestrebten Tiefe der Regression zwischen etwa einer zweistündigen Therapie im Sitzen und einer dreistündigen oder gar vierstündigen Therapie im Liegen. Der Therapeut sollte darüber hinaus darlegen, warum eine so umfangreiche Therapie zur Heilung notwendig und damit auch wirtschaftlich vertretbar ist. Dabei nützt es natürlich nicht viel, wenn er nur einfach konstatiert, der Aufwand für eine Analyse sei „notwendig". Die Notwendigkeit ergibt sich vielmehr aus den Begleitumständen: Aus der Komplexität der unbewußten Konflikte, den Therapiezielen und den Lebensumständen.

Bei Erstanträgen zu Gruppenpsychotherapien soll der Therapeut darlegen, daß die Gruppe für den konkreten Einzelfall indiziert ist. Das Behandlungskonzept der Gruppe, die Problematik des Patienten und seine sozialen Eigenheiten bzw. Fähigkeiten müssen zueinander passen. Meines Erachtens sollte vor allem zu Beginn der Therapie bereits festliegen, ob eher eine regressionsfördernde oder eher eine regressionssteuernde Gesprächstechnik in der Gruppe zur Anwendung kommt. Zu diesem Gruppenkonzept muß die Psychodynamik des Einzelfalles passen: Ein stark regressionsanfälliger Patient wird in einem regressionsfördernden Gruppenklima mit großer Wahrscheinlichkeit sein Befinden verschlechtern und mit seiner sozialen Umwelt in Schwierigkeiten kommen.

Behandlungsplanung beim Beispielfall 1 aus diesem Kapitel
Die schizoide Charakterstruktur ist zu sehr verfestigt, als daß sie Chancen auf tiefergreifende Veränderungen bieten würde. Deshalb ist auch die Auflösung der Angst vor Frauen wenig wahrscheinlich. Veränderungen sind aber im beruflichen Bereich und in der Abgrenzung von der Mutter möglich: sie könnten auch ohne sexuelle Partnerschaft führen. Dazu muß vor allem die Agressionsproblematik bzw. die unbewußte Vatersehnsucht bearbeitet werden. Die Behandlung soll mit einer Wochenstunde im Sitzen durchgeführt werden. Es ist zu erwarten, daß bei erfolgreicher Bearbeitung die spannungsbedingten funktionellen Beschwerden zurückgehen werden.

Behandlungsplanung beim Beipielsfall 2 aus diesem Kapitel
Vorgesehen ist eine dreistündige Psychotherapie im Liegen. Eine Veränderung ist nur zu erwarten, wenn der Patient die durchgehende Abwehr seiner regressiven Regungen aufgibt und auch zu seinen passiven Wünschen stehen kann. In der Beziehung zu Männern müssen auch Neid- und Rivalitätsgefühle eingestanden werden. Diese Veränderungen erfordern ein Setting, das den regressiven Regungen Platz einräumt und das eine ausführliche Widerstands- und Beziehungsanalyse erlaubt. Deshalb ist eine Therapie im Liegen hier indiziert. Wegen der tiefsitzenden Ängste und Widerstände ist mit einer langen Behandlungsdauer zu rechnen, die vom Patienten auch eingeplant ist. Es ist zu erwarten, daß die Problematik nach 240 bis 300 Stunden soweit bearbeitet ist, daß keine Krankheit im Sinne der Psychotherapie-Richtlinien mehr vorliegt.

7.8.2 Prognose der Psychotherapie

Beurteilung des Problembewußtseins des Patienten, Beurteilung seiner Verläßlichkeit und seiner partiellen Lebensbewältigung sowie seiner Fähigkeit oder seiner Tendenz zur Regression; Beurteilung seiner Flexibilität und seiner Entwicklungsmöglichkeiten

Die Prognose einer Therapie hängt ab von der Veränderbarkeit des Patienten, von der richtigen Indikation und von seiner Bereitschaft, in der Therapie mitzuarbeiten. All diese Kriterien werden im Informationsblatt zum Erstantrag aufgeführt. Es wirkt nicht überzeugend, wenn im Bericht an den Gutachter diese Kriterien der Reihe nach aufgeführt und alle mit „gut" oder „sehr gut" beantwortet werden, ohne daß Begründungen vorliegen. Der Therapeut sollte sich vor der Beantwortung selbst fragen, aus welchen Überlegungen bzw. Beobachtungen heraus er eine gute Prognose ableitet: Hat der Patient wirklich ein Bewußtsein für sein inneres Problem? Gibt es genügend Gemeinsamkeiten mit dem Therapeuten bei den Therapiezielen? Zeigen seine Lebenssituation und seine Anamnese, daß er in seiner Beziehungsgestaltung außerhalb seiner Störungen verläßlich und stabil ist? Kann er sich, wie im psychischen Befund geschildert, wirklich auf ein Stück therapeutische Regression einlassen oder sind seine Ängste unüberwindlich? Lassen seine strukturellen Merkmale eine tiefgreifende Veränderung zu? Gestattet die äußere Lebenssituation eine Veränderung im angestrebten Sinn? Bei einem überzeugenden Erstbericht lassen sich positive prognostische Kriterien bereits aus dem Text des übrigen Berichtes ableiten; der Therapeut braucht dann nur noch auf diese Stellen im Bericht zu verweisen.

Schwierig wird die Beantwortung dieses Abschnittes bei Patienten, die in der Tat eine fragwürdige Prognose haben. Für den Therapeuten stellt sich dann die Gewissensfrage: Wahrheitsgemäß antworten oder die Prognose beschönigen? Ich plädiere nicht nur aus ethischen Gründen für eine wahrheitsgemäße Antwort. Denn der berichtende Psychotherapeut macht sich nicht nur vor dem Gutachter, sondern auch vor dem Patienten unglaubwürdig, wenn seine Prognose, d. h. die Einschätzung von Verlauf und Psychodynamik, schlecht begründet ist. Nichts wirkt verdächtiger als ein problematischer Fall, der im Bericht schöngeredet werden soll. Wenn z. B. alle Beobachtungen aus Anamnese und Lebenssituation im Befund einen problematischen Fall ankündigen, der Therapeut am Ende aber pauschal auf eine gute Prognose hinweist, erweist sich der Therapeut als inkompetent in seiner Urteilsfähigkeit, was im Zweifelsfalle den Ausschlag gibt für eine Ablehnung oder Umwandlung des Erstantrages. Dagegen wird der Gutachter selbst bei problematischen Fällen zu einem Therapieversuch seine Zustimmung geben, wenn er den Eindruck hat, daß der Therapeut Durchblick hat und trotzdem einen Therapieversuch plant. Deshalb ist es viel klüger, die Faktoren, die die Prognose belasten, ausdrücklich zu benennen und zugleich darzulegen, warum eine Therapie dennoch wirtschaftlich und sinnvoll ist; sei es, daß ein sehr unzugänglicher Patient im Laufe der Gespräche eine gewisse Entwicklung durchgemacht hat oder daß ein Therapieversuch eine drohende Berentung bzw. eine lange Arbeitsunfähigkeit verhindern könnte oder daß in den Vorgesprächen erste schmerzliche Einsichten entwickelt werden konnten usw. Die Hoffnung, die der Patient in die Therapie setzt, ist übrigens kein überzeugendes Prognosekriterium: Diese Hoffnung kann rasch dazu führen, daß der Therapeut in einen Heilungsdruck gerät, weil er die Hoffnungen nicht enttäuschen möchte. Auch der Leidensdruck ist oft ein fragwürdiges Kriterium: Massive Klagen sind häufig eher ein Druckmittel, das die Entwicklung der notwendigen therapeutischen Distanz verhindert.

Prognose im Beipielsfall 1 aus diesem Kapitel
Für die eingeschränkten Therapieziele ist sowohl die Therapiemotivation als auch die Entwicklungsfähigkeit des Patienten ausreichend. Er hat außerhalb seiner Problemfelder eine befriedigende Kontaktfähigkeit, speziell zu Freunden; er hat im beruflichen Bereich offensichtlich Fähigkeiten, und er ist in seinen Beziehungsstrukturen bei allen Einschränkungen durchaus verläßlich. Das Problembewußtsein ist zur Zeit eingeschränkt, hat aber in den Vorgesprächen zugenommen. Die eingeschränkte Fähigkeit zur therapeutischen Regression wird wohl ein Problem in der Gesprächsführung sein, das aber überwindbar erscheint.

Prognose im Beispielsfall 2 aus diesem Kapitel
Der Patient ist außerhalb seiner neurotischen Störungen ein begabter und auch erfolgreicher Mann mit guter Fähigkeit zu Lebensbewältigung. Zwar ist die Prognose dadurch belastet, daß sowohl die Beziehungen zum Vater wie zur Mutter tiefgreifend gestört sind; der Verlauf der Vorgespräche hat aber gezeigt, daß der Patient eine stabile therapeutische Beziehung aufbauen kann.

Infolge der neurotischen Konflikte bleibt der Patient in seiner Lebensgestaltung weit unter seinen Möglichkeiten, deswegen sind die Entwicklungschancen gut.

7.9 Umwandlung von Kurzzeittherapien in Langzeittherapien

*Dient der Erstantrag einer **Umwandlung von Kurzzeittherapie in Langzeittherapie**, sind zusätzlich folgende Fragen zu beantworten und die Antworten im Bericht voranzustellen.*
1. Welches sind die Gründe für die Änderung der Indikation und die Umwandlung in Langzeittherapie?
2. Welchen Verlauf hatte die bisherige Therapie?

Wenn der Erstbericht der Umwandlung der Kurzzeittherapie in eine Langzeittherapie dient, sollten die o. g. Fragen zunächst beantwortet werden. Dabei ist zu beachten, was seinerzeit als Grund für die Kurzzeittherapie angegeben wurde: Krisenintervention, abgeschlossene Kurztherapie oder Prüfung der Indikation für eine Langzeittherapie. Aus allen drei Arten der Kurzzeittherapie läßt sich ein Umwandlungsantrag begründen.

Bei der **Krisenintervention** wird wie bei dem **abgeschlossenen Behandlungsverfahren** der häufigste Umwandlungsgrund sein, daß die Störung tiefgreifender ist als zunächst angenommen, so daß mehr Zeit zur Therapie aufzuwenden ist. Es kann aber auch sein, daß sich aus der Krisenintervention heraus ein neues Therapieziel ergibt, das sowohl veränderungsbedürftig wie auch veränderbar ist. Die Umwandlung kann also einen echten Fortschritt im bisherigen Verlauf der Therapie signalisieren, weil ein Therapieziel, das aus der Not heraus begrenzt wurde, erweitert wird und damit eine tiefergreifende Heilung ermöglicht als zunächst angenommen. Bei der Kurzzeittherapie zur Prüfung der Indikation wird in der Regel darzulegen sein, daß die Indikation zur Langzeittherapie jetzt gegeben ist. Der Therapeut sollte in wenigen Sätzen darlegen, welche Indikationskriterien jetzt Anlaß geben zu einer verbesserten Prognose oder einer gesicherten Indikation. Ergänzt werden diese Hinweise durch einen möglichst kurz gefaßten Verlaufsbericht. In diesem Bericht sollte mit einem oder zwei Sätzen der Behandlungsfokus erwähnt werden, ebenso die Entwicklung der therapeutischen Beziehung. Wenn bereits Veränderungen bzw. Erfolge eingetreten sind, sollten sie hier ebenfalls erwähnt werden.

8 Bericht zum Fortführungsantrag

8.1 Grundsätzliches zum Fortführungsbericht

Der Bericht zum Fortführungsantrag soll dem Gutachter die Möglichkeit geben, die Indikation für weitere Psychotherapie zu überprüfen. Es empfiehlt sich, den sog. Verlängerungsantrag zunächst zu einer Art Zwischenbilanz zu nutzen, die z. T. auch zusammen mit dem Patienten erarbeitet werden kann. Diese Zwischenbilanz sollte folgende Fragen klären:

a) Was ist bisher an Veränderungen erreicht worden? Was hat sich in der Symptomatik verändert; was ist in der Beziehung des Patienten zu sich und zu seiner Umwelt anders geworden; was hat sich innerhalb der Stunden verändert?

b) Was ist weiterhin veränderungsbedürftig? Wieweit ist noch Restsymptomatik vorhanden; haben sich neue Symptome oder vor allem neue veränderungsbedürftige Probleme gezeigt?

c) Was muß in den Stunden an unbewußten Konflikten oder Vorgängen bearbeitet werden, damit die Restsymptomatik bzw. die neu dazugekommenen Probleme gebessert werden?

d) Läßt sich der therapeutische Aufwand auch nach außen rechtfertigen, d. h. steht ihm ein entsprechender Gewinn für den Patienten gegenüber?

Veränderungen in der Psychoanalyse und der Psychotherapie haben verschiedene Dimensionen. Auch für den praktisch Tätigen ist m.E. das „allgemeine Modell der Psychotherapie" bei der Behandlungskonzeption wichtig, das von Orlinsky (1994) vorgestellt wurde. Dem allgemeinen Modell zufolge vollziehen sich Veränderungen in verschiedenen Dimensionen. Der erste und wichtigste Schritt ist die Veränderung in der Selbsteinschätzung bzw. in der Beziehung zu sich selbst. In der Theoriesprache der Psychoanalyse fallen auch die Veränderungen der Objektbeziehungen in diese Dimension, denn es geht ja um internalisierte Beziehungen. Veränderungen in den Selbst- und Objektbeziehungen werden z. T. durch Deutungen, im weiteren Sinne aber auch durch die Erfahrungen innerhalb der therapeutischen Beziehung verändert (s. d. Weiss 1994).

Die zweite Dimension der Veränderung vollzieht sich im therapeutischen Raum, d. h. in der konkreten Interaktion zwischen Patient und Therapeut. Hier wird bereits ein Schritt getan von der bloß gedachten Veränderung zu einer Veränderung im Handeln, sei sie nun sprachlich oder anders vermittelt. Von Therapieerfolg im eigentlichen Sinne kann man aber nur sprechen, wenn diese Veränderungen begleitet werden von Veränderungen außerhalb des therapeutischen Raumes: Die neuen Erfahrungen müssen transferiert werden in den Alltag des Patienten. Erst wenn sich auch dort etwas verändert, können Symptome außerhalb der Therapiesituation aufgegeben werden. Bei der Zwischenbilanz des Therapeuten ist es also sinnvoll, den verschiedenen Dimensionen der Veränderung Rechnung zu tragen.

Ein Fortsetzungsantrag sollte nur gestellt werden, wenn die o. g. Fragen mit genügender Klarheit beantwortet werden können. Das hört sich wie eine Selbstverständlichkeit an, es ist aber keine Selbstverständlichkeit. Auch erfahrenen Therapeuten passiert es mit bestimmten Patienten, daß sie ganz fest überzeugt von der Notwendigkeit einer Therapieverlängerung sind, daß sie aber Schwierigkeiten bekommen, diese Notwendigkeit nach außen zu begründen. Die Welt zwischen Therapeut und Patient hat ein anderes Gesicht und kennt andere Wahrheiten als die soziale Umwelt. Das gilt ganz besonders in der Psychoanalyse mit ihren regressiven Beziehungsmustern. Thomä und Kächele (1985, S. 370) sprechen von den dyadenspezifischen Erkenntnissen, die in der psychoanalytischen Situation gewonnen werden. Es bedarf einer „Außenoptik", um aus dieser internen Begründungswelt herauszutreten und die Verbindung zu den Erfordernissen der Außenwelt wieder aufzunehmen. Häufig wird sich mit einiger Überlegung die subjektive Überzeugung des Therapeuten auch in intersubjektiv nachvollziehbare Begründungen umwandeln lassen. Manchmal zeigt sich aber auch bei erfahrenen Therapeuten, daß sie zusammen mit dem Patienten das Ziel der Behandlung aus dem Auge verloren haben und daß sie sich auf einer Fahrt befinden, die eigentlich kein Ende kennt. Dann ist es wichtig, dieses Fehlen von überzeugenden Zielen mit dem Patienten zu thematisieren, weil sonst das Feld der

sogenannten Richtlinien-Psychotherapie verlassen wird. Fast immer zeigt sich, daß das Problem das Ergebnis intensiver Übertragungs-Gegenübertragungs-Prozesse ist, und häufig halten sich in diesen unbewußten Prozessen Ansprüche und Überzeugungen versteckt, die zur sozialen Außenwelt in Kontrast und im Konflikt stehen. Der Zwang zu einer Außen-Begründung kann in diesen letzteren Fällen eine heilsame Wirkung haben: Der Therapeut hat die Chance, klarer zu erkennen, wo er sich zu weit in die Welt seines Patienten hat verstricken lassen. Ist das Problem erst einmal erkannt, ist die kritische Überprüfung bzw. die Revision unbewußter Gegenübertragungsreaktionen leichter möglich. In diesem Sinne kann auch ein Fortsetzungsbericht allein durch seine Existenz einen Beitrag zur Qualitätssicherung in der Psychotherapie leisten.

Wenn die Außenbegründung für einen Verlängerungsantrag dagegen klar und plausibel ausfällt, bereitet das Abfassen des Berichtes zum Fortführungsantrag eigentlich nur wenige Schwierigkeiten. Die größten Schwierigkeiten ergeben sich aus der Struktur, die die verantwortlichen Köpfe dem Bericht zugrunde gelegt haben. Diese Struktur ist m. E. mißglückt, da dem psychotherapeutischen Verfahren wesensfremd. In Verbindung mit den Fragen, die im Informationsblatt dem Therapeuten an die Hand gegeben werden, führt die Struktur des Fortsetzungsberichtes leicht zu Mißverständnissen. Da der Therapeut verpflichtet ist, sich an die Struktur der Berichte zu halten, zwingt man ihn zu gedanklichen Manövern, die die Abfassung des Berichtes unnötig erschweren.

Das Hauptproblem in der Struktur des Fortsetzungsberichtes sehe ich darin, daß der **psychotherapeutische Prozeß** in seiner Bedeutung für den Therapieerfolg nicht genügend gewürdigt wird. Statt dessen wird der Therapeut gezwungen, sich auf Angaben und Darstellungen einzulassen, die einen Querschnitt durch die Problematik des Patienten zeichnen. Im Erstbericht scheint mir ein solches Vorgehen angemessen: Schließlich sieht der Therapeut den Patienten vor Beginn der Therapie nur wenige Stunden und kann deshalb fast nur über Querschnittsbeobachtungen verfügen (daß dies schon bei der Darstellung der therapeutischen Beziehung nicht mehr gilt, wurde im Abschnitt 7.5 dargelegt). Die Erkenntnisse des Therapeuten beim Fortführungsantrag sind aber durchweg verlaufsbedingt: Sie stehen nicht als objektive Wahrheiten im Raum, sondern sie haben sich aus einem ganz einzelfallspezifischen Verlauf heraus aufgebaut. Wenn der Therapeut gezwungen ist, den Verlauf in seiner Darstellung in den Hintergrund zu rücken, dann zwingt man ihn zu einer statischen Betrachtungsweise, wie sie z. B. in der empirischen Psychotherapieforschung längst aufgegeben wurde: Bei Orlinsky und Howard (1986) ist nachzulesen, wie stark Prozeß und Ergebnis einer Psychotherapie aufeinander bezogen sind. Wenn das so ist, wie will ein Gutachter die Prognose und die weitere Indikation einschätzen, wenn der Prozeßcharakter der Psychotherapie so wenig zur Darstellung kommen darf?

Zum Glück setzen sich inhärente Gesetzmäßigkeiten durch, selbst wenn sie von außen unterdrückt oder verleugnet werden. In der Praxis der Fortsetzungsberichte spielt der Verlauf ganz offensichtlich doch eine große Rolle, auch wenn die Vorgaben unglücklich oder mißverständlich sind. Und ich zweifle, ob es viele Fortsetzungsberichte gibt, die abgelehnt wurden, nur weil in ihnen die vor-

gegebene Struktur des Berichtes mißachtet oder sehr frei ausgelegt wurde.

Die Struktur der Fortführungsberichte ist bei analytischen und tiefenpsychologisch fundierten Therapien die gleiche. Es ergibt sich aber aus der Sache selbst, daß der Bericht bei der tiefenpsychologisch fundierten Psychotherapie insgesamt knapper gehalten werden kann als bei den analytischen Therapien. Das gilt insbesondere bei der Darstellung der Psychodynamik und des Verlaufs der Therapie.

8.2 Wichtige Ergänzungen zu den Angaben in den Abschnitten 1 bis 4 des Berichtes zum Erstantrag

Symptomatik und gegebenenfalls deren Veränderung, lebensgeschichtliche Entwicklung und Krankheitsanamnese, psychischer Befund und Berichte Angehöriger des Patienten, Befundberichte aus ambulanter und stationärer Behandlung

Gefragt wird ausdrücklich nach den „Ergänzungen" zum Erstbericht. Von der Logik her geht es also um nachträgliche Ausführungen zur initialen Symptomatik, zur Biographie usw. In vielen Fällen müßte im Fortführungsbericht eigentlich stehen: Keine wichtigen Ergänzungen. Denn wenn ein Erstbericht vollständig und zutreffend war, dann kann es gut sein, daß alle wichtigen Angaben bereits gemacht wurden und Ergänzungen überflüssig sind. Offensichtlich ist im Fortsetzungsbericht aber etwas anderes gemeint: Gemeint sind die Veränderungen, die sich zu den einzelnen Punkten im Verlauf der Therapie ergeben haben. So schreiben Faber und Haarstrick: „Hervorzuheben ist die Entwicklung der

Symptomatik, gegebenenfalls auch eine Symptomverschiebung. Im Bericht ... ist zu erwähnen, ob und, wenn ja, welche Erkrankungen des Patienten seit Behandlungsbeginn aufgetreten sind. Gegebenenfalls sind deren Bedeutung für das Therapiegeschehen (z. B. Somatisierung, Symptomwechsel) zu erläutern" (1996, S. 65).

8.2.1 Ergänzungen zur Symptomatik

Wie zuvor dargestellt, tut der Therapeut gut daran, die Formulierung innerlich zu ersetzen durch die Formulierung „Veränderungen der Symptomatik". Dann läßt sich aus dem Verlauf der Therapie der Gesichtspunkt der Symptomveränderungen ohne größere Schwierigkeiten extrahieren und darstellen.

Darstellungsprobleme ergeben sich, wenn der Therapeut sich ehrlicherweise eingestehen muß, daß Symptome unverändert geblieben sind bzw. sich verschlechtert haben. Sieht das nicht wie ein Mißerfolg der Therapie aus? Hier gerade ist der Kontext des therapeutischen Prozesses entscheidend für die **Bewertung des Symptomverlaufs**. Es gibt Symptomverschlechterungen, die als Alarmzeichen gewertet werden müssen: Wenn ein depressiver und selbstunsicherer Mann im Verlauf der Therapie noch depressiver und selbstunsicherer wird, dann hat er mit großer Wahrscheinlichkeit keine heilsamen Erfahrungen in der Therapie gemacht, und der Therapeut muß sich fragen, was wohl schief gelaufen sein kann. Wenn dagegen ein Patient mit unvermuteten depressiven Einbrüchen im Verlaufe einer Therapie durchweg depressiver wird, weil er mit dem ganzen Ausmaß einer fehlgeschlagenen Lebensplanung konfrontiert ist, dann kann diese Symptomverschlechterung Ausdruck eines guten, aber eben noch nicht abgeschlossenen therapeutischen Prozesses sein: Unter dem Schutz der stabilen therapeutischen Beziehung könnte dieser Patient sich z. B. erstmals den illusionären Charakter seiner Hoffnungen eingestehen, so daß die Chance auf eine realistischere Einschätzung der Möglichkeiten und Begrenzungen besteht.

In gleichem Kontext stehen auch Verlagerungen der Symptomatik: Gerade bei erfolgreich therapierten psychosomatischen Beschwerden wird man häufig feststellen, daß die Depressivität der Patienten und ihr Leiden eher zunehmen, während zugleich die körperlichen Beschwerden zurückgehen (s. d. auch Beispiel 1 in diesem Kapitel).

Für den Fortsetzungsbericht ergibt sich daraus, daß Symptomverschlechterungen und Verschiebungen der Symptomatik in den Ergänzungen zur Symptomatik dargestellt werden müssen, daß sie aber bereits hier in Verbindung zum therapeutischen Prozeß gebracht werden müssen, sofern nicht auf den späteren Verlaufsbericht verwiesen wird.

Auch eine gleichbleibend belastende Symptomatik kann, muß aber kein Alarmzeichen sein. Bei manchen Patienten hat sich die Symptomatik weitgehend verselbständigt und folgt ihren eigenen Gesetzen. Die Anorexie-Patientinnen sind dafür ein sehr typisches Beispiel. In der Therapie werden z. B. Fortschritte sichtbar, aber diese haben noch keine Auswirkungen auf das Gewicht. Der Verlauf der Therapie ist in solchen Fällen oft dadurch gekennzeichnet, daß die Symptomatik nicht eigentlich verschwindet, aber daß sie zunehmend „vergessen" wird, bis sie irgendwann ganz aufgegeben wird. Erfolgreich behandelte Anorektikerinnen z. B. behalten bei Therapieende oft noch ein erhebliches Untergewicht bei, verändern aber ihre Beziehungen, ihr Selbstbild und vor allem ihre Einstellung zum Gewicht. Das Untergewicht wird beibehalten als Faustpfand für die Freiheit, im Notfall eben doch auf den alten Weg zurückkehren zu können. Insoweit hat die Beibehaltung der Symptomatik eine Sicherheit-gebende Funktion.

Ganz ähnlich sieht aber eine andere Entwicklung aus, die alarmierend ist: Das Symptom wird beibehalten, obwohl in der Therapie viel an Einsicht gewonnen wurde. Es zeigt sich dann, daß der Behandlungsfokus ungeeignet ist, die Symptomatik zu verändern. In anderen Fällen drückt der Patient sein Mißbehagen an der Therapie allein dadurch aus, daß er seine Symptomatik beibehält. In diesem Fall wird die Symptomatik zur Herausforderung bzw. zum Kampffeld, an dem der Therapeut scheitern soll. Hier kann nur die Bearbeitung der Übertragungskonstellation weiterhelfen, und der Erfolg der Therapie ist durchaus in Gefahr. In noch einmal anderen Fällen wird die Symptomatik vom Therapeuten und vom Patienten gemeinsam „vergessen", bildet aber eine nicht erkannte Quelle des Widerstandes. Das sind jene Fälle, die kaum abgeschlossen werden können, weil beim drohenden Abschluß der Therapie der Patient triumphierend darauf verweist, daß die Symptomatik sich noch nicht gebessert hat. Es ist deshalb wichtig, daß der Therapeut überprüft, wieweit hinter einer gleichbleibenden Symptomatik ein Widerstand verborgen ist oder wieweit die Symptomatik sich mit einem Therapiefortschritt verbinden läßt. Er sollte im Fortführungsbericht auf jeden Fall darlegen, in welchen Kontext er die Symptomresistenz stellt.

Es bleibt zu erwähnen, daß es neben den Veränderungen der Symptomatik natürlich auch echte Ergänzungen zu den Spontanangaben geben kann: Bei manchen Patienten wird erst im Laufe der Therapie deutlich, wie alarmierend die Symptome am Beginn der Therapie gewesen sind, oder es zeigt sich, daß ein Vorzeigesymptom eine beschämende Symptomatik bzw. Problematik verdecken mußte.

8.2.2 Ergänzungen zur Lebensgeschichte und Krankheitsanamnese

Während es bei der Symptomatik mehr um die Frage nach den Veränderungen im Laufe der Therapie geht, kann es bei der Lebensgeschichte und bei der Krankheitsgeschichte in der Tat nur um Ergänzungen gehen, die sich im Laufe der Therapie ergeben haben. Anamnestische Daten werden sich im Laufe der Therapie ja nur wenig verändern. Dennoch sind auch hier **Verlaufsgesichtspunkte** von Bedeutung: Es ist wichtig zu erläutern, auf welche Weise die Lebensgeschichte mit dem Patienten bearbeitet wurde und welche Aspekte dabei im Vordergrund standen. Selten geht es um regelrechte Korrekturen in den Erinnerungen des Patienten, häufig ist dagegen eine Veränderung in der Bewertung, die neue und andersartige Erinnerungen an früher weckt. Die Bearbeitung einer durch und durch negativen Beziehung zur Mutter kann z. B. dazu führen, daß zunehmend Mitleid mit ihr wach wird, daß freundlichere Erinnerungen auftauchen, während z. B. der zuvor idealisierte Vater in ungünstigerem Licht erscheint. Es tauchen Großeltern oder andere Verwandte auf, die für einige Zeit wichtige Ersatzfunktionen für die Eltern innegehabt haben. Diese neuen Aspekte können im Fortführungsbericht an dieser Stelle erläutert werden; sie müssen allerdings für den Bericht etwas von ihrem Kontext, nämlich der Übertragungsentwicklung, gelöst werden.

Natürlich haben schwerer wiegende körperliche Erkrankungen während der Therapie eine wichtige unbewußte Bedeutung. Sie können einerseits die Übertragung beeinflussen, sie können aber auch aus einem unbewußten Konflikt heraus auftreten. Auch sie sollten deshalb mit den daraus abgeleiteten Schlußfolgerungen unter deren Überschrift „Ergänzungen" erörtert werden.

8.2.3 Ergänzungen zum psychischen Befund

Echte Ergänzungen zum psychischen Befund werden selten sein, nicht aber Veränderungen, die sich auch im psychischen Befund bemerkbar machen. Wie in Kapitel 8.5 dargelegt, gehen in den psychischen Befund wichtige Elemente der therapeutischen Beziehung ein. Wenn die Beziehung sich ändert, ändert sich auch der Befund. Die ersten Anzeichen von Therapieerfolg werden sich häufig im psychischen Befund niederschlagen: daß der Patient emotional aufgelockert ist, daß die Verspanntheit oder die resignierte Depressivität sich löst, daß der Patient introspektive Reflexionsfähigkeit entwickelt usw. Diese für den Therapieverlauf so wichtigen Veränderungen lassen sich notfalls aus dem Gesamtverlauf extrahieren und hier isoliert darstellen.

Genauso wichtig sind natürlich Angaben darüber, was sich nicht verändert hat: Eine bestimmte Form des Widerstandes z. B. oder auch eine ungelöste Spannung bzw. Depressivität. Die fehlenden Veränderungen können später den Antrag auf Fortsetzung der Therapie untermauern. Natürlich muß man, wenn es um zentrale Elemente der therapeutischen Beziehung geht, auch überlegen, ob das **Fehlen von Veränderungen** in diesem Bereich nicht eine Fehlindikation zur Therapie oder zumindest eine Fehleinschätzung der Veränderbarkeit anzeigt. Aus dem Fehlen von Veränderungen in diesem Bereich könnten später z. B. Änderungen des Therapieplans abgeleitet werden.

Es läßt sich aber nicht übersehen, daß nur bei positiven Veränderungen in der therapeutischen Beziehung die Prognose einer Psychotherapie gut ist. Die therapeutische Beziehung ist bei allen analytisch begründeten Therapien der Motor für eine Veränderung. Übertragungskonflikte können die therapeutische Beziehung zwischenzeitlich verschlechtern bzw. gefährden, und der Fortsetzungsantrag kann natürlich auch einmal in eine Phase mit verstärkten Übertragungskonflikten fallen. Dies ist kein entscheidendes Problem in der Behandlung wie bei der Abfassung des Fortsetzungsberichts. Wenn allerdings die therapeutische Beziehung bis zum Zeitpunkt der erneuten Antragstellung niemals wirklich befriedigend war, wenn sich hier noch nie etwas Wichtiges bewegt hat, dann ist auch der Gesamterfolg der Therapie in der Regel gering (s. d. Luborsky et al. 1988). Das gilt auch dann, wenn die Symptomatik des Patienten oder seine zwischenmenschlichen Probleme sich verbessert zu haben scheinen. Der Verdacht liegt dann nahe, daß es sich bei den Veränderungen um Pseudofortschritte bzw. um eine Flucht in die Gesundheit handelt.

8.3 Ergänzungen zur Psychodynamik der neurotischen Erkrankung

Die interpersonelle Dynamik (Übertragung, Gegenübertragung und Widerstand) des Patienten im Verlaufe der Therapie, neu gewonnene Erkenntnisse über intrapsychische Konflikte – gegebenenfalls besonders auch deren aktuelle und abgrenzbare Auswirkungen bei seelischen Behinderungen – sind darzulegen.

Auch hier geht es im Schwerpunkt nicht darum, die Überlegungen des Erstberichts zur Psychodynamik zu ergänzen. Echte Ergänzungen sind nur notwendig, wenn die Hypothesen zur Psychodynamik korrigiert werden müssen oder wenn sich neue Erkenntnisse einstellen. In diesem Abschnitt sollte aber dargestellt werden, in welcher Weise die Psychodynamik bearbeitet wurde. Dabei zeigt sich oft, daß die Akzente der Psychodynamik anders gesetzt werden müssen, als ursprünglich angenommen: Die nahen Bezugspersonen haben eine etwas andere Bedeutung bekommen, neue Bezugspersonen tauchen auf usw. „Bearbeitung" heißt in den psychoanalytisch begründeten Verfahren: Unbewußte Bedeutungen und Regungen werden bewußt gemacht, Hintergrundphänomene werden in den Vordergrund gerückt. Der Erfolg einer solchen „Bearbeitung" zeigt sich häufig nicht direkt, sondern indirekt über Veränderungen der therapeutischen Beziehung, des inneren Gleichgewichtes oder auch durch Veränderung im Umgang mit anderen Menschen. Deshalb empfiehlt es sich, die Erfolge dieser Bearbeitung an Ort und Stelle darzustellen oder zumindest durch Querverweise Klarheit zu schaffen.

Im Fortsetzungsbericht sollte aber nicht nur stehen, welche psychodynamischen Gesichtspunkte erfolgreich bearbeitet wurden, sondern auch, welche wichtigen Gesichtspunkte noch nicht bearbeitet wurden, z. B. weil der Widerstand des Patienten hier noch keine Bearbeitung zuließ. Die Fortsetzung der Therapie wäre ja in der Tat überflüssig, wenn bereits alle wichtigen Probleme ausführlich erörtert worden wären. Je überzeugender der Therapeut belegen kann, was noch fehlt und was noch möglich ist, desto größer sind die Chancen auf eine weitere Leistungszusage.

Besonders in der analytischen Psychotherapie steht die Bearbeitung der Psychodynamik in einer engen Wechselwirkung zum Übertragungs-Gegenübertragungs-Geschehen. Deshalb ist das Spiel von Übertragung und Gegenübertragung in diesem Teil mit darzustellen. Allerdings wird sich die Psychodynamik nicht immer unmittelbar in der Übertragung abbilden. Nur wenn der Patient den Analytiker zum Gegenüber seiner Wünsche und Konflikte macht, spiegelt sich der unbewußte Konflikt direkt in der Übertragung wider. Häufig nimmt der Analytiker in der Übertragung eher eine komplementäre Rolle zu den äußeren Konfliktpartnern ein; zuweilen ist er mehr in der Position eines Hilfs-Ich. In dieser Hilfs-Ich-Funktion wird das Übertragungsgeschehen eher von einer mild-positiven Übertragung bestimmt. Deshalb beobachtet man, daß in vielen Fortsetzungsberichten diese mild-positive Übertragung mit ihren korrigierenden emotionalen Erfahrungen besonders betont wird. Es sollte aber nicht vergessen werden, daß der Analytiker bzw. der Therapeut immer auch der Anwalt unbequemer Wahrheiten ist. Als solcher müßte er schon von der Theorie her in einen Konflikt mit dem Widerstand des Patienten eintreten. Wenn in einem Verlaufsbericht der Widerstand des Patienten und der Kampf um die Anerkennung unbequemer Wahrheiten überhaupt nicht vorkommt, dann muß eigentlich schon der Therapeut beim Schreiben hellhörig werden, nicht erst der Gutachter beim Lesen. Es ist dann zu fragen, ob hier nicht ein unbewußtes Arrangement getroffen wurde, das die Anerkennung unbequemer Wahrheiten beiseite läßt, in dem z. B. der Gegner oder das Problem immer außerhalb der therapeutischen Situation gesucht wird. Meist sind es dann wichtige Personen des Umfeldes, die in die Rolle des Sündenbocks geraten. Natürlich sind Zweifel angebracht, ob damit der unbewußte Konflikt des Patienten verstanden worden ist.

8.4 Zusammenfassung des bisherigen Therapieverlaufs

a) Mitarbeit des Patienten, seine Regressionsfähigkeit bzw. -tendenz, Fixierungen, Flexibilität
b) Angewandte Methoden, erreichte Effekte
c) Bei Gruppentherapie: Entwicklung der Gruppendynamik, Teilnahme des Patienten am interaktionellen Prozeß in der Gruppe, Möglichkeiten des Patienten, seinen neurotischen Konflikt in der Gruppe zu bearbeiten

In der vorgegebenen Struktur des Fortsetzungsberichts findet der Therapieverlauf an dieser Stelle seine Berücksichtigung. Wenn man dem Fragenkatalog wortgetreu folgt, dann sind bereits viele wichtige Verlaufsgesichtspunkte ausgegliedert und anderweitig dargestellt. Es verbleiben dann an dieser Stelle nur relativ formale und deskriptive Gesichtspunkte, die die Therapieeignung erfragen. Dabei ergibt sich die Therapieeig-

nung natürlich in besonderer Weise aus der Entwicklung der therapeutischen Beziehung, insbesondere der therapeutischen Allianz. Wie beim Erstbericht erscheint es mir auch hier weniger sinnvoll, Kriterien der Mitarbeit, der Regressionsfähigkeit usw. pauschal als „gut" oder „ausreichend" zu klassifizieren. Vielmehr sollte aus der Schilderung selbst hervorgehen, ob und wie sich die therapeutische Beziehung gefestigt hat.

Im Kommentar zu den Psychotherapie-Richtlinien schreiben Faber und Haarstrick zur Verlaufsdarstellung, sie solle „ausführlich und für den Gutachter nachvollziehbar die Entwicklung des analytischen Therapieprozesses beinhalten" (1996, S. 65). Damit gehen auch sie über die vorgegebenen Fragen zum Therapieverlauf hinaus. Wie zuvor angedeutet, halte ich es für vertretbar, wenn an dieser Stelle eine **geschlossene Verlaufsdarstellung** erfolgt und bei den Ergänzungen auf den Verlaufsbericht verwiesen wird. Entscheidend dabei ist aber, daß in der Tat die Bearbeitung der unbewußten Mechanismen, die Entwicklung der Übertragungsbeziehung und der therapeutischen Allianz, die Einsichten des Patienten und seine Veränderungen innerhalb und außerhalb der Stunden zur Darstellung kommen. Es handelt sich damit um einen strukturierten Verlaufsbericht. Nicht gefragt ist ein unstrukturierter „Erlebnisbericht" über die bisherige Therapie, in dem Ereignisse geschildert und psychodynamische Hypothesen aufgestellt werden, ohne daß diese in Beziehung zu den erreichten Ergebnissen gesetzt werden. Wenn in einem Verlaufsbericht fast nur Gesprächsinhalte dargestellt werden können, dann muß der Therapeut sich fragen, ob er bislang nur die bewußten Anteile zur Sprache gebracht hat. Tauchen im Bericht nur Therapieereignisse und ihre unbewußte

Bedeutung auf, dann besteht der Verdacht, daß die Therapie sich allzuweit von den vorgegebenen Therapiezielen entfernt hat und die Analyse der Übertragungsbeziehung zum Selbstzweck geworden ist.

8.5 Änderungen des Therapieplans und Begründung

Auch diese Formulierung in der vorgegebenen Struktur des Berichtes ist mißverständlich: Man kann sie dahingehend auslegen, daß jede Verlängerung der Therapie eine Änderung des Therapieplans beinhaltet. Dann müßte hier die Begründung der Verlängerung erfolgen. Ich selbst fasse die Struktur des Fortführungsberichts so auf, daß hier nur wirkliche Veränderungen in der Behandlungsplanung begründet werden sollen. Veränderungen können das Setting, die Frequenz, die angestrebte Dauer, aber auch die Therapieziele und die Therapieinhalte betreffen, wie sie in Kapitel 7.8 dargelegt wurden. Wenn die Verlängerung von Beginn an eingeplant war, genügt m. E. der Hinweis: „Keine Änderungen".

8.6 Prognose nach dem bisherigen Behandlungsverlauf

Begründung der wahrscheinlich noch notwendigen Behandlungsfrequenz und -dauer, mit Bezug auf die Entwicklungsmöglichkeiten des Patienten und seines Umfeldes

Der Therapeut hat in diesem Abschnitt eine Doppelaufgabe zu erfüllen: Er muß zusammenfassend belegen, daß die Therapie noch nicht beendet werden kann, weil **noch Krankheit** im Sinne der Psychotherapie-Richtlinien besteht. Zugleich muß er dartun, daß die noch fehlenden Schritte nicht etwa deshalb fehlen, weil der Patient unveränderbar ist. Deshalb ist es wichtig, daß in den vorausgegangenen Abschnitten sowohl die Fortschritte des Patienten als auch die Grenzen des Fortschrittes sichtbar geworden sind. Wenn der Therapieplan nicht schon im vorausgegangenen Abschnitt dargestellt wurde, sollte der Therapeut an dieser Stelle beschreiben, welche Inhalte bzw. Mechanismen in der verbleibenden Zeit bearbeitet werden sollen. Zugleich sollte der Therapeut darlegen, warum er den Patienten nach wie vor für veränderbar hält. Das wichtigste Argument für eine gute Prognose ist ein überzeugender Teilerfolg in der bisherigen Arbeit. Umgekehrt gilt aber auch: Wenn sich bisher kaum Erfolge und Veränderungen gezeigt haben, ist ein guter Therapieerfolg schwer plausibel zu machen. Dann hilft auch ein Pauschalzertifikat einer guten Prognose nicht weiter. Man sollte nicht übersehen, daß der erste Fortführungsbericht in der Regel zu einem Zeitpunkt verfaßt wird, an dem mehr als die Hälfte der Regelstundenzahl bereits absolviert sind. Es müssen also bereits einige Erfolge sichtbar sein, wenn man nicht Zweifel am Sinn des ganzen Unternehmens bekommen soll.

Bericht zum Fortführungsantrag des Beispiels 1 aus Kapitel 7
1. Im Verlauf der Therapie haben sich die funktionellen Beschwerden des Patienten nur unwesentlich verbessert. Verändert hat sich aber die Einstellung zu den Beschwerden: Sie erscheinen nicht mehr als beunruhigende Zeichen körperlicher Dekompensation, sondern als naheliegende Reaktion auf Streßsituationen. Ernsthafte Erkrankungen sind unter der Therapie nicht aufgetreten. Insgesamt beschreibt der Patient sich als weniger reizbar.
Zur Lebensgeschichte ist nachzutragen, daß der Vater des Patienten schon ein Jahr vor seinem

Tod in Kliniken zubrachte. Die Mutter hat ihn kaum betrauert; seit seinem Tod wird über den Vater nicht mehr gesprochen. Dieses Totschweigen des Vaters war einer der Bearbeitungsschwerpunkte, weil an ihm die Partner-Ersatzfunktion des Patienten deutlich gemacht werden konnte.

In den Gesprächen hat der Patient etwas von seiner devoten Freundlichkeit verloren. Er ist in der Grundstimmung depressiver geworden. Diese Veränderung ist m. E. als Fortschritt zu werten, weil damit die etwas lärmende Hektik und eine jungenhaft-oberflächliche Geschäftigkeit zurückgingen. Die veränderte Grundhaltung im Gespräch zeigt sich auch im Umgang mit der äußeren Umgebung (s. unter 4).

2. Im Mittelpunkt der Konfliktbearbeitung stand die Beziehung zur Mutter, die durch wechselseitige Verletzung der Generationsgrenzen gekennzeichnet ist. Es ließ sich mit dem Patienten erarbeiten, daß er zwar einerseits „Sieger" über den kranken Vater geworden ist, daß er dadurch aber ganz auf die Unterstützung durch den Vater in Abgrenzung von der Mutter verzichten mußte. Die Vatersehnsucht wurde in der Beziehung zu mir sehr deutlich; sie bestimmte auch das Verhältnis zu seinem Chef in ungünstiger Weise: Trotz aller Auseinandersetzungen hat der Patient immer vermieden, das Wohlwollen des Chefs zu gefährden. Dadurch blieb er im Betrieb häufig erpreßbar.

Erst in letzter Zeit wurde das Thema seiner Beziehung zu Frauen bearbeitbar. Hier scheinen die Ängste vor Entmachtung und vor Verlust von Autonomie fast unüberwindbar; zugleich hängt das Selbstwertgefühl als Mann ausgesprochen an der Fähigkeit, eine Frau für sich zu gewinnen.

3. An der Diagnose von funktionellen Beschwerden auf dem Boden einer Charakterneurose mit schizoiden und depressiven Anteilen kann festgehalten werden.

4. In den Sitzungen hat der Patient sehr engagiert mitgearbeitet. Die anfängliche Tendenz, Ratschläge für sich zu erbitten, hat sich abgeschwächt; andererseits konnte er Hinweise auf sein konkretes Verhalten, die aus der Psychodynamik gewonnen wurden, gut umsetzen. Die Bearbeitung der Vatersehnsucht und der damit verbundenen Unterwürfigkeit führte dazu, daß der Patient sich beruflich erstmals stärker vom Arbeitgeber abgrenzte. Die Eskalation beruflicher Konflikte hat viel Zeit in der Therapie beansprucht, hat aber dazu beigetragen, daß der Patient selbstbewußter und konturierter geworden ist. Einen wichtigen Beitrag dazu lieferte der Konflikt um eine kurzfristig abgesagte Stunde in der Therapie, den der Patient mit mir erfolgreich „durchstand". Angesichts der massiven beruflichen Konflikte war nicht zu erwarten, daß die funktionellen Beschwerden bereits jetzt verschwinden würden.

Die Bearbeitung der Mutterproblematik hat dazu geführt, daß der Patient sich im Privatbereich stärker abgrenzte. Dies scheint der manifesten Beziehung zur Mutter eher gut getan zu haben. In der Abgrenzung erlebte der Patient aber, wie allein er als erwachsener Mann geworden ist. Der Versuch, über Kontaktanzeigen einen Partner zu finden, konfrontierte den Patienten nachdrücklich mit seiner Angst vor intensiveren Beziehungen zu Frauen. Das ließ ihn deutlich depressiver werden. Diese Problematik ist zur Zeit noch sehr aktuell.

5. Die im Erstbericht festgelegte Therapieplanung kann in wesentlichen Bereichen unverändert bleiben. Es hat sich allerdings gezeigt, daß die Behandlungsziele in der vorgegebenen Zeit nicht befriedigend erreicht werden konnten, zumal die Veränderungen zu erheblichen Konflikten mit dem sozialen Umfeld geführt haben. Die Vaterproblematik erscheint aber auf der intrapsychischen Ebene relativ erfolgreich bearbeitet. Fokus der weiteren Therapie muß die Angst vor Frauen und ihr Einfluß auf sein männliches Selbstgefühl sein. Es ist nach wie vor unwahrscheinlich, daß der Patient sich hier strukturell wesentlich verändern wird; deshalb wird es darauf ankommen, daß er sich mit seiner seelischen Entwicklung arrangiert, ohne daß gravierende Einbrüche im Selbstwerterleben daraus resultieren.

6. Für die Fortsetzung der Therapie sind nochmals 30 Stunden notwendig. Der bisherige Therapieverlauf hat gezeigt, daß der Patient über genügend Introspektion und Einsichtsfähigkeit verfügt und daß es einen genügenden Spielraum für Veränderungen gibt. Das gilt sowohl für den beruflichen wie für den privaten Bereich. Deshalb sind die Chancen, daß er sich ohne quälende Symptomatik mit seinen Lebenszielen arrangiert, bei entsprechender Bearbeitung durchaus gut.

Fortsetzungsbericht für den Beispielfall 2 aus dem Kapitel 7

1. Im Verlauf der Therapie hat sich beim Patienten die Neigung zu Kopfschmerzen verändert: Kopfschmerzen treten gelegentlich in den Stunden oder nach den Stunden auf, aber sie stören den Patienten kaum noch in seiner beruflichen Arbeit. Die Symptomatik konnte also in Verbindung zu psychodynamischen Mechanismen gesetzt werden (siehe unter Abschnitt 4).

Zur Lebensgeschichte des Patienten ist nachzutragen, daß die Kopfschmerzen sich nach einer unglücklichen Zuneigung zu einer Klassenkameradin erheblich verstärkt haben. Sehr wesentlich wurde danach der Kontakt zu einem Klinikarzt, der mit dem Patienten über die Beziehung zu seinen Eltern redete. Dieser Arzt hat über Jahre hinweg eine wichtige Rolle als innerer Dialogpartner gespielt. Später wurde diese Beziehungsform in Kontakten mit Hochschuldozenten fortgesetzt.

2. siehe unter Abschnitt 4

3. Die Diagnose einer hysterisch-narzißtischen Neurose hat sich bestätigt. Der Verlauf zeigt, daß die Kopfschmerzen eindeutig psychogen bedingt sind und in Konfliktsituationen auftreten.

4. Der Patient war bereit, große Anstrengungen in Kauf zu nehmen, um die dreistündige Analyse ganz regelmäßig und pünktlich wahrzunehmen. Im Kontrast dazu stand eine ausdrücklich betonte Ambivalenz mir gegenüber, die sich insbesondere in Zweifeln an der analytischen Methode äußerte. Es ließ sich mit dem Patienten bearbeiten, daß hinter diesen Zweifeln die Angst stand, sich mir auszuliefern. Der lebensgeschichtliche Hintergrund dazu war zunächst die Angst vor dem brutalen Vater, der er durch eine Art Vorwärtsverteidigung zu begegnen suchte. Die Bearbeitung dieser Übertragungsaspekte hat dazu geführt, daß der Patient sich adäquater mit seinem beruflichen Vorgesetzten auseinandersetzen konnte und daß er die Arbeit an der Promotion wieder aufgenommen hat.

Im weiteren Verlauf zeigte sich allerdings, daß die „Zweifel" an mir und der Analyse eher stärker wurden, je mehr die aggressiven Elemente in der Übertragung zurückgingen. Die Angst nährte sich überwiegend aus der heimlichen Zuneigung zu mir und aus der Vorstellung, daß ich ihn gänzlich aller Möglichkeiten zum Selbstschutz berauben könnte. Diese Angst ließ sich lebensgeschichtlich viel eher mit der Mutterproblematik verbinden. Die Mutter hat den Patienten anscheinend eher weich und gefügig haben wollen, hat sich dann aber in entwertender Weise über seine Kindlichkeit bzw. Unmännlichkeit lustig gemacht. Auf seiten des Patienten resultierte daraus der Wunsch, bei einer Vaterfigur Schutz vor der Mutter zu suchen. Diese Verbrüderung wurde aber durch regressive Wünsche und Bedürfnisse in der Übertragung gefährdet, weil ich dadurch zu nahe in die Rolle der Mutter rückte. Anhand der Konflikte im Partnerbereich konnte die Relevanz dieser psychodynamischen Hypothese gut unterstrichen werden: In der Tat neigt der Patient dazu, Frauen gegenüber eine abwartend-weiche Haltung einzunehmen. Er war damit durchaus „erfolgreich", aber er muß sich den Forderungen seiner Freundinnen um so mehr entziehen, je mehr seine regressiven Bedürfnisse geweckt werden. Es ließ sich verstehen, daß die Bevorzugung von (gebildeten) Ausländerinnen vor allem diesem Selbstschutz dienen sollte. Unter großen Schuldgefühlen hat der Patient sich inzwischen von seiner asiatischen Freundin gelöst und lebt seitdem ohne partnerschaftliche Bindung. Die Schwierigkeiten, die er mit seinem Selbstgefühl seitdem hat, haben deutlich gemacht, in welchem Ausmaß bisher sexuelle Beziehungen der Stabilisierung seines Selbstgefühls gedient haben und wie sehr sie zur Abwehr regressiver Bedürfnisse eingesetzt wurden.

Die Veränderungen der bisherigen Therapie liegen zu einem kleineren Teil auf der Symptomebene. Sie liegen eindeutig stärker im beruflichen Bereich, während im Bereich der Partnerschaft die Beziehungsprobleme erst in ihrer ganzen Tragweite deutlich geworden sind. Eine Lösung ist erst zu erwarten, wenn der Patient seine schwerwiegende Mutterproblematik weiter durchgearbeitet hat.

5. Am bisherigen Therapieplan kann im wesentlichen festgehalten werden.

6. Beantragt werden weitere 80 Stunden analytischer Psychotherapie, die dreistündig im Liegen durchgeführt werden soll. Zur Bearbeitung der o. g. Problematik ist weiterhin ein Setting notwendig, das die regressiven Seiten des Patienten fördert, damit die Konflikte in der Übertragung gelöst werden können.

Es hat sich in der Therapie bestätigt, daß der Patient eine ausgeprägte narzißtische Abwehr hat, daß er aber sehr wohl beziehungsfähig, emotional warm und in der therapeutischen Beziehung zuverlässig ist. An seiner Fähigkeit zur

Lebensbewältigung außerhalb seiner Störungen besteht kein Zweifel. Die Störung ist allerdings sehr tief in der Persönlichkeit des Patienten verankert, so daß mit einer langen Therapiedauer gerechnet werden muß. Es ist damit zu rechnen, daß der Patient innerhalb der durch die Höchstgrenzen festgelegten Zeit seine Problematik so weit bearbeiten kann, daß keine Leistungspflicht mehr für die Krankenkasse besteht.

8.7 Der Ergänzungsbericht und das Problem der Höchstgrenzen in der Psychotherapie

Wenn die in den Psychotherapie-Richtlinien festgelegten Höchstgrenzen der Therapie voll ausgeschöpft werden sollen, ist ein Ergänzungsbericht erforderlich, weil hier die Regelstundenzahl bereits überschritten wird.

Ergänzungsberichte fordern vom Therapeuten eine Auseinandersetzung mit der **Regelstundenzahl** und mit den Höchstgrenzen. Diese Auseinandersetzung ist schwierig, weil bei der Festlegung nicht nur Psychotherapie-immanente Sachzwänge eine Rolle gespielt haben, sondern auch ökonomische und berufspolitische Zwänge. Das Ergebnis ist ein Kompromiß, dem man ansieht, daß er Notlösungscharakter hat. Die ökonomischen Zwänge sind offenkundig: Eine unbefristete Zusage von Kassenleistungen läßt sich in unserem Versorgungssystem nicht durchsetzen, weil sie gefolgt wären von einer Welle von Dauertherapien. Die Überprüfung der Indikation für eine unbefristete oder zumindest jahrelange Therapie ist deshalb so schwer, weil der Faktor der Wirtschaftlichkeit in der Beurteilung zunehmende Relevanz erhält, ohne daß man sich bislang auf eindeutige Kriterien für die Wirtschaftlichkeit stützen könnte. Irgendwann aber

ist jahrelange Therapie der Solidargemeinschaft der Versicherten nicht mehr zuzumuten. Die Reichsversicherungsordnung schreibt andererseits vor, daß alle Versicherten ein Anrecht auf vollständige Leistungen haben, solange Krankheit vorliegt.

Für die Psychotherapie wirkt sich diese Kombination so ungünstig aus, weil die Abgrenzung von seelischer Krankheit zu dauerhafter seelischer Behinderung einerseits und zu unglücklichen charakterlichen Veränderungen andererseits niemals scharf zu ziehen ist. Es wird immer fließende Übergänge geben. Der jetzige Kompromiß schreibt einfach fest, daß eine einstündige (tiefenpsychologisch fundierte) Therapie nach ca. zweieinhalb Jahren zu einem erfolgreichen Ende geführt sein muß und daß eine weitere Verlängerung den Heilungsvorgang nicht mehr wesentlich beeinflußt. Diese generelle Forderung ist aus psychotherapeutischer Sicht natürlich so nicht haltbar. Sicherlich können die meisten Psychotherapien innerhalb von 80 bis 100 Stunden abgeschlossen werden, aber es gibt immer Einzelfälle, in denen wichtige Fortschritte erst nach zwei und mehr Jahren zu erreichen sind.

Wenn der Therapeut innerhalb des durch die Richtlinien gesteckten Rahmens bleibt, gibt es nur zwei **Auswege**: Die Halbierung der Frequenz bzw. die Halbierung der Sitzungsdauer – dann läßt sich die Therapiezeit immerhin verdoppeln, allerdings zu Lasten der Intensität der Therapie (aus behandlungstechnischen Gründen wird es sich ohnehin anbieten, mit einer einstündigen Frequenz zu beginnen und später die Umwandlung in eine niederfrequente Therapie zu beantragen). Der zweite Ausweg besteht darin, die Therapie gleichsam zu fraktionieren und mehrere Therapien in gewissen Zeitabständen nacheinander zu schalten. Es gibt durchaus schwer gestörte Patienten, die diesen Weg unfreiwillig beschritten haben, weil sie in größeren Abständen dekompensieren und dann eine Therapie mit begrenztem Therapieziel – zum Teil beim gleichen Therapeuten – machen. Da die Therapieerfolge jedesmal überzeugend sind und zu einer neuen Stabilisierung führen, besteht auch aus Sicht der Gutachter keine Veranlassung, diese Therapien abzulehnen. Auch mehrere solche Therapien sind ungleich wirtschaftlicher als z. B. eine dauernde Arbeitsunfähigkeit oder eine Kette von Klinikaufenthalten.

Manchmal entschließen sich Therapeut und Patient zu einem Kompromiß, der ebenfalls Notlösungscharakter haben kann: Sie einigen sich darauf, daß der Patient als Selbstzahler die Therapie fortsetzt. Den Richtlinien wird dadurch Genüge getan, daß von einem bestimmten Zeitpunkt an Krankheit im Sinne der Richtlinien nicht mehr deklariert wird, sondern daß es mehr um die Verbesserung von Lebensqualität geht. Da die Grenzlinie zwischen Krankheit und unglücklichen Charakterveränderungen so unklar ist, läßt sich diese Argumentation auch einigermaßen rechtfertigen. In bestimmten Einzelfällen läßt sich aber nicht ehrlich behaupten, daß bei Erreichen der Höchstgrenzen keine Krankheit mehr vorliegt. In diesen Fällen ist das finanzielle Opfer des Patienten (und häufig auch des Therapeuten) unberechtigt. Dann muß der Gutachter entscheiden, ob er eine Sonderregelung für vertretbar hält. Faber und Haarstrick beschreiben die Kriterien, nach denen über die Höchstgrenzen hinaus noch Therapiestunden bewilligt werden können: „Die therapeutische Praxis hat im Gutachterverfahren gezeigt, daß bei einer kleinen Zahl von Fällen eine Weiter-

führung der analytischen Psychotherapie über den Regelrahmen der Richtlinien hinaus erforderlich sein kann, weil

– weiterhin „Krankheit im Sinne der RVO angenommen werden muß,
– der Therapeut in der begründeten Überzeugung seines therapiegerechten Verhaltens (Behandlungskonzept, Behandlungstechnik, Beurteilung der Prognose) eine Beendigung der Therapie im zugestandenen Leistungsumfang nicht glaubt verantworten zu können
– zudem ersichtlich ist, daß nicht die Folgen einer unreflektierten Gegenübertragung des Therapeuten im Spiele sind.

In solchen außergewöhnlichen Situationen ist es eine Aufgabe des Gutachters, dem Einzelfall in einer nichtformalen, sondern interpretativen Anwendung der Richtlinien gerecht zu werden, ohne dabei deren System – in seinem grundsätzlich ausreichenden Leistungsumfang – zu gefährden" (1996, S. 34).

Von besonderer Brisanz ist die Frage nach den Höchstgrenzen bei Psychoanalysen. Sie verknüpft sich zwangsläufig mit der Frage nach der angemessenen Sitzungsfrequenz: Je höher die Sitzungsfrequenz, desto eher werden die festgeschriebenen Höchstgrenzen erreicht. Der Beschluß der Kassenärztlichen Bundesvereinigung, vierstündige Therapien von der Kassenleistung auszuschließen, hat zu erbitterten Auseinandersetzungen geführt (Cremerius 1990, Herold 1993, Trimborn 1993, Thomä 1994). Es ist hier nicht der Ort, auf die Debatte inhaltlich einzugehen, da im Rahmen dieses Buches nur die Aspekte der Behandlungskonzeption behandelt werden sollen. Es bleibt jedoch die Tatsache bestehen, daß bei der gegebenen Konstellation „Notlösungen" gesucht werden müssen, die mehr der Gesetzeslage gerecht werden als der Dynamik des Einzelfalles. Lösungen aus der Kontroverse können nur gefunden werden, wenn man sich auf den Gesichtspunkt strikter und sorgfältiger Indikationsstellung besinnt, wie sie z. B. im Abschnitt 7.5 ausgeführt wurden, und wenn man sich auf der Basis dieser Indikationen zu einer flexiblen Handhabung entschließt.

Bei den Berichten zu Therapien, die die Höchstgrenze der Stundenzahlen ausschöpfen, spielen all diese Gesichtspunkte schon im Vorfeld eine Rolle. Die Richtlinien erwarten nämlich vom Therapeuten, daß er seine Behandlung so führt, daß sie in einem angemessenen Rahmen und zu einem angemessenen Zeitpunkt zu Ende geführt werden können. Auch aus der Sicht des Patienten ist es wichtig, daß vor dem letzten Bewilligungsschritt geklärt ist, ob die Therapie beendet werden soll oder ob sich der Patient darauf einstellen muß, die Therapie auf eigene Kosten fortzusetzen. Die Klärung selbst kann zu Irritationen in der Behandlung führen: Gerade bei Psychoanalysen wird ja ein Parameter (Eissler 1958) eingeführt, wenn der Analytiker aus eigener Initiative beginnt, das Therapie-Ende zu thematisieren. Andererseits läßt sich kein sinnvoller analytischer Prozeß ohne Rücksicht auf die Realität durchführen. Thomä und Kächele ist deshalb zuzustimmen, wenn sie festhalten: „Es ist wesentlich, daß die soziale Realität in die Interpretation der Übertragungsneurose einbezogen wird, wobei auch die Flexibilität der Richtlinien zu berücksichtigen ist." (1985, S. 220) Entscheidend für die Weichenstellung bei Erreichen der Höchstgrenze ist die Krankheitswertigkeit der noch bestehenden Störungen. Nur wenn Krankheit noch besteht, kann ein Ergänzungsantrag gestellt werden. Wenn der Therapeut bei der zweiten Verlängerung kon-statiert, daß nach weiteren 20 Stunden (Psychotherapie) bzw. 60 Stunden (analytische Psychotherapie) keine Krankheit im Sinne der Richtlinien mehr besteht, ist die Bewilligung des letzten Schrittes unproblematisch. Das verlangt im Einzelfall vom Therapeuten eine starke argumentative Anpassung seiner Konzeption an die äußeren Gegebenheiten. Wenn er sich zu einem Ergänzungsantrag in diesem Sinne entschließt, hat er folgende Fragen zu beantworten:

1. Welche Erwartungen knüpft der Patient an die Fortführung der Behandlung? Was möchte er noch erreichen?
2. Welche Zielvorstellungen verbindet der Therapeut mit der im Bericht zum Fortführungsantrag dargestellten Therapie?
3. Kann die Beendigung der psychotherapeutischen Behandlung durch Reduzierung der Behandlungsfrequenz ermöglicht oder erleichtert werden?
4. Welche Stundenzahl wird für die Abschlußphase der psychotherapeutischen Behandlung unbedingt noch für erforderlich gehalten? Welche Sitzungsfrequenz und welche Behandlungsdauer bis zur Beendigung der Therapie ist vorgesehen?

Die ersten beiden Fragen betreffen die für den nächsten Bewilligungsschritt angestrebten Therapieziele. Die Auftrennung von Patientenzielen und Therapeutenzielen soll dazu führen, daß utopische Zielsetzungen nicht weiterverfolgt werden. Es ist eine Abstimmung zwischen Therapeut und Patient bezüglich der erreichbaren Ziele notwendig.

Frage 3 und 4 verlangt eine dezidierte Stellungnahme zur Frage, ob die Therapiedauer nicht durch Reduzierung der Frequenz verlängert werden kann. Sofern dies möglich ist, wird der Therapeut sich der Notwendigkeit einer Reduzierung nicht verschließen können. Er wird damit dem Gutachter die Entscheidung für eine weitere Verlängerung sehr erleichtern.

Leider bringt die **Reduzierung der Stundenfrequenz** eine erhebliche Veränderung der therapeutischen Situation mit sich, die sich auch auf die Übertragung und die therapeutische Allianz auswirken kann. Es muß deshalb sowohl in der einstündigen Therapie als auch in den mehrstündigen Analysen sorgfältig geprüft werden, ob eine Veränderung der Rahmenbedingungen vertretbar ist. Selbst wenn man sich der Meinung nicht anschließt, daß in Psychoanalysen eine Veränderung der Rahmenbedingungen grundsätzlich zu einer Gefährdung des analytischen Prozesses führt (Schacht 1991), bleibt doch die Tatsache stehen, daß ein solcher Schritt den Erfolg der Therapie gefährden kann. Dies gilt m. E. insbesondere dann, wenn die Stundenfrequenz auf Drängen des Therapeuten reduziert wird. Dieser mag sich dabei noch so sehr auf die soziale Realität berufen: Für den Patienten bleibt das Erleben wirksam, daß sich der Therapeut bereits in der Abschlußphase der Therapie von ihm zurückzuziehen beginnt. Eine gefügige Zustimmung zur Stundenreduzierung kann dieses unbewußte Erleben nicht korrigieren. Da damit ein zentraler Bereich der therapeutischen Beziehung angesprochen ist, können die Auswirkungen für den Therapieerfolg massiv sein. Viele Patienten sind bereit, in eigener Verantwortung Stunden zu bezahlen, um diese als Rückzug erlebte Regelung zu verhindern. Wenn dies so ist, wird der Therapeut den Wunsch des Patienten nach Beibehaltung der Freqenz akzeptieren. Dann wird es ihm aber auch nicht schwerfallen, diesen Sachverhalt im Ergänzungsbericht zu erläutern und auf der Beibehaltung der Stundenfrequenz zu bestehen.

Ganz anders stellt sich die Situation dar, wenn der Patient es ist, der in dieser Situation eine Reduzierung der Stundenfrequenz wünscht. Hier wird sich der Therapeut, auch wenn er es bedauert, dem Druck der Verhältnisse und dem Wunsch des Patienten fügen müssen. Das Beibehalten einer höheren Frequenz aus grundsätzlichen, von der Theorie abgeleiteten Überlegungen ist intrusiv und bevormundend für den Patienten und bedeutet einen eindeutigen Verstoß gegen die ärztliche Ethik. Der Versuch, durch eine spezielle Deutungsstrategie den Patienten zur Beibehaltung der Frequenz zu bewegen, bemäntelt den Verstoß, ändert aber nichts an den Tatsachen. Wenn Deutungen als Kampfdeutungen eingesetzt werden, werden sie vom Patienten als Druckmittel erlebt und bestenfalls mit Gefügigkeit beantwortet. Wir können in der analytischen Arbeit Motive und Wünsche des Patienten innerhalb der Therapie analysieren, aber es gibt keine Psychoanalyse, die an den Wünschen und Entscheidungen des Patienten vorbeigeht.

Solange Klarheit besteht, daß nach Erreichen der Höchstgrenzen die Leistungspflicht der Kassen erlischt, und sei es durch private Finanzierung, solange bereitet der Ergänzungsbericht keine entscheidenden Probleme. Schwierig ist es, wenn der Therapeut absehen kann oder befürchtet, daß sein Patient die Kassenfinanzierung auch nach Erreichen der Höchstgrenze in Anspruch nehmen muß. Dann stellt sich die Frage, ob er diese Entwicklung bereits jetzt ankündigen oder ob er bis zur Erreichung der Höchstgrenze damit warten soll. Es gibt Gutachter, die die Ankündigung der weiteren Inanspruchnahme als Begründung nehmen, die Kassenleistung schon vor Erreichen der Höchstgrenze abzulehnen. Sie argumentieren dabei durchaus mit den Richtlinien: Diese verpflichten den Therapeuten ja dazu, seine Behandlung so zu gestalten, daß die Therapie innerhalb der Höchstgrenzen abgeschlossen werden kann. Wenn der Therapeut nicht dafür sorgt, dann erlischt die Leistungspflicht der Kassen. Andererseits kommt der Therapeut natürlich in eine schiefe Situation, wenn er im Ergänzungsbericht seine Voraussagen fälschen oder unterschlagen soll. Mir scheint, daß in diesem Fall Offenheit die weitaus bessere Alternative ist. Der Gutachter sollte über die weitere Planung informiert werden. Lehnt er ab, dann muß der Therapeut rechtzeitig einen Obergutachter einschalten und muß, sofern er seiner Sache sicher ist, für die Berücksichtigung als Sonderfall kämpfen. Immerhin ist durch ein Sozialgerichtsverfahren bestätigt worden, daß im Einzelfall der Gutachter verpflichtet ist, dem Grundprinzip der RVO auf Kassenleistung zu folgen und nicht den Buchstaben der Psychotherapie-Richtlinien mit ihren Höchstgrenzen (s. d. Kächele et al. 1995).

Im Zweifelsfall ist aber zu wünschen, daß Gutachter und Therapeut auch hier einen Dialog führen können, der die sozialen Gegebenheiten, die Notwendigkeit zur Therapie und den Willen des Patienten auf einen gemeinsamen Nenner bringt.

Literatur

Ahrens S. Lehrbuch der psychotherapeutischen Medizin. Stuttgart, New York: Schattauer 1997.

Alexander F, French TM. Psychoanalytic therapy. Principles and applications. New York: Ronald 1974.

Alexander F. Das Problem der psychoanalytischen Technik. Int Z Psychoanal 1937; 23:75–95.

Anzieu D. Das Haut-Ich. 3. Aufl. Frankfurt am Main: Suhrkamp 1992.

Arbeitskreis OPD (Hrsg). Operationalisierte psychodynamische Diagnostik. Grundlagen und Manual. Bern, Göttingen: Hans Huber 1996.

Argelander H. Das Erstinterview in der Psychotherapie (Erträge der Forschung, Bd 2). Darmstadt: Wissenschaftliche Buchgesellschaft 1970.

Arlow JA. Methodologie und Rekonstruktion. Psyche 1993; 47:1093–115.

Balint M, Balint E. Psychotherapeutische Techniken in der Medizin. 4. Aufl. Stuttgart: Klett-Cotta 1990.

Balint M, Ornstein PH, Balint E. Fokaltherapie. Ein Beispiel angewandter Psychoanalyse. Frankfurt am Main: Suhrkamp 1973.

Bastine R. Indikationen in der Zielorientierten Psychotherapie. In: Baumann U (Hrsg). Indikation zur Psychotherapie. Perspektiven für Forschung und Praxis. München: Urban & Schwarzenberg 1981; 158–68.

Baumann U (Hrsg). Indikation zur Psychotherapie. Perspektiven für Forschung und Praxis. (Fortschritte der klinischen Psychologie, Bd 25). München: Urban & Schwarzenberg 1981.

Becker H, Senf W (Hrsg). Praxis der stationären Psychotherapie. Stuttgart: Thieme 1988.

Beland H. Die unbewußte Phantasie. Kontroversen um ein Konzept. Forum Psychoanal 1989; 5:85–98.

Benedetti G. Todeslandschaften der Seele. 4. Aufl. Göttingen, Zürich: Vandenhoeck & Ruprecht 1994.

Bion WR. Lernen durch Erfahrung. Frankfurt am Main: Suhrkamp 1990.

Blanck G, Blanck R. Ich-Psychologie II. Psychoanalytische Entwicklungspsychologie. Stuttgart: Klett-Cotta 1980.

Blarer A von, Brogle I. Der Weg ist das Ziel. Zur Theorie und Metatheorie der psychoanalytischen Technik. In: Hoffmann SO (Hrsg). Deutung und Beziehung. Kritische Beiträge zur Behandlungskonzeption und Technik in der Psychoanalyse. Frankfurt am Main: Fischer 1983; 71–85.

Blomeyer R. Aggression und Aggressionsvermeidung in der Psychotherapie-Gesellschaft. In: Wiesse J (Hrsg). Aggression am Ende des Jahrhunderts. Göttingen: Vandenhoeck & Ruprecht 1994.

Blomeyer R. Psycho-Therapie: Praktische Zielsetzung versus Reifungsphantasie. Forum Psychoanal 1989; 5:61–75.

Blos P. Adoleszenz. Eine psychoanalytische Interpretation. Stuttgart: Klett-Cotta 1983.

Buchheim P, Cierpka M, Kächele H, Jimenez JP. Das „Strukturelle Interview". Ein Beitrag zur Integration von Psychopathologie und Psychodynamik im psychiatrischen Erstgespräch. Fundamenta Psychiatrica 1987; 1: 154–61.

Cremerius J. Übertragung und Gegenübertragung bei Patienten mit schwerer Über-Ich-Störung. Psyche 1977; 31:879–96.

Cremerius J. Die hochfrequente Langzeitanalyse und die psychoanalytische Praxis. Utopie und Realität. Psyche 1990; 44:1–29.

Dahl H. Frames of mind. In: Dahl H, Kächele H, Thomä H (Hrsg). Psychoanalytic Process Research Strategies. Berlin, Heidelberg, New York, London, Paris, Tokio: Springer 1988; 51–66.

Dornes M. Der kompetente Säugling. Die präverbale Entwicklung des Menschen. Frankfurt am Main: Fischer 1993.

Dornes M. Können Säuglinge phantasieren? Psyche 1994; 48:1154–75.

Dührssen A. Die biographische Anamnese unter tiefenpsychologischem Aspekt. 2. Aufl. Göttingen: Vandenhoeck & Ruprecht 1984.

Dulz B, Schneider A. Borderline-Störungen. Theorie und Therapie. 2. Aufl. Stuttgart, New York: Schattauer 1996.

Eagle M. Neuere Entwicklungen in der Psychoanalyse: Eine kritische Würdigung. München, Wien: Verlag Int Psychoanalyse 1988.

Eckstaedt A. Die Kunst des Anfangs. Psychoanalytische Erstgespräche. Frankfurt am Main: Suhrkamp 1991.

Egle UT, Hoffmann SO. Der Schmerzkranke. Grundlagen, Pathogenese, Klinik und Therapie chronischer Schmerzsyndrome aus bio-psycho-sozialer Sicht. Stuttgart: Schattauer 1993.

Eissler KR. Variationen in der psychoanalytischen Technik. Psyche 1960; 13:609–25.

Erdheim M. Psychoanalyse, Adoleszenz und Nachträglichkeit. Psyche 1993; 47:934–50.

Erikson EH. Kindheit und Gesellschaft. Stuttgart: Klett 1961.

Faber FR. Utopische Phantasie und Realität in der kassenärztlichen Psychotherapie. Prax Psychother Psychosom 1993; 38:94–101.

Faber FR, Haarstrick R. Kommentar Psychotherapie-Richtlinien. 4. Aufl. Neckarsulm, Stuttgart: Jungjohann 1996.

Federn P. Ichpsychologie und die Psychosen. Frankfurt am Main: Suhrkamp 1978.

Fenichel O. Psychoanalytische Neurosenlehre Bd. 3. Frankfurt am Main, Berlin, Wien: Ullstein 1983; 21–129.

Freud A. Das Ich und die Abwehrmechanismen. Wien: Int Psychoanal Verlag 1936.

Freud S (1900a). Die Traumdeutung. GW Bd. 2/3.

Freud S (1909b). Analyse der Phobie eines fünfjährigen Knaben. GW Bd. 7:241–377.

Freud S (1913c). Zur Einleitung der Behandlung. GW Bd 8:453–78

Freud S (1914d). Zur Geschichte der psychoanalytischen Bewegung. GW Bd. 10:43–113.

Freud S (1914g). Erinnern, Wiederholen und Durcharbeiten. GW Bd. 10:125–36.

Freud S (1923 b). Das Ich und das Es. GW Bd. 13:237–89.

Freud S (1937c). Die endliche und die unendliche Analyse. GW Bd. 16:57–99.

Grawe K, Bernauer F, Donati R. Psychotherapie im Wandel. Von der Konfession zur Profession. Göttingen: Hogrefe 1994.

Greenson R. Technik und Praxis der Psychoanalyse. Stuttgart: Klett 1973; 202–34.

Grünbaum A. Die Grundlagen der Psychoanalyse. Eine philosophische Kritik. Stuttgart: Klett 1988.

Habermas J. Erkenntnis und Interesse. Frankfurt am Main: Suhrkamp 1968.

Heigl F. Indikation und Prognose in der Psychoanalyse und Psychotherapie. 3. Aufl. Göttingen: Vandenhoeck & Ruprecht 1987.

Heigl F und Heigl-Evers A. Gesichtspunkte zur Indikationsstellung für die analytische Gruppenpsychotherapie. Gruppenther Gruppendyn 1970; 3:179–98.

Herold R. Wissenschaft oder Berufspolitik? Zur Diskussion über hochfrequente Behandlungen im Rahmen der gesetzlichen Krankenversicherung. Forum Psychoanal 1993; 9:72–4.

Hoffmann SO. Die niederfrequente psychoanalytische Langzeittherapie. Konzeption, Technik und Versuch einer Abgrenzung gegenüber dem klassischen Verfahren. In: Hoffmann SO (Hrsg). Deutung und Beziehung. Kritische Beiträge zur Behandlungskonzeption und Technik in der Psychoanalyse. Frankfurt am Main: Fischer 1983; 183–93.

Hoffmann SO. Charakter und Neurose. Ansätze zu einer psychoanalytischen Charakterologie. Frankfurt am Main: Suhrkamp 1979.

Hohage R. Das Selbst zwischen Ambivalenz und Ambiguität. Zur Theorie des unbewußten Konfliktes. Forum Psychoanal 1985; 1:189–200.

Hohage R. Therapeutische Einsicht und Ambiguitätstoleranz. Psyche 1989; 43:736–52.

Hohage R. Die Funktion der Phantasie in der Psychoanalyse. Strukturbildung und Strukturveränderung. Prax Psychother Psychosom 1993a; 38:22–31.

Hohage R. Welcher Patient in welche Klinik? Strukturelle Merkmale von stationärer Psychotherapie. Prax Psychother Psychosom 1993b; 38:193–200.

Hohage R, Klöss L, Kächele H. Über die diagnostisch-therapeutische Funktion von Erstgesprächen in der psychotherapeutischen Ambulanz. Psyche 1981; 35:544-56.

Holt R. The past and future of ego psychology. Psa Quart 1975; 44:550–76.

Jacobson E. Das Selbst und die Welt der Objekte. Frankfurt am Main: Suhrkamp 1973.

Kächele H, Pfäfflin F, Simons C. Fachgutachten im Rahmen sozialgerichtlicher Klärung des Umfangs der Leitungspflicht einer Krankenkasse für analytische Psychotherapie. Psyche 1995; 49:159–73.

Kächele H, Steffens W (Hrsg). Bewältigung und Abwehr – Beiträge zur Psychologie und Psychotherapie schwerer körperlicher Krankheiten. Berlin, Heidelberg, New York, Tokio: Springer 1988.

Kernberg OF. Borderline-Störungen und pathologischer Narzißmus. Frankfurt am Main: Suhrkamp 1978.

Kernberg OF. Schwere Persönlichkeitsstörungen. Theorie, Diagnose, Behandlungsstrategien. 3. Aufl. Stuttgart: Klett-Cotta 1991.

Kernberg OF. Der gegenwärtige Stand der Psychoanalyse. Psyche 1994; 48:483–508.

Kernberg OF (Hrsg). Narzißtische Persönlichkeitsstörungen. Stuttgart, New York: Schattauer 1996.

Klein GS. Psychoanalytic theory. An exploration of essentials. New York: Int Univ Press 1976.

Klein M. On Mahler´s autistic and symbiotic phases. Psa Contemp Thought 1981; 4: 69–105.

Klüwer R. Erfahrungen mit der psychoanalytischen Fokaltherapie. Psyche 1971; 25: 932–47.

Klüwer R. Agieren und Mitagieren. Psyche 1983; 37:828–40.

Kohut H. Narzißmus. Frankfurt am Main: Suhrkamp 1973.

Kohut H. Die Heilung des Selbst. Frankfurt am Main: Suhrkamp 1979.

Körner J. Vom Erklären zum Verstehen in der Psychoanalyse. Göttingen: Vandenhoeck & Ruprecht 1985.

Körner J, Rosin U. Über Regression. Forum Psychoanal 1992; 8:1–16.

Küchenhoff J, Ahrens S. Modellvorstellungen Neurose. In: Ahrens S (Hrsg). Lehrbuch der psychotherapeutischen Medizin. Stuttgart, New York: Schattauer 1997.

Lachauer R. Der Fokus in der Psychotherapie: Fokalsätze und ihre Anwendung in Kurztherapie anderer Formen analytischer Psychotherapie. München: Pfeiffer 1992.

Laplanche J, Pontalis JB. Das Vokabular der Psychoanalyse. Frankfurt am Main: Suhrkamp 1972; 612–4.

Leuzinger-Bohleber M. Psychoanalytische Fokaltherapie. Eine klassische psychoanalytische Kurztherapie in Institutionen. In: Leuzinger-Bohleber M (Hrsg). Psychoanalytische Kurztherapien. Opladen: Westdeutscher Verlag 1985; 54–93.

Lichtenberg DJ. Psychoanalyse und Säuglingsforschung. Berlin, Heidelberg, New York: Springer 1991.

Lichtenberg J. Die Bedeutung des Säuglingsbeobachtung für die klinische Arbeit mit Erwachsenen. Z Psychoanal Theor Praxis 1987; 2:123–47.

Lichtenstein H. Identity and sexuality – a study of their interrelationship in man. J Am Psychoanal Assoc 1961; 9:179–260.

Luborsky L. Einführung in die analytische Psychotherapie. Berlin, Heidelberg, New York, Tokio: Springer 1988.

Luborsky L, Crits-Christoph P, Mintz J, Auerbach A. Who will benefit from Psychotherapy? New York: Basic Books 1988.

Mahler M, Pine F, Bergmann A. Die psychische Geburt des Menschen. Frankfurt am Main: Fischer 1978.

Mentzos S. Neurotische Konfliktverarbeitung. Einführung in die psychoanalytische Neurosenlehre unter Berücksichtigung neuer Perspektiven. Frankfurt am Main: Fischer 1984.

Mentzos S. Drei therapeutische Settings in der psychoanalytischen Psychotherapie psychotischer Patienten. Forum Psychoanal 1986; 2:134–51.

Mentzos S. Hysterie. Zur Psychodynamik unbewußter Inszenierungen. München: Kindler 1980.

Mentzos S. Depression und Manie. Psychodynamik und Therapie affektiver Störungen. Göttingen, Zürich: Vandenhoeck & Ruprecht 1995.

Mertens W. Einführung in die psychoanalytische Therapie, Bd 1. Stuttgart: Kohlhammer 1990.

Meyer AE. Über die Wirksamkeit psychoanalytischer Therapie bei psychosomatischen Störungen. Psychotherapeut 1994; 38: 298–308.

Meyer AE, Richter R, Grawe K, Graf v d Schulenburg J-M, Schulte B. Forschungsgutachten zu Fragen eines Psychotherapeuten-Gesetzes im Auftrag des BMJFFG. Universitätskrankenhaus Hamburg-Eppendorf 1991.

Miller A. Das Drama des begabten Kindes. Frankfurt am Main: Suhrkamp 1979.

Nedelmann C. Die Psychoanalyse als Krankenbehandlung in der kassenärztlichen Versorgung. 1. Teil: Ein Kommentar zu den Psychotherapie-Richtlinien. Forum Psychoanal 1990; 6:1–15.

Ogden ThH. Trieb, Phantasie und psychologische Tiefenstruktur. Eine Reinterpretation einiger Aspekte des Werkes von Melanie Klein. Forum Psychoanal 1986; 2:177–96.

Orlinsky D, Howard KI. Process and outcome in psychotherapy. In: Garfield S, Bergin AE (Hrsg). Handbook of Psychotherapy and Behavior Change. 3rd ed. New York: Wiley 1986; 311–81.

Orlinsky DE. „Learning from many masters". Ansätze zu einer wissenschaftlichen Integration psychotherapeutischer Behandlungsmodelle. Psychotherapeut 1994; 39:2–9.

Peterfreund E. The process of psychoanalytic therapy. Models and strategies. Hillsdale NJ: Analytic Press 1983.

Rapaport D. The collected papers of David Rapaport. New York: Basic Books 1967.

Reich G. Eine Kritik des Konzepts der „primitiven Abwehr" am Begriff der Spaltung. Forum Psychoanal 1995; 11:99–118.

Reich W. Charakteranalyse. Frankfurt am Main: Fischer 1973.

Rohde-Dachser C. Das Borderline-Syndrom. 4. Aufl. Bern, Stuttgart, Wien: Huber 1983.

Rotmann JM. Ist die Übertragungsbedeutung des Gutachterverfahrens analysierbar? Psyche 1992; 12:178–219.

Rüger B. Kritische Anmerkungen zu den statistischen Methoden in Grawe et al. Z Psychosom Med 1994; 40:368–83.

Rüger U. Diagnostik in der psychotherapeutischen Medizin. Psychotherapeut 1994; 39:314–21.

Sandler J, Sandler A-M. Regression und Anti-Regression. Forum Psychoanal 1993; 9:283–92.

Schacht L. Zur Frage: Hochfrequente Analysen in der kassenärztlichen Versorgung. DPV-Info 10, 9–12.

Schafer R. Eine neue Sprache für die Psychoanalyse. Stuttgart: Klett-Cotta 1982.

Schafer R. Die psychoanalytische Anschauung der Realität I. Psyche 1972; 26:881–8.

Schepank H. Die Versorgung psychogen Kranker aus epidemiologischer Sicht. Spezialisierung oder Generalisierung? Psychotherapeut 1994; 39:220–9.

Schneider W, Freyberger HJ. Diagnostik nach ICD 10. Möglichkeit und Grenzen für die Psychotherapie und Psychosomatik. Psychotherapeut 1994; 39:269–75.

Schneider W (Hrsg). Indikationen zur Psychotherapie: Anwendungsbereiche und Forschungsprobleme. Weinheim: Beltz 1990.

Schneider W, Freyberger HJ, Muhs A, Schüßler G (Hrsg). Diagnostik und Klassifikation nach ICD 10, Kapitel V. Eine kritische Auseinandersetzung. Ergebnisse der ICD-10-Forschungskriterienstudie aus dem Bereich der Psychosomatik/Psychotherapie. Göttingen: Vandenhoeck & Ruprecht 1994.

Schultz-Hencke H. Lehrbuch der analytischen Psychotherapie. Stuttgart: Thieme 1951.

Searles HF. Collected papers on schizophrenia and related subjects. London: Hogarth Pr. 1965.

Spence DP. Narrative truth and historical truth. Meaning and interpretation in psychoanalysis. New York: Norton 1982.

Spitzer RL, Endicott J. Justification for separating schizotypical and borderline personality disorders. Schizophrenia Bull 1979; 5:95–108.

Stern DN. Die Lebenserfahrung des Säuglings. Stuttgart: Klett-Cotta 1992.

Streeck U. Abweichungen vom „fiktiven Normal-Ich". Zum Dilemma der Diagnostik struktureller Ich-Störungen. Z Psychosom Med 1983; 29:334–49.

Strupp HH, Binder J. Kurzpsychotherapie. Stuttgart: Klett-Cotta 1991.

Strupp HH, Hadley SW. A tripartite model of mental health and therapeutic outcome. Amer Psychol 1977; 32:187–95.

Strupp HH, Hadley SW, Gomes-Schwartz B. Psychotherapy for better or worse. New York: Aronson 1977.

Thomä H. Zur Kontroverse um Frequenz und Dauer analytischer Psychotherapien. Psyche 1994; 48:287–323.

Thomä H, Kächele H. Lehrbuch der psychoanalytischen Therapie, Bd. 1: Grundlagen. Berlin, Heidelberg, New York, Tokio: Springer 1985.

Thomä H. Über die psychoanalytische Theorie und Therapie neurotischer Ängste. Psyche 1995; 49:1043–67.

Ticho EA. Probleme des Abschlusses der psychoanalytischen Therapie. Psyche 1971; 25:44–56.

Tress W. Das Rätsel der seelischen Gesundheit: Traumatische Kindheit und früher Schutz gegen psychogene Störungen. Göttingen: Vandenhoeck & Ruprecht 1986.

Trimborn W. Ist die Psychoanalyse ein obsolet

gewordener Luxus? Zum Ausschluß der hochfrequenten psychoanlytischen Psychotherapie aus der Kassenleistung. Psyche 1993; 47:1080–90.

Treurniet N. Was ist Psychoanalyse heute? Psyche 1995; 49:111–40.

Tschuschke V, Kächele H, Hölzer M. Gibt es unterschiedlich effektive Formen von Psychotherapie? Psychotherapeut 1994; 39: 281–97.

Uexküll T v, Wesiack W. Wissenschaftstheorie und Psychosomatische Medizin, ein bio-psycho-soziales Modell. In: Uexküll T v, et al. (Hrsg). Psychosomatische Medizin. 3. Aufl. München, Wien, Baltimore: Urban & Schwarzenberg 1986; 1–30.

Wallerstein RS. Forty-two lives in treatment: A study of psychoanalysis and psychotherapy. New York: Guilford 1986.

Weiss J. How psychotherapy works. New York: Guilford 1994.

Winnicott DW. Reifungsprozesse und fördernde Umwelt. München: Kindler 1974.

Wurmser L. Die Maske der Scham. Die Psychoanalyse von Schamaffekten und Schamkonflikten. Berlin, Heidelberg, New York: Springer 1990.

Wurmser L. Flucht vor dem Gewissen. Analyse von Über-Ich und Abwehr bei schweren Neurosen. Berlin, Heidelberg, New York: Springer 1993.

Zetzel ER. Die Fähigkeit zu emotionalem Wachstum. Stuttgart: Klett 1974.

Zielke M. Der Stellenwert der Diagnostik bei Indikationsfragen. In: Baumann, U (Hrsg). Indikation zur Psychotherapie. Perspektiven für Praxis und Forschung. München: Urban & Schwarzenberg 1981; 141–53.

Stichwortverzeichnis

Kernberg
**Narzißtische
Persönlichkeitsstörungen**

Deutsche Übersetzung und
Bearbeitung: Bernhard Strauß
Geleitwort von A.-E. Meyer
und Beiträge von 18 Autorinnen
und Autoren

1996. 328 Seiten, 6 Abbildungen,
33 Tabellen, kart.
DM 69,–/öS 511,–/sFr 66,–
ISBN 3-7945-1692-3

Waren es zu Beginn des Jahrhunderts die Konversionsstörungen wie „Hysterie", so bilden heute die narzißtischen Störungen eine Leitfigur im psychopathologischen Spektrum. Otto F. Kernberg gilt als derzeit prominentester Wissenschaftler bei der Erforschung, Beschreibung und Behandlung dieses Syndroms. Unter seiner Regie geben führende Fachleute, so z.B. Chasseguet-Smirgel, Cooper, Goldberg und Stone, einen umfassenden Überblick über

▶ Syndrombeschreibung, Diagnostik und Differentialdiagnostik

Otto F. Kernberg
Geb. 1928 in Wien. Emigration nach Chile, dort Studium der Biologie und der Medizin. 1966 Übersiedlung nach Kansas/USA, 1973 nach New York. 1974 Lehranalytiker und Supervisor an der Columbia University, 1976 Professor für Psychiatrie des Cornell Medical College, New York. Gegenwärtig Direktor des Instituts für Persönlichkeitsstörungen des New York Hospital-Cornell Medical Center.
1995 President-Elect der International Psychoanalytical Association. Zahlreiche internationale Publikationen und Auszeichnungen, Autor und Herausgeber mehrerer Bücher v.a. zum Thema Borderline-Störungen und pathologischer Narzißmus.

▶ Entwicklungspathogenese
▶ narzißtische Persönlichkeitsstörungen im Vergleich zur Borderline-Persönlichkeit
▶ empirische Studien zu Verlauf und Katamnese
▶ Behandlung des pathologischen Narzißmus

In der deutschen Übersetzung und Bearbeitung durch Bernhard Strauß und mit einer Einführung von Adolf-Ernst Meyer ist das Buch ein Standardwerk für Psychiatrie, Psychotherapie und klinische Psychologie.

PSYCHOTHERAPEUTISCHE MEDIZIN

Ahrens (Hrsg.)
**Lehrbuch der
psychotherapeutischen Medizin**

1997. 656 Seiten, 19 Abbildungen,
19 Tabellen, geb.
DM 98,–/öS 715,–/sFr 94,–
ISBN 3-7945-1627-3

Mit der Einführung der Fachgebietsbezeichnung **„Psychotherapeutische Medizin"** und der Aufnahme der Psychotherapie in die psychiatrische Weiterbildung hat diese Disziplin erheblich an Bedeutung gewonnen.

Das Buch vermittelt einen ebenso fundierten wie praxisorientierten, didaktisch einprägsamen Überblick über das gesamte Gebiet. Seine wichtigsten Themen:
▶ Weiter- und Fortbildung in der psychotherapeutischen Medizin

▶ Psychotherapierichtlinien, Kassenanträge und ICD-10-Codierung

fundiert

praxisnah

didaktisch gelungen

▶ Psychoanalytische Krankheitslehre und Entwicklungspsychologie
▶ Anamnese, Diagnostik und Testverfahren

▶ Psychotherapeutische Methoden und Techniken
▶ Spezielle psychosomatische Krankheitsbilder und ihre Behandlung

Die Beiträge dieses Lehrbuchs wurden von mehr als 50 fachlich besonders ausgewiesenen Autorinnen und Autoren verfaßt. Durch einen einheitlichen Gliederungsrahmen und die sorgfältige Regie des Herausgebers wurde erreicht, daß es ein Werk aus einem Guß ist.

Schattauer